CSSCI 集刊
CNKI 来源集刊

学术支持单位｜南京大学外国语学院

外国语文研究：
本土特色与国际视野

陈新仁 主编

南京大学出版社

通信地址：南京市栖霞区仙林大道163号（邮编210023）
　　　　　南京大学仙林校区外国语学院

电　话：025-89686147

电　邮：cflc@nju.edu.cn

目 录

翻译与跨文化研究

书评与会议综述

互动资源与社会行为

主持人　于国栋

作为一个缘起微观社会学的理论和方法（Heritage，1984），会话分析（Conversation Analysis/CA）在深刻融汇哈罗德·加芬克尔（Harold Garfinkel，1967）和欧文·戈夫曼（Erving Goffman，1967）学术思想的基础上，从独特的视角审视和理解人类开展社会互动的方式和方法，揭示其中的交际秩序和社会规范。作为一个强有力的研究工具，会话分析能够为研究者进入言语互动的微观世界提供可能出路，拓展过往研究未曾覆盖的研究领域，实现对人类互动细节和规律的客观考察。因为会话分析在揭示人类社会互动方面的独特优势，它已经被心理学、计算机科学、医学等诸多学科借鉴并使用，推动了语言学研究的互动转向（Hoey & Kendrick，2018）。

会话分析自进入国内学界，已经历了约 30 年的发展，期间围绕汉语日常和机构互动（尤其是医患沟通）开展了大量的实证研究，展示了汉语社会互动的规律和模式，也为学界作出了会话分析研究的贡献。但遗憾的是，会话分析在国内依然是一种为大众"熟知却不熟识的研究方法"（a well known but relatively little understood method）（Luke，2019：21）。学界依然存在大量对会话分析基本概念以及研究范式的误用和滥用，导致了相关研究对象得不到科学准确解释的局面。更令人担忧的是会话分析方法使用不当的机构互动研究的存在，这些研究无法展示特定社会机构中交际者言谈应对的具体运作，更为严重的是研究发现若被用来开展相关介入或实践的话，势必造成错误干预等不可知的严重后果。为此我们提倡：研究者在正确理解会话分析研究概念、严谨遵循会话分析研究范式的前提下，对汉语的日常互动和机构互动开展实证研究。

本专栏由四项会话分析实证研究组成，语料包括日常会话和机构互动，共同关注交际者采用不同互动资源所执行的社会行为。

语气词频繁地出现在汉语互动中，发挥不同的作用。尽管从会话分析视角开展语气词研究能够展示其独特且微妙的互动价值，但此类研究极具挑战。吴亚欣、刘晓佳研究了汉语日常交际中位于回答话轮末尾的语气词"么/嘛"，聚焦信息寻求类"提问/回答"这一特定序列，细致分析并展示了回答者通过在"回答"话轮末尾添加该语气词执行的辅助行为。研究发现，该位置的语气词"么/嘛"可以传递回答者对提问者明知故问的不满、抱怨、指责等负面情感，或者在不知而问情况下回答者自己对答案本身的消极态度。杨帅同样以自然会话为语料对语气词"吧"的知识调节功能进行了细致分析和客观阐释。语料分析发现，若交际者对交际双方均占有的信息进行询问，"询问"话轮末尾的"吧"能够将该话轮所执行的行为明晰为信息确认，从而推进行为的成功建构并规避交际对方对该行为可能的错误识解。如语气词一样较小的互动资源在言谈应对中的重要作用同样也体现在孙康与 Paul Drew 对"嗯"的研究中，"嗯"作为选择性不完全回应、不匹配回应或匹配回应时均可投射回应者对回应对象话轮所执行社会行为的不一致立场。以上三项研究均以汉语日常互动为语料，聚焦特定的互动资源，从交际者视角出发进行客观的语料分析，揭示了汉语互动中极微小的互动资源能够执行的重要互动功能。专栏最后一项研究关注了医患互动中患者就诊原因表述中患者对就医必要性的观照。不同于医生/医学视角下的就医必要性，刘钦宇、于国栋发现患者通过呈现症状多样性和呈现症状细节两种方式来表述就诊原因，展现患者的生活忧虑，凸显了就医必要性中的患者视角。

　　专栏的四篇文章严格采用会话分析研究方法，对语料进行了专业的转写和客观的分析，并以语料观察为基础发现了独特的互动现象，以严谨科学的会话分析范式开展了规范的会话分析研究。

参考文献

[1] Garfinkel, H., 1967. *Studies in Ethnomethodology*. Englewood Cliffs, NJ: Polity Press.

[2] Goffman, E., 1967. *Interaction Ritual: Essays on face-to-face Behaviour*. New York: Garden City.

[3] Heritage, J., 1984. *Garfinkel and Ethnomethodology*. Cambridge: Polity Press.

[4] Hoey, E. M. & Kendrick, K. H., 2018. Conversation Analysis. In A. M. B. de Groot & P. Hagoort(Eds.), *Research Methods in Psycholinguistics and the Neurobiology of Language: A Practical Guide*. Hoboken, NJ: Wiley Blackwell, 151 – 173.

[5] Luke, KK., 2019. Chinese conversation analysis: New method, new data, new insights. In S. Chris(Ed.), *The Routledge Handbook of Chinese Discourse Analysis*. London/New York: Routledge, Taylor & Francis Group, 21 – 35.

作为立场不一致的最小确认标记"嗯"

孙　康　Paul Drew*

摘　要:本研究采用会话分析的研究方法,以自然情境下发生的汉语日常言语交际为语料,对汉语口语语气词"嗯"进行分析,探讨了其作为表达立场不一致的最小确认标记的会话常规。"嗯"由于具有表达确认的语义,往往被认为表达立场一致。但本研究发现,"嗯"作为一种最小确认标记,能够表示一种几乎被动的接受,在如下三种情况下使得交际者能够较为含蓄地表达立场的不一致,分别是:(1)作为选择性不完全回应;(2)作为不匹配回应;(3)作为匹配回应。本研究指出,"嗯"作为一种微妙的语言单位,在交际中能够投射出说话人的立场不一致,增加了对话的复杂性和偶然性。同时,研究还从会话分析的角度解释了立场不一致在对话中的体现方式,强调了语言交际中的互动关系和社会动态。

关键词:会话分析;语气词;立场不一致

Title: Minimal Acknowledgement Token 'en' as a Device for Disaffiliation

Abstract: This research applied the method of conversation analysis(CA) to analyze the particle "en(嗯)" in ordinary mandarin Chinese conversation. The minimal acknowledgement token "en" is a conversational practice which can indicate the speaker's disaffiliation. Disaffiliation refers to a situation where two adjacently occurring actions do not support(align or agree with) each other; however, previous research has often regarded "en" as an expression of agreement due to its semantic meaning of confirmation. However, this study demonstrates that "en", as a minimal acknowledgement token, can display almost passive recipiency, enabling speakers to

---

　* **作者简介:**孙康,英国约克大学语言科学及语言系在读博士研究生。研究方向:会话分析。电子邮箱:constance. kang. sun@york. ac. uk。Paul Drew,中国海洋大学、英国约克大学教授,博士研究生导师。研究方向:会话分析。电子邮箱:paul. drew@york. ac. uk。

express their disaffiliative stance implicitly in three situations: (1) as a selectively incomplete response, (2) as a non-fitted response, and (3) as a fitted response. As a subtle linguistic unit, "en" can project a speaker's disaffiliative stance in communication, thereby increasing the complexity and contingency of the conversation. This study reveals some ways in which disaffiliation is manifested in mandarin Chinese conversations from the perspective of CA which emphasizes the interactional and social dynamics in communication.

Key Words: Conversation Analysis; Particle; Disaffiliation

---

1 引言

合作(Goffman，1967；Brown & Levinson，1978/1987；Grice，1975)是社会生活的基本维度和社会互动的基本保障,追求合作及和谐是人类社会永恒的主题。交际参与者在互动过程中倾向于与他人保持结构（alignment）及立场（affiliation）的一致(Drew & Walker，2009)。合作在语言上最明显的表现形式就是立场一致的表达。尽管社会成员一般都会避免明显的敌意或攻击性对抗,但在规范意义上(Goffman，1967；Sacks，1987),社会成员并不总是立场一致。在互动的某些阶段,交际者可能会侮辱、指责、批评、抱怨或争论。然而,为了维持社会秩序和社会团结的平衡状态,交际者可以利用各种互动资源来处理这些冲突性遭遇,并在互动中驾驭立场的一致性。

尽管社会互动中的合作和立场一致性一直是语言学和社会学研究的重要主题,但对立场不一致的研究相对较少。当前的研究更多地侧重于探讨立场一致的表达,而对于在互动中出现的立场不一致的语言模式和行为,以及如何解决这些冲突性遭遇的机制,尚未得到充分的关注。在这一背景下,本研究着眼于揭示会话中的立场不一致,特别关注了"嗯"这一微小语言单位在表达立场不一致时的作用。这种研究对于深入理解社会互动中的冲突性情境,以及交际者在处理这些情境时所采取的策略和资源具有重要意义。通过对立场不一致的动态过程进行分析,我们可以更好地理解互动关系的构建和社会动态的演变。

学界对立场一致的研究(如 Sacks，1987)较多。会话分析认为表达立场一致的社会行为通常与优先结构有关,立场一致的社会行为通常采用优先的话轮设计(Heritage，1984),这一现象在对于请求、邀请、评价等社会行为的研究中都有过论证(Lindstörm & Sorjonen，2013)。表达立场一致的社会行为通常意味着交际的一方对另一方表达支持,增进社会关系(Jefferson,Sacks & Schegloff,1987;Stivers,2008),也有一些学者对执行立场一致行为的语言和非语言资源进行了研究(Pomerantz,1984;C. Goodwin & M. H. Goodwin,1992;Couper-Kuhlen,2012;Goodwin et al.,2012)。相比之下,学界对互动中与表达立场不一致(disaffiliation)相关的语言模式和会话常规的研究却较少。因此,本研究特别关注冲突性互动的动态过程及解决方案,聚焦特定语言和非语言的资源以及交际者通过这些资源执行的立场不一致的行为。

2 汉语语气词"嗯"的语义和话语功能

在现有表达立场不一致的有限研究之中,有些研究发现交际者可以通过"吧""啊"等语气词调节所表达的立场以及知识状态(Kendrick,2018;汪敏峰,2023)。而语气词"嗯"则仅仅执行"确认""知识状态改变"等倾向于立场一致的互动功能。因此,本研究将深入探究交际者如何运用语气词"嗯"来执行立场不一致,探讨汉语会话中表达立场不一致的会话常规。

"嗯"作为汉语中的语气词,是自由存在的句子构建成分,不需要附着于其他短语或句子(赵元任,2005),这使得"嗯"能够作为独立的话轮构建成分,与其他话轮构建成分一同组成话轮,甚至单独成为一个话轮。此外,在现代汉语语法中,"嗯"也被理解为语气词(胡明扬,2005),成为虚词的一种。《现代汉语词典》(第六版)给出了"嗯"的三种不同读音及语义:(1)"嗯"(ńg,又音ń)表示疑问,如:嗯?你说什么?(2)"嗯"(ňg,又音ň)表示出乎意料或认为不该是这样,如:嗯!你怎么还没去?(3)"嗯"(ǹg,又音ǹ)表示答应,如:他嗯了一声,就走了 。可以看出,"嗯"的语义随音调的不同而改变。可见,调型等一些超音段音位特征作为话轮设计的重要资源可以被交际者用来执行不同的互动功能,因为交际者能够感知这些音位特征的细微区别,再结合话轮的序列位置,从而对语气词及其所在话轮执行的社会行为做出精确判断(吴亚欣,2022)。

2.1 "嗯(二声)"发起修正

交际者可以在会话中通过"嗯(二声)"发起会话修正(Schegloff,Jefferson & Sacks,1977),从而解决会话中出现的说、听以及理解的问题。在"嗯(二声)"作为独立的话轮构建成分时,由于其具有表示疑问的语义,可以充当开放型修正发起(Drew,1997;Kitzinger,2013;于国栋,2022:71-74)的技术手段。

例1:〔DIG/2017-2018/LSH/ XFJBG/00:00-01:07〕
01 风: .hhh蜀,

02 蜀： 嗯,

03 风： 哎呀,tch. 想-想求你个事儿么?

04 蜀： 嗯? 啥事儿呀?

05 风： $ 呵呵 $ 哎呀,难以启齿呢?

06 蜀： 咋了(.) [求我一个事儿, [(好那个-?)

07 风： [hhh. [嗯:

08 (0.2)

09 风： °嗯°(.)想一会儿(.)你学习累了=你陪

10 我一起去寄东-寄包裹呗=因[为我整不明白自行车=

在这一段对话中,修正源出现在第 3 行,风向蜀提出请求,但是并没有表明请求的事由。蜀随后发起修正,并采用"嗯(二声)"发起修正,这个修正发起将风在第 3 行的请求处理为修正源。从互动过程来看,"嗯"发起的开放型修正很可能是由于理解问题而引起,也就是说风的请求对蜀来说出乎意料。而蜀在该话轮内的第二个话轮构建单位"啥事儿呀?"作为中扩展的前件具体询问风所做请求的具体内容,以便最终对请求作出合适的回应。

2.2 "嗯(四声)"表示确认

"嗯(四声)"具有表示答应的语义,作为相邻对后件时,如果前件行为是寻求确认,则此时"嗯(四声)"作为后件的行为则表示确认。

例 2:[DIG/2017 - 2018/LSH/LAX:00:00 - 00:24]

01 雄： ((清嗓子))喂:(0.4)在哪儿呢:

02 东： 宿舍:

03 雄： 宿舍:你(.)那儿有 U 盘吗。

04 (0.7)

05 东： U 盘?

06 雄： 嗯:

07 (0.6)

08 东： 呃::呃多大的。

09 雄： 唉呀一点点的=我就是:放(.)几张图片出去打印一下。

在第 5 行,东采用部分重复的方式发起修正,修正源为"U 盘",这表明东对雄在第 3 行的提问"你那儿有 U 盘吗"存在一定的问题,所以雄在 0.7 秒的话轮间沉默后在第

6行对东的疑问进行了确认,或者说执行了修正。雄所提出的问题是一个请求行为的前扩展行为,询问东是否有 U 盘是为后续自己借 U 盘出去打印(语料未显示)做铺垫,而在第 6 行雄对于信息的确认也有助于东对于请求前扩展行为的识别。值得注意的是,此时的"嗯(四声)"可以明显听出四声的声调,并且有轻微的拖音,这使得"嗯(四声)"所提供的确认更容易被听话人听到并理解。

3 立场不一致(disaffiliation)

在会话分析的研究中,"立场一致(affiliation)"指在紧邻发生的两个行为之间,后者支持前者(于国栋,2022),交际者执行立场一致的社会行为可能包括表示同意、附和、支持等;而"立场不一致(disaffiliation)"则指在紧邻发生的两个行为之间,后者不支持前者,通常包括挑战、责备、抱怨、批评、不同意和不赞同等行为。交际者在言谈中应通过种种方式对交际进行管理,从而趋向和谐,避免冲突(Brown & Levinson,1987;Goffman,1967;Heritage,1984;Clayman,2002)。这种趋向指的是交际者在言谈中应对潜在的社会规范的观照,而不是说话人的心理状态。在会话分析中,这种现象被称为优先组织。

优先组织的核心理念是:交际者在互动中采取行动和做出反应时会遵循一定的社会规范,这些规范往往是隐性的(Pomerantz & Heritage,2013:210)。会话分析研究下的优先涉及交际者执行行为的不对等特性以及执行行为的不同方式,这些行为呈现特定的社会排序(于国栋,2022)。对优先组织的研究有两个维度:行为维度和语言维度(Sidnell,2010:86)。行为维度的优先指相邻对后件行为与前件行为的关系,如果后件行为支持前件行为,促成了交际的和谐,那么这一行为就是对前件行为的优先回应,例如前件行为是邀请,后件行为可能是对这一邀请的接受或者拒绝,而对邀请的接受则是优先的回应(Kendrick & Torreira,2015)。语言维度的优先指相较于非优先的回应,优先的回应是被更直接、没有迟疑地执行的回应,而非优先的回应则往往伴随着迟疑、解释、修饰等(Heritage,1984)。

在交际者表达立场不一致的社会行为的研究中,对相邻对前件行为表达立场不一致的研究主要集中在烦恼倾诉(troubles-telling)和抱怨(Drew,1998)等行为,对相邻对后件行为表达立场不一致的研究主要集中在拒绝、不同意和否认等行为(Heritage,1984:245)。杰弗逊(Jefferson,1988)指出,烦恼倾诉的核心包括说话人对烦恼的阐述和听话人表达与说话人立场的一致。德鲁和沃克(Drew&Walker,2009)的研究表明,对抱怨做出反应的优先组织涉及对表达同意的优先和避免自责的优先的冲突,这与庞墨兰茨(Pomerantz,1978)的研究类似,即交际者在接受赞美时,对表达同意的优先与

7

避免自我赞美的优先是存在冲突的。在社会秩序方面，交际者会通过各种方法对不恰当的行为进行"惩罚"，如寻求对不恰当的行为的解释（Bolden & Robinson，2011）、命令对方为不恰当的行为提供解释（Kent & Kendrick，2016）、投以惩戒的目光（Kidwell，2005）等。在语言层面，对立场不一致的表达往往会通过各种语言标记和延迟策略来软化（Atkinson & Drew，1979；Pomerantz，1984）。这些表达会采用不同的句法形式，如陈述句、反问句或祈使句，但它们都是在激烈的对立或冲突性谈话中产生的（Dersley & Wootton，2001；Goodwin，1983；Hutchby，1996）。

现有研究较少涉及语法和话轮设计，特别是在汉语语气词的研究中，过去的关注点主要集中在语气词在句法结构中的作用，而对其在会话中的作用却了解不足。然而，正是在这个更为广阔的交际背景下，语气词才展现出其更为丰富和灵活的功能。因此，本研究旨在深入探究"嗯"这类语气词作为独立话轮构建成分，在表达立场不一致时的使用情况及其所承载的社会意义。通过此研究，我们可以更好地理解语气词在汉语口语交际中的作用，丰富对语言使用的认识。

4　语料及研究方法

本研究所采用的语料是家庭成员和朋友之间自然发生的日常会话的原始视频记录（n≥ 25 小时），语料录制参与人员共计 16 人，其中包括一对老年夫妻（年龄 70～75 岁）、三对中年夫妻（年龄 30～50 岁）、青年（20～30 岁）若干，以及一名少年儿童（13 岁），对话涉及不同代际、不同夫妻以及朋友间的互动。录制时间为 2021—2022 年，地点在青岛市及其周边地区。语料收集经过英国约克大学语言学院伦理审查委员会审核，并取得参与语料录制人员的知情同意。在语料转写中，所有姓名均为化名；为进一步保护参与者的身份，本研究中的语料视频截图经过了像素化处理。

本研究采用会话分析（Sacks，1992）的研究方法，探究语气词"嗯"作为表达立场不一致的最小确认标记时的组织结构。通过深入剖析"嗯"这一语气词所出现的序列环境及其所执行的社会行为，本研究旨在揭示其在交流中所扮演的角色以及对会话组织结构的影响。会话分析作为一种基于真实发生的语料的交互性研究方法，将允许我们细致地观察和分析参与者之间的互动，并从中挖掘出"嗯"所蕴含的微妙功能及其对话序列组织的动态调整。这一研究方法的选择将有助于深入理解"嗯"在对话中的功能和影响，从而为语言交际研究提供新的视角和理论支持。

5 "嗯"作为最小确认标记的类型

在对立场不一致相对隐性的表达中,交际者能够展示他们的不同立场,而不破坏交际的整体和谐。事实上,这种对不同立场的表达并没有突破互动的表面。与显性立场不一相比,隐性立场不以公开争论或不和的形式出现。通常来讲,较为直接和公开的冲突前,交际者往往通过一些较为隐晦的方式,表达与对方的立场不一,而这显示了社会成员为社交的和谐性而付出的努力。

这种含蓄的或细微的立场不一致往往能够在话轮设计,或者说交际者所选择使用的会话常规中得以体现。在会话的序列展开中,这些会话常规由不同的语言和非语言资源所实现,而最小确认标记"嗯"也是可供交际者选择的语言资源之一。

最小确认标记表示一种几乎被动的接受,交际者通过这种方式表示他们仍进行互动,且互动可以继续(Jefferson,1984;Schegloff,1982)。在中文会话中,这种会话常规可以通过"嗯"这一语气词来实现。需要注意的是尽管"嗯"并不总是表达立场不一致,但在以下特定的序列结构中,交际者可以采用"嗯"这一话轮构建成分来表达自己与前一说话人的立场不一致,分别是"嗯"作为选择性不完全回应、弱匹配回应和匹配回应。

5.1 "嗯"作为选择性不完全回应

"嗯"在处于相邻对后件的位置时,对前件行为进行回应。由于"嗯"仅能够充当最小确认标记,仅仅表达说话人听见了对方所说的话,而不表达对前件行为的理解或支持,因此"嗯"往往仅能够执行非优先的社会行为,从而表达交际者的立场不一致。

例1:[SK:46/2021Dec/DJI_0003/00:13 - 00:32]

01　林:·嗯:·:·呐,喝完了.♯怎么办·

　　·...·举起杯子———·

图1

02　梅:·˚嗯˚(1.0)　　　　　·(0.5)　　　　　　·
　　　林:·喝完最后一滴——·向梅展示杯子——·

03　林:·一滴♯(也不)·出来了·
　　　　　·——·,,,,,·

图2

04　梅:˚嗯˚

05　林:.h再加也不好意思了.hhh.

06　　　　(2.4)

07　林:不加了.((吸鼻子))

08　梅:˚嗯˚

09　林:再给我加点儿吧

10　　　　　　(0.5)

11　林:哈哈哈哈哈哈 [哈哈哈哈　　　]哈哈哈

12　梅:　　　　　　[((笑))不喝了吧]

　　林想要再喝一杯,尽管在林的话轮中,他并没有直接执行请求这一社会行为,但是,这一点从林的非语言模态中可以看出:他夸张地举起空酒杯(第1行,图1),然后喝掉了酒杯中的最后一滴;此时林看向自己的酒杯,与此同时先表示"喝完了",宣示自己所遇到的问题,再问"怎么办",尽管目光并没有看向梅,这使得林看上去像是在自己思考下一步应该做什么。

　　反观梅的话轮(第2行),由于在序列中处于回应位置,梅的话轮应当回应林含蓄的请求。然而,梅的话轮仅仅由一个单独的"嗯"构成。这意味着梅仅仅对于自己所接收到的信息表示确认,也就是说,梅展示了自己对于林所遇到的麻烦的理解,但是并没有同意林的请求,尽管此时梅没有表示自己不同意林的请求。在这之后,林向梅展示喝光的酒杯(图2),并且对问题进行了更为直观的描述(第3行),继续进行对问题的展示。此时,林的请求变得更加紧迫,而这是因为梅并没有拒绝或接受林的请求。这展示了林作为听话人对梅所说的"嗯"的理解,即梅所说的"嗯"虽然在一定程度上表示确认,但是只表示确认听见了林所说的话,而不能够展示梅对林所说的话的理解。

面对林对问题的展示(第3行),梅的回应依然是一个由单独的"嗯"组成的话轮(第4行)。这依旧不是对林的请求的拒绝或接受,而仅仅是对于林所提供的信息进行确认,因此林从另一个方面展示了自己的问题,即展示自己不便发出请求(第5行)。在这之后,梅并没有立刻给出回应,而是使得序列中出现了2.4秒的话轮间隔。梅的回应(第8行)直到林表明自己不再需要加更多的酒后才给出,而在此前,林已经多次展示过自己想要再喝一点酒。

尽管交际双方的立场不一致到最后(第9~12行)才明确地体现了出来,但是梅的每一次最小确认标记"嗯"都表明对林所提供信息的接收。相对于林的前件行为而言,梅的话轮仅仅对林所描述的现象进行了确认,而没有对林通过问题信息提供所执行其他社会行为做出回应,比如没有回应林所发出的请求,因此是一种非优先的回应。单独的话轮构建成分"嗯"由于仅能表达最低程度的确认,而不展示说话人对前一话轮的其他理解,可以充当最小确认标记,回应前件的某一行为,而不回应前件的其他行为,从而实现立场不一致的非外显化表达。

例2中的"嗯"也有类似的效果。增是一名13岁的男孩,梅是他的姨妈,二人在饭前交流,而增在对话开始时正在玩手机:

例2:[SK:21/2021Sep/DJI_0056/00:59-01:12]

01　梅:　哎你那个—我听你姥姥说
02　　　　你怎么那天又去同学家吃饭了,
03　增:　嗯,((清嗓子))
04　梅:　快跟我讲讲来
05　　　　(.)
06　　　　去同学家吃饭吃什么了.
07　　　　(.)
08　　　　快点先—把手机放下
09　　　　跟我说会儿[话°呢么°]
10　增:　　　　　　[没吃　]啥呀我这一万块钱呀

在梅的话轮中(第1~2行),梅提出了一个问题,这个问题一方面是基于梅在之前的生活中对增的了解,确认自己的了解是否正确,即增是否去同学家吃饭了;另一方面则是通过"怎么"一词,询问增这样做的原因。除此之外,梅在话轮一开始进行了一次自我修正,修正前句子的主语是"你",即增,尽管句子表述并不完整,我们仍然可以看出,梅试图说出一句以增为主语的话。修正之后，梅在问句主语"你"前加入了自己提问的知识来源，即"我听你姥姥说"，将这一信息处理为二手信息，在知识论上地位较低，这使得增对于这个问题的优先回应应当是首先确认梅所说的信息是否正确，如果正确的话则应当回答原因。但是，增的回应（第3行）则仅仅是一个"嗯"，这在最低限度确认了梅所提出的事实，却并没有给出原因，仅仅给出了梅所需的部分回答，因此，这是一种选择性不完全回应。增通过最小确认标记"嗯"执行了一个非优先的行为，含蓄地表达了自己的立场不一致。

除此之外，从梅对于增的最小确认标记的回应也可以看出，增的这一回应是不符合社会常规的。梅在增的话轮之后，在第4行紧接着用祈使句提出了她对增的指令"快跟我讲讲来"，表明梅在第1~2行的提问是在试图使增更高程度地参与对话，而不仅仅是提供简单的确认。随后，梅在第8~9行进一步明确了她对于增的命令"快点先把手机放下，跟我说会儿话"，而增在此时也进一步明确地表示了自己对于这一命令的不服从。在对立场不一致进行明确的表达之前，"嗯"这一最小确认标记通过执行非优先的社会行为，实现了对立场不一致的隐性表达。

5.2　"嗯"作为弱匹配回应

"嗯"在充当是非疑问句的回应时，有可能造成交际双方产生立场不一致。作为相邻对前件，信息寻求类提问不仅限定回应的结构和内容，还限定交际对方的回应行为；除了提供提问所需信息之外，其他回应类型都不能满足提问对回应的行为限定，均造成序列偶然性，均违背提问/回答相邻对所蕴含的社会规范（于国栋、郭慧，2020）。因为"嗯"作为最小确认标记，虽然能够表达确认，却具有局限性。说话人既可能用"嗯"来表示确认，也可能仅仅表示自己听到了对方所说的话，这使得提问者难以确认回答者的回应是否符合相邻对所蕴含的社会规范，也使得"嗯"可能作为弱匹配回应（于国栋等，2023），投射后续对立场不一致的表达。

例3中，王和李是一对夫妻，二人在语料录制前一天有过争吵，此时正准备吃饭并录制日常生活语料，李在录像开始时检查了录像设备，随后二人对话如下：

例3：[SK:56/2022Sep-1/DJI_0007/00:10-00:38]

03	王：	刚才录了吗
04	李：	我不知道.(0.9)刚才我↑应该
05		(5.0)
06		到时候我看一下吧.
07		(0.3)
08	王：	现在在录吗，

```
09  李：   嗯.
10         (1.6)
11  王：   是还是不是.
12  李：   是.
13         (0.3)
14  王：   你确定吗(.)你没骗我,
15         (2.0)
16  李：   我这有啥好骗的.
17         (2.5)
18  王：   骗我跟你说话.
```

在第 8 行,王的提问"现在在录吗"作为是非疑问句,对回应进行了限定,其匹配回应应当是"在录"或者"不在录"。而李在第 9 行的回应"嗯"则在语法上与前件的提问不匹配,仅仅提供了最低限度的确认,或许从行为上来看,该回应符合提问的内容限定,即回应了提问,但是难以判断这种最低限度的确认是提供信息的确认,还是确认自己听到了问题。这造成了序列发展的偶然性,使得后续的序列发展取决于王对于李这一回应的理解,也就是说,王如果将李的这一回应理解为提供了信息的确认,那么李此时的回应就是立场一致的回应。然而,在 1.6 秒的停顿后,王在第 11 行重复了第 8 行的行为,用是非疑问句"是还是不是"继续寻求确认,这表明王在第 8 行的行为并没有得到优先回应。

当相邻对前件句法结构为是非疑问句,前件行为是寻求确认时,用"嗯"进行回应可能会造成弱匹配回应。在接下来的例子中,增是一名 13 岁的男孩,平常喜欢玩手机并且眼睛近视,梅是他的姨妈,二人展开了如下对话:

例 4:[SK:42/2021Nov/DJI_0016/01:24 – 01:40]
```
18  梅：   [哎,哎,不是—
19         Z—咱俩讨论讨论.这个[:::
20  增：                        [°嗯.°
21  梅：   现在—这个—天—天天看手机
22         然后这个对眼睛是不不好.=
23  增：   =°嗯.°h=
24  梅：   =[啊?
25  增：   [嗯.
26         嗯很好.
```

27	梅:	对眼睛很好,
28		(.)
29	增:	嗯对啊
30	梅:	嗯.你眼睛不近视啊,
31	增:	嗯.不近视.

增所说的"嗯"(第23行)是对梅的问题(第21~22行)的回应。梅的提问中包含了一个极致表述(Pomerantz, 1986)"天天",夸张地描述了增使用手机的频率,从而突出了增的问题行为并表明了其可制裁性。此外,梅在是非疑问句的基础上采用了反问句的提问形式,加强了语气,其隐含要求增承认整天看手机对眼睛不好,是对增的问题行为进行劝诫。而在第23行,增只给出了一个单独的"嗯"作为回应,而"嗯"作为最小确认标记,仅能够表达最低限度的确认,既不能表达对梅的训斥的承认,也不能表达对梅的训斥的反驳,因此,"嗯"在这里是一种结构不一致的回应。这种结构不一致的回应也造成了梅对于增所说的话的理解上的困难,这从梅随后发起的开放型修正也可以看出。

5.3 "嗯"作为匹配回应

由于"嗯"可以作为最小确认标记,表示说话人听到了前一话轮说话人所说的内容,因此"嗯"可以作为一种"继续说话标记"(continuer)。在前一话轮说话人的话轮较长时,说话人采用"嗯"这一单独的话轮构建成分表示自己正在听话,注意力仍然集中,但是这可能并不表示对前一说话人的同意。在前一说话人的话轮建构成分之间,往往有一些话轮转换相关处,使得当前说话人可以表达同意,但是当前说话人选择使用"嗯"这样一种最小确认标记进行回应,作为对自我表达的一种回避,可能投射出后续话轮中的立场不一致。在接下来的语料中,梅、孙和瑞在讨论瑞的儿子增是否应该进行心理咨询。梅认为瑞的儿子增不应该进行心理咨询,并阐述了她的观点:

例5:[SK:23/2021Sep/DJI_0058/03:34-04:33]

01	梅:	咱这些人咱觉着自己—
02		就像我,
03		觉着心理没有大问题的人
04		其实也是有问题=
05	瑞:	=都有问[题=
06	孙:	[°嗯°
07	梅:	=要去一测的话也是有问题
08	瑞:	=嗯.

```
09        (.)
10   梅:  我如—要是如实作答的话
11   孙:  [°嗯°]
12   梅:  [都有]问题. 但是我现在 .h
13        我—因为我大了嘛. 我知道怎么规避,
14        我知道什么样的题我怎么答—
15        .h 会会得好的分儿
16        ↑ (.)        ↑
     孙:  ↑ 翻白眼 ↑
17   瑞:  >就是说<你碰到什么样儿的问题
18        你知道自己—自己知道怎么去—
19        碰到这样的题了我知道—
20        怎么我自己—年龄由于年龄的问啊
21        .h 我自己[知道—   ]=
22   孙:          [°嗯°]
23   瑞:  =我怎么去解决我这种心理问题
24        (0.5)
25   孙:  但是那也没有办法呀.
26        (.)
27        就是你没有碰 h.到的话就是没有碰到
```

在梅阐述瑞的儿子不需要进行心理咨询的原因时,瑞和孙的回应在立场上是不一致的。在梅的第一个话轮构建单位(第1~4行)结束后,瑞立刻重述了梅的论述(第5行),而孙则以"嗯"这一最小确认标记作为回应。相比于瑞所表示的同意,孙仅仅表示对梅的论述的确认,却并不表示自己与梅立场一致,而且其序列位置相较于瑞的同意,也有所延迟。

随后,梅进行了自我修正(第7行),将"其实也是有问题"改为"要去一测的话也是有问题",这是她对于自身观点较为完整的表述,也是话轮转换相关处,而瑞在此时使用最小确认标记"嗯"表示确认(第8行),其声音清晰可闻,并且带有明显的降调,表明自己对梅的同意。反观孙在第11行发出的"嗯",音量则减小了很多,声调也更接近轻声,而不是四声;除此之外,孙的"嗯"与梅的话轮重叠,而此时梅并没有说完一个完整的话轮构建单位,因此并不接近任何话轮转换相关处。因此,孙在第11行的"嗯"可以视为一个延迟的最小确认标记,其序列位置表明,这一最小确认标记并不表示孙对于梅的同意,而仅仅表明孙仍在参与对话。在第22行,孙所说的"嗯"仍然具有这种特点,此时这一最小确认标记与瑞的话轮重叠，且不在话轮转换相关处，这种对立场不一致的含蓄表达，投射了在后续话轮中孙对于立场不一致更为明确的表达。

在接下来的例子中，增是一名 13 岁的男孩，林是他的叔叔。增多次表达过自己不喜欢学英语，而林则针对这一问题对增进行教育：

例 6：[SK:50/2022May/DJI_0094/03:30 - 06:28]

```
01   林：   把这个英语当成一种有趣的事来—来—来做
02           .h 这是我给你—提的建议＝
03           ＝＞就是＜将来以后
04           你会用到这个东西
05           ↑明白了吗，
06           现在只是你长知识长文化长本领的年龄
07           长本领.
08           你现在吧，学的每一个东西
09           都是为了你将来有本领
10           °知道了吧°
11           你把它当成一种[武 ]功的—
12   增：                [°嗯°]
13           (0.5)
14   林：   给你增加武功增加内功的一种这个：渠道. ＝
15   增：   ＝°嗯. [嗯.°
16   林：         [啊：
17           那么你↑为什么不愿意学呢？
18           你可以和我说一说.
19           (0.3)
20   增：   [不]是我为什么不愿意学＝
21   林：   [()]
```

在林的话轮中（第 1～11 行），他阐述了增不应该讨厌学习英语的理由，以及增应该如何改变他的想法。他的每一个话轮构建单位都紧接着下一个，但在第 5 行和第 11 行之后可能有两个话轮转换相关处。这两个话轮建构单位在句法上都是以疑问句的形式构成的，投射出的相关后件则是对问题的回答。虽然从语义上看，这两个问句的意义相似，但它们结尾处的语气词却不同：第 5 行"明白了吗"以语气词"吗"结尾，这是一个疑问句的标准语气词；而第 10 行"知道了吧"则以语气词"吧"结尾，它具有征求同意的功

能(Kendrick,2018;另见 Li & Thompson,1989)。在这一连串的问话中,林正在寻求增的同意,并从此接受他的建议。而增所发出的"嗯"则并没有出现在话轮转换相关处,而是延迟出现。直到第12行,增才对林的建议作出了回应,并且增的回应与林的话轮重叠。除此之外,增的"嗯"以一种低沉的轻声发出,这表明在这里"嗯"仅仅表达一种最低限度的确认,或许可以视之为一种继续说话标记,但是这并不表示增同意了林的建议。尽管增直到第20行才表达了外显化的立场不一致,即表示"不是我为什么不愿意学",但是这种立场不一致其实在增的最小确认标记中就已经投射了出来。

6 结语

本研究对汉语口语语气词"嗯"进行深入分析,语料分析发现"嗯"不仅仅是一种简单的确认回应,而是承载着更为丰富的互动功能。"嗯"作为一个独立的话轮构建单位,虽然具有表达确认的作用,但由于其仅仅表明最低限度的同意,因此可能投射后续话轮中对立场不一致的表达。尽管"嗯"作为一种确认标记,能够执行确认信息这一行为,但是在前件行为对后件行为有更多限定,使得后件的优先行为不仅仅是提供确认时,"嗯"作为选择性不完全回应,能够投射说话人的立场不一致。由于发音省力,又有确认标记的功能,"嗯"能够充当是非疑问句的回应。但是,当是非疑问句对后件行为有类型限定,即后件的优先行为必须满足某种语法结构时,"嗯"仅仅能够充当弱匹配回应。这种微妙的互动功能使得"嗯"在会话中扮演着重要的角色,增加序列进展的偶然性,以一种非直接的方式投射了说话人的立场不一致。

本研究从会话分析的视角揭示了会话中的立场不一致如何通过"嗯"的使用得以体现。通过"嗯"这一微小的语言单位,交际者可以投射彼此的立场不一致,进一步理解对话中的互动关系和社会动态。会话分析作为一种研究方法为此类研究提供了更为丰富的分析工具和更为深入的研究视角,有助于深入探讨互动中的此类现象。本研究有助于理解在互动中如何处理立场不一致,从而促进互动的和谐与协作。这种对于人际关系维护的价值远远超出了语言学和会话分析的范畴,而涉及社会和文化层面的更广泛的意义。因此,本研究对于促进社会和谐、增进人际关系以及解决社会冲突具有重要的实践意义。未来的研究可以进一步探索如何将这些研究成果应用于实际生活中,以促进社会的进步和发展。此外,本研究对中文语气词的研究具有一定的启发意义。通过深入挖掘"嗯"的互动功能和序列组织,本研究为汉语学习者和研究者提供了新的理解和认识。这有助于提高语言学习者的语言应用能力,增进他们对于中文语言的理解和运用。同时,也为语言学研究提供了新的思路和方法,促进了语言学理论的不断发展。

参考文献

［1］ Atkinson, J. M. & P. Drew, 1979. *Order in Court*. London: Macmillan.

［2］ Bolden, G. B. & J. D. Robinson, 2011. Soliciting accounts with why-interrogatives in conversation. *Journal of Communication* 61(1): 94 – 119.

［3］ Brown, P. & S. C. Levinson, 1978. Universals in language usage: Politeness phenomena. In E. N. Goody (ed.), *Questions and Politeness: Strategies in Social Interaction*. Cambridge: Cambridge University Press, 56 – 289.

［4］ Brown, P. & S. C. Levinson, 1987. *Politeness: Some Universals in Language Usage*. Cambridge: Cambridge University Press.

［5］ Clayman, S. E., 2002. Sequence and solidarity. In S. R. Thye. & E. J. Lawler (eds.), *Group Cohesion, Trust and Solidarity*. Bingley: Emerald Group, 229 – 253.

［6］ Couper-Kuhlen, E., 2012. Exploring affiliation in conversational complaint stories. In A. Peräkylä & M. L. Sorjonen (eds.), *Emotion in interaction*. Oxford: Oxford University Press, 113 – 146.

［7］ Dersley, I. & A. J. Wootton, 2001. In the heat of the sequence: Interactional features preceding walkouts from argumentative talk. *Language in Society* 30(4): 611 – 638.

［8］ Drew, P. & T. Walker, 2009. Going too far: Complaining, escalating and disaffiliation. *Journal of Pragmatics* 41(12): 2400 – 2414.

［9］ Drew, P., 1997. 'Open' class repair initiators in response to sequential sources of troubles in conversation. *Journal of Pragmatics* 28(1): 69 – 101.

［10］ Drew, P., 1998. Complaints about transgressions and misconduct. *Research on Language and Social Interaction* 31 (3 – 4): 295 – 325.

［11］ Goffman, E., 1967. On face-work. In E. Goffman. (ed.), *Interaction Ritual: Essays on Face-to-Face Behavior*. New York: Pantheon Books, 5 – 45.

［12］ Goodwin, C. & M. H. Goodwin, 1992. Assessments and the construction of context. In A. Duranti & C. Goodwin (eds.), *Rethinking context: Language as an interactive phenomenon*. Cambridge: Cambridge University Press, 147 – 189.

［13］ Goodwin, M. H., 1983. Aggravated correction and disagreement in children's conversations. *Journal of Pragmatics* 7(6): 657 – 677.

［14］ Goodwin, M. H., A. Cekaite, C. Goodwin & E. Tulbert, 2012. Emotion as stance. In A. Peräkylä & M. L. Sorjonen (eds.), *Emotion in Interaction*. Oxford: Oxford University Press, 16 – 41.

［15］ Grice, H. P., 1975. Logic and conversation. In P. Cole & J. L. Morgan (eds.), *Syntax and Semantics, Vol. 3: Speech Acts*. New York, NY: Academic Press, 41 – 58.

［16］ Heritage, J., 1984. *Garfinkel and Ethnomethodology*. Cambridge: Polity Press.

［17］ Hutchby, I., 1996. *Confrontation Talk: Arguments, Asymmetries and Power on Talk Radio*.

New Jersey: Lawrence Erlbaum Associates Inc.

[18] Jefferson, G., 1984. Notes on a systematic deployment of the acknowledgement tokens "yeah"; and "mm hm". *Papers in Linguistics* 17(2): 197 – 216.

[19] Jefferson, G., 1988. Notes on a possible metric which provides for a 'standard maximum' silence of approximately one second in conversation. In D. Roger& P. Bull (eds.), *Conversation: An Interdisciplinary Perspective*. Clevedon, UK: Multilingual Matters, 166 – 196.

[20] Jefferson, G., H. Sacks & E. A. Schegloff, 1987. Notes on laughter in the pursuit of intimacy. In G. Button & J. R. E. Lee (eds.), *Talk and social organisation*. Clevedon, UK: Multilingual Matters, 152 – 205.

[21] Kendrick, K. H. & F. Torreira, 2015. The timing and construction of preference: A quantitative study. *Discourse Processes* 52(4): 255 – 289.

[22] Kendrick, K. H., 2018. Adjusting epistemic gradients: The final particle ba in Mandarin Chinese conversation. *East Asian Pragmatics*: 5 – 26.

[23] Kent, A. & K. H. Kendrick. 2016. Imperative directives: Orientations to accountability. *Research on Language and Social Interaction* 49(3): 272 – 288.

[24] Kidwell, M., 2005. Gaze as social control: How very young children differentiate "the look" from a "mere look" by their adult caregivers. *Research on Language and Social Interaction* 38 (4): 417 – 449.

[25] Kitzinger, C., 2013. Repair. In J. Sidnell & T. Stivers (eds.), *The Handbook of Conversation Analysis*. Boston, MA: Wiley-Blackwell, 229 – 256.

[26] Li, C. N. & S, A. Thompson, 1989. *Mandarin Chinese: A Functional Reference Grammar*. Berkeley, Los Angeles, London: University of California Press.

[27] Lindström, A., & M. L. Sorjonen, 2013. Affiliation in conversation. In J. Sidnell & T. Stivers (eds.), *The Handbook of Conversation Analysis*. Boston, MA: Wiley-Blackwell, 350 – 369.

[28] Pomerantz, A. & J. Heritage, 2013. Preference. In J. Sidnell & T. Stivers (eds.), *The Handbook of Conversation Analysis*. Boston, MA: Wiley-Blackwell, 210 – 228.

[29] Pomerantz, A., 1978. Compliment responses: Notes on the co-operation of multiple constraints. In J. Schenkein (ed.), *Studies in the Organization of Conversational Interaction*. New York: Academic Press, 79 – 112.

[30] Pomerantz, A., 1984. Agreeing and disagreeing with assessments: Some features of preferred/ dispreferred turn shaped. In J. M. Atkinson & J. Heritage (eds.), *Structures of Social Action: Studies in Conversation Analysis*. Cambridge: Cambridge University Press, 57 – 101.

[31] Pomerantz, A., 1986. Extreme case formulations: A way of legitimizing claims. *Human Studies* 9(2 – 3): 219 – 229.

[32] Sacks, H., 1987. On the preference for agreement and contiguity in sequences in conversation.

In G. Button & J. R. E. Lee (eds.), *Talk and Social Organisation*. Clevedon, UK: Multilingual Matters, 54 – 69.

[33] Sacks, H., 1992. *Lectures on conversation: Volume I*. Malden, Massachusetts: Blackwell.

[34] Schegloff, E. A., 1982. Discourse as an interactional achievement: Some uses of 'uh huh' and other things that come between sentences. *Analyzing Discourse: Text and Talk* 71: 71 – 93.

[35] Schegloff, E. A., G. Jefferson & H. Sacks, 1977. The preference for self-correction in the organization of repair in conversation. *Language* 53(2): 361 – 382.

[36] Sidnell, J., 2010. *Conversation Analysis: An Introduction*. West Sussex: Wiley-Blackwell.

[37] Stivers, T., 2008. Stance, Alignment, and Affiliation During Storytelling: When Nodding Is a Token of Affiliation. *Research on Language and Social Interaction* 41(1): 31 – 57.

[38] 胡明扬,2005.北京话的语气助词和叹词.胡明扬.北京话初探.北京:商务印书馆,74 – 107.

[39] 汪敏峰,2023.协商与顺应:语气词"啊"与语境的互动.华文教学与研究,(04):30 – 39＋58.

[40] 吴亚欣,2022.汉语语气词的会话分析研究路径.外国语,(11):21 – 33.

[41] 于国栋,郭慧,2020.相邻对结构的社会规范性.现代外语,(1):18 – 31.

[42] 于国栋,王亚峰,刘晓佳,周琳,2023.急救电话中的互动规范性与偶然性.现代外语,(3):187 – 199.

[43] 于国栋,2022.什么是会话分析.上海:上海外语教育出版社.

[44] 赵元任,2005.汉语口语语法.北京:商务印书馆.

主位视角下语气词"吧"的知识调节功能

杨　帅①

摘　要:本文运用会话分析研究方法,以真实发生的自然会话为语料,从主位视角对语气词"吧"的知识调节作用进行了详细分析和阐释。研究发现,当交际者对双方均占有的信息进行询问时,语气词"吧"的使用可以调低讲话人对于相关信息的确定度或在知识梯度上的相对位置,从而使该话轮执行"寻求确认"这一行为,避免了相关话轮被误解为其他行为,从而有利于互动的顺畅进行。本研究补充了会话分析领域对于语气词"吧"互动功能的研究,并为相应的互动功能提供了主位视角下的佐证,也为全面理解语气词"吧"的核心功能提供进一步的研究基础。此外,本研究也为我们理解"知识状态"在互动中的作用提供了新的认识。

关键词:语气词"吧";寻求确认;会话分析;知识梯度;主位视角

Title: Epistemic Adjustment: An Emic Analysis of the Particle *Ba* in Mandarin Conversation

Abstract: Adopting conversation analysis (CA) as its research method and drawing on data from naturally occurring conversations in Mandarin Chinese, this study demonstrates the particle *Ba's* interactional function of epistemic adjustment from an emic perspective. Data show that, when inquiring about information that are shared by both parties, the particle *Ba* can downgrade the speaker's certainty or his or her position on the epistemic gradient, and thus format that turn as doing seeking confirmation rather than any other actions, so that the interaction can move forward smoothly. This study contributes to the literature on the particle *Ba* in conversation analysis, provides emic evidence for the particle *Ba's* function of epistemic

---

①　**作者简介:**杨帅,山西大学在读博士研究生。研究方向:会话分析。电子邮箱:986954502@qq.com。

adjustment, and enhances the understanding of the core function of the particle *Ba* across different sequential environments. Besides, this study also provides a new insight into the comprehension of how epistemic status works in interaction.

Key Words: Particle *Ba*; Seeking Confirmation; Conversation Analysis; Epistemic Gradient; Emic Perspective

1 引言

在真实的汉语言谈互动中，"吧"是一个高频出现的语气词。学界关于"吧"的研究也很丰富，历时研究主要关注了其历史发源和演变（孙锡信，1999；孟繁杰、李焱，2022），共时研究则一方面集中在对其语义的考察上，另一方面则聚焦于其在具体的使用语境中的互动功能。根据研究视角和方法等方面的不同，对于语气词"吧"语义的考察和研究大体上可分为四类（赵春利、孙丽，2015：121 - 123）："传统语法的语气多样论"（Chao，2011；黎锦熙，1924/1992；吕叔湘，1982；王力，2019）、"结构语法的信疑不定论"（陆俭明，1984；周士宏，2009）、"认知功能语法的迟疑求定论"（Li & Thompson，1981；Cheung，2003；Chu，2009）以及"生成语法的标句标度论"（Li，2006；邓思颖，2010）。然而，此类研究大都将语气词"吧"视为一个词汇语法单位，从汉语语法的视角分析"吧"在语法系统中的词汇类别归属、句法功能和语义表达，尚未触及"吧"在句子层面之上的、由多个话轮构成的互动语篇中的交际功能。

将语气词"吧"置于不同的语境中考察其在互动中语用功能的研究也在不断出现，如冉永平（2004）根据"吧"所处句类的不同归纳了其语用功能的共性，并指出"吧"具有语用推进、语用缓和与商榷的语用功能。而齐春红（2022）则指出不可过于强调语气词"吧"的语用共性，并采用语音实验的方法从统计学意义上对"吧"的语用功能分布进行了考察，发现语气词"吧"的功能可分为表祈使语气的核心功能，表猜测、不确定语气的扩展功能，以及表犹豫等的边缘功能。汪敏锋（2022）也提出语气词的功能具有多样性和动态性，并从人际语用的视角指出"吧"具有很强的交互主观性，具有求同示证和传递合预期信息等功能。此类采用语用视角的研究虽然强调了"吧"的互动性，但由于对语料的选择、处理以及分析都偏向于客位视角，因此很难对语气词"吧"在真实互动场景中如何被交际者所使用和理解作出更客观和更具说服力的解释。

而会话分析和互动语言学的兴起则为考察语气词在真实互动中的交际功能提供了新的方法论和视角（Heritage & Sorjonen，2018），并且有关"吧"的相关研究也在不断出现,如肯德里克(Kendrick,2018)研究发现语气词"吧"在"回答"、"告知"和"评价"行为中可以降低讲话人在知识梯度(epistemic gradient)上的相对位置。而当出现在表示不同意或者对建议和邀请进行拒绝的话轮末尾时,语气词"吧"可以削弱该行为的"负面性质"(negative valence)(Xu,2019)。吴亚欣和杨帅(Wu & Yang,2022)则聚焦于语气词"吧"在一些"指令性行为"(directives)中的使用,发现语气词"吧"可以调低讲话人的行为决定权(deontics)。除此之外,也有学者将"吧"置于一些特定的结构中考察其互动功能,如"是吧"(姚双云、田咪,2020)、"好吧"(刘红原,2023)等。

总体来讲,学界对于语气词"吧"的考察不仅关注其本身的语义和语法功能,也注意到了其互动功能的多样性。然而,相关研究大都将"吧"的"调低"或"缓和"功能作为一种既定的事实和分析基础,即便是从互动层面对"吧"进行考察的研究也很少可以从互动本身提供主位视角下的佐证。肯德里克(Kendrick,2018)的研究主要考察了语气词"吧"在执行"告知"类行为时的知识调节功能,而未涉及"吧"在"询问"类行为中的使用,而这两类行为序列所展现的知识梯度关系是完全不同的。因此,本文运用会话分析继续考察语气词"吧"在执行"询问"类行为时的知识调节功能以及该调节功能对于互动的影响,同时,也为"吧"的知识调节功能提供主位视角(emic perspective)下的实证分析,为全面系统揭示"吧"在互动层面的作用作出学术贡献。

2 知识梯度(epistemic gradient)

与肯德里克(Kendrick,2018)关注的"告知"类行为相似,"询问"类行为也与"知识"高度相关。赫里蒂奇(Heritage,2012)提出的"知识论"(epistemics)为我们分析和理解不同句法形式执行"告知"还是"询问"提供了理论基础,该理论包含了两个方面,即"知识状态"(epistemic status)和"知识表达"(epistemic stance),前者指交际者对于某一信息或知识域(territory of knowledge)的客观掌握情况,而后者则指交际者对于这种掌握情况在话轮设计(turn design)层面的具体展现(于国栋,2021)。

在本文所关注的"询问"类行为序列中,询问者对相关信息的占有和掌握程度通常是不及对方的,即讲话人(S)处于K-位置,而听话人(R)处于K+位置(如图1)。

然而,交际者对于某一信息的知识状态不仅仅存在"占有"或"不占有"两种极端状态,而且还存在一些更加细微的中间态。一些学者对此中间态进行了讨论并建立一些分析模型,如KUB(knowing、unknowing、believing)分析模型（Zuczkowski et

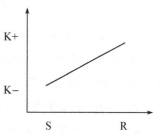

图1 "询问类"行为中交际双方的知识梯度关系

al,2017),从认知心理的角度分析"信息标记语"(epistemic marker)和"言据标记语"(evidential marker)如何展现交际者对于某一信息不同程度的"确定度"(certainty)。然而,该分析模型更加注重语言形式与讲话人认知心理状态的关系,而会话分析则更加关注交际者如何通过话轮设计来呈现其不同的知识表达。在会话分析的视角下,虽然"询问类"行为都展现出 S(K-)— R(K+)的相对梯度关系,但该梯度的斜度依然存在差异,故而"询问类"行为可以细化为不同的子行为(member action),如下面例(1)中的三个句子:

例(1):
(a) 你结婚了吗?(Are you married?)
(b) 你结婚了,对吗?(You are married, aren't you?)
(c) 你结婚了。(You are married.)

根据赫里蒂奇(Heritage,2012)的描述,虽然这三个句子都可以用来对对方的婚姻状况进行询问,但它们所呈现出的对于该信息的掌握程度是不同的(如图2所示),其中(a)的句法形式表明讲话人对于对方的婚姻状况完全不知,而(b)和(c)的句法形式则展现出讲话人对于该信息有一定的掌握程度,也正由于此,(b)和(c)所执行的社会行为不再是简单的询问,而是向对方寻求确认。

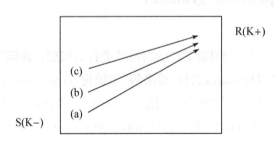

图2 不同句法形式呈现的知识梯度

除了句法形式外,一些语气词也常常可以用来展示交际者对于某一信息占有状态的变化,如英语中的"oh"(Heritage,1984)和日语中的"a"和"eh"(Hayashi & Hayano,2018)都可以展现交际者信息占有状态的改变,即从"不占有"变为"占有"。同样,一些汉语语气词也可以展现交际者的知识占有情况,如"吗"(Li & Thompson,1981)、"啊"(Wu,2004)以及"吧"(Kendrick,2018)等。然而,由于语气词使用场景的不同,其在"知识"层面以及更大的互动层面的功能也会存在很大差异。本文则对交际者如何使用语气词"吧"进行知识调节并执行"寻求确认"这一行为进行详细阐述,一方面为理解"吧"的调节功能提供主位视角下的佐证,另一方面也为理解"吧"在互动层面的交际功能提供实证分析。

3　研究方法与语料

本文采用会话分析的研究方法。会话分析由萨克斯（Harvey Sacks）、施格洛夫（Emanuel Schegloff）和杰弗逊（Gail Jefferson）于 20 世纪 60 年代于美国创立。作为一种微观社会学方法，其旨在通过观察自然发生的言谈应对（talk-in-interaction）并采用归纳法对交际者用于执行社会行为的会话常规（practice）及其规律（pattern）进行发掘、描述和解释（Drew，2005）。社会行为（action）、序列组织（sequence organization）以及话轮设计（turn design）作为会话分析的三个支柱概念（于国栋、吴亚欣，2017），明确了会话分析将社会行为作为焦点，从话轮设计和序列组织两个方面观察、分析并解释言谈互动背后所蕴含的社会秩序（social order）的研究理念。也正是因为秉承这种自下而上（bottom-up）的微观社会学研究方法，会话分析可以让我们看到并更好地理解同一种话轮构建资源（conversational resource）在不同的话轮和序列位置（sequential position）可以执行不同社会行为或完成不同互动功能的交际现象。而汉语语气词"吧"作为一种非构成性语气词（non-constituent particle）（Wu & Yu，2022），其出现的序列位置以及所附着的话轮构建成分十分繁杂多变，运用会话分析方法可以对出现在不同序列位置的语气词"吧"的互动功能进行系统梳理。在学界不断运用会话分析对语气词进行考察的基础上，吴亚欣（2022）提出了汉语语气词的会话分析研究路径，具体包括以下步骤：

（1）确定语气词在话轮中的位置。
（2）确定语气词所在话轮在会话中的序列位置。
（3）确定语气词所在话轮执行的社会行为。
（4）确定语气词在该序列位置的交际功能。
（5）从会话中寻找可佐证该交际功能的证据。
（6）总结语气词的交际功能与该序列位置的共现规律。
（7）对发现的规律作出理论解释。

遵循该研究路径，本研究将语气词"吧"放置于序列起始位置，观察其与陈述句共现构成"陈述句＋吧"的话轮设计并执行寻求确认这一社会行为时的知识调节功能以及互动功能。

本研究所使用语料均来源于山西大学 DIG（Discourse & Interaction Group）团队和中国海洋大学 DMC（DIG Mandarin Chinese）团队的会话分析语料库（Yu et al，2023），所有语料均为自然发生于同学、朋友、同事、师生等之间的汉语普通话电话谈话，且录音和使用过程均获得了交际参与者的知情同意。语料时长总计约 10 小时，从中筛选出语气词"吧"参与构建"寻求确认"这一行为的案例 120 例且都按照会话分析的转写规范①(Jefferson,2004)进行了转写。

4 分析

通常来讲,交际者会针对自己未掌握的信息向对方进行询问。然而,在一些场景下,交际者也会对一些双方均占有的信息进行询问。此时,交际者执行的行为往往就不再是简单询问,而是向对方寻求确认。然而,由于该信息被双方共享后,交际者需要借助某些会话资源来确保自己意欲执行的行为(寻求确认)得以成功被识解。本文所关注的语气词"吧"正是这样一种话轮构建资源,通过调低讲话人在知识梯度上的相对位置,使得该话轮得以成功执行寻求确认这一行为,避免被交际对方误解为其他行为。根据交际者所寻求确认信息类型的不同,本文将分别对交际者对只属于交际对方知识域的信息和属于双方可以共享的公共信息进行寻求确认时语气词"吧"的使用进行分析,并从主位视角对"吧"的知识调节功能进行分析和提供佐证。

4.1 对属于交际对方知识域的信息寻求确认

当交际者向另一方询问一些只属于交际对方知识域的信息(B-events)(Labov & Fanshel, 1977)时,从知识状态看,由于该信息属于对方,所以该行为一般会被理解为询问行为。然而,在真实互动中,交际者往往会通过一定的途径掌握相关信息,而且会在知识表达上呈现出自己对相关信息的高占有程度,此时该行为就不再是简单的询问,而是寻求确认。但是,由于双方对相关信息占有权的差异,呈现高占有程度或者高确定度的知识表达就很可能会被交际对方误解,因此则需要借助一些交际资源来执行寻求确认这一行为,比如例(2)中的语气词"吧"。在该例中,尹和洪是一对闺蜜,两人在讨论和计划放假之后一起游玩的事情。在第 42 行,尹向洪寻求确认其放假回家的时间。

例(2) [OUC-2021-2022-2-HD-GMZY]

01　尹：　　那你们什么时候放假呀.

02　　　　　(0.8)

03　洪：　　<u>放假的话</u>:应该六月下:旬就会放假.

---

① Gail Jefferson 会话分析转写体系说明:".h"表示吸气;"h"表示呼气;"—"表示话语突然停止;"["表示重叠话语;"="表示紧随话语;":"表示语调拖延;","表示轻微升调;"?"表示升调;"(.)"表示停顿时间不足 0.2 秒;"¥"表示话语笑着被说出;"↑"表示音调突然升高;"< >"表示其中话语语速比周围慢("> <"相反)。

04		(0.7)
05	尹:	诶:? 那还挺早的,我们这边:也是.hh
06		我们这边六月中旬就放假[了.
07	洪:	[诶那你
08		放得比我还早:.
09		(0.4)
10	尹:	对:我们这边—他们—大概是—反正要求就是.hh
11		6月20号 y—之前:一定.hh保证全部的学生
12		都要回家.
13	洪:	噢:.他们想早点让学生都回去.
14		(0.6)
15	尹:	嗯::毕竟—对 h.hh不想担责任嘛,>因为<学生—
16		¥超级想回去了¥.hh=
17	洪:	=<了解.>嘿嘿=
18	尹:	=嗯.
19	洪:	啊:>呀那我一回[去就可以—<看到你了呗,
20	尹:	[嗯
21		(0.2)
22	尹:	是dei::.[我们可以出去玩,heh heh=

((省略19行,期间两人讨论见面以及一起出去玩的事情))

42	尹:	那你7月份应该能回来吧.
43		(.)
44	尹:	[嗯.对.
45	洪:	[>七月份<肯定啦:就是—(0.2)唉,肯定那个时候—
46		>那时候<就—能在家了.
47		(0.5)
48	洪:	想见[不很容—很容易的事情.
49	尹:	[是的.

事实上,在之前的会话中,尹在第1行已经明确询问过洪的放假时间,且洪也明确在第10~12行表明6月20号之前就要离校,而且鉴于当时疫情的存在,学生离校大概率就只能回家。因此,尹在第42行向洪寻求确认时已经知晓洪7月份大概率可以回去,因此双方对于该信息均是占有状态。并且,双方对于这种信息共享的状态应该也是共享的。那么,如果此时尹只是使用"那你7月份能回来."这样展示高确定程度的话轮

设计,该话轮则很可能被理解为其他行为,比如作为前序会话的重提或者总结从而预示该序列或话题的结束(Schegloff,2007)。这里,尹则使用了"陈述句+吧"的句法形式。语气词"吧"降低了尹对于"洪七月份能回去"这一信息的确定度。而且,尹也使用了"应该"这样不确定的词汇表达,也展现出与语气词"吧"一致的作用。这些话轮设计的细节使得该话轮明确执行"寻求确认"这一行为。

虽然洪在第45行给出了"确认",但并不是简单地使用"对"等确认标记执行这一行为。首先,洪使用了陈述句来陈述"7月份能回去"这一信息,并在其中使用了"肯定"这一副词,表明该信息应该是很明确的 。而且,洪使用了语气词"啦",而"啦"在此处可以视为"了"和"啊"的语音融合(胡明扬,1981),而"啊"作为"呀"的变体在执行回答时可以展现出前件行为不合适(Wu & Yu,2022),这也再次表明相关信息已经很明确,不需要再次进行确认。洪这些"确认"之外的其他行为也表明尹第45行的行为从"知识"层面来讲是不合适的,其不需要对该信息再寻求确认,从而也就表明洪识别到了"吧"(包括"应该")的知识调节功能,即调低了自己的确定度或者调低了自己在知识梯度上的相对位置。

同样,在例(3)中交际者也展现出了对于语气词"吧"知识调节功能的观照(orientation)。该例中,杨和郭是同事,但两人的工作地点不在同一个地方。杨先询问了郭一些工作相关的事情并在了解到郭的工资不太高之后,发生了以下对话。

例(3)[2020-2021-OUC-1-LZH-YWX]

```
01   杨: >不过<每天也没啥事儿还.
02       (0.4)
03   郭: 嗯:.
04       (0.5)
05   杨: 不忙吧,
06       (0.3)
07   郭: 不忙,每天也[(出去的)不多.
08   杨:          [°噢°.
09   杨: >就是<说了么,每天没啥事儿了也行喽,
10       这单位不一挺好了一好一个单位还.
11   郭: 嗯. =
12   杨: =.hh
13       (0.3)
14   杨: 有对象了吧,
```

```
15  郭： 没有了么.呵呵呵.hhh
16  杨： 哎呀不赶紧找个对象,.hh[h hhh=
17  郭：              [嗯.
18  杨： =嗯,你这二舅当老板了,你说 nia-
19     (0.3)
20  郭： 嗯,差不多了.
21  杨： 呵呵呵↑嗯:.hhh 那就行.°嗯°.=
```

在这个例子中,杨两次使用了"陈述句＋吧"的话轮设计向郭寻求确认。第一次出现在第 5 行,这里的情况与例(2)类似,相关信息也是前序会话中明确提及的。杨在第 1 行对郭表达了自己目前工资不高的现状后的"安慰",郭在第 3 行接受这一安慰的同时也认可了杨对其工作状态的描述。从一定程度上讲,"每天也没啥事儿"与"不忙"表达的是相同的信息,但是,杨在第 5 行又再次对该信息进行询问。由于"郭不忙"这一信息双方此时已经共享,杨如果在第 5 行只使用"不忙."这种话轮设计,则很可能会被理解为其他行为,比如作为序列结束语(sequence closing third)(Schegloff,2007)结束当前序列。而此时语气词"吧"的使用调低了杨对"郭不忙"这一信息的确定程度,将该信息构建为需要对方给予确认的信息,从而成功执行"寻求确认"这一行为。郭在进行确认时,也没有选择使用"对"这类"确认语",而是使用了"不忙"重复杨的部分话轮设计,这种重复不仅展现出郭对于该信息的知识占有权,也可以展现出其认为郭第 5 行的行为不合适,即不该对相关信息不确定而再次寻求确认。

另一处"吧"的使用出现在第 14 行,杨对郭的感情状态进行了询问。虽然郭的感情状态属于郭的知识域,但是杨依然有可能通过一定的途径了解相关信息。不同的是,这里杨获取相关信息的途径不是前序序列的直接展示,而是通过第三方或者基于一定的推理获得的。具体来讲,从杨知道郭的二舅当老板这一信息(第 18 行)来看,杨具备这一途径来获取郭的感情状态,比如可能是从郭的二舅那里得知,也可能是基于一定的推理(比如郭的二舅当老板对郭找女朋友有一定的积极作用)等。杨在第 18 行提供的信息恰恰解释了他在第 14 行之所以表现出对郭的感情状态占有一定知识的推理前提,虽然郭在第 15 行进行了否认,但是在第 20 行又重新调整为"差不多了",这也表明郭"有女朋友"这一信息并不是空穴来风,而是有一定的事实基础的。但是,即便杨的推理有一定的事实和逻辑基础,如果杨使用"有对象了."这样确定度非常高的话轮设计则很可能会使郭产生误解,比如对自己的知识权利的侵犯等,因为郭更享有知识权利去讲述属于自己知识域的信息。语气词"吧"的使用调低了讲话人对相关知识的确定度,从而也降低了自己对于对方知识权利的侵犯,成功将该行为构建为"寻求确认"并利于对方的识解。

4.2　对双方共享的公共信息寻求确认

与对只属于对方的信息询问相比,对于公共信息(O-events)(Labov & Fanshel,1977)的询问可能更容易使对方产生误解,因为交际双方都可能掌握相关信息。此时,交际者更加需要借助一些话轮构建资源来使得该话轮明确执行"寻求确认"这一行为,从而避免误解并维护交际的顺畅进行,如例(4)。在该例中,林和窦是好朋友关系,林打电话询问窦的工作近况,窦在第68行向林询问其所在地的疫情情况。

例(4)〔OUC-2021-2022-1-LHX-GZJK〕

```
58  林: .tch 呀::那一.hh 你一你这一带那种::
59      就是正式的班儿:y一带了也有一段时间了吧.
60      (0.8)
61  窦: 嗯一就半个月了.(0.3)就一下子,一下子五个班儿,
62      感觉真的,那时候就一((背景音))
63      ehehhh¥压力[可:大.¥
64  林:           [哎呦,感觉:一真一真的((笑声))五个班儿,
65      ((笑声))¥是有点儿多.¥
66      (0.8)
67  林: [我一
68  窦: [你一你那边儿挺好的呗.你们那边儿疫[情应该不严重吧.
69  林: [嗯.
70  林: 嗯:不严重,现在[不就是一最近不就是福建那一片儿,
71  窦:              [(那还行.)
72      (0.3)
73  窦: [嗯:.
74  林: [比较严重.(0.4)现在这::一没啥.
```

该会话发生时,疫情并没有结束,且各地疫情情况会在网络上发布,因此双方都有充分的信息来源了解林所在地的疫情情况。而且,窦在询问疫情情况之前对林所在地进行了整体的评价"挺好的",这也表明其一定程度上知晓当地疫情情况。在双方均掌握相关信息的情况下,如果窦使用"你们那边疫情不严重."这种话轮设计则很可能会被对方理解为其他行为,比如作为其先前评价的"解释",甚至可能被理解为"告知"等行为。语气词"吧"的使用则可以调低窦对于该信息的确定度,从而使得该话轮执行"寻求确认"这一行为。这里,窦同样使用了"应该"来降低自己的确定度,从而达到与"吧"一

致的效果。

语气词"吧"的这种知识调节功能同样可以从林的后续回应中得到印证。林在第70行的回应首先使用"嗯"给予了确认,表明其将窦第68行的行为识别为"寻求确认"。而且,林又继续重复"不严重"这一信息,表明对方的询问有一定的不合适,即该信息应该是明确的,不需要再确认。紧接着,林又主动提供了新信息"最近不就是福建那一片儿比较严重",其中"不就是"作为一种反问结构,不仅表明"就只是"福建疫情比较严重,而且相较于直接说福建疫情严重,这种反问将该信息(疫情信息)构建为一种大家都知晓的公共信息,因此也再次表明"你们那边儿疫情不严重"这一信息应该是明确的。这些话轮设计层面的特征也表明林识别了窦使用"吧"(包括"应该")等来调低自己的确定度从而向其"寻求确认"这一行为,从而印证了"吧"的知识调节功能。

同样,在例(5)中,交际者也使用了语气词"吧"来进行知识调节,从而使该话轮成功执行"寻求确认"而非其他行为。该例中,艳和红是姐妹,在截取片段之前的对话中,姐姐艳询问了妹妹红的学习情况,这里妹妹红开始询问姐姐艳的一些情况。

例(5)〔OUC-2022-2023-1-GH:1'35"〕

01　红：　那你一你这几天::怎么样?

02　　　(0.5)

03　艳:不怎么样((笑))

04　红:怎么了?

05　艳:.hhh 就那样呀,跟你一样,学习学习学习学习.

06　红 你还有十几天就要考了吧.

07　艳:诶呦:喂,你知道得挺多呀,

08　红:¥当[然¥

09　艳:　[啊?

10　红:¥上微博热搜了¥((笑))

11　　　(0.3)

12　艳:闲的,闲得慌你就是.

13　　　(1.2)

14　红:所以有没有发现我这几天都没有去¥扰你了?¥

15　艳:嗯. 是.

在这个例子中,妹妹红在第6行对姐姐艳"十几天后要参加一个考试"这个信息进行询问。虽然会话中并未直接说明该考试是否是公共性质的考试,但从妹妹红第10行的解释看,该考试可以出现在微博热搜上表明其很可能是一个公共性质的考试,比如大学英语四六级考试、研究生入学考试、公务员考试等,因此妹妹红完全可以获取该考试的相关信息,或者换句话说,对于考试时间妹妹红在知识状态上和姐姐艳可以是同等的K+状态。那么,此时如果妹妹红使用一种确定程度很高的知识表达,比如"你还有十几天就要考了",则很可能会被姐姐艳理解为"告知""提醒"等行为。这里,语气词"吧"的使用降低了妹妹红对相关信息的确定度,使自己在知识梯度上低于姐姐艳,从而将该话轮的行为构建为"寻求确认"。同样,该话轮中的一些话轮设计特征也展现出与语气词"吧"知识调节功能的一致性。首先"十几天"是一种相对模糊的时间表达,表明讲话人对于该信息并没有那么确定;其次"你"的使用将该信息构建为一种与听话人更为相关的信息,听话人更具备掌握相关信息的可能,因此更有权利去讲述和确认该信息。然而,姐姐艳并没有紧接着给出"确认"或"否认",而是对妹妹红对于该信息的掌握情况进行了评价。而且这种评价"知道得挺多"(第7行)不仅表明姐姐艳认可了妹妹红所寻求确认的信息,也展现出姐姐艳也认为该信息是可以被妹妹共享和确定的。所以,妹妹使用语气词"吧"等话轮构建资源调低自己的确定度,使得该话轮成功执行"寻求确认",而非其他行为。

综上所述,当交际者对双方均占有的某一信息(包括只属于对方的信息和属于共享的公共信息)寻求确认时,仅仅使用陈述句这种展示高确定度的话轮设计则很可能会被交际对方误解为其他行为。此时,语气词"吧"可以附加于陈述句末尾,降低讲话人对相关信息的占有程度或确定度,从而使得该话轮执行"寻求确认"这一行为。这种话轮设计所展现的"知识表达"可能会与自己当前的知识占有状态不符,却更有利于行为的明确执行和成功被识解,从而有利于互动的顺畅进行。

5 讨论

赫里蒂奇(Heritage,2012)指出,知识状态作为行为识解的深层基础,在交际过程中甚至比句法等因素更为重要,是社会关系的一种稳定特征。然而,从本文所关注的序列环境来看,交际者对于某一信息的掌握情况很可能会随着互动或因为其他因素获得更新,并有可能影响交际者的行为构建和识解。当交际者对某一信息寻求确认时,虽然其可能通过一定途径获得相关信息,但交际对方并不一定能即时同步更新这种即时的信息掌握情况,因此对于寻求确认者来说,其需要考虑使用何种知识表达。同样,交际对方在识解该行为时也需要考虑寻求确认者的即时信息掌握情况和其知识表达之间的关系。因此,鉴于交际双方对于某信息的掌握情况会实时变化,本文提出将"知识状态"(epistemic status)细分为"静态知识状态"(static epistemic status,缩略为 SES)和"动态知识状态"(dynamic epistemic status,缩略为 DES),前者指交际者固有的、稳定的、符合社会常识的对于某一信息的占有情况,而后者指交际者在互动中实时更新的对于某信息的掌握程度。两者在与知识高度相关的行为的构建和识解中都起着重要的作用(如图3)。

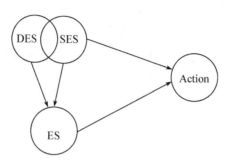

图3 知识状态(SES、DES)、知识表达(ES)以及行为间的关系

当涉及公共信息时,交际双方的静态知识状态都是 K+状态。而此时如果交际一方使用确定度较低的知识表达时,交际对方则可能会通过一些话轮设计来展现其对于这种知识表达的识解和观照,如例(4)中,林就将窦使用"吧"来调低自己对相关信息的确定度识解为不合适的行为,这表明林在识解该行为时参照了窦的静态知识状态,窦对于相关信息应该是确定的,不需要向其寻求确认。当涉及对方知识域的信息时,询问者的静态知识状态是 K−,但其通过一定的途径(如前序会话中提及)获得了相关信息,即获得 K+的动态知识状态,如例(2)中,通过前序会话,尹对洪"七月份能回去"这一信息已经掌握,因而其动态知识状态为 K+,但是从静态知识状态来看,该信息属于对方的知识域,因而尹的静态知识状态为 K−。从尹的角度看,其使用"吧"来调低自己对于该信息的确定度,体现了对自己静态知识状态的观照。从洪的角度看,其将该行为识别为"寻求确认"体现了洪对于双方静态知识状态关系(K−—K+)的观照,而其通过"肯定"以及"啦"等话轮构建资源展现其认为尹寻求确认行为的不合适则展现出洪对于尹动态知识状态的观照,表明其应该知晓该信息,不需要再寻求确认。

6 结语

本文从主位视角对语气词"吧"的知识调节功能进行了详细分析和阐述。语料表明,当交际者对双方均可占有的信息寻求确认时,如果仅仅使用展示很高确定程度的知识表达则很可能会被交际对方误解为其他行为,而非寻求确认。语气词"吧"的使用则调低了讲话人对于相关信息的确定程度或者调低了讲话人在知识梯度上的相对位置,从而将该话轮构建为"寻求确认"。本研究不仅补充了会话分析领域对于语气词"吧"在

"询问"类行为构建中知识调节功能以及其他互动功能的研究，也为语气词"吧"的知识调节功能提供了交际者视角（即主位视角）下的佐证。然而，语气词"吧"在互动中的使用情况远不止于此，现有研究关注的多为处于句末或话轮构建单位末尾的语气词"吧"，而对位于句中或话轮构建单位中间位置的"吧"研究较少，期待未来有更多运用会话分析方法对出现在其他序列位置的语气词"吧"乃至其他语气词的研究，从而从真实互动的视角对汉语语气词的功能进行更加全面、系统的描写与解释，从而为语法教学和对外汉语教学中语气词的教学提供系统的实证研究基础。

参考文献

[1] Chao Y. R. , 2011. *A Grammar of Spoken Chinese*. Beijing: The Commercial Press.

[2] Cheung H. S. , 2003. *A Practical Chinese Grammar*. Hong Kong: The Chinese University Press.

[3] Chu C. C. , 2009. Relevance and the discourse functions of Mandarin utterance-final modality particles. *Language and Linguistics Compass*, 3(1):282 – 299.

[4] Couper-Kuhlen, E. , 2014. What does grammar tell us about action? *Pragmatics*, 24(3):623 – 647.

[5] Drew, P. , 2005. Conversation Analysis. In K. L. Fitch & R. E. Sanders (eds.), *Handbook of Language and Social Interaction*. Mahwah: Lawrence Erlbaum Associates, 71 – 102.

[6] Heritage, J. , 2012. Epistemics in action: Action formation and territories of knowledge. *Research on Language and Social Interaction*, 45(1):1 – 29.

[7] Heritage, J. & M. - L. Sorjonen. 2018. *Between Turn and Sequence: Turn-Initial Particles across Languages*. Amsterdam/Philadelphia:John Benjamins Publishing Company.

[8] Jefferson, G. , 2004. Glossary of transcript symbols with an introduction. In G. A. Lerner, (ed.), *Conversation Analysis: Studies from the First Generation*. Amsterdam:John Benjamins, 13 – 31.

[9] Kendrick, K. H. , 2018. Adjusting epistemic gradients: The final particle Ba in Mandarin Chinese conversation. *East Asian Pragmatics*, 3(1):5 – 26.

[10] Labov, W. & D. Fanshel, 1977. *Therapeutic Discourse: Psychotherapy as Conversation*. New York: Academic Press.

[11] Li B. , 2006. *Chinese Final Particles and the Syntax of the Periphery*. Doctoral Dissertation. Leiden University.

[12] Li C. N. & S. A. Thompson, 1981. *Mandarin Chinese: A Functional Reference Grammar*. Berkeley: University of California Press.

[13] Schegloff, E. A. , 2007. *Sequence Organization in Interaction: A Primer in Conversation Analysis*, Vol. 1. Cambridge: Cambridge University Press.

[14] Wu R.-J. R. , 2004. *Stance in Talk: A Conversation Analysis of Mandarin Final Particles*.

Amsterdam: John Benjamins.

[15] Wu, Y. X. & S. Yang, 2022. Power plays in action formation: The TCU-final particle Ba (吧) in Mandarin Chinese conversation. *Discourse Studies*, 24(4):491－513.

[16] Wu, Y. X. & G. D. Yu, 2022. Action ascription and action assessment: Ya-suffixed answers to questions in Mandarin conversation. In A. Deppermann & M. Haugh (eds.), *Action Ascription*. Oxford: Oxford University Press, 232－255.

[17] Xu, J., 2019. Analysis of Mandarin Chinese final particle Ba in dispreferred responses. *East Asian Pragmatics*, 4(2):239－261.

[18] Yu, G., Y. Wu, P. Drew, and C. Raymond, 2024. The DIG mandarin conversation (DMC) corpus: Mundane phone calls in mandarin Chinese as resources for research and teaching. *Chinese Language and Discourse*, 15 (1): 105－141.

[19] Zuczkowski, A., R. Bongelli. & I. Riccioni, 2017. *Epistemic Stance in Dialogue: Knowing, Unknowing, Believing.* Amsterdam: John Benjamins.

[20] 邓思颖,2010.汉语句类和语气的句法分析.汉语学报,(1):59－63＋96.

[21] 胡明扬,1981.北京话的语气助词和叹词.中国语文,(6).

[22] 黎锦熙,1992.新著国语文法.北京:商务印书馆.

[23] 刘红原,2023.认识理论与汉语语法现象研究.北京:中国社会科学出版社.

[24] 陆俭明,1984.关于现代汉语里的疑问语气词.中国语文,(5):330－337.

[25] 吕叔湘,1982.中国文法要略.北京:商务印书馆.

[26] 孟繁杰,李焱,2022.从满汉合璧文献看语气词"啊、吧、吗、呢"的出现时间.古汉语研究,(3):24－37.

[27] 齐春红,2022.现代汉语语气词的功能特征研究:以类型学视角.北京:中国社会科学出版社.

[28] 齐沪扬,2002.语气词与语气系统.合肥:安徽教育出版社.

[29] 冉永平,2004.言语交际中"吧"的语用功能及其语境顺应性特征.现代外语,27(4):340－349.

[30] 孙锡信,1999.近代汉语语气词:汉语语气词的历史考察.北京:语文出版社.

[31] 王力,2019.中国现代语法.北京:北京联合出版公司.

[32] 汪敏锋,2022.语气词的人际语用功能研究.北京:中国社会科学出版社.

[33] 吴亚欣,2022.汉语语气词的会话分析研究路径.外国语,45(6):21－33.

[34] 吴亚欣,于国栋,2018.汉语中"询问"言语行为不同句法表达的知识论解读.浙江外国语学院学报,(3):36－45.

[35] 徐晶凝,2003.语气助词"吧"的情态解释.北京大学学报(哲学社会科学版),(4):143－148.

[36] 姚双云,田咪,2020.自然会话中"是吧"的互动功能及其认识状态.语言教学与研究,(6):47－59.

[37] 于国栋,2021.什么是会话分析.上海:上海外语教育出版社.

[38] 于国栋,吴亚欣,2017.努力建设汉语会话分析研究的科学体系.外国语,41(4):7－9.

[39] 赵春利,孙丽,2015.句末助词"吧"的分布验证与语义提取.中国语文,(2):121－132＋191－192.

[40] 周士宏,2009."吧"的意义、功能再议.语言教学与研究,(2):16－22.

回答话轮末尾语气词"么(嘛)"的会话分析解读

吴亚欣　刘晓佳 *

摘　要: 本研究以语气词"么(嘛)"为研究对象,以自然发生的真实电话谈话为语料,运用会话分析研究方法考察了位于"问题—回答"序列中回答话轮/TCU末尾的语气词"么(嘛)"执行的辅助行为。对大量语料的细致观察分析发现,当问题的答案在当前会话中询问话轮之前的序列中刚出现过、在交际双方以前的交流中提及过或从交际双方相处的经历中可以推理获得时,"么(嘛)"被用来提示询问者应该知道问题的答案,并附带表达对询问者应知而未知问题答案的不满、抱怨、指责等负面情感;当询问者与被询问者之间的确存在知识或信息的不对称时,"么(嘛)"则是用来表达被询问者对问题答案不满意的情感状态。询问者对问题答案的知识状态和回答行为的话轮设计是执行和识解上述两种不同辅助行为的共同参照指标。本研究的发现对汉语作为外语的教与学以及对外汉语教材的编写具有指导意义。

关键词: 语气词"么(嘛)";会话分析;问题—回答序列;话轮末尾

Title: A Conversation Analytic Approach to the Particle "*me (ma)*" at the Turn-final Position of Answers

Abstract: Using naturally occurring telephone-conversation as its data source and conversation analysis as its research method, the present study investigates the subsidiary actions performed by the Chinese particle "*me (ma)*" located at the turn/TCU-final position of answers in question-answer sequence. Close observation and detailed analyses of the data reveal that the particle "*me (ma)*" in this specific sequential position performs the following two subsidiary actions. It hints to the questioner that he/she should have known the answer to his/her own question when

---

* **作者简介:** 吴亚欣,中国海洋大学教授。研究方向:会话分析。电子邮箱:wuyaxin@ouc.edu.cn。刘晓佳,山西国际商务职业学院副教授。研究方向:会话分析。电子邮箱:463294597@qq.com。

the answer to the question has just been mentioned in the sequences prior to the question in the current conversation, or had been talked about in the past communication between the questioner and the answerer, or can be inferred from their mutual or shared experiences; when there does exist epistemic asymmetry between the questioner and the answerer, the use of "*me (ma)*" indexes the answerer's affective stance of being unsatisfied with the answer. The questioner's epistemic status concerning the answer to the question and the design of the answer turn are the proxies referred to by the answerer and the questioner in performing and ascribing the subsidiary actions enacted by the particle "*me (ma)*". The findings of the present research have practical significance in teaching and learning Chinese as a foreign language and in compiling textbooks of Chinese language for overseas students.

Key Words: Particle "*me (ma)*"; Conversation Analysis; Question-answer sequence; Turn-final

1 前言

语言学界普遍认为现代汉语语气词"么(麽)"是疑问语气词"吗"的前身,而"么(麽)"的前身是"无"(王力,1989;孙锡信,1999:50)。这一历史考证证明语气词"么"最初是用来表示疑问语气的,主要用于是非问句。它在历史发展过程中,逐步取代了"无",同时用法也越来越广泛,可以表示推测、反诘、感叹、有固执味道的肯定等语气(孙锡信,1999:104;赵元任,2005:358)。宋元时出现了和"么(麽)"形异而实同的另一语气词"嘛"(孙锡信,1999:107),"嘛"是"么"的语音变体已是汉语界的共识。现有研究主要集中在"嘛"的句法分布、情态意义、语篇语用功能等几个方面。"嘛"一般用于陈述句、感叹句、祈使句句末,也可以出现在短语后(齐沪扬,2011:300-301)。"嘛"的主要情态意义是表示事实或道理显而易见(吕叔湘,1982;齐沪扬,2011:299),进而在使用时会表达"不满、不耐烦"等负面情绪(王力,1989)。在语篇语用功能方面,现有研究认为"嘛"具有缓和与明示标记功能、命题表态及形象构建功能(李成团,2008),句中"嘛"具有标记主位、话题显而易见的逻辑关系、停顿等语篇功能(Chappell,1991;方梅,1994;赵元任,2005:358;屈承熹,2008;强星娜,2010;齐沪扬,2011:299),此外,陈述句句末的"嘛"可以用来标记说话人的知情状态(强星娜,2008),小句末尾的"嘛"则具有标识事件线索、设置情景、实现信息背景化、背景信息共识化等功能(王咸慧,2021)。

现有对语气词"么（嘛）"的研究成果非常丰富，但在研究方法和研究发现上还主要存在以下问题：(1) 对情态意义和语篇语用功能的描述主要和语法上的句法单位联系起来，但句法结构在很多情况下并不是对"么（嘛）"的意义和功能造成影响的因素；(2) 研究发现大多来自研究者的语言直觉，缺乏对研究发现的证据支持；(3) 没有把"么（嘛）"置于具体的会话序列语境中，对序列语境对语言使用的影响考虑不够；(4) 没能仔细区分"么（嘛）"的情态意义究竟是由"么（嘛）"产生的，还是由"么（嘛）"所附着的其他成分引起的；(5) 把句法结构作为分析"么（嘛）"意义的参照，而不是以"么（嘛）"所在话轮执行的社会行为为参照。为解决这些问题，本研究采用会话分析研究方法，只研究位于"询问—回答"序列中"回答"话轮末尾的语气词"么（嘛）"的互动功能，这样就可以把"么（嘛）"置于由话轮、序列、社会行为构成的立体网络中，对其互动功能进行准确定位（吴亚欣，2022）。由于本文的研究对象在语料中都展示为发音为"么"的变体，所以为行文方便，在分析和论述中仅用"么"来指示研究的现象。

2 "么"的序列位置描述

语气词大多出现在口语语篇中，口语语篇与书面语篇的主要不同之处在于口语语篇具有互动性。分析言谈互动中的语言使用的功能就不能以名词短语、动词短语、陈述句、疑问句、主句、从句等语法单位为分析单元，而应该以社会行为构成单位为分析单元，并将其置于所在的序列语境中，只有在互动交际中才能揭示语言存在的价值和意义。社会行为构成单元就是会话分析中的核心概念"话轮构建单位"（turn constructional unit，为行文方便，以下简称 TCU）(Ford，2013)。一个话轮由一个或多个 TCU 构成，执行一个或多个社会行为(Levinson，2013；Rossi，2018)。话轮执行的社会行为不仅和话轮设计有关，更重要的是还和该话轮在会话序列中的位置有关，同样的话轮设计出现在不同的序列位置就可能执行完全不同的行为，比如在英语电话谈话中当"Hello"出现在会话的开始位置时，是执行问候行为，但是当它出现在会话的进展中时，则一般是当说话人感觉到对方不在线时，用"Hello"来招呼对方，这就是萨克斯(Sacks)(1995:97)强调的尽管"Hello"这个词有问候的语义，但是它要执行问候这一行为还必须处在执行问候的序列位置 (greeting item in greeting place)。所以对话轮设计某种特征的互动功能的研究离不开该特征出现的序列位置。

语气词"么（嘛）"主要出现在话轮或 TCU 末尾位置，有时也出现在非完整 TCU 后，也就是学界所说的句中"么（嘛）"。在话轮设计中"么（嘛）"一般不改变该话轮的语义真值，也不影响其语法的完整性，所以其功能不是在语法和语义层面，而是在互动层面。以"么（嘛）"结尾的话轮或 TCU 也有多种序列位置，本研究聚焦相邻对前件（first pair part,FPP) 是询问行为、后件 (second pair part, SPP) 是回答行为时,执行"回答"行为的话轮或 TCU 末尾的"么"。如果回答话轮由单个 TCU 构成,则"么"既处于TCU 末尾也处于话轮末尾,如例(1),辅导员在第 10 行询问学生,学生在第 11 行给出了回答,这个回答话轮的设计不仅包括问题的答案("学信网"),还包括附加在答案后的语气词"么"。如果回答话轮由两个 TCU 构成,则被询问者可能会在第二个 TCU 提醒询问者应该知道该问题的答案[如例(6)]。"么(嘛)"的这一序列位置可以形式化为:

> FPP:A:询问
> SPP:B:回答+么(嘛)+(提醒询问者知道该问题的答案)

例(1)【LXJ-学信网么/00:00:00-00:00:15】

```
01  辅导员:      喂:,
02  学  生:      喂[°噢°导员,
03  辅导员:        [嗯.嗯.=
04  学  生:      =导员,它那个:学信网上它让我打:打印那个(.)学历认证报告,
05                它那个报告编号是啥了,
06                (0.6)
07  辅导员:      不知道.
08                (0.4)
09  学  生:      啊?
10  辅导员:      你在哪个网上打印?
11  学  生:→    学信网么.
```

如果回答话轮由多个 TCU 构成,则"么(嘛)"处于执行回答行为的 TCU 末尾,此时回答前可能会有投射负面信息的导入语(preface)(如"哎呀"),回答后可能会有展示负面立场的解释、评价、抱怨等行为,回答前和回答后的这两种会话常规必有其一,如例(2),华在第 10 行询问丽,丽在第 11 行的第一个 TCU 先给出由叹词"哎呀"导入的回答("没有么"),接着在第二个 TCU 又给出了自己的推测["我估计,(.)肯定答不了啦."],0.2 秒的停顿后(第 12 行),丽继续在第 13~14 行的第三个 TCU 解释了做出该推测的原因。"么(嘛)"的这一序列位置可以形式化为:

> FPP:A:询问
> SPP:B:(投射负面信息的导入语)+回答+么(嘛)+展示负面立场的行为

例(2)【LXJ-答辩有消息么/00:00:00-00:00:21】

```
01  丽：      ↓唉:珍华,
02          (0.2)
03  华：      唉:=
04  丽：      =[嗯
05  华：       [在学校吗?
06  丽：      不在,不在,这两天不在学校.
07          (0.4)
08  华：      噢::
09  丽：      咋啦?
10  华：      >那你-<你们-,那你们这答辩有消息吗?
11  丽：→    <哎呀没有 么 >,我估计,(.)肯定答不了啦.
12          (0.2)
13  丽：      如果,.hh 如果能答了赵建民应该,(.)肯定早就通知啦,
14          因为礼拜二就那个啥了么,(.).hh 就就就那个啥=
15  华：      =公示期到了,哈=
16  丽：      =对.对 h.
```

本文只研究处于上述两种序列位置的"么(嘛)",其他序列位置的"么(嘛)"将另文再叙。

3 社会行为的不同层级

如前文所述,TCU 是话轮的最小构成单元。在言谈互动中,一个话轮可能由单个或多个 TCU 构成,执行一个或多个社会行为。即便由一个 TCU 构成的话轮也可能同时执行多个行为,这些行为可以划分为不同的层级。一方面,一个 TCU 可以同时执行两个主要行为,因为两个行为都会得到回应,但它们之间既不平等也不彼此寄生附着,而是载体(vehicle)和承载物(cargo)的关系(Rossi,2018)。另一方面,一个 TCU 可以同时执行主要行为和辅助行为。主要行为(main/primary action)要求下一话轮给出条件相关的回应(conditionally relevant response)(Schegloff,2007:13),即对下一话轮执行行为的类型产生限制和约束。辅助行为(secondary action)在执行手段上更间接和隐蔽,在不改变发起行为发展路径的情况下往往也不容易被回应,比如展示说话人的知识、情感等状态。由此可见,会话序列中的主要行为展示了互动发展的路径以及话

轮之间的内部逻辑和规范关系,辅助行为是对主要行为的修饰和丰富,不能独立存在,必须寄生于主要行为(Wu & Yu,2022a)。在互动中,由于当前话轮执行的主要行为会限制和约束下一话轮主要行为的类别,所以主要行为比辅助行为更容易被识解。辅助行为则多通过诸如话语标记语、重读、音强、音高等韵律特征以及眼神、面部表情等具身资源来完成,所以它的识解需要分析者结合其所在话轮中的位置、当前话轮所处的序列位置以及话轮设计的细节才能发现。尽管辅助行为不能左右回应的行为类别,但是它依然会在互动层面产生影响(interactional consequence)(Rossi,2018),比如通过使用小品词让听话人感知到交际双方对相关知识的占有状态(Heritage,1998,2002)、通过调用超音段音位资源来展示惊讶等情感(Selting,1996)等。就像生物界用不同分辨率的显微镜对标本进行观察一样,会话分析也需要对语料不同层面的细节进行观察,发掘它们对互动所作的不同贡献。会话分析现有研究大多集中在对主要行为构成(action formation)和识解(action ascription)的研究上(Levinson,2013),而对辅助行为的研究还不多。本研究所关注的"回答"话轮/TCU 末尾语气词"么"执行的就是辅助行为,它虽然不影响"回答"作为主要行为,但是在微观层面上又对互动产生影响。

4 研究方法和语料收集

本研究采用会话分析研究方法,以自然发生的真实电话谈话为语料来源,首先把音频语料中所有使用了语气词"么(嘛)"的会话序列按照杰斐逊(Jefferson)发展的转写体例进行语料转写(Jenks,2011)。然后按照"么(嘛)"在话轮中的不同位置把语料分为两类:一类是"么(嘛)"位于完整 TCU 末尾,另一类是"么(嘛)"附着于非完整 TCU 后。接下来把这两类语料分别按照"么(嘛)"所在话轮执行的不同社会行为对语料做进一步分类,最后把最终分类整理出来的每一类语料进行无先设的观察(unmotivated observation)(Sacks,1984),也就是不把"么(嘛)"放在任何现有理论解释的框架中,不受现有研究发现的影响和约束,而是从"么(嘛)"出现的序列环境(sequential environment)和使用的语境特征(contextual properties)中去挖掘其互动功能(Drew,2013:145),揭示其在言谈互动中的使用规律。

本研究所使用的语料来自研究者自建和团队成员共建的电话谈话录音语料库。语料总时长约为 600 分钟,其中绝大多数是家人、同事、朋友、同学之间的日常会话,少部分为机构谈话。在这些语料中"么(嘛)"共出现了 750 次,其中处于"询问—回答"序列中回答话轮/TCU 末尾的共有 183 例,其他的要么不处于话轮或完整 TCU 末尾,要么所在的行为序列不是"询问—回答"序列,包括一些相邻对前件在语言形式上是疑问句,但执行的行为并非询问,还有一些是"么(嘛)"所在的话轮/TCU 不是执行回答行为,而是对不能给出答案提供解释，如"我不知道么"，这些语料都不属于本研究讨论的范围。在这 183 例语料中，序列位置属于前文提到的第一种的共 121 例，发挥的是下文论述的第一种互动功能，第二种共 62 例，发挥的是下文论述的第二种互动功能。

5　语气词"么"的立场表达

立场（stance）其实是个体的一种主观体验，但是人们往往会通过语言或具身资源把这种本来只属于个体自己的主观感受传递给他人，比如翻白眼（eye roll）是用来表达不满情绪的一种具身资源（Clift, 2021）。立场包括对自己、他人、事物、事件等的评判（evaluation/assessment）、态度、个人情感、认识（epistemicity）等（Englebretson, 2007）。在言谈互动中，交际者的话轮设计不仅用来执行主要行为，在很多情况下还附带立场表达，此时立场表达也可以被看作辅助行为（Levinson, 2013），也有学者把它称作言语行为的附加效果（collateral effects）（Sidnell & Enfield, 2014）。因为语气词大多意义比较空灵（齐沪扬，2002：前言），所以一般很少用来执行主要行为，但是它作为助词的属性又使得它的存在会在互动层面上发挥作用。根据国内外相关研究来看（Wu, 2004；Heritage & Sorjonen, 2018；Kendrick, 2018；Wu & Yang, 2022），现代汉语中的语气助词或欧美国家语言中的小品词（particles）主要在互动层面发挥作用，它们的互动功能主要涉及立场表达、序列调控（sequential management）和互动投射（interactional projection）（Hayashi, 2004）。本文研究的回答话轮/TCU 末尾的语气词"么"就是一种立场表达标示（stance token）。

5.1　默认询问者知道答案并对其表达温和的负面情感

现有研究发现回答话轮末尾语气词"呀"具有对其前的询问行为做出评价的互动功能，展示回答者认为询问者的问题不合适，原因是回答者认为询问者应该知道该问题的答案（Wu & Yu, 2022a）。处于相同序列位置的语气词"么"具有和这一序列位置的"呀"非常相似的互动功能（两者之间的区别将另文再叙）。对大量的语料观察分析发现，当回答话轮末尾出现语气词"么"时，从当前会话中都可以找到证明回答者默认提问者知道问题答案的证据。

5.1.1　答案在当前会话中询问话轮之前的序列中提及过

从知识论（epistemics）角度讲（Heritage, 2012），询问行为展示了询问者不占有某方面的知识或信息，并默认被询问者占有该知识或信息，所以，如果被询问者认为询问者同样占有被询问的知识或信息，此时这一询问行为就显得多余了。在上面提及的例（1）中，学生在第 5 行执行了询问行为，第 4 行是这一询问行为的原因，对于这一询问，在 0.6 秒的停顿后(第 6 行),辅导员在第 7 行的回应中没能给出问题的答案,而是用"免责声明"(disclaimer)("不知道")表明她同样不占有该知识,所以没有能力提供答案。对于这一回应,学生在 0.4 秒的停顿后,用升调的语气词"啊?"展示了该回应不符合自己预期和惊讶的情感状态。辅导员对于学生这一情感表达并没有给予回应,而是在第 10 行又询问了学生在前面第 4 行已经提及的信息,学生在第 11 行给出答案后在话轮末尾附加了语气词"么"。这里的"么"在言谈互动层面的功能是提示询问者应该是知道问题答案的,通过语言手段让询问者意识到自己问了一个已知答案的问题,这同时就展示了被询问者对询问者这种不该出现的行为的一种不满情绪。下面这个例子与例(1)相似:

例(3)【LXJ-不过去么/00:00:00-00:00:18】

01　华:　　↓欸黑小,

02　盾:　　↓欸爸.干啥了,

03　　　　　(0.6)

04　华:　　在,(.)￥在世才(.)叔叔家玩儿的了￥.

05　盾:　　↑↓噢::=

06　华:　　=°噢°=

07　盾:　　=明天,°我°今天晚上我>又得<熬夜了,我明天也:也过不去:哈,

08　　　　　(0.6)

09　盾:　　我现在还在古交了.

10　华:　　↑↓噢:: 那明-[明天你们过来不过来,

11　盾:　　　　　　　　[°噢°

12　盾:→　不过去°么°,我今天晚上送完电肯 d-(.)呀能送到明天早晨.

在这个例子中,交际双方在第 1 行和第 2 行相互完成身份识别后,儿子盾又通过一段寒暄性谈话(small talk)(第 2~6 行)(Coupland,2000)过渡到告知父亲来电原因(reason for the call)(第 7 行)。从话轮设计看,"明天,"是一个被放弃的 TCU(abandoned TCU),接下来的第一个 TCU("°我°今天晚上我>又得<熬夜了,")和第二个 TCU("我明天也:也过不去:哈,")都执行了信息告知行为(informing),但进一步分析这两个 TCU 内部的逻辑关系,第一个 TCU 其实不是单纯的告知,实际上是为第二个告知行为提供了理由。对这一话轮的告知行为,华没有给予回应,在 0.6 秒的停顿后,盾又继续占有话轮,告知父亲他现在的位置(第 9 行),从话轮设计中的"还"和地点名词(古交)可以推理出盾在一天中较晚的时间还在距离父亲家较远的一个地方,再次解释了第二天不能去父亲家的缘由。父亲对此在回应话轮先通过知识状态改变标志

(change-of-state token)展示他接收到了信息（Heritage,1984），紧接着又询问盾及家人（"你们"）第二天去不去他那里，盾在第 12 行回答后（"不过去"）也同样附加了语气词"么"，这里"么"也同样提示华应该知道他询问的问题的答案，因为盾在询问前一话轮的来电原因就是问题的答案。这一提示所产生的附加效果也是委婉地抱怨询问者没有专注他之前告知的来电原因。

5.1.2 答案在交际双方以前的交流中提及过

并不是在所有的语料中当回答话轮末尾出现"么"时，在询问话轮之前的序列中都能找到问题的答案，有时答案是在交际双方以前的交流中谈及过，如下例：

例(4)【LXJ－直接去那就行么/00:00:00－00:00:08】

01	华：	欸.黑小,
02	利：	诶:;咱们-
03		(0.2)
04	华：	欸小[利,
05	利：	[到-
06	利：	诶:咱们到哪集中了,
07		(0.2)
08	华：	[咱们直-,
09	利：	[直接-,
10		(0.2)
11	华：→	直接去那儿就行 么,
12	利：	噢:好嘞好嘞.

这个例子中接电话人华在第 1 行给出电话已接通的讯号（"欸"）后，把打电话人识别为"黑小"，打电话人利在第 2 行先是给出对应的电话已接通的讯号（"诶:"），接着在第二个 TCU 要说出打电话的缘由，但该 TCU 刚开始就被放弃了（"咱们-"），而且利并没有再占有话轮，0.2 秒的停顿后，华重新占有话轮（第 4 行），重做了在第一行已经完成的身份识别行为，对自己先前的身份识别做了修正，可以看出，利在第 2 行放弃话轮构建是因为听到华在第 1 行错误的身份识别导致的，待身份识别成功后，利也重启他前面放弃的话轮（第 6 行），说出他来电的缘由，即询问华他们集中的地点，从利询问的话轮设计可以看出他们之前就一起去参加的活动进行过交流，因为利在第 6 行没有再次提及该活动，所以应该属于两人的共享信息，华对这一询问也没有马上给出答案，0.2 秒的停顿后才给出（第 8 行），这一停顿也导致了利试图继续占有话轮，这样双方同时发

起话轮,就导致了两人的话轮在第 8 和第 9 行的重叠,这一重叠以利放弃话轮、华在第
11 行重启他在第 8 行暂时放弃的话轮而得到解决,但从利放弃话轮的部分话轮设计看
("直接–"),利在第 7 行的停顿后试图给自己的询问提供可能答案(candidate answer),
这一被放弃的 TCU 投射出来的可能答案与第 11 行华给出的答案相吻合,同时,华在
给出的答案中用了指示语"那儿",这两点可以证明交际双方在他们之前的沟通中提及
过他们集中的地点。在第 11 行华回答话轮末尾也出现了"么",同样是用来提示询问者
利知道他自己问题的答案,所以问一个自己已经知道答案的问题就显得没有必要,展示
了被询问者感觉询问者有点啰唆的负面情感。又如下例:

例(5)【GH–洗衣服来/00:00:00 – 00:00:15】①

01　花：　　[喂::,

02　龙：　　[喂:

03　花：　你干啥[了?

04　龙：　　　　　[噢:

05　花：　>诶呀<电死我啦,

06　　　　(0.2)

07　花：　>你干啥路上了<.[你干啥了?

08　龙：　　　　　　　　　[嗯:?

09　　　　(1.9)

10　花：　↑喂;=

11　龙：→　=洗衣服来 么 ;,

12　　　　(0.2)

13　龙：　[洗衣服来;

14　花：　[( )

15　花：　洗完啦?

16　　　　(0.6)

17　龙：　嗯::

18　花：　都洗完啦你倒,你这也速度快了么.

　　在这个电话谈话中,可能由于接电话者接起电话的时间有点儿延迟,导致打电话者
招呼(summon)接电话者的"喂"和接电话者回应电话铃声的"喂"出现了重叠,从第 3

---

① 第 11 行和第 13 行的"来"是晋方言的发音,在语法上相当于普通话中的"了",表示行为的完成。

行花给出的来电缘由,可以判定花是打电话者,龙是接电话者。花来电询问龙正在做什么(第3行,第7行),第4行是对第1行招呼的应答,第5行是花受到可能是静电的电击发出的应激反应,可以看作和第3行发起的询问序列无关的旁序列(side sequence)(Jefferson,1972),但是旁序列只是和主序列在话题上无关,在互动层面它依然会引起对方的回应,这里与第7行出现重叠的"嗯?"就是因为没有听清楚或没有理解对方而发起的修正,因为花的第3行和第5行是没有逻辑关系的,所以会产生理解问题。但对龙发起的修正,花没有给予修正,而是在1.9秒的较长停顿后,花在第10行重新招呼龙,龙在第11行回答了花第7行的询问,这一回答的话轮设计同样是在答案后附加了语气词"么",但至此并没有证据证明花是知道自己询问的问题的答案的。对于龙在第11行的回答,花没有马上给予回应,在0.2秒的停顿后龙又继续占有话轮,重复了他在第11行的回答,但这次回答去掉了话轮末尾的"么"(第13行),对于这一回答花先是表示怀疑,再次寻求确认(第15行),龙给予确认(第17行),花在询问—回答这一序列的结束位置(第18行)对龙洗衣服的速度给出了评价,从这一评价的话轮设计可以看出花之前是知道龙从什么时候开始洗衣服的,而且从龙开始洗衣服到花给龙打电话之间的时间应该很短,花认为在这么短的时间里龙大概率应该还没有洗完衣服,这样一来,花就应该是知道她询问的问题的答案的。既然龙默认花知道他开始洗衣服的时间,在时隔一段在常识上不足以完成洗衣服这项活动的短暂时间后,花来电询问龙在这段时间里做什么了,很显然有明知故问的嫌疑,所以第11行话轮末尾的"么"也展示了龙认为花知道问题的答案,并表达了对花明知故问行为的轻微抱怨。

5.1.3 答案可以从交际双方的共同经历中推理得出

第三种情况是问题的答案既不是在当前会话询问行为前面的序列中出现过,也不是在询问者和被询问者以前的交流中提及过,而是被询问者从双方共处经历中默认询问者应该知道答案,在这种情况下,回答TCU后往往会再出现提醒询问者应该知道该问题答案的第二个TCU,如下例:

例(6)【LXJ-我不是语音室么/00:00:00 - 00:00:05】

01	梅:	诶杨老师,
02	杨:	ang[晓梅;
03	梅:	[嗯.嗯.
04	杨:	你前两节有课吗,
05	梅:→	有 么,我不是语音室么,

这则电话谈话中交际双方在电话接通相互完成身份识别后,打电话人杨的来电事

由即询问梅当天某时段的上课情况(第4行),对此询问梅也是给出了以语气词"么"结尾的回答("有么"),接着在第二个TCU又使用"不是…么(吗)"结构(Wang,2021)来展示前两节她在语音室上课是他俩的共享知识(common ground),所以杨应该知道他所询问问题的答案。因此,这里回答TCU后的"么"也是在提示询问者应该知道他所询问问题的答案,并通过提醒询问者两人共享的知识来解释默认询问者知道问题答案的理由,也就是为使用"么"所做的辅助行为提供解释。"么"执行的这种辅助行为会同时产生对询问者忘记了她上课时间这件事情进行温和责怪的效果。再如下例:

例(7)【LXJ-晓梅么/00:00:00-00:00:22】
语料背景:梅打电话给李,李没接,李看见未接来电后回拨给梅。

01　梅:　　诶:.李老师,

02　　　　(.)

03　李:　　哦:

04　梅:　　.h啊:没事儿我刚才就是问你<那个张院长的母亲去世啦>?

05　　　　(1.0)

06　李:　　呀我没听出来谁了你¥是¥,

07　梅:→　晓梅么,

08　　　　(0.2)

09　李:　　噢:,.晓梅呀,[呦:,我没听出来.

10　梅:　　　　　　　[↓噢:

11　梅:　　.h你看你[都不记得我的[电话<号码真是>,=

12　李:　　　　　　[呀:　　　　[°嗯°

13　李:　　=诶呀[°嗯°我记得是<大号>,[我那小号就<没存>.

14　梅:　　　　　[hehehe.h　　　　[hehe.hh

15　　　　¥布置工作,(.)打电话打得可勤了你¥ hehehe

梅在第1行对电话铃声做出回应(诶:)后直接对打电话方的身份进行确认(李老师),在短暂的话轮间停顿后(第2行),打电话方李在第3行仅对梅的身份识别给予确认,却没有对接电话方的身份做出识别(Schegloff,1979),可能的原因是她没有识别未接来电的号码。接电话方梅在第4行也没有做自我身份识别,而是直接讲述之前的去电事由,即询问信息,这一询问行为话轮设计中的"我刚才就是问你"也展示了梅默认李知道她的身份,对此询问李没有马上给出答案,而是重新完成在第3行没能完成的交际任务,即识别对方身份,所以李在第6行先在第一个TCU给出解释("呀我没听出来"),以合理化她在第二个TCU所做的询问接电话人身份的行为,对此询问,梅也是给出了一个以"么"结尾的回答,这里"么"同样展示梅默认李应该能够识别她,所以表达了对李没能识别的失望和抱怨的情感。接下来梅又在第 11 行指责了李不记得她的电话号码,这一指责同时展示了梅默认李能够识别她的原因是她默认李应该在手机里储存了她的号码,所以从来电显示就可以识别她的身份。对此指责,李在第 13 行解释了没存梅当前使用的电话号码的原因,梅在第 15 行又通过展示李的理由不成立表示不接受她的解释,并通过第 14 行的笑声和伴随第 15 行完成的笑声缓和了她不接受行为的严肃性,使得第 14~15 行这一话轮既执行了对第 13 行解释的不接受,又执行了戏谑行为(teasing)(Drew,1987),同时再次为她默认李应该保存了她的电话号码进而能够识别她的身份提供了证据。

至此,我们通过自然发生的真实语料论述了回答话轮/TCU 末尾语气词"么"的互动功能,即被询问者用来提示询问者问了一个他自己应该知道答案的问题,这是附加在主要行为(回答)之上的从属行为。根据问题答案是在当前会话的询问话轮之前的序列中刚出现过,还是在交际双方以前的交流中出现过,或者是被询问者默认询问者从他们相处的经历中可以获得该答案,这一位置的"么(嘛)"从附加效果上还可以分别委婉地表达对询问者没有专注前面的话或没有记住他们之前交流内容的不满或抱怨,以及对询问者没能从他们相处的经历中推理出问题的答案而失望等负面情感。"么(嘛)"在做这些辅助行为或表达这些附加效果时都可以从当前会话中找到被询问者认为询问者应该知道问题答案的证据,当没有证据可以证明这一点时,这一序列位置的"么(嘛)"就在执行下面这种辅助行为。

5.2　被询问者展示出对答案不满意

询问涉及的信息可能与被询问者过去、现在或将来所做的事情有关[如例(2)(3)(5)(6)],也可能无关[比如例(1)(4)(7)]。当属于前者时,回答话轮末尾的"么"还可以执行另一种互动功能,就是被询问者用来展示其对该答案不甚满意的情感立场,如前文提到的例(2),华来电询问丽职称答辩的进展(第 10 行),丽在第 11 行的回答中不仅在回答后附加了语气词"么",在回答前还使用了叹词"哎呀"作为该 TCU 的导入语(preface),并在话轮的第二个 TCU 做了一种不乐观的推测("我估计肯定答不了啦"),这一推测解释了该回答对被询问者来说不是一个好消息的原因。同时,话轮起始位置的"哎呀"也投射出其后的信息是负面信息。所以,当处于同一序列位置的某一会话常规(如"么")具有不同的互动功能时,说话人一定会通过使用其他的会话常规(如这里的叹词"哎呀"和回答后的解释)来改变和调整这一会话常规的序列环境,引导听话人正确识解该会话常规此时的互动功能。这个例子中"哎呀"的使用以及回答后的解释都是用来帮助听话人把"么"的互动功能识解为展示被询问者对答案不满意的情感立场,而不是对询问者明知故问的不满、抱怨或指责。再如下例:

例(8)【LXJ-认证/00:00:00-00:00:20】

01　华:　↓欸.

02　利:　欸咋啦三哥,

03　华:　小利::,

04　利:　↓欸:

05　华:　你那个啥::,°我就°-我现在在那个:> (我那个)<那个小游这坐°的了°.

06　　　　(.)

07　利:　[嗯,

08　华:　[> 咱们(刚才)没开始咱们那儿<,(0.2)<没认证> .

09　　　　(1.4)

10　利:　↑↓噢::,

11　华:　[↓噢::

12　利:　[那到哪-

13　　　　(.)

14　利:　[到哪认-

15　华:　[人家(已)-

16　　　　(0.6)

17　华:　你下载那个民生山西了没有,

18　　　　(0.9)

19　利:→　哎呀没有 么 .

　　在例(8)中华打电话给利的缘由是告知利他们还不能办退休手续,因为他们还没有认证(第8行),对此告知行为,利以知识状态改变标志来回应(第10行),随后利试图询问华认证的地点(第12行),但因与华第三位置的序列结束语(第11行)(Schegloff, 2007:118)发生重叠,所以暂时放弃了当前的 TCU,短暂的停顿后(第13行),利和华又同时占有话轮,两人的话轮再次出现重叠,这次华放弃了他的话轮(第15行),因为利的话轮已接近末尾(第14行),该话轮执行的询问行为已经可以被识解,对于利的询问,在0.6秒的话轮间停顿后,华并没有给予回答,而是反过来对利进行询问(第17行),在这样的序列位置出现的询问往往是为根序列后件(base sequence SPP)的出现做准备的中扩展(pre-second insert expansion),其互动功能是为给出合适的根序列后件准备相关信息(Schegloff,2007:106)。在这个例子中,华就是为给利在第14行的询问做出一个合适的回答而寻求相关信息,对于这一作为中扩展的询问,利给出了一个以"么"结尾的回答,和前面例(2)相同,这一回答话轮也以叹词"哎呀"导入,投射后面的答案对于当前相关手续的办理来讲是一个消极的信息,"么"展示了被询问者对答案不满意的情感立场,因为利从华这一询问出现的位置可以推测如果没有下载民生山西,就无法认证,所以不利于他下一步办理其他手续,所以是一个不令人满意的答案。

6　讨论

现有对语气词"么"的研究不多,主要是对其语音变体"嘛"的研究,本研究的发现与已有研究认为"嘛"的主要情态意义是表示事实或道理显而易见(吕叔湘,1982;齐沪扬,2011:299)、表达"不满、不耐烦"等负面情绪(王力,1989)这些观点一致。本研究与已有研究的区别在于从静态描述"么(嘛)"表达的语气和口气转向发掘"么(嘛)"在言谈互动过程中所做的辅助行为;传统语言学的研究发现多是靠研究者的语言直觉,没有证据支撑(Barnwell,2013),本文采用的会话分析研究方法则要求从言谈互动中交际者自己呈现的语言使用细节中找到证据来支撑自己的发现。另外,语言的意义和功能具有位置敏感性(position sensitive)(Schegloff,1996b),这里的位置指的是在行为单元中的位置,即在 TCU 和行为序列中的位置,而不是传统语言学中所研究的句法分布。某一词汇的句法分布可以用来解释语言使用的语法正确性(grammaticality),但无法解释该词汇使用的社会规范性(social normativity)(Enfield & Sidnell,2019),也就是该词汇出现的序列语境及其执行的社会行为间的规约关系(conventional relation)。所以,对语言的会话分析/互动语言学研究是对传统语言学研究的补充。本文没有对语气词"么(嘛)"的用法进行全面研究,只是聚焦"询问—回答"序列中"回答"话轮/TCU 末尾的"么",因为"么(嘛)"是言谈互动中出现频率较高的一个语气词,出现的序列位置也多种多样,可以在完整 TCU 末尾,也可以在非完整 TCU 末尾,在完整 TCU 后可以执行发起行为,如建议,也可以执行回应行为,如本文研究的回答,在非完整 TCU 后,该 TCU所在的话轮可以执行讲述、抱怨等行为,所以要弄清楚"么(嘛)"的所有互动功能需要根据其所在的具体序列位置——进行研究。

言谈互动是一个非常精密的系统,交际者都共同追求一个目标,即互解(intersubjectivity)。互解是交际双方合作达成的,因为交际者执行某社会行为和识解该社会行为参照同一套社会规范,因此言谈互动具有反身性(reflexivity)和可解释性(accountability)(Garfinkel,1967;吴亚欣、于国栋,2022b)。回答话轮/TCU 末尾的语气词"么(嘛)"是被询问者用来执行两种辅助行为的一种语言资源:一种是提示询问者他应该知道该问题的答案,第二种是展示对答案不满意的一种情感立场。询问者区别识解这两种辅助行为主要参照两个主要因素:一是询问者和被询问者的知识状态(epistemic status)(Heritage,2012),二是回答话轮的话轮设计。询问者之所以发起询问行为是因为在那一刻他认为他与被询问者在相关知识或信息的占有上处于不平衡状态(epistemic asymmetry),交际对方占有而他不占有,正是这种默认的不平衡知识状态驱动了询问行为的发起。如果被询问者默认他们之间并不存在这种不平衡的知识状态,也就是被询问者认为询问者同样占有该知识或信息,此时被询问者就在做出回答的同时通过在其后附加"么"来提示对方他应该是知道问题答案的,这一提示同时也就会唤起询问者忽略或暂时忘记的信息。同时,在这种情况下,被询问者执行回答行为的话轮设计一般只是"回答+么(嘛)"[如例(1)(3)(4)(5)]。在默认询问者应该可以从他们相处的经历中推理出答案时,被询问者也可能会在以"么(嘛)"结尾的回答 TCU 后的第二个 TCU 中解释他之所以默认对方应该知道问题答案的原因[如例(6)]。这样一来,询问者被语气词"么(嘛)"所唤起的对答案相关信息的占有以及话轮设计的上述特征就可以让询问者把此时的"么(嘛)"识解为第一种互动功能。而当询问者与被询问者就问题答案的确存在知识或信息不对等时,被询问者在回答的话轮设计上会调用其他语言或非语言资源(如回答前的"哎呀"、回答后的解释等)来帮助询问者把"么(嘛)"识解为第二种互动功能。话轮设计、序列环境、语境特征是交际者执行社会行为和识解社会行为参考的共同因素,是交际双方达成互解的保障。

7 结语

"么(嘛)"是汉语口语中使用频率较高的语气词,且在会话中出现的序列位置较复杂,"么(嘛)"所附着的 TCU 执行的社会行为也多种多样,这样就使得全面系统地揭示"么(嘛)"互动功能的难度加大。本文只研究了位于"询问—回答"序列中回答话轮/TCU 末尾的"么(嘛)",根据回答话轮设计的不同特征以及触发的对等或不对等的知识状态,"么(嘛)"分别执行提示询问者应该知道问题的答案和展示被询问者对答案不满意的情感状态这两种不同的互动功能。前一种功能会附带产生对询问者应知而未知答案的不满、抱怨或指责等负面情感。由于语言使用的位置敏感性,所以只有对语料中处于不同序列位置的"么(嘛)"的使用情况进行细致观察和分析,才能够全面系统地认识和揭示其互动功能,这种对语气词的研究路径不仅可以对语气词的真实使用情况做出全面系统的分析和解释,同时这种研究发现可以用来指导汉语作为外语的教与学以及对外汉语教材的编写,还可以为解决语气词的翻译问题提供借鉴。

参考文献

[1] Barnwell, B., 2013. Perception of prosodic boundaries by untrained listeners. In B. S. Reed & G. Raymond (eds.), *Units of Talk-Units of Action*. Amsterdam/Philadelphia: John Benjamins Publishing Company, 125 – 168.

[2] Chappell, H., 1991. Strategies for the assertion of obviousness and disagreement in Mandarin: a semantic study of the modal particle *me*. *Australian Journal of Linguistics*, 11(1): 39 – 65.

[3] Clift, R., 2021. Embodiment in dissent: The eye roll as an interactional practice. *Research on Language and Social Interaction*, (54) 3: 261 – 276.

[4] Coupland, J., 2000. Introduction: sociolinguistic perspectives on small talk. In J. Coupland (ed.), *Small Talk*. England: Pearson Education Limited, 1 – 26.

[5] Drew, P., 1987. Po-faced receipts of teases. *Linguistics*, (25) 1: 219 – 253.

[6] Drew, P., 2013. Turn design. In J. Sidnell & T. Stivers (eds.), *The Handbook of Conversation Analysis*. West Sussex: Wiley-Blackwell, 131 – 149.

[7] Enfield, N. J. & J. Sidnell, 2019. The normative nature of language. In N. Roughley & K. Bayertz (eds.), *The Normative Animal? On the Anthropological Significance of Social, Moral, and Linguistic Norms*. New York: Oxford University Press, 265 – 278.

[8] Englebretson, R., 2007. Stancetaking in discourse: An introduction. In R. Englebretson (ed.), *Stancetaking in Discourse: Subjectivity, evaluation, interaction*. Amsterdam/Philadelphia: John Benjamins Publishing Company, 1 – 26.

[9] Ford, C. E., B. A. Fox & S. A. Thompson, 2013. Units and/or action trajectories? The language of grammatical categories and the language of social action. In B. S. Reed & G. Raymond (eds.), *Units of Talk-Units of Action*. Amsterdam/Philadelphia: John Benjamins Publishing Company, 13 – 56.

[10] Garfinkel, H., 1967. *Studies in Ethnomethodology*. Cambridge, UK: Polity Press.

[11] Hayashi, M., 2004. Projection and grammar: notes on the "action-projecting" use of the distal demonstrative *are* in Japanese. *Journal of pragmatics*, 36(8): 1337 – 1374.

[12] Heritage, J., 1984. A change-of-state token and aspects of its sequential placement. In A. Maxwell & J. Heritage (eds.), *Structures of Social Action: Studies in Conversation Analysis*. Cambridge: Cambridge University Press, 299 – 345.

[13] Heritage, J., 1998. Oh-prefaced responses to inquiry. *Language in Society*, (27) 3: 291 – 334.

[14] Heritage, J., 2002. Oh-prefaced responses to assessments: A method of modifying agreement/disagreement. In C. E. Ford, B. A. Fox & S. A. Thompson (eds.), *The Language of Turn and Sequence*. Oxford: Oxford University Press, 196 – 224.

[15] Heritage, J., 2012. Epistemics in action: action formation and territories of knowledge. *Research on Language and Social Interaction*, 45 (1): 1 – 29.

[16] Heritage, J. & M – L. Sorjonen, 2018. *Between Turn and Sequence: Turn-Initial Particles*

across Languages. Amsterdam/Philadelphia: John Benjamins Publishing Company.

[17] Jefferson, G., 1972. Side sequences. In D. Sudnow (ed.), *Studies in Social Interaction*. New York: Free Press.

[18] Jenks, C. J., 2011. *Transcribing Talk and Interaction*. Amsterdam/Philadelphia: John Benjamins Publishing Company.

[19] Kendrick, K., 2018. Adjusting deontic gradients: the final particle *ba* in Mandarin Chinese conversation. *East Asian Pragmatics*, 3(1): 5-26.

[20] Levinson, S. C., 2013. Action formation and ascription. In J. Sidnell & T. Stivers (eds.), *The Handbook of Conversation Analysis*. West Sussex: Wiley-Blackwell, 103-130.

[21] Rossi, G., 2018. Composite social actions: The case of factual declaratives in everyday interaction. *Research on Language and Social Interaction*, (51)4: 379-397.

[22] Sacks, H., 1984. Notes on methodology. In M. Atkinson & J. Heritage (eds.), *Structures of Social Action: Studies in Conversation Analysis*. Cambridge: Cambridge University Press, 21-27.

[23] Sacks, H., 1995. *Lectures on Conversation* (Vol. I & II). Oxford: Blackwell Publishing.

[24] Schegloff, E. A., 1979. Identification and recognition in telephone openings. In G. Psathas (ed.), *Everyday Language*. New York: Erlbaum, 23-78.

[25] Schegloff, E. A., 1996b. Turn organization: one intersection of grammar and interaction. In E. Ochs, E. A. Schegloff & S. A. Thompson (eds.), *Interaction and Grammar*. Cambridge: Cambridge University Press, 52-133.

[26] Schegloff, E. A., 2007. *Sequence Organization in Interaction*. Cambridge: Cambridge University Press.

[27] Selting, M., 1996. Prosody as an activity-type distinctive cue in conversation: The case of so-called "astonished" questions in repair initiation. In E. Couper-Kuhlen & M. Selting (eds.), *Prosody in Conversation: Interactional Studies*. Cambridge: Cambridge University Press, 231-270.

[28] Sidnell, J. & N. J. Enfield, 2014. The ontology of action in interaction. In N. enfield, P. Kockelman & J. Sidnell (eds.), *Cambridge Handbook of Linguistic Anthropology*. Cambridge: Cambridge University Press, 423-446.

[29] Wang, Wei, 2021. Pursuing common ground: nondisaffiliative rhetorical questions in Mandarin conversations. *Research on Language and Social Interaction*, (54) 4: 355-373.

[30] Wu, Ruey-Jiuan, 2004. *Stance in Talk: A Conversation Analysis of Mandarin Final Particles*. Amsterdam/Philadelphia: John Benjamins Publishing Company.

[31] Wu, Yaxin & Yang, Shuai, 2022. Power plays in action formation: The TCU-final particle *ba* (吧) in Mandarin Chinese conversation. *Discourse Studies*, 24 (4): 1-23.

[32] Wu, Yaxin & Yu, Guodong, 2022a. Action ascription and action assessment: *Ya*-suffixed answers to questions in Mandarin conversation. In A. Deppermann & M. Haugh (eds.), *Action*

Ascription in Interaction. Cambridge: Cambridge University Press, 234 – 276.

［33］方梅,1994.北京话句中语气词的功能研究.中国语文,(2):129 – 138.

［34］李成团,2008.话语标记语"嘛"的语用功能.现代外语,(2):150 – 156.

［35］吕叔湘,1982.中国文法要略.北京:商务印书馆.

［36］齐沪扬,2002.语气词与语气系统.安徽:安徽教育出版社.

［37］齐沪扬,2011.现代汉语语气成分用法词典.北京:商务印书馆.

［38］强星娜,2008.知情状态与直陈语气词"嘛".世界汉语教学,(2):54 – 63.

［39］强星娜,2010.话题标记"嘛"与语气词"嘛".汉语学习,(4):59 – 64.

［40］屈承熹,2008.提顿词"嘛"与句末虚词"嘛":语法分工与语用整合.修辞学习,(5):5 – 10.

［41］孙锡信,1999.近代汉语语气词——汉语语气词的历史考察.北京:语文出版社.

［42］王力,1989.汉语语法史.北京:商务印书馆.

［43］王咸慧,2021.语气词"嘛"背景信息共识化功能初探.中国语文,(6):682 – 690.

［44］吴亚欣,2022.汉语语气词的会话分析研究路径.外国语,(6):23 – 35.

［45］吴亚欣,于国栋,2022b.会话分析本质与特征——一种社会学视角.科学技术哲学研究,(5):102 – 107.

［46］赵元任,2005.*A Grammar of Spoken Chinese*(汉语口语语法).吕叔湘,译.北京:商务印书馆.

患者就诊原因表述中对就医必要性的观照[*]

刘钦宇　于国栋^{**}

摘　要：患者就诊原因是医患交际的核心之一,围绕患者就诊原因所开展的良好且有效的沟通不仅有助于医疗服务的顺利开展,而且有利于和谐医患关系的建构。为了探究我国门诊医患交际中患者就诊原因表述的执行方式和互动过程,我们选择了近6小时的患者初诊语料,采用会话分析的研究方法对语料进行了细致观察与科学分析。研究发现患者表述就诊原因时可以从两个维度合理化其就医决策:(1)呈现症状多样性;(2)呈现症状细节。两者均属于患者的个人病痛经历和体验,侧重个人生活世界的忧虑,均体现患者对就医必要性的观照。这一发现与国外同类研究发现不同,表明我国患者表述就诊原因时并不会降低其在就医决策上的责任,也并不避讳个人主体性,践行我国以患者为中心的医学服务理念。

关键词：就诊原因;医患交际;会话分析;就医必要性

Title: Orientating towards Doctorability in Patients' Accounting for Medical Visit

Abstract: Patients' reason for the visit is at the core of doctor-patient interaction, and efficient communication about that can not only facilitate medical services but also contribute to constructing a harmonious doctor-patient relationship. To explore the effective manner and procedure of patients' accounting for the visit in China's outpatient consultations, we conducted a conversation analytic study based on a nearly 6-hour collection of communication between first-visit patients and doctors. It was

---

　*　本研究为国家社会科学基金项目"门诊医患冲突与和谐医患沟通的多模态会话分析研究"(批准号:23BYY168;负责人:于国栋)的阶段性成果。本研究为中央高校基本科研业务费专项"门诊互动中患者忧虑表述的会话分析研究"(项目编号:202461091;负责人:刘钦宇)的阶段性成果。

　**　**作者简介:**刘钦宇,中国海洋大学在读博士生。研究方向:会话分析。电子邮箱:liuqinyu@stu.ouc.edu.cn。于国栋,中国海洋大学教授。研究方向:会话分析。电子邮箱:yuguodong@ouc.edu.cn。

found that patients can legitimise their visits in two ways: 1) presenting diverse symptoms; 2) presenting detailed experience of the symptoms. The orientation towards doctorability revolves around patients' symptoms, namely their personal experiences of pain and illness, stressing patients' lifeworld concerns. This finding differs from similar studies abroad, indicating that when accounting for the visit, Chinese patients do not diminish their responsibility or agency in seeking medical care. This phenomenon reflects the "patient-centered" medical service philosophy in China.

Key Words: Reason for the Visit; Doctor-patient Communication; Conversation Analysis; Doctorability

1 引言

不论是对于医学或医疗服务，还是对于医患沟通本身而言，患者就诊原因的表述都是门诊医患交际的重要内容。医患交际作为一种机构性互动有其明确的目标或任务(Drew & Heritage, 1992：22)，所有相关活动的开展都是为了达成这一特定目标，即帮助患者摆脱"病人角色(sick role)"(参阅 Parsons, 1951)，使其恢复健康并回归正常生活。为了共同完成这一任务，患者需要向医务工作者准确表述其就诊原因，而医务工作者则需要对此进行充分了解进而做出诊断并给出治疗方案，可以说门诊医患交际的全部活动都紧紧围绕患者的就诊原因展开。在医学上，患者就诊原因被简单处理为病因，医生职责在于查明病因并解决问题。然而患者就诊原因不仅是简单的医学问题，还可能涉及患者心理和社会问题，而所有问题的解决都依赖于医患双方为此展开的沟通。沟通畅快与否对患者就诊满意度以及医疗服务质量起着关键作用。这也一定程度上能够解释为什么随着医疗设备和技术手段的进步，患者病因可以得到更准确查明的情况下，患者的就诊满意度却没有随之提升，而且医闹事件频现。医患间沟通不畅就是可能的诱因之一，如下例中医生对患者就诊原因表述的消极应对：

例(1)[SYDY-R/200309—14.2]

1　患：　闫大夫您好,= 我就是有点(.)嗯:.h(.)我>做翻译工作有的时候<

2　　　　熬夜.= 熬完夜第二天可能就有点尿频,

3　医：　啊.

4　患：ang.然后就是这.>然后<其他也没有<<u>疼痛</u>　[也没有什么-]

5　医：　　　　　　　　　　　　　　　　　　[　呵　呵　.h]=

6　　　=首先尿频,第一个管理就是<生活行为习惯>.

7　患：嗯.

8　　　(0.6)

9　医：你的-y-你就明确的有诱因,你就只能是尽量去避免它.不可

10　　能用药物来通过(.)你行为能改变的东西药物来治疗.=干预

11　　不了.

在该片段发生之前,医生完成了对患者的身份确认,患者就座后直接开始了其就诊原因的表述(第1~2、4行)。对此,医生在第5~6行及第9~11行做出的回应,展现了对患者寻医的否定态度,包括笑声("呵呵",第5行)体现出的不友好,对患者进行健康教育("首先……来治疗",第6、9~10行)传递的对患者没有做好自我管理的间接批评,以及直接给出的消极回应("干预不了",第10~11行)。

从上例可以看出,患者就诊原因的沟通不仅涉及信息的传递,医生可能还会对患者就诊原因做出必要性或合理性的判断。为了归纳并揭示患者表述就诊原因时的规范做法,从而避免类似上述情况的出现,促进医患关系的和谐,本研究以大量真实发生的门诊医患交际录像及转写为研究语料,从会话分析的研究视角对患者就诊原因表述进行了客观科学的观察与分析。研究发现,患者表述就诊原因时可以从以下两个方面凸显其就医必要性,从而合理化其就医行为:(1)呈现症状多样性;(2)呈现症状细节。

2　相关背景

2.1　医患交际的组织结构与患者就诊原因表述

医患交际的整体结构大致分为六个阶段:(1)开始:医患建立联系。(2)陈述病情:患者讲述病症/就诊原因。(3)获取信息:医生询问病史或进行身体检查。(4)做出诊断:医生给出对患者状况的判断。(5)提供治疗:医生给出治疗方案。(6)结束:完成就诊(如:Byrne & Long,1976;Robinson,2003)。尽管这一结构是基于英、美两国的初级医疗服务而提出,但其普适性也得到了来自不同国家和不同社会背景下不同类型医疗服务中相关研究的认定(如:Gu,1996;Have,1989)。从结构上看,除了陈

述病情阶段,医患交际中的大部分活动都是由医生主导。陈述病情阶段是整个医疗就诊过程中患者被准许自主表述忧虑的唯一机会(Heritage & Robinson,2006)。对于初诊患者而言,该阶段通常被用来表述其就诊原因,本研究所关注的患者就诊原因表述活动就发生在初诊患者与医生之间的陈述病情阶段。初诊患者表述就诊原因时,通常会从异常状况的发现与观察、病痛的体验以及在自愈上所做的努力等方面展开。在内容上,患者的表述从医学角度为评估诊断提供最基本的信息;在行为上,患者的表述为其就医决策表明原因、作出解释。基于后一种视角,赫里蒂奇和罗宾逊(Heritage & Robinson,2006)提出患者在病情陈述阶段最主要的任务是向医生表明其就医必要性(doctorability)。

2.2 就医必要性

就医必要性是指患者在就诊原因表述中通过话轮设计表明其经历的症状或问题可以且值得获取医学层面的重视(worthy of medical attention),包括评估、咨询以及必要的治疗(ibid:58)。明确建构就医必要性是患者避免被认为在装病(malingering)(McDermott & Feldman,2007)的必要做法。因为"病人角色"虽然给患者带来了身体不适或生活不便,但同时也使患者能暂时免除应尽的社会职责(Parsons,1951,1975),有些情况下患者还会因病得到经济补偿。因此,如果患者不能表明其问题的就医必要性,则很容易受到骗取"继发性收益"("secondary gain")(Fishbain,1994)的怀疑。凸显所遇问题的就医必要性实际上是患者在合理化自己的寻医行为(Heritage & Robinson,2006)。

患者在表述就诊原因时会诉诸不同手段体现其就医必要性。例如,赫里蒂奇和罗宾逊(Heritage & Robinson,2006)发现了三种会话常规:(1)作出诊断性宣称;(2)援引第三方作为就医行为的共同决策者;(3)表明与病痛的抗争,即在自愈上的努力。哈尔科夫斯基(Halkowski,2006)则发现当患者以故事讲述的方式陈述病情时,同样也会用"起初我以为……"("At first I thought X")及"觉察序列"("sequence of noticings")的方式来展示患者对就医必要性的观照。除此之外,也有研究对涉及就医必要性的客观因素进行了探讨,如尼尔森(Nielsen,2018)认为症状持续时间是衡量就医必要性的一个重要前提;栉田(Kushida et al,2020)则发现,患者会对其看似不甚恰当的就诊机构/科室选择作出解释,从而揭示了就医必要性中外部语境敏感性的问题。

2.3 我国医疗体系

现有研究大都是国外研究者基于国外医疗体系展开,然而我国医疗体系与国外存在较大差异,因此尽管国外研究发现具有一定借鉴和启示意义,但未必符合我国国情。此外,我国医患沟通的模式似乎与外国存在较为显著的差异,在我国,医患交际模式更多呈现出"消费主义"（"consumerism"）（参阅 Reeder，1972）模式（Wang & Liu，2021；Yang & Wang，2024）。相较于国外，我国患者似乎会更主动地表述就诊原因（Yang et al.，2023；Yang & Wang，2023）。而在诊所、卫生院等基层医疗机构中，相较于陈述病情，患者在表明就诊原因时似乎更倾向于提出直接的对药物和治疗手段的寻求（Yang & Wang，2024）。这一行为俨然展示出我国患者在基层医疗机构就诊并表述就诊原因时不需要证明其就医必要性，而是将"病人角色"作为前提条件或既定事实。这一发现与国外同类研究的发现显然存在较大差异，而造成这一差异的原因很可能在于我国医疗体系并非分级制度，即我国患者去三甲医院等高级别医疗机构就诊不需要经过诊所等基层医疗机构的批准或推荐。相反，我国患者在有条件的情况下往往选择直接去三甲医院就诊，查明症状及病因，随后在症状未根治或复现时去诊所直接寻求开具处方药物。而患者在未就诊查明病因的情况下去药店或诊所等基层医疗机构寻求处方药物进行自我治疗的现象也并不少见（Wang，2017）。

鉴于我国基层医疗服务现状的复杂性，监管更加严格且流程更加规范的三甲医院门诊中患者就诊原因表述也许会呈现更加清晰的规律与模式。此外，也尚未有相关研究对文首案例中反映的患者就医合理性问题予以关注。为此，本研究将对三甲医院门诊医患交际中患者如何在就诊原因表述中观照并处理就医必要性进行探讨。

3　研究方法

本研究采用会话分析（Conversation Analysis）（参阅 Sacks，1992）研究方法，以实际发生的门诊医患交际为语料对患者就诊原因的表述进行无先设审视，对其中潜含的现象、规律及规约进行挖掘和阐释。研究紧紧围绕会话分析所关注的"why that now"（Clift & Drew，2013）三个核心问题展开，即关注交际参与者在互动中在何种序列位置（now），以何种话轮设计或交际资源（that），执行了何种社会行为（why）。会话分析视角的科学性在于研究发现给出的解释并非基于研究者主观的理解（甚至偏见），而是挖掘并分析真实互动中的交际参与者所展现出共享的交际常规，以及共同观照的交际秩序及社会规范。

语料来源于 2018 年至 2021 年间收录的来自北方某城市两家三甲医院泌尿外科的门诊医患交际视频。语料收集获得了医生与患者（及患者家属）的知情同意，所有交际者的面部信息和声音均进行了模糊处理以保护隐私。语料时长共计约 40 小时，逾 500 例门诊会话，其中随机选取了约 6 个小时共 48 例患者初次就诊的会话，并严格按照杰弗逊（Jefferson，2004）体系进行了细致转写，对于相关的非语言模态交际细节则按照蒙达达（Mondada，2018）体系进行了细致转写。转写过程中，交际者姓名等个人信息和相关地理信息等也均进行了假名化处理。

4 患者合理化就医行为的常规做法

患者就医必要性成立与否的判断体现在医生的回应中。医生在医学专业知识上有较高的知识状态（epistemic status）（Heritage，2013），且作为机构方代表有权利对患者是否符合"病人角色"作出评判。当患者就医必要性成立时，医患交际会从患者就诊原因表述阶段自然过渡到病史询问或身体检查阶段。而当患者就医必要性受到质疑时，医生可能直接展现消极立场，如上述例（1）所示；医生也可能对患者就诊原因表述发起理解性修正（repair）（Schegloff 等，1977），揭示患者表述不够充分以及就医必要性无法得到充分证明。因此，通过对比医生对患者就诊原因表述的回应，我们从语料中发掘了两种患者能够合理化其就医行为的常规做法：（1）呈现症状多样性，即从不同角度对病痛体验/症状进行描述；（2）呈现症状细节，即对个人病痛体验展开翔实描述。

4.1 呈现症状多样性

患者就医必要性最容易遭受质疑的情况是患者对自己健康的过度担忧或过于敏感。因此，患者表述就诊原因时，如果陈述了多于一种的病痛体验，通常表明患者对自身健康情况的全面观察与评估，而并非一有问题就焦虑不安。这种情况下医生几乎不会质疑患者的就医必要性。如例（2）和例（3）中，患者在回答医生关于就诊原因的询问时都提供了三种症状表现。

例（2）[SYDY－M/181204－15]

9	医：	你好.
10		(1.1)
11		e:ng,你是:有什么不舒服呢,
12	患：	ang::就是有:h(.)尿等待,
13	医：	噢.
14	患：	然后还有尿灼热,(0.6)还有:尿分叉.
15		(0.4)
16		°(就没[啦)°.
17	医：	[°°嗯°°
18		(3.0)((医生注视电脑屏))

19　医：　　＋多长时间°啦°,＋

　　医　　　＋低头注视键盘＋

例(3)[SYDY－M/181204－25]

12　医：　　老爷子怎么不舒服了.

13　患：　　呃.< 尿频> ,尿急 ,尿痛.

14　医：　　ang.

15　患：　　一尿尿就-(.)尿道就痛.

16　　　　　(0.4)

17　医：　　[多长时-]

18　患：　　[就 疼.]嗯.

19　　　　　(0.9)

20　医：　　有多长时间啦老爷子.

　　例(2)中患者在第12行先是用拖长音节的"有::"投射即将陈述的病症,"尿等待"只是患者遇到的问题之一,随用用"然后还有……还有……"的话轮设计提出了另外两个问题。患者于第16行明确让出话轮后,医生在第19行对患者症状出现的时长进行信息寻求,从而开启了对患者病史的询问。与此类似,例(3)中患者在第13行直接列举了三种症状,并在第15行用极致表达(Pomerantz,1986)"一……就……"强调了"尿痛"症状的严重程度,对此医生在第20行完成了本应在第17行执行的对患者症状出现时长的询问。在这两个例子中,患者都选择了列举(list-construction)(Jefferson,1990)的方式来表述就诊原因。这种三段式列举(three-part lists)的方式本身就常和所列举事物的充足/丰富性(muchness)挂钩,如英语中常用"blah blah blah"表示不胜枚举(ibid),而在汉语中我们同样也可以用三个并列成分构成的排比句式来加强表达效果。因此,使用三段式列举的方式给出症状时,患者既在陈述内容或症状表现方面的多样性,又在语言使用层面通过加强表达效果凸显所述症状对患者造成的困扰。这两方面共同作用使者就医必要性得到了充分体现。

　　除了用三段式列举给出三种症状之外,我们发现患者表述就诊原因时只要给出多于一种症状,就几乎不会受到医生对其就医必要性的质疑。患者可以使用"然后""还有""而且"等手段投射出症状的多样性。如例(4)中,患者在第15行用"而且"连接并描述了两种症状,医生并未对此提出任何异议,并在第21行给出信息接收的回应"嗯"以及完成电脑上的信息录入后,于第23行开启了对患者病史的询问。

例(4)[SYDY－M/181204－18]

12 医： 你是怎么不舒服了？
13 (.)
14 患： 呃呀我是-h.h(.)老想 bi-(.)这个 n-尿呀就是老想尿得憋不行.
15 而且[憋不了多少尿
16 医： [嗯.
17 (0.6)
18 患： 呃我:这(.)看一下那瓶儿里面儿就(.)尿这么一点儿点儿.
19 憋得不行.
20 (1.0)
21 医： 嗯.
22 (6.3)((医生在电脑录入信息))
23 医： 多长时间啦.=

除了对患者表述就诊原因的方式进行话轮设计等细节上的关注，我们还对患者呈现症状的数量以及是否有受到医生对就医必要性质疑的情况进行了统计。在本研究随机选取的 48 例患者初次就诊的医患会话中有 7 例涉及患者以故事讲述（Stivers, 2012）或叙事（Halkowski, 2006）的形式表述就诊原因，因其表述形式的特殊性暂未列入统计。剩余 41 例会话的统计结果如表 1 所示，医生有质疑患者就医必要性的情况共发生了 8 次，其中 7 次发生于患者就诊原因表述中只有一种症状的情形，即横向比较而言，在医生质疑患者就医必要性的案例中，87.5％是患者只给出了一种症状。而纵向来看，当患者只给出一种症状时，有约 30.4％(7/23)的概率会受到就医必要性的质疑；当患者给出两种及以上的症状时，则只有约 5.6％(1/18)的概率会受到质疑。对于该统计结果我们进行了交叉（卡方）分析，结果表明患者所述症状数量是否多于一种与患者是否会受到就医必要性质疑显著相关($p=0.046<0.05$)，患者所述症状数量只有一种的情况与症状数多于一种相比更容易受到就医必要性的质疑。因此，症状多样性的呈现能够帮助患者极大程度上避免受到医生对其就医必要性的质疑。

表 1　患者陈述症状数量与受质疑情况

	一种	两种及以上	合计
有质疑发生	7	1	8
无质疑发生	16	17	33
合计	23	18	41

表2　交叉(卡方)分析结果

题目	名称	症状数是否大于1(%)		总计	χ^2	p
		否	是			
是否存在质疑	否	16(69.57)	17(94.44)	33(80.49)		
	是	7(30.43)	1(5.56)	8(19.51)	3.980	0.046*
总计		23	18	41		

* 表示 $p<0.05$；** 表示 $p<0.01$

　　患者表述就诊原因时呈现症状多样性可以有效降低受到就医必要性质疑的原因可能在于,当患者出现健康问题,尤其是身体或器官的功能出现障碍时,往往会出现不同的症状表征,且随着病情发展,症状呈现加重或更加多样的趋势。因此,当患者在个人体验上呈现的症状越多样,越表明患者身体异常状况值得获得医学关注。相反,如果患者只陈述了一种症状,不排除存在如例(1)所示的情况,即患者因个人生活习惯改变导致的身体异常,而这种异常状况显然不满足进行医疗手段干预的条件。

4.2　呈现症状细节

　　在患者只陈述了一种症状的情况中,虽然有16例并未受到医生对就医必要性的质疑,但其中8例,患者或是带着检查报告,或是有直接告知医生其就诊史,这些都可算作引入第三方作为就医决策贡献者的做法。借助该手段,患者降低了其在决策上的责任比重(Heritage & Robinson,2006),更何况不论是检查报告、就诊史还是其他医生推荐转诊等,都属于有医学权威的第三方,这些直接且有力的医学证明可以帮助患者在很大程度上免于被质疑。将这8例较为特殊的情况排除在外后,剩余15例会话是具有较大程度可比性的,此时患者受质疑的发生概率也接近了50%(7/15)。对这些案例进行细致的观察与比较之后我们发现,对症状给出基于个人主观体验的详细描述相比于简单地概括症状更有助于患者合理化其就医行为。

　　下面四个例子中患者症状的相似程度最高,相应地具有比较高的可比性,也更容易从中发现规律。前两个例子中患者受到了医生对于就医必要性的质疑。

　　　　例(5)[SYDY－R/200309－14.5]

　　　　7　医：　　什么情况.

　　　　8　　　　　(.)

　　　　9　患：　　我是夜尿.h 夜::尿多.

　　　　10　　　　　(0.3)

11　医:　夜尿多?=

12　患:　＝ang:.=

13　医:　=夜尿的量多还[是尿的次数多,

14　患:　　　　　　[量-呃-(.)次数多.

例(6)[SYDY－R/200309－15.1]

7　医:　* 你说,

　医　* >>电话铃声响

8　　　(.)

9　患:　就是::经常想要(.)小便.

10　医:　经常想要小便哈,急不急?

11　　　(0.9)

12　患:　嗯.急.也就是*:四十分钟就要小便一次.

--->　　　　　* 医生接起电话------>>

例(5)中医生在第11行用疑问语调的部分重复(Robinson,2013)对患者第9行的病情陈述发起了修正,在仅仅得到患者的简单确认("ang:")后,紧接着又在第13行以寻求理解确认的方式再次发起力度更强的修正(Hayashi & Hayano,2013),用选择疑问句向患者发起了关于患者症状更详细情况的信息寻求。与此类似,例(6)中医生在第10行先是用重复的手段发起了修正,随后衔接了正反疑问句"急不急"来进一步向患者寻求关于其症状的更多信息。这两个例子中对于患者提供的就诊原因,医生第一反应都是发起修正,表明患者在病情陈述上不够充分,给医生对其症状的了解及判断造成了困难,因此其就医必要性无法在第一时间得到医生认可。

与前两个例子医生的回溯性(retrospective)信息确认/寻求不同,在例(7)和例(8)中,医生均在患者表述完就诊原因之后发起了与患者症状相关的其他信息的寻求,是向前发展的(prospective)。医生通过询问患者所述症状在不同时段的表现情况[例(7)]以及是否存在可能导致患者症状出现的其他已确诊疾病[例(8)],其实已然开启了对患者状况的检查评估。

例(7)[SYDY－R/200309－18.7]

8　医:　你说.

9　　　(0.7)

10　患：　　我:晚上喝上水一晚上得尿°j-°z-就得尿:(.)六次.

11　医：　白天了.

12　　　　(0.4)

13　患：　白天喝上水也尿得多.(0.2)倒是比晚上少一点儿 h.

14　医：　尿频.=是吧,

15　　　　(0.6)

16　患：　噢.感觉是那.wa-

17　医：　多大岁数了.

例(8)[SXBY－W/200115－10814]

5　医：　怎么了是.=

6　患：　=哎呀,我昨天一夜没有睡觉.(0.3)一个小时啊尿°一趟°

7　　　　尿了十几趟.(.).h 啊呀早上起来,(0.2)喝了个水,又尿.

8　　　　(.)

9　　　　也°就这°.

10　医：　噢::

11　　　　(0.2)

12　　　　+有什么别的病没有啊,+

　　医　　+在电脑中选择检查项目+

13　　　　(0.4)

14　患：　>啊呀<没有啥别的病.

15　医：　没有啥别的病啊,

16　　　　(0.4)

17　患：　啊呀我说这是不是(XXX)(天什么)病我的天°°呐°°.=

18　医：　=前列腺可能犯了.=啊.不要紧.

　　导致医生不同回应出现的原因其实就在于患者就诊原因的表述,对比以上四位患者的表述方式及相应的医生回应可以发现:(1) 患者 A 和 B 仅仅给出对于症状的概括描述,而患者 C 和 D 则提供了基于亲身经历和体验的细致描述,如提供了频繁去厕所的次数;(2) 前一种表述方式通常会引发医生回溯性地发起修正以寻求关于患者症状的具体情况,后一种表述方式则通常对应医生推进性地发起围绕患者症状的新信息的寻求并开启检查或评估的阶段;(3) 相较于前者,后一种表述不容易引发医生对患者就医必要性的质疑。

> A:"我是夜尿.h 夜::尿多." [例(5)]
>
> B:"就是::经常想要(.)小便." [例(6)]
>
> C:"我:晚上喝上水一晚上得尿°j-°z-就得尿:(.)六次." [例(7)]
>
> D:"= 哎呀,我昨天一夜没有睡觉.(0.3)一个小时啊尿°一趟°尿了十几趟.
>   (.).h 啊呀早上起来,(0.2)喝了个水,又尿." [例(8)]

　　通过对比在均只是给出一种症状情况下患者对于类似症状的不同表述,我们可以得出以下结论:患者对症状进行翔实细致的描述,尽可能多地呈现个人体验和经历上的细节更有助于合理化其就医行为。造成这一结果的原因可能在于,患者通过呈现症状细节一方面能够凸显患者所受症状困扰之深,如通过"一晚 vs 六次"和"一小时 vs 十几趟"的反差对比;另一方面患者提供的次数、频次等相关数字信息可以作为相对客观的指标,便于医生对患者状况进行初步评估。

5　讨论:就医必要性中的患者主体性和两个体现纬度

　　就医必要性是一个广泛的议题,通俗而言就是关于患者如何表述就诊原因且合理化其就医行为。而患者对就医必要性的观照也存在不同的视角或因素,过往研究有关注到患者诊室选择的合理性(Kushida 等,2020),也有关注到患者本人对就医的不得已为之(Heritage & Robinson,2006;Nielsen,2018)。然而不论是援引第三方作为就医共同决策者、表明自愈的努力尝试(Heritage & Robinson,2006),还是尽可能凸显症状显现时间之久(Nielsen,2018),患者的行为似乎都在极力降低其就医行为的主体性(agency)和责任。或许由于社会现实层面,西方医疗服务的开展更加以医生为中心,抑或由于过去研究的立场更多基于以医生为中心的"家长主义"("paternalism")(Dworkin,1972)式医患关系认知,这些研究并未对患者就诊原因中症状本身的表述予以足够关注。

　　我们的研究发现,与国外相比,我国三甲医院的门诊医患交际中,患者表述就诊原因时更加突出患者自己的主体性,即相较于国外患者表现出更多的不得已,我国患者并没有展现出去医院就诊是无奈之举。但是我国患者就诊时并非不观照就医必要性的问题,只是立场和出发点与国外存在差异。在我们的语料中,患者能够有效表明就医必要性的常规做法均体现在对症状的强调,即围绕个人的病痛体验进行表述。我国患者在表述就诊原因时并没有表现出对个人主体性的回避,有时甚至会突出强调患者个人主观意志①。我国患者就医决策的主体性同样体现在基层医疗门诊交际中患者广泛地使用直接请求/要求(request)的方式表明就诊原因(Yang & Wang，2024)。我们的研究发现也进一步证实了我国医患交际的模式更多表现为以患者为中心的"消费主义"。

具体到患者凸显就医必要性的常规做法，我们发现可以归纳为患者从横向和纵向两个维度对症状进行表述。横向纬度指患者通过尽可能多地呈现症状类型来凸显症状严重性，即告知医生其身体不同部位感受到的不适，或身体异常在其生活不同方面带来的困扰等，具体手段包括表并列或衔接的词汇使用，如"而且""还有""然后"等，以及三段式列举(three-part list)(Jefferson，1990)。而纵向纬度则是指患者通过尽可能详细地呈现单一症状经历凸显症状严重性，即向医生详细描述症状的细节体验或发生频率等，具体方式包括给出单位时间内症状发生频次的大约数字，或从感官体验上给出病痛描述(如："尿完之后有灼热感""睾丸弹跳的阵痛特别多"等)。从这两个纬度展开的症状表述均从个人经历角度表现出患者不堪其扰，正常生活已受到了严重影响。患者从生活世界忧虑(lifeworld concern)(Heritage & Maynard，2006)的角度凸显了就医必要性进而合理化了其就医行为。

6 结语

本研究关注了我国门诊医患交际的患者表述就诊原因时对就医必要性问题的观照，归纳出两种患者可以围绕症状本身展开的表述纬度：(1) 从横向纬度呈现症状多样性；(2) 从纵向纬度呈现症状细节。前者的有效会话常规包括三段式列举、并列词、衔接词使用等；后者的有效会话常规包括频率、频次的数据提供以及基于感官的疼痛描述等。此外，研究发现我国患者对就诊必要性的观照与国外存在部分差异。相较于西方患者倾向于尽可能降低其在就医决策上的责任，我国患者并不避讳凸显其就医决策的主体性和主观意志，即以强调个体症状体验的方式作为就医必要性的体现，强调个人生活视角下的忧虑。本研究作为基于三甲医院这一级别医疗机构开展的对患者就诊原因表述的初探，仅细致观察并分析了部分能够有效体现就医必要性的方式和手段，还有其他会话常规有待进一步探究。如本研究的语料中患者还会通过故事讲述(storytelling)方式表述就诊原因，对此我们尚未予以足够关注。在此，我们也呼吁我国学者对医患交际进行深入细致的互动层面的关注与研究，去挖掘更多有助于医患沟通的有效模式。

---

① 关于我国患者如何在表述就诊原因时突出主观意志，以及在就医必要性上展示出何种与西方患者不同的立场和视角，我们已另文介绍，本文暂时聚焦于患者就诊原因表述的常规手段。

参考文献

[1] Byrne, P. S. & B. E. L. Long, 1976. *Doctors Talking to Patients: A Study of the Verbal Behaviour of General Practitioners Consulting in Their Surgeries*. London: H. M. Stationery Office.

[2] Clift, R., P. Drew & J. Local, 2013. 'Why that, now?': Position and composition in interaction (or, don't forget the position in composition). In M. Orwin, C. Howes & R. Kempson (eds.), *Language, Music and Interaction*. London: College Productions, 211 – 232.

[3] Drew, P. & J. Heritage, 1992. *Talk at Work: Interaction in Institutional Settings*. Cambridge & New York: Cambridge University Press.

[4] Dworkin, G., 1972. Paternalism. *The Monist*, 56(1): 64 – 84.

[5] Fishbain, D. A., 1994. Secondary gain concept: Definition problems and its abuse in medical practice. *APS Journal*, 3(4): 264 – 273.

[6] Gu, Y., 1996. Doctor-Patient interaction as goal-directed discourse. *Journal of Asian Pacific Communication*, 7: 156 – 176.

[7] Halkowski, T., 2006. Realizing the illness: Patients' narratives of symptom discovery. In D. W. Maynard & J. Heritage (eds.), *Communication in Medical Care: Interaction between Primary Care Physicians and Patients*. Cambridge: Cambridge University Press, 86 – 114.

[8] Hayashi, M. & K. Hayano, 2013. Proffering insertable elements: A study of other-initiated repair in Japanese. In G. Raymond, J. Sidnell & M. Hayashi (eds.), *Conversational Repair and Human Understanding*. Cambridge: Cambridge University Press, 293 – 321.

[9] Heritage, J., 2013. Action formation and its epistemic (and other) backgrounds. *Discourse Studies*, 15(5): 551 – 578.

[10] Heritage, J. & D. W. Maynard, 2006. Introduction: Analyzing interaction between doctors and patients in primary care encounters. In J. Heritage & D. W. Maynard (eds.), *Communication in Medical Care: Interaction between Primary Care Physicians and Patients*. Cambridge: Cambridge University Press, 1 – 21.

[11] Heritage, J. & J. D. Robinson, 2006. Accounting for the visit: Giving reasons for seeking medical care. In D. W. Maynard & J. Heritage (eds.), *Communication in Medical Care: Interaction between Primary Care Physicians and Patients*. Cambridge: Cambridge University Press, 48 – 85.

[12] Jefferson, G., 1990. List-construction as a task and a resource. In G. Psathas (ed.), *Interaction Competence*. Washington, D.C.: University Press of America, 63 – 92.

[13] Jefferson, G., 2004. Glossary of transcript symbols with an introduction. In G. H. Lerner (ed.), *Conversation Analysis: Studies from the First Generation*. Amsterdam & Philadelphia: John Benjamins, 13 – 31.

[14] Kushida, S., M. Kawashima & T. Abe, 2020. Why this clinic now? A context-sensitive aspect

of accounting for visits. *Social Science & Medicine.* 265: 113278.

[15] McDermott, B. E. & M. D. Feldman, 2007. Malingering in the Medical Setting. *Psychiatric Clinics of North America,* 30(4): 645 – 662.

[16] Mondada, L., 2018. Multiple Temporalities of Language and Body in Interaction: Challenges for Transcribing Multimodality. *Research on Language and Social Interaction,* 51 (1): 85 – 106.

[17] Nielsen, S. B., 2018. 'And how long have you been sick?': The discursive construction of symptom duration during acute general practice visits and its implications for 'doctorability'. *Time & Society,* 27(3): 330 – 349.

[18] Parsons, T., 1975. The Sick Role and the Role of the Physician Reconsidered. *The Milbank Memorial Fund Quarterly. Health and Society,* 53(3): 257 – 278.

[19] Parsons, T., 1951. *The Social System.* New York: Free Press.

[20] Pomerantz, A., 1986. Extreme Case Formulations: A Way of Legitimizing Claims. *Human Studies,* 9(2/3): 219 – 229.

[21] Reeder L. G., 1972. The patient-client as a consumer: some observations on the changing professional-client relationship. *Journal of health and social behavior,* 13(4): 406 – 412.

[22] Robinson, J. D., 2003. An interactional structure of medical activities during acute visits and its implications for patients' participation. *Health Communication,* 15(1): 27 – 57.

[23] Robinson, J. D., 2013. Epistemics, action formation, and other-initiation of repair: The case of partial questioning repeats. In G. Raymond, J. Sidnell & M. Hayashi (eds.), *Conversational Repair and Human Understanding.* Cambridge: Cambridge University Press, 261 – 292.

[24] Sacks, H., 1992. *Lectures on conversation: Volumes I & II* (G. Jefferson, ed.). Oxford: Blackwell.

[25] Stivers, T., 2012. Sequence Organization. In J. Sidnell & T. Stivers (eds.), *The Handbook of Conversation Analysis.* Boston, MA: Wiley-Blackwell, 191 – 209.

[26] Ten Have, P., 1989. The Consultation as a Genre. In B. Torode (ed.), *Text and Talk as Social Practice.* Berlin & Boston: De Gruyter Mouton, 115 – 135.

[27] Wang, N. C., & Liu, Y., 2021. Going shopping or consulting in medical visits: Caregivers' roles in pediatric antibiotic prescribing in China. *Social Science & Medicine,* 290: 114075.

[28] Yang, Z., Jackson, C., & Toerien, M., 2023. Is solicitation of problem presentations always normative? How Chinese patients get to present their reasons for medical visits. *Health Communication,* 38(11): 24702480.

[29] Yang, Z., & Wang, X., 2023. Chinese patients' unsolicited presentation of primary concerns. *Pragmatics and Society.*

[30] Yang, Z., & Wang, X., 2024. Patients' Problem Presentation in China's Primary Care. *Health Communication,* 39(13): 3097 – 3107.

附录：转写体系

(0.6)	沉默时长，单位为秒。若沉默出现在话轮转换相关处，则会在客观测量的时长基础上减去话轮转换的一般间隔 0.2 秒。
(.)	小于 0.2 秒的短暂沉默。
=	表示前后话语的紧密衔接。一般成对出现，一个在转写中一行话的末尾，另一个在一行的开头。单独使用时常用在话轮转换相关处，表示新话轮构建单位的骤然增加。
[ ]	标记话语重叠。
[	用于不同交际者的话轮，标记重叠开始位置。
[	
]	用于不同交际者的话轮，标记重叠结束位置。
]	
. ? ,	"."表示降调；"?"表示升调；","表示声调较平或略微上升。
我-	"-"表示声音的突然中断。
是:::	":::"表示音节的拖长，每一个":"一般代表 0.1 秒的拖长。
> <	框起来的话语被压缩表述，语速明显快于正常节奏。
< >	框起来的话语被缓慢表述，语速明显慢于正常节奏。
特色	下画线表示强调的说话方式，包括响度增加或音调升高。
.hhh	吸气音，一个"h"代表 0.1 秒。
hhh	呼气音，一个"h"代表 0.1 秒。
hehehe,哈哈	笑声。根据实际的笑声可以用"哈"、"嘿"、"呵"等，也可借助英文 huhhuh,hehe 等来尽可能还原真实笑法。
.tch	"啧"音，表咂舌。
(( ))	双括号内为研究者给出的描述，而非对交际的如实转写。
威:/九:	交际者标签，通常一个话轮对应一个标签。

语言学研究

文化语言学新视阈中的认知隐喻探赜[*]

孙　毅　马　宁[**]

摘　要： 隐喻是人类赖以生存的交际方式和沟通路径，同时深受认知概念性和文化过滤性的双重钳制，在一切隐喻概念中认知和文化双维互补，缺一不可。然而，目前聚焦于认知方面的隐喻研究，要么完全忽略文化在人类思维中的构架作用，要么充其量赋予其一种边缘或附属的身份。本文基于语言相对论与文化语言学的相关理论探讨了隐喻与文化的哲学本源问题，希冀借此奠定文化因素在隐喻研究中的基础性地位，并尝试提出一些文化语言学视阈下继续深入探索的认知隐喻新构想。

关键词： 隐喻；认知；文化；语言相对论；文化语言学

Title: On Cognitive Metaphors from a New Perspective of Cultural Linguistics

Abstract: Metaphor is a social interaction method and communication pathway that human depends upon, and dually restrained by cognitive conceptualization and cultural filtration simultaneously. Cognition and culture are two complementary dimensions of all the metaphorical concepts, which is indispensable. However, the current discussions on metaphors, which are mainly concentrated on cognition, either neglect altogether the organizing role of culture in human thought, or endow it with a residual or epiphenomenal status at best. The article argues the philosophical original

＊　本文系广东外语外贸大学阐释学研究院2021年度创新研究项目"约翰·济慈十四行诗的当代隐喻学阐释研究"（CSY-2021-ZD-02）的阶段性成果。

＊＊　**作者简介：** 孙毅，广东外语外贸大学外国语言学及应用语言学研究中心教授、博士生导师，博士，研究方向为当代隐喻学与翻译学。电子邮箱：sytony9728@163.com。马宁，新乡工程学院外国语学院助教，研究方向为认知隐喻学。电子邮箱：baneimn@163.com。

relationship between metaphor and culture centered around the correlation theories of Linguistic Relativity and Cultural Linguistics, aims at assuring the fundamental basis of cultural factors in metaphor researches, and tentatively probes into some new proposals of cognitive metaphors for further studies based on Cultural Linguistics.

Key Words: Metaphor; Cognition; Culture; Linguistic Relativity; Cultural Linguistics

1 引言

20 世纪 80 年代，随着乔治·莱考夫和马克·约翰逊两人联袂合著的《我们赖以生存的隐喻》付梓问世，全世界学人目睹了一场轰轰烈烈的隐喻研究革命。隐喻由司空平常、其貌不扬甚至可有可无的修辞学和文学批评的装饰品，一跃而成人类大脑认知至高无上的核心机制和总开关。广大学人逐渐清晰地认识到：隐喻是从具体可及的源域链接到抽象遥远的靶域的单向系统映射。基于此认识和判断，语言学界掀起了一波接一波的探讨浪潮，隐喻研究彻底完成了华丽的认知转向，其他相邻学科，譬如政治学、经济学、自然科学、艺术学、交际学、哲学等门类也竞相探寻求索隐喻在各自领域所扮演的须臾难离、至关重要的角色。

学界在一边倒地致力于考究隐喻认知属性及功能的同期，也有少数学者保持头脑清醒，不盲目跟风：哪怕认知是隐喻的主导属性和本质特征，这也绝非其全貌，隐喻受到人类认知系统主宰和引领，与此同时，也一定深受文化背景各维度的掣肘。换言之，隐喻作为全人类赖以生存的沟通路径，必然经历认知概念性的影响，而且会承受文化模型的制约（孙毅、王媛，2021:137），认知和文化之于隐喻概念，宛如硬币的两面，各有千秋，互为彼此，缺一不可。曾有少数学者对隐喻概念所涉文化因素进行了深入浅出的论述，个中代表有奎因、科维塞斯、维义、赖惠玲等人。本文首先梳理盘整触及文化的隐喻研究；其次回溯语言相对论代表性观点，对语言、文化与（认知）思维三者的关系进行梳理归纳；再次从方兴未艾的文化语言学（Sharifian，2016，2017）领域的理论基础出发，为隐喻与文化交叉研究牵线搭桥，铺设路基；最后，本文还提出了些许后续展开隐喻探索的可行性进路和方案。

2　隐喻与文化关系钩沉

　　隐喻本质上是一种认知和文化二位一体的范式,特定文化具有相应的隐喻认知结构(孙毅,2013:91),认知性和文化性是构筑隐喻大厦的两大维度。隐喻概念中涉及文化因素的研究主要聚焦于厘清文化和隐喻的关系,即两者的本源问题。认知语义学普遍主张隐喻为人类理解和推理提供工具,同时也统辖两者。莱考夫、约翰逊(Lakoff & Johnson,1999:1)提出隐喻是从源域到靶域的单向系统映射。其中,靶域常为抽象的概念域,是人类心智世界的体现;源域则是现实的物理世界,人类多倾向对此内容进行概念化。隐喻的基础是意象图式,它基于人类的身体经验形成。身体经验在个体发展和人类智力进化过程中发挥着关键性作用。莱考夫(Lakoff,1987:397)通过分析英语中与愤怒有关的隐喻,总结出愤怒概念的核心认知模型,每个愤怒隐喻都映射该模型的部分内容。由此看来,隐喻在理解过程中扮演着总揽性构建角色。

　　然而狭义观点认为理解建构过程仅涉及隐喻的部分要义,即除借助新颖语言表达重铸现有理解外,隐喻还能向理解者提供源自隐喻源域而未获考虑的蕴涵。约翰逊(Johnson,1987:38)认为意象图式是理解中枢,影响并制约具身意义的构建和推理。推理本质上以隐喻为基础。而新隐喻是基于意象图式进行推理的结果,因此新隐喻的形成过程必然蕴含新的推理,脱离隐喻推理也就寸步难行。

　　关于隐喻概念中文化因素的研究,认知科学家要么全盘忽略文化在人类思维中的组织作用,譬如前文"隐喻构建理解"分析过程中文化维度的缺失;要么充其量视其为某种外围边缘的附属现象,例如莱考夫(Lakoff,1987:118)在重构美国人的愤怒认知模型时,曾零星参考了"民俗理论(folk theory)"和"民俗模型(folk model)"。但实践证明文化在人类理解过程中具有主导价值和核心意义。

　　奎因(Quinn,1991)以美式英语中的婚姻隐喻为研究对象,重塑了人们理解婚姻概念的过程,发现隐喻并未构建理解,相反理解对隐喻形成约束条件。隐喻使用的选择除基于人类自身经验外,还需适应某种源起外部并预先存在的文化共享模型,霍兰、奎因(Holland & Quinn,1987)称之为"文化模型(cultural model)"。奎因(Quinn,1991)认为婚姻隐喻中未曾体现超出人类理解范畴的新蕴涵,因此尽管新颖隐喻层出不穷,但仍未脱离其核心蕴涵,只是基于旧蕴涵的重复和强调。此外,奎因(Quinn,1991)依靠美国婚姻隐喻的蕴涵与生成考察了人类思维中的推理链,发现完全相同的推理链可以孕育出截然不同的隐喻。这显然由于受到文化模型的影响,新隐喻蕴涵基于文化模型并经由推理派生。因此,隐喻在人类构建对世界的理解中作用较为次要,发挥主体作用的反倒是在外部世界中形成的文化模型。

与此同时，学界逐步广泛认同文化模型的存在，然而，如何对隐喻进行文化解读、文化模型的形成是否基于概念隐喻等问题，虽一直备受关注，但尚无定论。莱考夫、约翰逊（Lakoff & Johnson，1999：60－73）通过成分划分法，提出了基本隐喻（primary metaphor）、复杂隐喻（complex metaphor）与文化信念（cultural belief）等概念。在概念隐喻理论中，基本隐喻是特定感觉运动域和主观经验间的特殊映射，衍生自人类的神经生物系统和所生活世界间的交互作用。具有连贯性的基本隐喻组合构成隐喻性更强的复杂隐喻（引自孙毅、李学，2021：1－9）。文化信念既是文化模型之内隐，深受其影响，又是文化模型之外在表征，是文化中沉淀的一种根深蒂固、影响广博的价值观念。比如，复杂隐喻"有目标的人生即旅行（a purposeful life is a journey）"由两个基本隐喻构成，分别是：（1）目标即目的地（purposes are destinations）；（2）行动即移动（actions are motions）。作为价值引领的文化信念则是"人们需要拥有人生目标并应以行动来实现这些目标（people are supposed to have purposes in life，and they are supposed to act so as to achieve those purposes）"。他们认为相较于文化模型，基本隐喻在理解建构过程中作用更为基础，文化表达只是"相对主要跨域映射的一种次要表现"（Lakoff & Johnson，1999：48）。作为莱考夫和约翰逊坚定的拥护者，吉布斯（Gibbs，1994）反对奎因的观点，他认为奎因所讨论的婚姻文化模型实由不同的基本概念隐喻组构，每个隐喻捕获到的是人类对婚姻理解的不同方面，如相容共生性、互惠性和持久性。

科维塞斯（Kövecses，2005：193－230）探究了抽象概念的认知形成过程，发现其不能脱离隐喻而直接从人类的基础经验中产生。基础经验激发并选择合适的隐喻，同时为抽象概念提供必要的内容和结构。由此得出基础经验和隐喻构成了文化模型的基本图式结构，文化背景填充了其细节。因此隐喻构成文化模型，而不仅仅是反映了文化模型。

面对这一悬而未决的问题，维义（Wee，2006）基于概念隐喻中的"比较（comparison）"概念，考察了为新加坡社会群体广泛使用、含有专有名词的隐喻表达。新加坡人常用美国实体（异域）来描述当地实体，即美国实体为源域而新加坡实体为靶域。此类隐喻以美国文化为参照点，彰显了维义称之为现代模型（modernity model）的新加坡文化模型。维义结合理论定义和反证法摆明概念隐喻并非现代模型的基础；通过梳理剖析新加坡社会群体使用的专有名词"chena"的历时语义变迁和共时群体间的使用情况，发现"chena"并不依赖隐喻表义，而是和基于异域实体的隐喻表达共属现代模型，两者只是该模型不同位面的呈现而已。此研究证实了文化模型不以概念隐喻为要核，其自身是非隐喻性的。

赖惠玲（Lai，2018）基于933条客家双联谚语的自建语料库，考察了客家谚语中的隐喻现象，对语言形式特征和文化制约因素展开了系统认知分析。结果表明：谚语中的修辞关系大多表现为双联语块间语义的平行叠加和对偶峙立；源域与靶域的主题类型在文化制约视角下存在显著关联。无论是知识图式，还是映射主题，均深植于客家的民族文化价值观。赖惠玲结合客家文化背景对所采纳研究理论框架进行的部分修订再次印证：即使人类认知基础在一定层面吻合，语言群体的历史、居住环境、日常生活习性等方面的差异也会导致文化认知的分野。开展隐喻与文化交叉研究时要充分考虑这些影响因素。通过对客家谚语中的隐喻分析得知，隐喻的构成成分与人类的认知、文化一脉相连，它们多为人类知识图式中的常见事物，所表现的如孝顺、勤劳等价值观和内涵倾向也与其日常生活息息相关。赖惠玲（Lai，2018）对隐喻与文化制约的探究表明隐喻乃至语言表现皆受文化掣肘，同时也证明基于文化与隐喻、语言相关理论开展实证研究的可行性。

基于前文奎因、科维塞斯、维义和赖惠玲的论证可知，隐喻具有文化基础，是文化的构成部分和集中反映（孙毅、张俊龙，2017：38）。几位学者证实了隐喻的具体表达基于一种外部预设的文化模型，深受人类文化理解的影响，文化因素理应是隐喻研究的内核要素；同时也验明了基于文化视角进行隐喻理论补遗与实证研究探索的合理性，更为隐喻研究未来发展提供了新鲜线索和不竭灵感。

3　语言相对论回溯

语言理论家兼哲学家洪堡特率先聚焦研究语言、思维以及文化三者间的紧密联系，提出语言的内部结构是民族精神的映照，影响着人类的认知方式；每种文化都承载特定世界观，语言间的差异源自世界观的多样性。美国人类学创始人博厄斯在语言研究总方向上与洪堡特一脉相承。博厄斯（Boas，1995）认为不同语言对同一经验的分类存有差异分歧，因此能以语汇为介质管窥各语言的文化特征。博厄斯（Boas，1995）强调民族学研究探索不可忽视语言这一得力助手，但其也认为"一个部落的文化及其所操语言之间不太可能存在任何直接联系，除非该语言的形式由文化语境直接塑成。倘若文化语境受到语言形态特征的制约，则不存在联系"。博厄斯的语言文化关系论以语言形态特征对文化不形成制约为前提，提出文化影响语言，语言形式是文化的现实映射。

萨丕尔的语言相对论（Linguistic Relativity）是对洪堡特思想的重述，即语言与思维不可分割，语言并非人类思维的缔造物。他认为文化影响语言且这种影响多集中于词汇层面，词汇反映了说话者的生理、社会和文化特征。尽管关于语言和思维两者关系论问题萨丕尔支持语言决定论（Linguistic Determinism）学说，认为语言结构影响甚至决定说话者对世界的认知和概念化过程，但其并非激进派语言决定论者。萨丕尔探究语言与文化关系的初衷在于指出语言学与其他学科的联系，提出可将语言研究与人类学、文化史、社会学、心理学、哲学乃至物理学和生理学勾连起来（Sapir，1929：209）。

沃尔夫的思想继承了语言、思维及文化相互关联的语言相对论核心观点，并根据自身研究搭建起"新相对论"体系。他认为语言与文化协同发展，两者不断交叉融合；但语言制约文化的发展路径，对文化影响更甚。由于语言不仅是语法规范的合集，还具有自洽体系，因此发生转变需经历漫长过程，而文化更新换代则更迅速。因此，语言较文化于稳定性上略胜一筹。此外，语言还影响人们的惯性思维、日常行为和世界观。沃尔夫全力赞成语言决定论的观点。首先，沃尔夫（Whorf，1940）在名为"科学与语言学"（Science and Linguistics）的文章中挑明了语言决定论立场，认为语言呈现的是预设范畴，大脑基于这些范畴架构人类经验，所形成的语言共同体以此种方式约定俗成地组织自然万物，将其编码后固定于语言模型之中。其次，沃尔夫（Whorf，1950）在另一篇题为"美国原住民的宇宙模型"（An American Indian Model of the Universe）的文章中探讨了语言与概念的关系：语言反映的是说话者的经验概念化后形成的系统，它深深植根并固化于说话者的世界观。沃尔夫还发现霍皮语对时空概念的依赖性不强，表明不同语言倚仗不同的概念系统，而这些概念与本语言的潜在世界观一致。沃尔夫观察发现经语言编码的概念投射出一个受限于特定世界观的宇宙模型，但无法确切证实语言限制说话者的思维框架。如欲深入领悟语言特征，就须了解相关世界观；如欲洞悉语言特征的内在机制，还须挖掘深藏在语言背后往时及当下的文化。

语言相对论是首个系统论述文化与语言间关系的理论体系，尽管两者究竟是相对关系还是决定关系依然众说纷纭，但尚能断定的是两者确有关联并相互影响。语言相对论奠定了语言与文化交叉研究的科学性与系统性，见证了文化语言学这一研究分支的正式发端。

4　文化语言学肇始流源

语言是人类符号系统中的最核心成员，不仅是孕育人类文化的根基，还是传承人类文化的载体，甚至民族语言在一定程度上规约该民族的思维方式。语言承载着丰厚的文化信息，任何文化的变迁与发展都会在语言系统中留有深刻印记；文化作为民族集体的智慧和结晶以及民族经验的积淀和留存，影响着语言各层次的形成与发展并彰显其中（孙毅，2013：92）。因此，语言之于文化具有本体论意义，人类文化学研究无法脱离语言学视角；展开语言学研究时，文化对语言的反作用同样不容忽略。前文的语言相对论学者已开始探讨语言与文化的关系，但并未登堂入室为正式学科分支。随着跨学科研究的盛行，语言学不断汲取其他学科的养分，逐步丰富完善自身理论体系，重视并倚仗文化因素展开语言学研究的文化语言学（Cultural Linguistics）（Sharifian，2016）应运而生。

文化语言学领军学者谢利夫在语言与文化研究中借鉴了"文化认知（cultural cognition）""文化概念化（cultural conceptualization）"等概念，认知科学中的"分布式认知（distributed cognition）""社会认知（social cognition）""集体认知（collective cognition）"等理论术语作为学科的认知基础，开创了探究语言与文化概念化之间关系的"文化语言学"。谢利夫将核心概念"文化认知"视作一个复杂适应系统，认为其脱胎于语言群体成员间的跨时空互动。其中，作为文化认知的核心，个体是文化认知发展、传播及强化的始源和动因。个体表现受到语言群体共有文化认知不同程度的影响和驱使。文化概念化及其在语言中的表征是文化认知的核心，异质性地分布于文化群体心智之中。人类语言为概念化提供编码工具，而概念化则折射出说话者的文化认知。人类语言的诸多特征都根植并固化于文化概念化。基于认知理论背景的文化语言学为文化认知、语言及文化概念之间的关系提供了广义解释，其理论框架源自文化认知及相关理论（Sharifian，2016：84）。

语言的诸多形态和外显取决于不同历史阶段中语言群体间盛行的文化认知，是语言群体文化认知的"集体记忆库（collective memory bank）"（Thiong'o，1987：15），也是传递文化认知的流动载体（Sharifian，2016：84）。当人类语言互动的经验基础依存于文化时，就形成了文化图式（cultural schemas）、文化范畴（cultural categories）和文化隐喻（cultural metaphors），这些统称文化概念化（Sharifian，2017：7）。文化图式及其所含子图式是"认知图式（cognitive schemas）"的一个亚类，指人类所体验的不同信仰、行为规范、道德规则和行为预期，同时也涵盖衍生于文化内涵和各种经验点点滴滴的价值观（Sharifian，2017：7）。人类语言中文化图式的实例比比皆是。文化图式如同百科全书般包罗万象地饱含丰富意义，这些意义附着于人类语言的众多词项并从文化角度得以构建。鉴于文化图式所捕获的知识很大程度上为人类所共享，因而文化图式奠定了言语行为发起和互动的语用基础。文化图式包含知识库，为人类语言中的生活常识和语用意义提供内涵根基，并为语言群体内在和外在的知识共识夯实了牢固基础（Sharifian，2017：14）。文化范畴及其子范畴是基于文化构建的概念范畴。文化以物体、活动、环境、精神状态、属性、关系以及人类其他经验构成（如鸟、婚礼、公园、宁静、蓝色等）等形式切实存在，而范畴研究的焦点问题则是同种文化下与语言紧密联系的各类别（文化范畴）的分类过程和具体运用（Glushko et al.，2008：129）。文化范畴主要体现于人类语言的词汇项，包括颜色、情感、属性、食物、亲属关系术语、活动等（Sharifian，2017：7）。作为文化概念化的别样体现，范畴是人类认知活动中最为基础的一项（Polzenhagen & Xia，2015：257），究其本质，是文化的。深究文化范畴与语言的关系，我们得以发现人类语言中的词汇常被认定为范畴及其实例的标签，如情感范畴、特定辞格（孙毅、杨一姝，2012；孙毅、杜亚妮，2013）等各类隐喻词汇表征，它们从不同层级体现着文化特异性。文化隐喻是基于世界观、精神信仰体系等文化传统实现跨域映射的概念化(Sharifian，2017：7)。文化隐喻与概念隐喻类似，同样涉及源域和靶域间的映射。换言之，文化隐喻属于"跨域概念化(cross-domain conceptualization)"。人类语言特征是据其自身经验得以构建的文化概念化外显，文化图式、文化范畴和文化隐喻等概念为其提供了实用工具。

文化语言学旨在将语言与文化交叉融合，或从文化角度探索语言的产生、发展与应用；或从语言角度出发，依据语言的形式与意义来挖掘民俗文化的深刻内涵。谢利夫(Sharifian，2016)梳理归纳的文化语言学为此奉献了全新理论视角和切实可行的研究框架。

5　文化语言学新视阈中的认知隐喻新探

基于文化语言学可知：语言之于文化具有本体论意义，对人类文化的研究绝不能撇开语言学的理论视角。隐喻是一种语言社团文化和经验的积淀，是文化在语言中的集中体现，也是反映认知方式和展现文化背景的重要语言工具(孙毅，2013：92)。隐喻作为人类认知思维的基本方式也影响着人类的实践行为、精神行为以及文化行为，对人类文化的产生和发展具有本体论意义。相较宏观语言，隐喻是更深层、广泛地影响人类文化的因素。因此，认知隐喻是开展人类文化研究所不可或缺的理论视角。

本文对文化与隐喻、语言研究进行归纳总结，发现隐喻与文化的交叉研究起步虽早，但影响甚微。尽管越来越多语言学家及认知科学家意识到文化的重要性，尤其隐喻的相关研究始终关涉文化，但绝大多数情况下文化仍是屈居配角而委身存在的。归根结底，这一切均源自隐喻学界并未正视文化的核心价值。文化视域下隐喻实例验证分析屈指可数。若欲改善文化与隐喻研究的发展现状，首先，应进一步完善理论体系，增强研究的系统性，逐步奠定文化在隐喻研究中的基础性地位。在吸收国外文化与隐喻理论的基础上，结合本国语言推动该理论新视角下的实证研究，并通过不同语言特征的对比研究充实理论内涵。其次，要把文化与隐喻交叉研究理论同实际相结合，将其更多应用于其他语言及学科。语言相对论提供了理论依据，语言与文化两者确实密不可分，奠定了从语言角度剖析文化特征的必要性，以及文化视域中语言本体研究的科学性。当语言具备一个或多个属性特征且这些特征能被编码为某种特定文化概念时，即可开展文化语言学剖析(Sharifian，2017：41)。隐喻作为具有深厚文化意义的语言现象，特定社会文化背景左右着隐喻的理解和含义的择取(孙毅、王黎，2018：340)，因而文化语言学为其贡献了坚实稳固的理论依据和科学有效的研究框架与分析工具。文化图式聚焦于形态句法层面的文化概念化，文化范畴涉及语义层面，文化隐喻则居于语用层面，基于此三者能有效整合文化中介方面的语言意义本质。本节充分结合前文理论和研究方法,在此开拓文化语言学视阈下的一条隐喻研究新思路。

5.1　文化语言学视阈中的隐喻研究方法论

　　基于文化语言学视角,结合语言学和文化学中的数据分析和理论诠释方法展开隐喻研究。首先,针对语言概念中的隐喻现象进行探索,对象多为语言使用过程中的文化概念化实例。语料库是记录包括口头语言和书面文本在内的自然发生语言的原则性数据库(Biber *et al.*,1998:4),专门为语言分析而编制。无论是一般语言使用领域还是一门或多门特定语言,包含的调查语篇均具代表性(Baker *et al.*,2006:48)。大多数语料库都标注了语言及所涉外部信息,涵盖从词性到句法功能再到社会语言使用的语境信息。语料库分析技术可用于解决语言使用中的文化概念化实例问题,既可针对个别词汇范畴,也可将报纸、评论等媒体发言汇编为语料库展开研究。基于使用语言所建语料库的研究中生成的信息既有助于文化认知研究,也能发现散落在语言中的使用规则,并再次指导语言的实例化。其次,与(元)话语分析有机结合。隐喻作为遍布周遭、触目皆是的语言现象,其语用意义值得仔细推敲。例如,可将概念分析和话语分析与隐喻理论的继承层级结构相联系,概念分析与核心隐喻相对应,在不同语言群体间拥有普遍性,话语分析则对应其他主要隐喻、各种衍生隐喻及新隐喻,具有文化特异性。最后,活用历时和共时概念分析方法。语言的消亡、语义的丰富与扩展究其根源受文化模型牵引,而隐喻是体现语言变迁的一个重要载体。文化制约隐喻表达,隐喻是文化模型部分内容的实际表征。隐喻蕴涵只是基于文化模型表达的应有之意,自身无法生成新内涵,只是人类基于自身文化模型借助各类隐喻表征经历推理而产生,其源头仍为文化模型。因此,当新隐喻萌发时,我们不能仅归因为语言的发展进步,还应聚焦促其形成之源头,即随时代更迭变迁的民族文化。对隐喻现象进行历史与现实的综合分析,既可对隐喻追根溯源,也能助益如民俗文化、宗教信仰等其他领域的发展。

5.2　文化语言学视阈中的认知隐喻理论补遗

　　许多人类文化变迁皆外显为各式语言表征,作为人类日常交流不可或缺的工具,语言最易受到文化正面冲击。隐喻是文化认知的结果,在文化日新月异、迅速变迁的当下,隐喻理论亟待提升和完善,跨学科思维则是其突破传统理论壁垒、开阔研究视野之利器。通过借鉴文化语言学理论,可补充其间缺失的"文化"一环。

　　依据文化语言学填充隐喻机制本体论与语用理论之间的沟壑。隐喻的形成与解读离不开语境,语境是其须臾难离的要素。但先前研究多聚焦于语用学领域的语境,文化大环境虽偶有提及却远未成体系。科维塞斯(Kövecses,2017:307)以隐喻为例,对文化语言学视域下的隐喻语境予以归纳补充。文化作为隐喻的语境,变体有四:(1) 概念语境:该语境包含了概念系统、社会意识形态、针对某事物和事件的记忆以及个体感兴趣且易获取的外界信息。（2）情景语境：多表现为对周围物理环境的感知，比如隐喻耳语（whisper）。（3）话语语境：该语境包括双方交谈所处的直接语境、针对相同话题的语言交流经验以及交流过程涉及的主题知识。（4）身体语境：个体特定的身体特性对隐喻使用的不同感知。

基于文化语言学研究视角充实隐喻生成理论。文化概念化为隐喻搭建起新型研究框架，依照认知语义原则对隐喻进行分析与归类，奠定了文化在隐喻生成中的关键性作用。如前文所述，文化语言学借鉴认知语言学理论，创设了文化认知。此概念侧重语言群体中文化概念的建构，并体现于文化图式、文化范畴和文化隐喻。文化是动态善变的，因此作为文化产物的隐喻亦非静止不变，它呈现着社会与历史的动态发展变化。

5.3　基于认知隐喻理论的人类文化学研究

隐喻是人类认知世界的方法与结果，文化是人类经验、思想、理念的结晶，隐喻作为人类基础认知方法，在各民族文化中处处皆有、俯拾即是。追根溯源，基于隐喻理论开展人类文化学研究最能提供切实的理论视角；研究对象更加确切，以小见大、由浅入深，能提供更宽阔的研究视野；通过对历时和共时的隐喻现象分析，能更系统、浑圆地擘画人类文化全景。

文学作品是作者的日常生活体验与社会历史文化交融的结晶，也是体察一个民族文化内涵和文化特性不可或缺的媒介。隐喻是任何民族抒情传统中举足轻重的关键一环，是艺术形成的内在机制；作为一种重要语言现象，隐喻常现身于文学作品与日常交流，使情感具体化（孙毅、邓巧玲，2022：36），人类用其来袒露内心、保持沟通。然而过往隐喻研究多集中于修辞效果。随着认知隐喻理论的确立，隐喻作为一种语言群体文化的沉淀，被普遍认作人类认知世界的主要方式和展现文化背景的核心工具。任何社会都具有特殊的文化背景和隐喻认知结构，从认知隐喻视角对文学作品展开研究，能窥探作者的生活经历体验，体察当时当地的社会历史情境，将解读视角扩大到语言、艺术、科学、神话、宗教五大人类文化领域，对文化形态的发生、发展以及特质予以阐释，探究隐喻对人类文化的影响。因此，文学作品中隐喻的修辞效果与文化意义均不容小觑。

许多文化内容通过隐喻这种特殊形式世代相传，从而对人的思维方式和行为方式施加影响并随文化的演变而生成、发展并最终消亡（孙毅，2013：93）。基于文化视角展开隐喻实证研究，聚焦于某领域所呈现的具体隐喻现象，可以管窥特定语言群体的思维方式、文化传统、价值观和民俗习惯。通过文化语言学研究方法，剖析隐喻现象背后潜藏的特定语言群体认知历史特定阶段下的文化概念化，借助文化图式、文化范畴、文化隐喻以剖释隐喻现象蕴含的特殊文化意义，亦可循迹其在历史进程中的变迁。或有以下发现：新文化范畴的出现、概念范畴的扩展、新颖隐喻的产生、新文化图式的塑就。这些语言变化背后的推动力皆来自文化概念性、群体取向、互联性、意识形态等林林总总的文化因素。

　　语言与文化相互作用、彼此辖制，涉及语言群体的认知、心理、交际等多重因素。隐喻具有文化同质性与文化异质性。人类思维的普遍性是不同语言使用群体与文化社区交流的基础，文化异质性是造成群体思维差异的根源，也是造成跨文化交流障碍的"祸首"。隐喻是不同文化群体交往过程中导致误解的导火索（Musolff，2014）。基于不同文化群体的语言展开跨文化研究，顺应全球化大趋势，现实意义深远。世界各国文化多共享同源母体，而拓展样式却千姿百态、各有千秋，究其根本皆可溯因于各国自然地理环境以及民俗习惯等方面的种种差异。隐喻作为认知思维与文化心理共同作用的产物，是解读民族特性的最佳载体和不二透镜。

6　结语

　　文化模型是隐喻形成的基石并始终管束隐喻表达的生成。隐喻自诞生之日起便深蕴文化意涵。隐喻在认知思维与文化特性的双重加持下具有深厚的文化背景，亦能反映语言群体的思想并折射其民族特性的文化外衣。隐喻中源域和靶域的成分选择、隐喻生成皆带有文化烙印，暗藏各群体宗教历史、生活习惯、民俗风情、地理环境、文学传统等位面间的差异性。隐喻彰显了不同语言群体独特的思维方式、行为惯性及语言表达方式。文化因素是隐喻研究中大有可观、无可替代的一维，隐喻也是人类文化学中意义非凡、再重视也不为过的研究对象之一。隐喻与文化相辅相成、互相成就，两者的界面研究假以时日必成气候，定会一跃成为熠熠闪耀的全域新星而绽放夺目光彩。

参考文献

[1] Baker, P., Hardie, A. & McEnery, T., 2006. *A Glossary of Corpus Linguistics*. Edinburgh: Edinburgh University Press.

[2] Biber, D., Conrad, S. & Reppen, R., 1998. *Corpus Linguistics: Investigating Language Structure and Use*. Cambridge: Cambridge University Press.

[3] Boas, F., 1995. Introduction to the handbook of American Indian languages. In Blount, B. (Ed.), *Language, Culture, and Society: A Book of Readings*. Prospect Heights: Waveland Press, 9 - 28.

[4] Gibbs, R., 1994. *The Poetics of Mind: Figurative Thought, Language, and Understanding*. Cambridge: Cambridge University Press.

[5] Glushko, R., Maglio, P., Matlock, T. & Barsalou, L., 2008. Categorization in the wild.

Trends in Cognitive Sciences, 12(4), 129 – 135.

[6] Holland, D. & Quinn, N., 1987. *Cultural Models in Language and Thought*. Cambridge: Cambridge University Press.

[7] Huei-ling Lai. 2018. Metaphor in Hakka proverbs. *Language and Linguistics*, 19 (4), 549 – 576.

[8] Johnson, M., 1987. *The Body in the Mind: The Bodily Basis of Meaning, Imagination and Reason*. Chicago: The University of Chicago Press.

[9] Kövecses, Z., 2005. *Metaphor in Culture: Universality and Variation*. Cambridge: Cambridge University Press.

[10] Kövecses, Z., 2017. Context in cultural linguistics: The case of metaphor. In F. Sharifian (Ed.), *Advances in Cultural Linguistics*. London: Palgrave Macmillan, 307 – 324.

[11] Lakoff, G. & Johnson, M., 1999. *Philosophy in the Flesh*. New York: Basic Books.

[12] Lakoff, G., 1987. *Women, Fire, and Dangerous Things: What Categories Reveal About the Mind*. Chicago: The University of Chicago Press.

[13] Musolff, A., 2014. Metaphors: Sources for intercultural misunderstanding? *International Journal of Language and Culture*, 1(1), 42 – 59.

[14] Polzenhagen, F. & Xia, X., 2015. Prototypes in language and culture. In F. Sharifian (Ed.), *The Routledge handbook of language and culture*. London: Routledge, 253 – 269.

[15] Quinn, N., 1991. The cultural basis of metaphor. In J. Fernandez (Ed.), *Beyond Metaphor: The Theory of Tropes in Anthropology*. Stanford: Stanford University Press, 56 – 93.

[16] Sapir, E., 1929. The status of linguistics as a science. *Language,* 5(4): 207 – 214.

[17] Sharifian, F., 2016. Cultural Linguistics and linguistic relativity. *Language Sciences, 59*, 83 – 92.

[18] Sharifian, F., 2017. *Cultural Linguistics: Cultural Conceptualisations and Language*. Amsterdam and Philadelphia: John Benjamins.

[19] Thiong'o, N., 1987. *Decolonising the Mind: The Politics of Language in African Literature*. London: Heinemann.

[20] Wee, L., 2006. The cultural basis of metaphor revisited. *Pragmatics & Cognition*, 14(1), 111 – 128.

[21] Whorf, B., 1940. Science and linguistics. *Technol. Rev.* 42(6), 229 – 231, 247 – 248.

[22] Whorf, B., 1950. An American Indian model of the universe. *Int. J. Am. Linguist*, 16(2), 67 – 72.

[23] 孙毅,2013.论认知隐喻学的文化意蕴维度.新疆师范大学学报(哲学社会科学版),34(1):91 – 97.

[24] 孙毅,邓巧玲,2022.济慈"三颂"的认知诗学新诠.广东外语外贸大学学报,(5):34 – 48.

[25] 孙毅,杜亚妮,2013.汉英双关隐喻畛域中的认知汇通与文化歧异.外语教学理论与实践,(1):30 – 38.

［26］孙毅,李学,2021.基本隐喻理论发端:肇始与演进.外文研究,(4):1-9.

［27］孙毅,王黎,2018.跨语言建筑隐喻异同的体验哲学及文化理据疏议.外国语言文学,35(4):339-355.

［28］孙毅,王媛,2021.隐喻认知的具身性及文化过滤性.深圳大学学报(人文社会科学版),38(3):136-143.

［29］孙毅,杨一姝,2012.汉语移就隐喻的体验—文化双维度生成理据考略.外国语,35(4):45-51.

［30］孙毅,张俊龙,2017.体验—文化双维框限下的汉英共轭隐喻索据.外国语,(3):31-42.

论汉俄语言接触中俄语对汉语词法的影响

徐来娣*

摘　要:从十月革命胜利至新中国成立初期的汉俄语言密切接触时期,俄语对汉语的影响是广泛和深刻的,涉及词汇、词法、句法、语义等层面。然而,迄今为止,汉俄语言接触研究在我国学术界尚未得到充分关注,而词法层面俄语对汉语的影响更是鲜有问津。本文旨在重点探究汉俄语言接触中俄语对汉语词法的影响。本研究表明,俄语在词法层面对于汉语的影响,主要体现在汉语构词法方面:一是进一步促进汉语多音节化;二是进一步促进汉语词缀化;三是进一步促进汉语词组词汇化。

关键词:汉俄语言接触;俄源词;影响;汉语词法;汉语构词法

Title: On the Influence of Russian on Chinese Morphology in the Process of Chinese-Russian Language Contact

Abstract: During the period of close contact between Chinese and Russian languages from the victory of the October Revolution to the early years of the founding of New China, the influence of Russian on Chinese was extensive and profound, involving such levels as vocabulary, morphology, syntax, semantics and so on. However, so far, the study of Chinese-Russian language contact has not received sufficient attention in our academic circles, and the influence of Russian on Chinese at the morphological level is even less discussed. The thesis aims to explore the influence of Russian on Chinese morphology in the process of Chinese-Russian language contact. This study shows that the influence of Russian on Chinese at the morphological level is mainly reflected in the Chinese word formation: one is to further promote the polysyllabization of Chinese; the other is to further promote the

---

* **作者简介:**徐来娣,南京大学教授。研究方向为俄语语言学、俄汉对比、社会语言学。电子邮箱:qinayida@nju.edu.cn。

affixation of Chinese; and the third is to further promote the lexicalization of Chinese phrases.

Key Words: Chinese-Russian Language Contact; Russian-derived Word; Influence; Chinese Morphology; Chinese Word Formation

1 引言

民族之间的交流对于语言变化有着重要的推进作用。民族之间的交流通常以语言为媒介，进而不可避免地产生语言接触，而语言间长时期的密切接触往往会导致一定规模的语言影响。从十月革命胜利至新中国成立之初，也就是在当代汉语形成和发展的最重要历史时期，汉语和俄语之间发生了史无前例的大规模密切接触，其间，作为"文化输入方"的汉语，在词汇、词法、句法、语义等诸多方面，均受到了来自"文化输出方"——俄语的重大影响（徐来娣，2007：175-178）。汉俄语言接触研究对于丰富中国社会语言学语言接触理论，认识当代汉语的形成和发展具有重要意义。然而，迄今为止，汉俄语言接触研究在我国学术界尚未得到充分关注，而词法层面俄语对汉语的影响更是鲜有问津。本文旨在从社会语言学语言接触理论视角出发，以汉俄词法学理论知识为支撑，将共时研究法、历时研究法和汉俄对比法有机结合起来，重点探究汉俄语言接触中俄语对汉语词法的影响。

汉俄语言接触中俄语对汉语词法的影响，当然不是表现在词形变化方面。汉语作为典型的孤立语，缺乏严格意义上的形态变化。即使"五四"以后，汉语出现部分欧化语法的时候，汉语词也没有产生真正意义上的形态变化。尽管我国部分学者认为，"五四"以来汉语词有了形态上的变化，具体表现在他称代词"性"的分化、名词和代数"数"的发展、动词"体"的发展（北京师范学院中文系汉语教研组，1959：137-140），但是，汉语中的这些语法范畴，并没有相应的真正意义上的词形变化。即便是到了汉俄语言密切接触时期，在一批又一批俄源词[①]不断涌入汉语的浪潮中，以词形变化极为丰富而著称的俄语，也并未给汉语带来任何词形变化方面的影响。其根本原因在于，俄源词进入汉语

---

① "俄源词"是指"随着汉俄语言接触受到俄语原词影响而在汉语中所产生的、造词依据源于俄语原词的某个要素的汉语新词"，包括音译词、仿译词、意译词（徐来娣，2008：88）。

时，必须经过一系列的汉化改造，而"词形固定化"①正是俄源词语法方面汉化的最主要形式之一。

根据我们观察，汉俄语言接触中俄语对汉语词法的影响，主要表现在汉语构词法方面。具体来讲，大致有三大影响：一是进一步促进汉语多音节化；二是进一步促进汉语词缀化；三是进一步促进汉语词组词汇化。

2 俄语对汉语多音节化的影响

汉语在演变过程中有着向多音节化发展的趋势。在汉语多音节化的发展演变过程中，外源词②是重要促进因素之一。如果说，在汉语的双音节化进程中，梵源词和日源词是极为重要的促进因素，那么，俄源词和其他西欧语源的外源词一样，主要是在汉语的多音节化进程中，起到了相当大的促进作用。俄语对汉语多音节化的影响，主要表现在以下几个方面。

2.1 多音节单纯型俄源词的大量引进

在汉俄语言接触中，由于多音节单纯型俄源词的大量引进，直接导致汉语多音节单纯词的进一步增加。进入汉语的多音节单纯型俄源词有很多，它们主要是一些纯音译词。这一类俄源词的造词依据纯粹源于俄语原词的语音要素，大多为三音节词，如"布拉吉"（платье）、"伏特加"（водка）、"喀秋莎"（катюша）（指火箭炮）、"康拜因"（комбайн）、"克瓦斯"（квас）、"克格勃"（КГБ）、"耐普曼"（нэпман）、"萨腊范"（сарафан）、"苏维埃"（совет）等；或者是四音节词，如"巴拉莱卡"（балалайка）、"波加的尔"（богатырь）、"杜瓦里希"（товарищ）、"戈斯帕京"（господин）、"康沙模尔"（комсомол）、"科尔火支"（колхоз）、"孟什维克"（меньшевик）、"萨夫火支"（совхоз）、"沙莫瓦尔"（самовар）等；以及部分五个音节以上的多音节词，如"布尔什维克"（большевик）、"几斯般赛尔"（диспансер）、"斯普特尼克"（спутник）、"印贴利更追亚"（интеллигенция）、"普罗列太利亚特"（пролетариат）等③。

---

① "词形固定化"是指俄语原词在俄语中使用时，通常要根据该词在俄语句子中的语法地位进行相应的词形变化，如名词变格等，但是，当它以某个词形进入汉语词汇体系而成为俄源词时，这个词形就永久性地固定下来，无论它在汉语句子中处于何种语法地位，它都不再发生任何词形变化。

② 外源词比一般所说的外来词范围大，包括用译意的方法引入汉语的外源词，也包括用借形的方法引入汉语的外语字母词（张欣，1998：44）。

③ 本文俄源词词条出处如下：(1) 胡行之，1936.外来语词典.上海：天马书店；(2) 刘正埮，等，1984.汉语外来词词典.上海：上海辞书出版社；(3) 岑麒祥，1990.汉语外来语词典.北京：商务印书馆；(4) 徐来娣，2007.汉俄语言接触研究.哈尔滨：黑龙江人民出版社.

另外,在进入汉语的多音节单纯型俄源词中,还有部分音意兼译词。这一类俄源词的造词依据源于俄语原词的语音要素,但是,在选择汉字时还兼顾俄语原词的语义,如"康民团"(Коминтерн)(即共产国际)、"客里空"(крикун)(指新闻报道中不尊重事实的坏作风)、"普罗奋团"(Профинтерн)("赤色职工国际"的略称译名)、"习明纳尔"(семинар)(即课堂讨论)等。

2.2　多音节合成型俄源词的大量引进

在汉俄语言接触中,由于多音节合成型俄源词的大量引进,直接导致汉语多音节合成词的进一步增加。进入汉语的多音节合成型俄源词也有很多,它们大多为音译加注词和音意混译词。

属于音译加注词这一类的多音节合成型俄源词相当多,其造词依据源于俄语原词的语音要素,并在将俄语原词进行整词音译的基础上加一汉语类名词,主要是一些衣物类名词,如"格兰尼托皮"(гранитоль)、"德拉德达姆呢"(драдедам)、"杜阿登诺尔布"(туальденор)、"克维尔克特呢"(коверкот)、"波利瓦帽"(боливар)等;食品类名词,如"博尔食汤"(борщ)、"基兹利亚尔酒"(кизлярка)、"马克寻鱼"(максун)、"玛组卡饼"(мазурка)、"勒涅特喀苹果"(ранетка)等;乐器类名词,如"巴尔卡波祖克笛"(паркапзук)、"哈契奇板"(пхачич)、"施查普什纳琴"(шичапшина)、"塔夫拉克罐鼓"(тавляк)、"扎列卡管"(жалейка)等;工业用品类名词,如"阿尔西非合金"(альсифер)、"奥克索尔油"(оксоль)、"焙结纳克斯胶"(пертинакс)、"西尔赫洛姆铁"(сильхром)、"德纳立脱炸药"(донарит)等;文艺类名词,如"奥白尔塔斯舞"(обертас)、"利车尔卡塔曲"(ричерката)、"玛佳玛体诗"(маджама)等。

属于音意混译词这一类的多音节合成型俄源词也有很多,它们通常前半部分音译,后半部分意译,主要是一些政治词汇,如"布尔什维主义"(большевизм)、"巴枯宁主义"(бакунизм)、"列宁主义者"(ленинист)、"孟什维主义"(меньшевизм)、"托洛茨基分子"(троцкист);以及部分文艺类词汇,如"阿克梅主义"(акмеизм)、"奥勃洛摩夫性格"(обломовщина)、"卡拉塔耶夫性格"(каратаевщина)、"斯坦尼斯拉夫斯基体系"(система Станиславского)、"马尼洛夫精神"(маниловщина)等。

在汉俄语言接触中,进入汉语的多音节合成型俄源词还有一些为仿译词或意译词①。根据我们观察,进入汉语的多音节合成型俄源仿译词也有很多。根据俄语原文的词法性质,多音节合成型俄源仿译词大致可分为词组仿译类、派生词仿译类、缩略词仿译类这三种类型。其中,属于词组仿译类的多音节合成型俄源词相当多,它们根据俄

---

　　①　本文中的"意译词"用于狭义,是指那些依据原词语义要素用本族语言构词材料和规则构成的新词,不包括仿译词在内。

语原文结构将原词组中各个组成词依序逐一仿译而成，如"赤卫队"（Красная гвардия）、"大清洗"（великая чистка）、"工学团"（трудовая колония）、"少先队"（пионерский отряд）、"夏令营"（летний лагерь）等。属于派生词仿译类的也有很多，它们根据俄语原文结构将原词中各个语素依序逐一仿译而成，如"多数主义"（большевизм）、"黑帮分子/黑色百人团分子"（черносотенцы）、"积极分子"（活动者）、"集体化"（коллективизация）、"少数主义"（меньшевизм）等。属于缩略词仿译类的相对较少，它们根据俄语原文缩略词结构将原词中各个语素依序逐一仿译而成，如"共青团"（комсомол）、"劳卫制"（ГТО）、"宣传队"（агитбригада）等。

进入汉语的多音节合成型俄源意译词也有不少。这一类俄源词的造词依据源于俄语原词的语义要素，如"副博士"（кандидат наук）、"教研室/教研组"（кафедра）、"课堂讨论"（семинар）、"火箭炮"（катюша）、"少先队员"（пионер）等。

2.3 部分多音节单纯型俄源词和多音节合成型俄源词的构词活动

在汉俄语言接触中，有不少俄源多音节单纯词和多音节合成词引进汉语后，并不是完全静止的，而是以整词作为多音节单纯型可成词俄源语素和多音节合成型可成词俄源语素，在汉语中积极参与构词，衍生出一批批新的多音节词。

积极参与汉语构词活动的多音节单纯型可成词俄源语素，主要有："布尔什维克"（большевик），构成新词"布尔什维克党""布尔什维克派""布尔什维克主义""布尔什维克主义者""布尔什维克化"等；"孟什维克"（меньшевик），构成新词"孟什维克党""孟什维克党人""孟什维克主义""孟什维克主义者""孟什维克分子"等；"苏维埃"（совет），构成新词"苏维埃区""工农苏维埃""苏维埃政府""苏维埃机关""苏维埃根据地"等；"斯达汉诺夫"（Стаханов），构成新词"斯达汉诺夫工作者""斯达汉诺夫分子""斯达汉诺夫化""斯达汉诺夫工人""斯达汉诺夫周"等；"康拜因"（комбайн），构成新词"康拜因机手""康拜因司机""康拜因驾驶员""康拜因挖煤机""康拜因收割机"等。

积极参与汉语构词活动的多音节合成型可成词俄源语素，主要有："拖拉机"（трактор），构成新词"拖拉机手""拖拉机驾驶员""拖拉机司机""拖拉机队""农用拖拉机"等；"赤卫队"（Красная Гвардия），构成新词"工人赤卫队""农民赤卫队""工农赤卫队""妇女赤卫队""赤卫队战士"等；"共青团"（комсомол），构成新词"共青团员""女共青团员""共青团中央""共青团组织""校共青团"等；"少先队"（пионерский отряд），构成新词"少先队员""少先队长""少先队辅导员""少先队营地""少先队鼓手"等。

这些多音节单纯型俄源词和多音节合成型俄源词的构词活动，间接导致了汉语多音节合成词的进一步增加。

2.4 部分双音节单纯型俄源词和双音节合成型俄源词的构词活动

在汉俄语言接触中，有不少俄源双音节单纯词和双音节合成词引进汉语后，也并非静止不动,而是作为双音节单纯型可成词俄源语素和双音节合成型可成词俄源语素,在汉语中积极参与构词活动,并衍生出了大量新词。双音节俄源词作为构词语素构成的新词均为多音节词,通常为三音节词,个别为四音节词乃至五音节词。

在汉语中积极参与构词活动的双音节单纯型可成词俄源语素,主要有:"列宁"(Ленин),构成新词"列宁主义""列宁主义者""列宁室/列宁角""列宁服/列宁装""后列宁时代"等;"列巴"(хлеб),构成新词"黑列巴""大列巴""列巴圈""列巴花""列巴干"等;"嘎斯"(газ),构成新词"嘎斯匠""嘎斯罐""嘎斯枪""嘎斯费""嘎斯车"等;"麻斯"(замазка),构成新词"麻斯刀""麻斯面""麻斯缝""麻斯渣""麻斯油"等。

在汉语中积极参与构词活动的双音节合成型可成词俄源语素,主要有:"沙皇"(царь),构成新词"沙皇炮""沙皇钟""末代沙皇""沙皇蛋""沙皇氢弹"等;"苏联"(Советский Союз),构成新词"苏联人""苏联话""苏联化""苏联热""去苏联化"等;俄源词"红军"(Красная армия),构成新词"红军服""红军帽""红军枪""红军乡""红军村"等;"扫盲"(ликвидация безграмотности),构成新词"扫盲班""扫盲课""扫盲日""扫盲月""扫盲年"等;"劳模"(герой труда),构成新词"老劳模""准劳模""女劳模""劳模榜""劳模班"等。

我们认为,上述这些双音节单纯型俄源词和双音节合成型俄源词的构词活动,同样间接导致了汉语多音节合成词的进一步增加。

3 俄语对汉语词缀化的影响

所谓词缀化,是指语言中一些构词成分,"它们作为一个词素的原有意义逐渐弱化、而在构词中只产生一种附加意义的倾向"(北京师范学院中文系汉语教研组,1959:108)。汉语词缀化首先是"汉语本身发展的自然趋势"(吴东英,2001:82)。而外源词对于汉语词缀化的贡献,主要在于以下两个方面:第一,为现代汉语提供了一些外源词缀;第二,使得部分汉语新兴词缀得以进一步广泛使用。在此,我们有必要指出,我国学者在讨论外源词对现代汉语的词缀化影响时,往往将目光局限于英语借词,不免有些失之偏颇。汉外语言接触史告诉我们,汉语词缀化所受到的外语影响,不仅仅来自英源词,而且还来自日源词、法源词、德源词、俄源词等其他语源外源词的影响。其中,英源词的影响固然要大一些,但是,完全忽视其他外源词的影响显然是有违汉外语言接触事实的。例如,日源词在汉语词缀化进程中起了相当大的作用,现代汉语中的很多新兴词缀与日语的影响密不可分,"'主义''性''化''反''超''泛'都是日语先译,汉语吸收来又有所发展的"(北京师范学院中文系汉语教研组,1959:108)。而俄源词对于汉语词缀化的影响,固然没有英源词、日源词那么深远,但是,它们在汉语词缀化进程中也起到了不小的推波助澜的促进作用。

汉俄语言接触中俄源词对于汉语词缀化的影响,主要在于其促进作用——使得部分汉语新兴词缀得以进一步广泛使用。俄源词中有着大量的以部分汉语新兴词缀为构词手段的词,随着这些俄源词在汉语中的广泛使用,这些词缀也就焕发出前所未有的生命力。在俄源词影响下得以进一步广泛使用的汉语新兴词缀主要有:前缀"非-""半-""反-";后缀"-主义""-主义者""-性""-化""-派""-分子"等。

3.1　前缀"非-"

日源词"非金属""非战斗员"等的引进,使汉语固有词"非"开始产生语法功能上的变化。仿照日源词"非金属""非战斗员"的语法结构,汉语也开始用"非-"来翻译印欧语的形容词前缀或名词前缀,如英语、法语、德语的"non-"或"anti-"等。汉俄语言密切接触时期,新兴汉语前缀"非-"又被用来翻译俄语的"не-""без(с)-"等,产生了一批带有前缀"非-"的俄源词,进而使得汉语新兴前缀"非-"得以进一步广泛使用。

汉语中带有前缀"非-"的俄源词主要有:"非党工人"(беспартийные рабочие)、"非党员布尔什维克"(непартийные большевики)、"非共产主义党派"(некоммунистические партии)、"非俄罗斯民族"(нерусская национальность)、"非社会主义者"(несоциалисты)、"非苏维埃国家"(несоветские страны)、"非无产者分子"(непролетарские элементы)、"非无产者阶层"(непролетарские слои)、"非无产者阶级"(непролетарские классы)等。

3.2　前缀"半-"

现代汉语新兴前缀"半-"的产生和兴起,与日源词"半决赛""半金属"等的引进密切相关。日语中先译有"半决赛""半金属"等词,后被汉语吸收,用来翻译印欧语的形容词或名词前缀,如英语和德语的"semi-"、法语的"semi-""demi-"等。汉俄语言密切接触时期,汉语新兴前缀"半-"被用来翻译俄语前缀"пол(у)-",产生了大量带有前缀"半-"的俄源词,进而使得汉语新兴前缀"半-"得以进一步广泛使用。

带有前缀"半-"的汉语俄源词,主要是一些政治用语,如"半封建"(полуфеодальный)、"半孟什维克集团"(полуменьшевистская группка)、"半孟什维克主义"(полуменьшевизм)、"半民族主义者"(полунационалист)、"半社会主义"(полусоциалистический)、"半无产阶级"(полупролетариат)、"半无产者"(полупролетарий)、"半无产者分子"(полупролетарские элементы)、"半殖民地"(полуколония)、"半资产阶级分子"(полубуржуазные элементы)。

另外,还有一些带有前缀"半-"的俄源词,是俄罗斯常用计量单位,如"半俄磅"(полфунта)、"半俄尺"(пол-аршина)、"半俄寸"(полвершка)、"半俄里"(полверста)、"半俄石"(полчетверти)、"半俄升"(полштофа)、"半维德罗"(полведра),以及若干俄罗斯货币单位,如"半戈比"(полкопейки)、"半卢布"(полтинник)等。

3.3 前缀"反-"

"反-"也是现代汉语中的一个新兴前缀。日语中先译有"反革命"等词,后被汉语吸收,用以翻译印欧语的前缀,如英语的"anti-"或"counter-"、法语的"anti-"或"conter-"、德语的"anti-"等。汉俄语言密切接触时期,"反-"被用来翻译俄语前缀"анти-""контр-"等,产生了不少带有前缀"反-"的汉语俄源词,进而使得汉语新兴前缀"反-"得以进一步广泛使用。

带有前缀"反-"的汉语俄源词有:"反党集团"(антипартийная группировка)、"反党分子"(антипартийные элементы)、"反集体主义"(антиколлективизм)、"反列宁主义集团"(антиленинская группа)、"反米丘林分子"(антимичуринец)、"反苏者"(антисоветчики)、"反苏活动"(антисоветчина)、"反革命分子"(контрики / контрреволюционеры)、"反革命势力"(контрреволюция)、"反革命罪行"(контрреволюционные преступления)等。

3.4 后缀"-主义"

"-主义"是一个汉语新兴后缀。日语中先译有"共产主义""社会主义""军国主义"等词,后来被汉语吸收,用来翻译印欧语的名词后缀,如英语的"-ism"、法语的"-isme"、德语的"-ismus"等。汉俄语言密切接触时期,"-主义"被用来翻译俄语的"-изм""-ость""-ство""-щина""-овка"等名词后缀①,产生了大量的带有后缀"-主义"的俄源词,从而使汉语新兴后缀"-主义"得以进一步广泛使用。

汉语中带有后缀"-主义"的俄源词,其后缀主要译自俄语后缀"-изм",如"巴枯宁主义"(бакунизм)、"布哈林主义"(бухаринизм)、"季诺维也夫主义"(зиновьевизм)、"克鲁泡特金主义"(кропоткинизм)、"列宁主义"(ленинизм)、"沙宁主义"(санинизм)、"社会主义现实主义"(социалистический реализм)、"斯大林主义"(сталинизм)、"司徒卢威主义"(струвизм)、"托洛茨基主义"(троцкизм)等;还有一些译自俄语后缀"-ость""-ство""-щина""-овка"等,如"关门主义"(замкнутость)、"托尔斯泰主义"(толстовство)、"祖巴托夫主义"(зубатовщина)、"平均主义"(уравниловка)等。

3.5 后缀"-主义者"

汉语后缀"-者"古已有之,但是,"-主义者"是现代汉语中的一个新兴后缀,专表"信

---

① 本文所说的俄语后缀,严格来讲,有的是单纯的后缀,如-изм;也有的是由后缀加词尾构成的,如-ин+a;还有的是由若干后缀加词尾以及尾缀构成的,如-ир+ова+ть+ся。为了方便与汉语后缀对比,我们一概笼统地称之为"俄语后缀"。

仰某个主义的人"。日语中先译有"共产主义者""社会主义者""军国主义者"等词,后来被汉语吸收,用来翻译印欧语的名词后缀,如英语的"-ist"、法语的"-iste"、德语的"-ist"等。汉俄语言亲密接触时期,"-主义者"被用来翻译俄语的"-ист""-ец""-ик""-ор""-янт"等后缀,产生了大量的带有后缀"-主义者"的俄源词,进而使得汉语新兴后缀"-主义者"得以进一步广泛使用。

带有后缀"-主义者"的汉语俄源词,其后缀主要译自俄语后缀"-ист",如"大俄罗斯沙文主义者"(великорусский шовинист)、"列宁主义者"(ленинист)、"沙宁主义者"(санинист)、"社会沙文主义者"(социал-шовинист)、"斯大林主义者"(сталинист)、"托洛茨基主义者"(троцкист)、"修正主义者"(ревизионист)、"虚无主义者"(нигилист)、"召回主义者"(отзовист)、"最高纲领主义者"(максималист)等;还有一些译自俄语后缀"-ец""-ик""-ор""-янт"等,如"伯恩施坦主义者"(бернштейнианец)、"民粹主义者"(народник)、"取消主义者"(ликвидатор)、"右倾投降主义者"(правый капитулянт)等。

3.6 后缀"-性"

现代汉语新兴后缀"-性"的出现,得益于日语对汉语的影响。日语中先译有"可入性""感受性"等词,后被汉语吸收,用以翻译印欧语名词后缀,如英语的"-ty"、法语的"-it"、德语的"-keit"或"-ität"等。汉俄语言亲密接触时期,"-性"被用来翻译俄语后缀"-ость"等,产生了一大批带有后缀"-性"的俄源词,进而使汉语新兴后缀"-性"得以进一步广泛使用。带有后缀"-性"的汉语俄源词有:"党性"(партийность)、"集体性"(коллективность)、"阶级性"(классовость)、"全民性"(всенародность)、"团结性"(солидарность)、"政治积极性"(политическая активность)、"政治警惕性"(политическая бдительность)、"政治觉悟性"(политическая сознательность)、"政治思想性"(политическая идейность)、"组织性"(организованность)等。

3.7 后缀"-化"

"-化"同样是现代汉语中的一个新兴后缀。日语中先译有"人格化""工业化"等词,后被汉语吸收,用来翻译印欧语的名词后缀或动词后缀,如英语的"-zation"(名词后缀)或"-ize"(动词后缀)、法语的"-isation"(名词后缀)或"-iser"(动词后缀)、德语的"-isierung"(名词后缀)或"-isieron"(动词后缀)等。汉俄语言亲密接触时期,"-化"被用来翻译俄语的"-(з)ация""-(з)ирование""-ение"等名词后缀,或"-(з)ировать(ся)""-еть""-ить(ся)"等动词后缀,产生了大批带有后缀"-化"的汉语俄源词,进而使得汉语新兴后缀"-化"得以进一步广泛使用。

带有后缀"-化"的汉语俄源词有:"电气化"(электрификация/электрифицировать/электрифицироваться)、"布尔什维克化"(большевизация/большевизировать/большев изироваться）、"国有化"（национализация/национализировать/национализироваться/огосударствление/огосударствить/огосударствиться）、"合作化"（кооперирование/кооперировать/кооперироваться）、"集体化"（коллективизация/коллективизировать/коллективизироваться）、"俄罗斯化"（обрусение/обрусеть）、"苏维埃化"（советизация/советизировать /советизироваться）等。

3.8　后缀"-派"

现代汉语中新兴后缀"-派"的出现，显然受到了西文日译的影响。日语中先译有"右派""左派"等词，后被汉语吸收，用以翻译印欧语名词后缀，如英语的"-ist"、法语的"-iste"、德语的"-ist"等，或者用来翻译印欧语中名词化的形容词。汉俄语言亲密接触时期，"-派"被用来翻译俄语的"-ик""-ец""-ист"等后缀，或者被用来翻译一些名词化的形容词，产生了大批带有后缀"-派"的汉语俄源词，进而使得汉语新兴后缀"-派"得以进一步广泛使用。

在带有后缀"-派"的汉语俄源词中，其后缀译自俄语后缀"-ик"的有"布尔什维派/多数派"（большевики）、"劳动派"（трудовики）、"民粹派"（народники）、"民情派"（почвенники）、"孟什维派/少数派"（меньшевики）等；译自俄语后缀"-ец"的有"伯恩施坦派"（бернштейнианцы）、"布哈林派"（бухаринцы）、"德波林派"（деборинцы）、"工人事业派"（рабочедельцы）、"季诺维也夫派"（зиновьевцы）等；译自俄语后缀"-ист"的有"民集派"（децисты）、"司徒卢威派"（струвисты）、"托洛茨基派"（троцкисты）、"召回派"（отзовисты）、"真理派"（правдисты）、"最高纲领派"（максималисты）等；译自名词化形容词的有"极左派"（ультралевые）等。

3.9　后缀"-分子"

现代汉语中的常用后缀之一"-分子"是一个新兴后缀。日语中先译有"知识分子"等词，后被汉语吸收，用以翻译印欧语名词后缀，如英语的"-ist""-nik""-ant"、法语的"-ant""-aire"和德语的"-ant""-ent"等。汉俄语言亲密接触时期，"-分子"被用来翻译俄语的"-ист""-тель""-ец""-ик""-нер""-тор"等名词后缀，以及词组中的名词"элементы"等，产生了大批带有后缀"-分子"的俄源词，从而使汉语新兴后缀"-分子"得以进一步广泛使用。

在带有后缀"-分子"的汉语俄源词中，其后缀由俄语名词后缀"-ист""-тель""-ец""-ик""-нер""-тор"翻译而来的居多。其中，后缀"-分子"由"-ист"翻译而来的俄源词有"阿克梅分子/高峰派分子"（акмеисты）、"积极分子"（активисты）、"修正主义分子"（ревизионисты）等；由"-тель"翻译而来的有"暗害分子"（вредители）、"骨干分子"（активные деятели）等；由"-ец"翻译而来的有"白卫军分子/白卫分子"（белогвардейцы）、"布哈林分子"（бухаринцы）、"反列宁主义分子"（антиленинцы）、"反米丘林分子"（антимичуринцы）、"黑帮分子"（черносотенцы）等；由"-ик"翻译而来的有"先进分子"（передовики）、"劳动派分子"（трудовики）、"民粹派分子"（народники）等；由"-нер""-тор"翻译而来的有"反革命分子"（контрреволюционеры）、"取消派分子"（ликвидаторы）等。

在带有后缀"-分子"的汉语俄源词中，其后缀由俄语名词"элементы"等翻译而来的也有很多，如"半无产者分子"（полупролетарские элементы）、"敌对分子"（враждебные элементы）、"反列宁主义分子"（антиленинские элементы）、"富农分子"（кулацкие элементы）、"耐普曼分子"（нэпманские элементы）等。

4 俄语对汉语词组词汇化的影响

"五四"以来，汉语构词法进入一个新的发展阶段。这个阶段的重要特点之一，就是大量词组词汇化（北京师范学院中文系汉语教研组，1959：105）。"词组词汇化"是指词组成为固化结构的现象。其产生原因主要有：事物日益复杂化、概念日趋精密化、外语汉译作品日渐普及化、汉语词汇逐步多音节化（北京师范学院中文系汉语教研组，1959：116）。在汉俄语言接触中，俄语对汉语的词组词汇化也起到了一定的促进作用，具体表现为俄语向汉语输入了大量的词汇化词组。根据我们观察，这些从俄语引进的词汇化词组既不等同于词，又与自由词组迥然有别，主要有如下特征：第一，它们通常由若干词构成，在词法上具有可分析性特征；第二，它们通常用来表达完整的不能分割的俄源概念，在语义上具有完整性特征；第三，其组成词和词序通常不能随意变动，在使用上具有固定性特征。在汉俄语言接触中，汉语从俄语引进的词汇化词组大体有以下几种情况。

4.1 名词作形附固着在中心词上

俄语来源的词汇化词组，大多是名词作形附[①]固着在中心词上，属于"名词＋名词"结构[②]。这种结构一般由两个名词组成，其中第一个名词用作形附，第二个名词用作中心词，而且第一个名词不通过"的""之"一类的助词，直接固着在第二个名词上，如"辩证唯物主义"（диалектический материализм）、"社会主义竞赛"（соцсоревнование）、"社会主义现实主义"（соцреализм）、"政治委员"（политком）、"共产主义教育"（коммунистическое воспитание）、"知识青年"（интеллигентная молодёжь）、"英雄母亲"

---

① 所谓"形附"，是指"形容性的附加语（简称形附，也称定语）"（黎锦熙，2007：18）。
② 此处所进行的词汇化词组的语法结构分析，主要依据汉语词法知识，其分析对象是汉语俄源词，不是俄语原文词或词组。

（мать-героиня）等。有时，这种结构中的第一个名词可能是名词化的动词，它们用作形附，同样不通过"的""之"一类的助词，直接固着在第二个名词上，如"劳动模范/劳动英雄"（герой труда）、"劳动教养"（трудовое воспитание）、"劳动改造"（трудовое перевоспитание）、"生产定额"（производственная норма）、"生产指标"（производственный показатель）等。

4.2　倒宾兼作形附

俄语来源的词汇化词组，有一部分是倒宾兼作形附，属于"名词＋动词"结构。这种结构一般由一个名词加一个动词组成，在意念上前面的名词是后面动词的宾语，但是名词被用作形附，动词又发生名词化而被用作中心词，如"个人迷信"（культ личности）、"个人崇拜"（культ личности）、"政治学习"（политучёба）、"政治思想改造"（политико-идеологическое перевоспитание）等。

4.3　形附同中心词部分语素相关联

俄语来源的词汇化词组，还有一部分是形附同中心词部分语素相关联，也就是说，词组中的第一个名词用作形附，不仅固着在后面用作中心词的合成型名词上，而且还与中心词的某个语素发生紧密联系。这种词组结合得极为紧密，往往很像一个词，如"'左派'幼稚病"（детская болезнь «левизны»）、"民主集中制"（демократический централизм）、"余粮收集制"（продразверстка）、"义务劳动日"（субботник）、"政治学习日"（политдень）、"票证供应制"（Карточная система）、"政治委员制"（институт военных комиссаров/институт политических комиссаров）、"政治指导员"（политрук）、"工人征粮队"（рабочие продовольственные отряды）、"元素周期律"（периодический закон элементов）等。

4.4　事物的固定名称

有部分俄语来源的词汇化词组，是某些事物的固定名称，它们往往由几个名词构成，这种词组在立名之初就被固定下来，如"波雅尔杜马"（Боярская дума）、"布里根杜马"（Булыгинская дума）、"工农红军"（Рабоче-крестьянская Красная Армия）、"共产主义青年团"（комсомол）、"少年先锋队"（пионерский отряд）、"十月儿童"（октябрёнок）、"青年共产国际"（КИМ）、"共产国际"（Коминтерн）、"农民国际"（Крестинтерн）、"职工国际"（Профинтерн）、"青年近卫军"（Молодая гвардия）、"五年计划"（пятилетка）、"战时共产主义"（Военный коммунизм）等。

5　结语

　　汉俄语言接触中俄语对汉语词法的影响,不是表现在词形变化方面。汉俄语言密切接触时期,以词形变化极为丰富而著称的俄语,并没有给汉语带来任何词形变化方面的影响。汉俄语言接触中俄语在词法层面对于汉语的影响,主要体现在汉语构词法方面:一是进一步促进汉语多音节化;二是进一步促进汉语词缀化;三是进一步促进汉语词组词汇化。其中,俄语对汉语多音节化的影响主要在于:(1) 多音节单纯型俄源词的大量引进,直接导致了汉语多音节单纯词的进一步增加;(2) 多音节合成型俄源词的大量引进,直接导致了汉语多音节合成词的进一步增加;(3) 参与构词活动的部分多音节单纯型俄源词和多音节合成型俄源词,以及参与构词活动的部分双音节单纯型俄源词和双音节合成型俄源词,间接导致了汉语多音节合成词的进一步增加。俄语对于汉语词缀化的影响,主要在于使部分汉语新兴词缀得到进一步广泛使用。受到俄语影响得到进一步广泛使用的汉语新兴词缀有:前缀"非-""半-""反-",以及后缀"-主义""-主义者""-性""-化""-派""-分子"。俄语对于汉语词组词汇化的影响,具体表现在俄语向汉语输入了大量的词汇化词组。在汉俄语言接触中,汉语从俄语引进的词汇化词组大体有四种情况:(1) 名词作形附固着在中心词上;(2) 倒宾兼作形附;(3) 形附同中心词部分语素相关联;(4) 事物的固定名称。显然,尽管在构词法方面,汉语所受到的影响主要来自英语和日语,但是,俄语在其中也起到了不小的促进作用。这就是汉俄语言接触中俄语对汉语词法的影响。

　　由此,我们不禁联想到袁焱在《语言接触与语言演变——阿昌语个案调查研究》中的一个论断,"在多数情况下,亲属语言之间的接触给语言结构带来的变化会较快、较深。非亲属语言间的接触也会给语言结构带来变化,但通常速度会更慢一些,常表现在词汇层,不容易影响到语法层"(袁焱,2001:8-9)。从汉俄语言接触的结果来看,袁焱的这一观点未免有些偏颇。我们认为,非亲属语言之间的接触也可能会或多或少地影响到语法层。语言影响是否会涉及语法,并非取决于发生接触的语言之间是否有亲属关系,而是取决于语言接触的程度和规模。

参考文献

[1] Бодуэн де Куртенэ, И. А., 1963. *Избранные труды по общему языкознанию*, т. 1. М.: АН СССР.

［2］Вайнрайх，У．，1979. *Языковые контакты：Состояние и проблемы исследования*，пер．с англ．Ю．А．Жлуктенко．Киев：Вища школа．

［3］Гак，В．Г．1989．*О контрастивной лингвистике*．В．П．Нерознак．*Новое в зарубежной лингвистике*，вып．*XXV．Контрастивная лингвистика*．М．：Прогресс，5－17．

［4］Щерба，Л．В．，1958．*Избранные работы по языкознанию и фонетике*，т．1．Л．：Изд-во Ленингр．ун-та．

［5］Щерба，Л．В．，2004．*Языковая система и речевая деятельность*．М．：УРСС．

［6］北京师范学院中文系汉语教研组，1959.五四以来汉语书面语言的变迁和发展.北京:商务印书馆.

［7］岑麒祥,1990.汉语外来语词典.北京:商务印书馆.

［8］高名凯,刘正埮,1958.现代汉语外来词研究.北京:文字改革出版社.

［9］胡行之,1936.外来语词典.上海:天马书店.

［10］黎锦熙,2007.新著国语文法.长沙:湖南教育出版社.

［11］刘正埮,等,1984.汉语外来词词典.上海:上海辞书出版社.

［12］荣洁,1998.中俄跨文化交际中的边缘语.解放军外国语学院学报,(1):39－44.

［13］王恩圩,1987.源于俄语的汉语外来词.东北师大学报(哲学社会科学版),(5):88－93.

［14］吴东英,2001.再论英语借词对现代汉语词法的影响.当代语言学,(2):81－89.

［15］徐来娣,2007.汉俄语言接触研究.哈尔滨:黑龙江人民出版社.

［16］徐来娣,2008.汉俄语言接触中俄语在语义层面对汉语的影响.汉语学习,(5):88－95.

［17］袁焱,2001.语言接触与语言演变:阿昌语个案调查研究.北京:民族出版社.

［18］张欣,1998.新时期外源词的运用.语文学习,(7):44－45.

英语现在完成体多义识解的互动连续统[*]

英语现在完成体多义识解的互动连续统[*]

刘馨蔓　　汪少华[**]

摘　要:鉴于现在完成体的意义分类及其成因尚无定论,本文通过透视英语现在完成体中动词表征事件的语义识解过程,整合该语言结构的三类语义和两种状态,提出该构式多义识解呈互动连续统状态。研究发现:现在完成体的多义识解是其构式"have/has+V-ed"组成要素中的助动词 *have*、非/持续动词和过去分词词缀 *-ed* 三者互动的结果,通过识解方式考察此构式要素互动下的多义性体现了其形义结合的内涵。现在完成体多义性的内在关联与互动中蕴含连续统的特征,在持续义、结果义和存在义的识解过程中,概念化主体对"现时关联"感知程度由强至弱,语义识解复杂度由低到高,逐渐体现语法意义和语用推理的相互作用。

关键词:英语现在完成体;多义识解;连续统

Title: An Interactive Continuum in Polysemous Construal of English Present Perfect Aspect

Abstract: Considering the debate on the classification and causes of the English present perfect aspect meaning, this paper integrates three kinds of meaning with two states of this language structure by looking into the semantic construal process of events represented by verbs in English present perfect aspect, proposing an interactive continuum in its polysemous construal. It is found that the polysemous construal of English present perfect aspect is the result of the interaction among three composition

---

　*　本研究是国家社科基金重大项目"中国特色对外话语体系在英语世界的译介与传播研究(1949—2019)"(编号:19ZDA338)的部分成果。

　**　**作者简介:**刘馨蔓,南京师范大学外国语学院外国语言学及应用语言学专业博士生。研究方向:认知语言学与话语研究。电子邮箱:15895929613@163.com。汪少华,南京师范大学教授、博士生导师。研究方向:认知语言学、话语研究与外语教育。电子邮箱:wshdaniel@126.com。

elements: the auxiliary verb *have*, (im) perfective verbs and the past-participle morpheme *-ed* in the construction, and examining the polysemy in such interaction by means of the construal model can show the implication of "combining form with meaning" of this construction. There is a continuum in the intrinsic association and interaction of the present perfect polysemy, namely, in the process of construing the continuative meaning, resultative meaning and existential meaning, the degree of conceptualizer's perception about "current relevance" goes from strong to weak, and the complexity of semantic construal from low to high, gradually mirroring the interaction between grammatical meaning and pragmatic reasoning.

Key Words: English Present Perfect Aspect; Polysemous Construal; Continuum

1 引言

英语现在完成体基本构式为"have/has＋V-ed"，构成要素为：助动词 *have*、非/持续动词(im/perfective verbs)和过去分词词缀*-ed*。该构式一直是学界的研究热点。首先是语义分类研究：现在完成体只表一种时间意义(Inoue，1979)；或可分为不确指意义和持续意义(Declerck，1991；赵兴，1996 等)；或分为结果义、存在义和持续义(Quirk *et al*.，1985；Michaelis，2004；王瑞杰、李冰芷，2017 等)；或更具体为持续情景的完成体、经历的完成体、结果的完成体和最近发生的完成体(Comrie，1976)；或从类型功能考察分为结果性用法、持续性用法、经历性用法、新情况用法和先时性用法五个功能(陈前瑞，2016)。

可见，现在完成体的意义分类一直是语法学界争论的问题。兰盖克(2008：44)指出，语言表达式的整体意义包括概念内容(conceptual content)以及对概念内容的识解方式。杨静(2023)将两者进行区分，认为前者多指代客观场景；后者则是基于识解而来的语法结构义，更突显认知的弹性。具体而言，前者属于客观主义意义观，忽略了认知在语法范畴中的作用，而后者属于语法范畴意义观，强调概念化主体如何将心理体验施加于客观世界。传统语言学家多基于语法结构激活的概念意义对英语现在完成体进行分类，并提出"现在关联论"(current relevance，CR)、"不定过去论"(indefinite past，ID)、"现在延展论"(extended now，XN)和"嵌入过去论"(embedded past，EB)(McCoard，1978：18)，来解释这一构式不同意义或用法之间的关系。语言是形式和意义的结合，这些理论都未能阐明其形式和意义结合的内涵，以及深层次多义识解的内在关系。本文认为关注语言的形式结构及其体现的不同识解方式中的互动，可为解释现在完成体多义性提供重要思路。

其次是多义动因的探究。研究者从语义—语用视角，认为现在完成体的不同语义是语用推理和语境因素参与的结果（Klein，1992；Nishiyama & Koenig，2010；Yao，2013；Frazier & Hahn，2018；曲卫国，1994；谢应光，2013），提出语义—语用连续统（Suh，1992；Ritz & Engel，2008；陈前瑞，2016）。研究者从压制—突显视角，认为完成体的不同语义是时、体互动压制的结果（Michaelis，1998，2004，2011），是依赖"转喻机制"协调构式压制与词汇压制的结果（王寅，2013），是参照点压制的时压制的结果（赵勇，2011），提出了现在完成体"压制—突显"动态层级识解模型（胡志勇等，2018）。研究者从概念整合视角，认为完成体的不同语义是对完成体与现在时的语法意义经概念整合后，产生的层创结构的表征（陈敏哲，2016）。研究者从认知语法视角，认为完成体的不同语义是"现时关联"的主观性特征及语义虚化的结果（Langacker，1991；沈家煊，2001；袁晓宁、李霄翔，2004），是事件先时性（the anteriority of an event）和现时即时性（immediacy）的混合（hybrid）的产物（Romain *et al.*，2022），并图例区分了持续完成体与结果、经验完成体的差异（De Wit，2016：33 - 34）。

我们可将上述动因归纳为主要的两个维度：一些研究者着眼于语用层面上现在完成体存在的语义差异（Klein，1992；Nishiyama & Koenig，2010；Yao，2013；Frazier & Hahn，2018；曲卫国，1994；谢应光，2013；陈前瑞，2016），忽视了这一构式语法意义的内在成因，理据性不足；还有研究者则主要聚焦现在完成体时体、构式成分互动以及认知机制作用下的多义现象（Langacker，1991；Michaelis，2004；De Wit，2016；赵勇，2011；王寅，2013；陈敏哲，2016；胡志勇等，2018），虽提及语境参与的影响，但没有具体结合语用、语境等外部因素探究这一构式的语义关联，讨论尚不够全面。

鉴于此，本文在前人研究的基础上，依据现在完成体构式要素的互动，透视不同语义识解中动词表征事件过程，提出现在完成体多义识解的互动连续统。本文力图解决两个问题：（1）英语现在完成体多义的认知识解是如何通过其构式要素互动来实现的？（2）英语现在完成体构式三类语义的认知模型透视有何内在的关联？

2　现在完成体多义识解互动的理论基础

兰盖克（1987，2008，2013）指出，语言表达式的意义不仅取决于概念内容，而且还取决于识解这一内容的特定方式。识解（construal）是人们以不同方式想象和描述同一情景，它为同一情景提供可替代的语言表达形式，即人们在体验世界的基础上形成了不同类型的识解操作（卢卫中，2018：358）。完成体强调说话者采用不同视角陈述某一事件(姜兆梓,2019:5),因此,现在完成体多义的实质可被视为概念化主体在观察单/多事件时采用了不同的识解操作。

事件由动词表征,根据兰盖克(2008:147-148),动词可分为持续动词(imperfective verbs)和非持续动词(perfective verbs),持续动词是指随着时间保持同质存在的稳定情状的动词,突显的过程可被序列扫描(sequential scanning);而非持续动词是指随着时间发生异质变化的不定情状的动词,突显的过程可被总体扫描(summary scanning)。

一方面,现在完成体动词后接过去分词词缀-ed 转为过去分词后,概念化主体以该动词为基体(base),将焦点从过程性转移至非过程性,凸显非过程性的复杂关系(complex relationships),即凸显动作过程的终点,或聚焦于终端参与者、状态等(Langacker,2008:119)。换言之,过去分词词缀-ed 发挥其点化功能(王寅,2013:658),使指向过程的非/持续动词去时间/过程化(atemporalize/deprocess),如同视角镜头推出(zoom out),使时间进程背景化,聚焦动作的完成性或过程的终达点。

另一方面,助动词 have 的意义是从实义动词 have 所包含的空间参照点和潜在关联两个概念,经过从空间域到时间域的隐喻扩展产生(Langacker,1991:214),空间参照点对应时间参照点,故潜在关联在时间上被识解为"现时关联"(谢应光,2012:114)。Have 聚焦过程的未完成性,使整个过程被序列扫描(参见 Langacker,1991:172)。换言之,助动词 have 发挥其线化功能(王寅,2013:658),使指向过程的非/持续动词再时间化(retemporalize)(参见 Langacker,2008:121-122),如同视角镜头推进(zoom in),使时间进程前景化,达成将过去发生的非/持续动作或事件与现在时间连接起来。

3 现在完成体多义识解的认知透视

"体"是对情状的内在时间构成进行观察的不同方式,即对情状内部进程状态作整体透视(Comrie,1976:3)。章振邦(2017:146)认为现在完成体有"已完成"和"未完成"两个主要用法,本文认为这两种用法实质上是对现在完成体情状内部进程观察的两种状态,其中,从内部近视角观察,持续义被看作其未完成状态;从外部远视角观察,可将结果义和存在义看作整个构式的完成状态。我们以 "have/has _v? n"表达式在 COCA①语料库中选取 3 年的语料作检索,剔除不定式完成体、虚拟完成体、have got to 等非现在完成体的构式实例,计 79 633 例。匹配现在完成体基本构式"have/has＋V-ed"。然后人工将有效语料分为持续义(约 11.53%)、结果义(约 88.72%)和存在义

---

① 文中的语料均源自美国当代英语语料库(COCA), https://www.english-corpora.org/coca/。

（约 1.67％）。在八类语体中，英语现在完成体在报纸中的使用频率较高（约 17.01％），体现了显著的"现时关联性"（张立英，2021：38）。本文基于现在完成体构式要素的互动，从 COCA 语料库中选取语料，透视现在完成体的三类语义及其动词表征单/多事件的两种状态。

3.1 现在完成体持续义识解的认知模型透视

现在完成体的持续义是指一个事件始于过去并持续到现时，且有可能持续下去，其本质是凸显由动词表征的可持续事件或可持续发生事件的终端及后续状态。

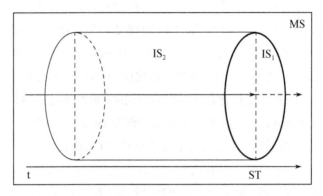

MS＝maximal scope；IS＝immediate scope；ST＝speech time

图 1　现在完成体持续义的认知模型透视

在图 1 中，概念化主体的最大辖域 MS 内，动词表征过程可被识解为一个可持续事件或可持续发生事件（实圆柱体）。现在完成体构式中 have 和 -ed 共同作用，形成了两个直接辖域 IS_1 和 IS_2。首先，概念化主体通过 -ed，实施"镜头推出"（zoom out）策略，将直接辖域 IS_1 施加于最大辖域 MS 上，聚焦动作的完成性，即凸显可持续过程在现时观察辖域内的认知终端状态（右加粗椭圆）。随后，概念化主体通过 have，实施"镜头推进"（zoom in）策略（参见 Langacker，2008：390），将直接辖域 IS_2 施加于最大辖域 MS 上，使该动词表征的过去发生事件与其延续到现时的终端状态连接起来（圆柱体侧面实线）。因此，have 和 -ed 的共现与互动及其对动词所指识解过程的效力为现在完成体的语义识解提供认知动因。

在持续语义形成过程中，have 作用显著，整个事件的认知进程聚焦序列扫描，概念化主体主要以内部视角识解（镜头推进），使事件发生的时间进程被前景化。具体来说，概念化主体开始着眼于一个发生在过去的可持续事件或可持续发生事件的起点（常用 since 短语表示过去事件的起点），并聚焦过程延续到现在（常用 for 短语表示贯穿 IS_2 的实箭头线），还可能延续下去（虚箭头线），整个事件过程的发生包括说话时（ST）的言语事件。综上，"have＋V-ed"构式可表征现在完成的持续语义，凸显可持续事件的终端及后续状态(参见王寅，2013:666)。如图1。例如(1)～(4)。

(1) Kamila's parents <u>have lived</u> here since 1997.（卡米拉的父母自1997年起就一直住在这里。）

(2) Korick and I <u>have been mates</u> for nine years.（柯利克和我成为朋友已经九年了。）

(3) Other changes <u>have occurred</u> since his first visit to India at age 20.（自他20岁第一次访问印度以来，还发生了其他一些变化。）

(4) No Malaysian <u>has won</u> gold since 1956.（自1956年以来，还没有马来西亚人获得过金牌。）

例(1)、(2)中，在概念化主体的最大辖域MS内，整个过程被识解为一个由持续动词("live""be")表征的可持续事件。概念化主体通过-ed，将 IS_1 施加于MS上，聚焦于发生在过去的可持续事件的认知终点，表征为"lived""been mates"；随后，概念化主体通过 have，实施"镜头推进"策略，并将有限的 IS_2 施加于MS上，强调延续过程从过去(since 1997/nine years ago)到现在(ST)，还可能延续下去的未完成性，表征为"have lived""have been mates"。例(3)、(4)中，初始过程被识解为一个由非持续动词("occur""win")表征的可持续发生事件。概念化主体通过-ed，将 IS_1 施加于MS上，聚焦于发生在过去的可持续发生事件的认知终点，表征为"occurred""won"；随后，概念化主体通过 have，实施"镜头推进"策略，将 IS_2 施加于MS上，强调可持续发生事件的某种状态已在过去持续一段时间("for the past 29 years")或从过去(since 1956)持续到现在(ST)，还可能继续保持，表征为"have occurred""has won"。

需要注意的是，例(1)、(2)中的持续动词"live""be"本身表征可持续事件，而例(3)、(4)句中虽使用非持续动词"occur""win"，但进入完成体构式后，在构式压制的作用下，表征可持续发生事件的未完成状态。概念化主体通过"状态代事件"转喻，凸显句子主语到现在仍然维持着的一种可持续状态，而不是一直持续发生的事件。如"have occurred"凸显"变化不断发生"持续维持的惯常状态；"has won"凸显"无人获金牌"至今仍维持的未突破状态。

在持续义形成过程中，完成体构式"have/has＋V-ed"中 have 和-ed 互动，have 作用显著，在一定程度上压制了-ed 的完成性，概念化主体主要以内部视角对构式语义识解，事件进程聚焦序列扫描，识解精细化程度高。此外，这种序列扫描使时间显现，概念化主体心理感知到的过去至现时的关联距离较近，故听者在话语传递过程中易理解"have/has＋V-ed"表征的持续义。总的来看，完成体在语义上描写的过程受到过程性识解，持续义的形成可被视为其未完成状态。

3.2 现在完成体结果义识解的认知模型透视

现在完成体的结果义是指某个过去的完整事件对现在造成的影响或结果，其本质是凸显由动词表征的过去发生并结束的非持续事件的终端结果或影响。

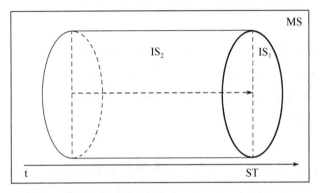

MS＝maximal scope；IS＝immediate scope；ST＝speech time

图 2　现在完成体结果义的认知模型透视

在图 2 中，概念化主体的最大辖域 MS 内，动词表征过程被识解为一个过去发生并结束的非持续事件（左椭圆）。现在完成体构式中 *have* 和 *-ed* 共同作用，形成了两个直接辖域 IS_1 和 IS_2。首先，概念化主体通过 *-ed*，实施"镜头推出"策略，将直接辖域 IS_1 施加于最大辖域 MS 上，强调过去发生的非持续动作或事件在现时已完成并对现时有影响（右加粗椭圆）。随后，概念化主体通过 *have*，实施"镜头推进"策略（参见 Langacker，2008：390），并将直接辖域 IS_2 施加于最大辖域 MS 上，将过去结束的事件与其对现时造成的影响或结果统整起来（圆柱体侧面虚线）。同样，*have* 和 *-ed* 的共现与互动及其对动词所指识解过程的效力为现在完成体的语义识解提供认知动因。

在结果义形成过程中，*-ed* 作用显著，整个事件认知进程聚焦总体扫描，概念化主体以内、外结合视角识解，凸显非过程性的复杂关系（参见 Langacker，2008：119）。具体来说，概念化主体着眼于一个过去结束的非持续事件对现在造成的影响或结果，即 IS_1 加粗截面所示。整个过程中，在直接辖域 IS_2 内的非持续事件虽已在过去结束，但该事件对现时产生的影响或结果仍然存在（虚箭头线），限定的片段最终与 IS_1 中说话时（ST）的言语事件重合。综上，"have＋V-ed"构式可表征现在完成的结果语义，凸显非持续事件的后续影响（参见王寅，2013：666）。如图 2。例如(5)a、(6)a、(7)a。

(5) a. Jean-Claude Duvalier <u>has died</u> at 63. （让-克洛德·杜瓦利埃去世，享年 63 岁。）

(5) b. * Jean-Claude Duvalier has died *for many years*.

(6) a. Time has passed. （时间已经过去了。）

(6) b. ＊ Time has passed *for many years*.

(7) a. They have known about it. （他们已经知道这件事了。）

(7) b. I have known about you for a few years. （我认识你已经有好几年了。）

例(5)a 和(6)a 中，在概念化主体的最大辖域 MS 内，初始过程被识解为一个由非持续动词("die""pass")表征的发生并结束在过去的非持续事件。概念化主体通过 -ed，实施"镜头推出"策略，将 IS_1 施加于 MS 上，凸显非持续事件的终点，强调"die""pass"进入 IS_1 前已完成，表征为"died""passed"。随后，概念化主体通过 have，实施"镜头推进"策略，将 IS_2 施加于 MS 上，强调过去已完成事件对现在的影响，表征为"has died""has passed"。例(7)a 中，概念化主体着眼于一个由持续动词"know"表征的发生并结束在过去的非持续事件，强调这一完成状态("known about it")对现在的影响，表征终为"have known about it"。需要注意的是，此处虽使用持续动词，但进入完成体构式后，在构式压制的作用下，完成体结果义中持续动词表征的是非持续事件，强调"他们在过去就已知道了这件事"这一完整事件结束在过去，通过"结果代过程"转喻，凸显过去产生的结果对现时的影响，即"知道"后这一状态一直持续到现在的结果或对现在产生影响。在此情形下，时间转为隐现，概念化主体心理感知到的过去至现时的距离拉远，句中过去发生事件与现时状态的因果关系无法直接通过"have/has＋V-ed"传达，听者需要根据语境做出最大相关性的理解，推导出过去事件原因导致的现时具体结果。

例(5)b 和(6)b 的用法有误。当非持续动词表征可持续发生事件时，句末附以 since 或 for 引导的时间状语表示事件发生的持续时间（图 1：实箭头线），产生完成体的持续义。根据生活经验和百科知识可知，"die"和"pass"表征事件无法持续发生，其后不能再接表示延续状态的时间状语（参见王寅，2013：661），但非持续事件的影响延续至今（图 2：虚箭头线）。所以当非持续动词表征不可持续发生事件时，只能产生结果义。然而，例(7)b 的用法是可行的，因为持续动词"know"本身可表征持续事件，当句中有时间短语出现时，"have known"表持续义。

3.3　现在完成体存在义识解的认知模型透视

现在完成体的存在义指同类型事件在过去重复发生，并在当前仍有可能再次发生，其本质是凸显由动词表征的在过去重复发生的非持续事件的终端存在事实。

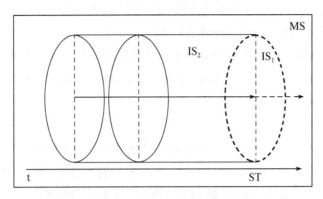

MS＝maximal scope；IS＝immediate scope；ST＝speech time

图3　现在完成体存在义的认知模型透视

在图3中，概念化主体的最大辖域 MS 内，非持续动词表征过程被识解为在过去重复发生的非持续事件（两个实椭圆及省略号）。have 和-ed 共同作用形成两个直接辖域 IS₁ 和 IS₂。首先，概念化主体通过 -ed，实施"镜头推出"策略，将直接辖域 IS₁ 施加于最大辖域 MS 上，聚焦过去发生的非持续事件在现时可观察到的完成性和重复性（右加粗虚椭圆）。随后，概念化主体通过 have，实施"镜头推进"策略（参见 Langacker，2008：390），将直接辖域 IS₂ 施加于最大辖域 MS 上，把过去某阶段多次发生过的非持续事件于现时串联起来（圆柱体侧面实线），使其具有现时事实性。

同样，在存在义形成过程中，-ed 作用显著，整个事件认知进程聚焦总体扫描，概念化主体以内、外结合视角识解，凸显非过程性的复杂关系（Langacker，2008：119）。具体来说，概念化主体着眼于可重复的非持续事件，它在过去连续发生。概念化主体在现时对这一重复事实归纳识解后（实中线），预示其有再次发生的可能性（王瑞杰、李冰芷，2017：39）（虚箭头线）。整个过程中，直接辖域 IS₁ 内聚焦过去重复发生事件的现时事实性，而直接辖域 IS₂ 所限定范围聚焦过去重复发生过的事件，限定的片段最终与 IS₁ 中说话时（ST）的言语事件重合。综上，"have＋V-ed"构式可表征现在完成的存在语义，凸显可重复非持续事件的终端存在结果。如图3。例如（8）～（10）。

（8）The exterminator <u>has come twice</u> already.（灭虫专家已经来过两次了。）

（9）I <u>have written to Spanair 3 times</u> about this.（我已经就此事给西班牙航空写过三次信了。）

（10）He <u>has lost four times</u> in the Final Four.（他曾四次止步四强。）

例（8）～（10）中，在概念化主体的最大辖域 MS 内，初始过程被识解为一个由非持续动词（"come""write""lose"）表征的过去重复发生的非持续事件。概念化主体通过

-ed，实施"镜头推出"策略，将 IS₁ 施加于 MS 上，凸显已发生非持续事件的终点，强调"come""write""lose"进入 IS₁ 前已成为发生过的事件点。"come""write""lose"为非持续动词，通过认知操作，它们在终端的重复性可通过"twice""3 times""four times"等频度副词实现，可被复制成若干重复性事件点（参见王寅，2009；刘馨蔓、吴吉东，2021）。随后，概念化主体通过 have，实施"镜头推进"策略，并将 IS₂ 施加于 MS 上，聚焦过去某阶段发生过的事件（"come""written""lost"）重复发生的现时事实性。随着 have 进入构式，IS₂ 中的若干重复性事件点在时间轴线上组成一个集合，表征可重复非持续事件的现时存在结果及再次发生可能，为"has come twice""have written to Spanair 3 times""has lost four times"。因为重复事件压缩呈现，时间同为隐现，概念化主体心理感知到的过去至现时的距离最远，句中过去重复事件与现时状态的或然关系无法直接通过"have/has＋V-ed"传达，听者需要根据语境做出理解，推导出过去事件的现时或然存在性。

综上，在结果义和存在义形成过程中，完成体构式"have/has＋V-ed"中 have 和 -ed 互动，-ed 作用显著，在一定程度上压制了 have 的未完成性，概念化主体对构式语义识解是在内部透视的基础上加以外部整体观照，事件进程聚焦总体扫描，其时间进程被背景化（参见 Langacker，2008：99），识解图式化程度高。总的来看，完成体在语义上描写的过程受到非过程性识解，结果义和存在义的形成被视为其完成状态。

4　英语现在完成体语义模型透视中的互动连续统

英语现在完成体构式中，助动词 have、非/持续动词（im/perfective verbs）和过去分词词缀 -ed 三者相互影响，如图 4 所示。过去分词词缀 -ed 的点化功能可将整个构式中非/持续动词指向的过程去时间化（atemporalize）（Langacker，2008：122），而助动词 have 的线化功能可将其时间性赋予非/持续动词，使整个构式再时间化，产生"现时关联"。动词串（verb string）中，最左边要素在构式语义形成过程中充当突显决定因素（the profile determinant）（Evans，2019：641；袁红梅、汪少华，2021），将其某种语义特征（the semantic property）施加于整个构式，故 have 携带的"现时关联"贯穿英语现在完成体语义识解的整个过程，且带有明显的主观性（Langacker，1991；沈家煊，2001；袁晓宁、李霄翔，2004 等）。这种主观性既突显言者强调发生在过去的情状与现时的某种关联，也暗示了言者和听者之间发生"现时关联"（Langacker，1991：223）。语义分析的对象是概念化主体将自己的心理体验施加于客观世界的方式（Langacker，1987：197；杨静，2023：49），上述学者从认知层面分析了"现时关联"于现在完成体多义识解的适用性，并指出了其具有主观性特征，却没有关注现在完成体构式的互动如何使概念化主体将其主观体验施加于客观世界，以及这种感知体验在不同语义中的差异。

图4　英语现在完成体多义识解的互动连续统

基于上述讨论，我们提出英语现在完成体多义识解的互动连续统（interactive continuum）（图4）：左端是持续义，在动词表征单事件与-ed、强效力have互动中识解；右端是存在义，在动词表征多事件与have、强效力-ed互动中识解；中间是结果义，在动词表征单事件与have、强效力-ed互动中识解。具体来看，持续义中，have在have和-ed互动中的线性作用显著，非/持续动词表征单个/类持续事件被序列扫描，时间进程突显，过去至现时的心理距离近，因此，概念化主体对现在完成体语义识解中附着于have上的"现时关联"的感知程度较强。结果义中，have的线性在一定程度上被-ed的点性压制，非/持续动词表征单个/类非持续事件被总体扫描，时间进程隐显，过去至现时的心理距离拉远，对"现时关联"的感知程度较弱。存在义中，have的线性同样在一定程度上被-ed的点性压制，非/持续动词表征多个重复非持续事件被总体扫描，时间进程隐显，重复事件进一步拉远过去至现时的心理距离，对"现时关联"的感知程度最弱。换言之，在现在完成体的意义表征过程中，have携带的"现时关联"作为一种语法意义和特定的语用语境条件进行互动，当对"现时关联"的感知程度变弱时，语义识解的复杂度提升，需根据最大关联进行特定语境下的语用推理，但是语法规约是意义表达的根本，是语用推理的前提（薛兵、张绍杰，2016：61）。这也体现了作为形义结合的规约性配对体，英语现在完成体多义识解的意义层也包含基于语境的语用意义（Traugott & Trousdale，2013；吴侠、吴义诚，2022）。

综上，我们发现英语现在完成体的持续、结果义和存在义蕴含内在客观的联系：现在完成体构式组成要素助动词have、非/持续动词（im/perfective verbs）和过去分词词缀-ed的互动使现在完成体的语义识解构成一个互动连续统，随着概念化主体对"现时关联"的感知程度由强到弱（图4中渐变椭圆），语义识解复杂度由低到高，逐渐体现出语法意义和特定语用语境条件之间的互动。

5 结语

　　本文从现在完成体构式组成要素助动词 *have*、非/持续动词和过去分词词缀 *-ed* 入手，阐明现在完成体多义识解的认知模型透视，并进一步提出现在完成体多义识解的互动连续统。研究发现，现在完成体的多义性在于 *have* 和动词后加 *-ed* 所提供内容之上的"识解"。受构式中 *have* 的线性压制，非/持续动词表征持续过程聚焦序列扫描，时间进程突显，形成"持续义"；受构式中 *-ed* 的点性压制，非/持续动词表征非持续过程聚焦总体扫描，时间进程隐显，形成"结果义"和"存在义"。现在完成体构式要素的互动使其语义识解构成一个连续统：持续义的识解呈序列扫描，时间映射心理感知距离近，语法意义易识解；结果义和存在义呈总体扫描，时间映射心理感知距离远，识解过程更多体现语法意义和语用推理的相互作用。

　　研究还发现，英语现在完成体持续义中，非/持续动词表征单个/类持续事件的持续关联性为真实现实，概念化主体对"现时关联"的感知具有真实存在性。而结果义中，非/持续动词表征单个/类非持续事件的持续关联性为虚拟现实（参见 Langacker，2019），表现为概念化主体联想过去结束事件导致的现时结果，对"现时关联"的感知为虚拟存在。存在义中，非/持续动词表征多个重复非持续事件的持续关联性也为虚拟现实，表现为概念化主体需归纳推导出过去事件的现时或然存在性，对"现时关联"的感知为虚拟存在，但过去事件的重复发生也提供一定程度的现实性。现在完成体多义识解的互动连续统充分揭示了其语义关联的内在成因。本研究可为探究英语现在完成体提供新的理论视角，为中国英语学习者学习英语现在完成体提供认知理据，使其教学更符合认知规律。

参考文献

[1] Comrie, B., 1976. *Aspect*. Cambridge: Cambridge University Press.

[2] De Wit, A., 2016. *The Present Perfective Paradox Across Languages*. Oxford: Oxford University Press.

[3] Declerck, R., 1991. *Tense in English: Its Structure and Use in Discourse*. London: Routledge.

[4] Evans, V., 2019. *Cognitive Linguistics: A Complete Guide*. Edinburgh: Edinburgh University Press.

[5] Frazier, S & K. Hahn, 2018. Discourse-pragmatic functions of the present perfect in American English TV and radio interviews. *Text & Talk*, 39(1): 77-98.

[6] Inoue, K., 1979. An analysis of the English present perfect. *Linguistics*, 17(7-8): 561-589.

[7] Klein, W., 1992. The present perfect puzzle. *Language*, 68(3): 525 – 551.

[8] Langacker, R. W., 1987. *Foundations of Cognitive Grammar: Theoretical Prerequisites (Vol. 1)*. Stanford: Stanford University Press.

[9] Langacker, R. W., 1991. *Foundations of Cognitive Grammar: Descriptive Application (Vol. 2)*. Stanford: Stanford University Press.

[10] Langacker, R. W., 2008. *Cognitive Grammar: A Basic Introduction*. Oxford: Oxford University Press.

[11] Langacker, 2013. R. W. *Essentials of Cognitive Grammar*. Oxford: Oxford University Press.

[12] Langacker, R. W., 2019. Levels of reality. *Languages*, 4(2): 1 - 20.

[13] McCoard, R., 1978. *The English Perfect: Tense-choice and Pragmatic Inferences*. Amsterdam: North-Holland Press.

[14] Michaelis, L. A., 1998. *Aspectual Grammar and Past-Time Reference*. London: Routledge.

[15] Michaelis, L. A., 2004. Type shifting in construction grammar: an integrated approach to aspectual coercion. *Cognitive Linguistics*, 15(1): 1 - 67.

[16] Michaelis, L. A., 2011. Stative by construction. *Linguistics*, 49(6): 1359 – 1399.

[17] Nishiyama, A. & J. Koenig, 2010. What is a perfect state? *Language*, 86(3): 611 - 646.

[18] Quirk, R., S. Creenbaum., G. Leech. & J. Savrtik, 2010. *A Comprehensive Grammar of the English Language*. London: Longman.

[19] Ritz, M. E. & D. Engel. 2008. Vivid narrative use and the meaning of the present perfect in spoken Australian English. *Linguistics*, 46(1): 131 - 160.

[20] Romain, L., Ez-zizi, A., Milin, P., & Divjak, D., 2022. What makes the past perfect and the future progressive? Experiential coordinates for a learnable, context-based model of tense and aspect. *Cognitive Linguistics*, 33(2), 251 - 289.

[21] Suh, K. H., 1992. *A Discourse Analysis of the English Tense-aspect-modality System*. Doctoral dissertation, University of California, Los Angeles.

[22] Traugott, E. C. & Trousdale, G. 2013. *Constructionalization and Constructional Changes*. Oxford: Oxford University Press.

[23] Yao, X. Y., 2013. Pragmatic interpretation of the English present perfect. *Linguistics*, (5): 993 - 1018.

[24] 陈敏哲,2016."现在完成体之谜"的认知语言学阐释. 外语教学与研究,(2):176 - 187+319.

[25] 陈前瑞,2016.完成体与经历体的类型学思考. 外语教学与研究,(6):803 - 814+959.

[26] 胡志勇,李福印,袁野,2018. HAVE + -EN 构式的"压制—突显"动态层级识解模型. 外语学刊,(5):73 - 79.

[27] 姜兆梓,2019.英汉语法体标记的内在共性与启示. 西安外国语大学学报,(2):5 - 10.

[28] 卢卫中, 2018. 英汉语构词理据:基于认知语言学识解理论的对比分析. 外语教学与研究,(3):356 - 367+479.

[29] 刘馨蔓,吴吉东,2021.英语现在进行体语义生成的认知机制研究. 现代外语,(4):508 - 521.

[30] 曲卫国,1994.论现在完成体的语用含义.外国语(上海外国语大学学报),(2):49-52.

[31] 沈家煊,2001.语言的"主观性"和"主观化".外语教学与研究,(4):268-275+320.

[32] 王瑞杰,李冰芷,2017.完成体与词汇体的互动——英语现在完成体多义的认知研究.天津外国语大学学报,(1):38-43+81.

[33] 王寅,2009.构式压制、词汇压制和惯性压制.外语与外语教学,(12):5-9.

[34] 王寅,2013.构式压制和词汇压制的互动及其转喻机制——以英语语法体和动词体为例的分析.外语教学与研究,(5):657-668+798.

[35] 吴侠,吴义诚,2022.迂回致使动结式:结构、语义及语用的互动视角.外国语文研究(辑刊),(2):214-227.

[36] 谢应光,2012.英语现在完成体的构式法研究.重庆师范大学学报(哲学社会科学版),(1):112-117.

[37] 谢应光,2013.英语现在完成体表示的状态和语用解释.重庆师范大学学报(哲学社会科学版),(1):88-95.

[38] 薛兵,张绍杰,2016.时态与时间的语法—语用互动关系研究:以英语将来时为例.外语学刊,(5):59-63.

[39] 杨静,2023.再论形义结合:以汉语名词谓语句为例.外语教学,(2):44-50.

[40] 袁红梅,汪少华,2021.认知语言学研究的最新动态——《认知语言学综观》评介.外语研究,(1):105-108.

[41] 袁晓宁,李霄翔,2004.现时关联与现在完成体.外语与外语教学,(3):6-9.

[42] 张立英,2021.现在完成体中动词的语义特征——基于BNC语料库子库的构式搭配分析.中国外语,(6):36-44.

[43] 章振邦,2017.新编英语语法教程(第6版).上海:上海外语教育出版社.

[44] 赵兴,1996.论完成时语义学.外国语(上海外国语大学学报),(2):61-67.

[45] 赵勇,2011.现在完成体构式"时/体"义的再思考.云南农业大学学报(社会科学版),(2):112-116.

老年人幽默研究述评*

赵 峰 范 琳**

摘 要:作为人类社会普遍存在且独特的现象,幽默研究具有重要意义。已有研究考察老年人幽默问题,取得了一些有价值的成果。本文在阐述幽默认知老化相关理论模型基础上,着重回顾老年人幽默实证研究,分析该领域仍存在的不足之处,并对其未来方向进行展望,以期为国内外相关研究提供借鉴。

关键词:老年人幽默;认知老化;幽默认知老化理论模型

Title: A Review of Research on Humor in the Elderly

Abstract: Research of humor, a universal and unique phenomenon for human, carries considerable significance. Research on the issue of humor in the elderly has been carried out and yielded noteworthy findings. Based on an explanatory analysis of theoretical models of cognitive aging of humor, this paper provides a comprehensive review of empirical studies concerning humor in the elderly and examines the unsolved issues in this field. Furthermore, the paper puts forward future directions for the research into cognitive aging of humor, anticipating that it could offer valuable insights for relevant research both at home and abroad.

Key Words: Humor in the Elderly; Cognitive Aging; Theoretical Models of Cognitive Aging of Humor

---

* 本文系国家社会科学基金项目"老年人阅读推理的认知老化机制研究"(项目编号:18BYY088)、山东省社会科学规划外国语言文学研究专项"顺应论视角下幽默话语的认知语用研究"(项目编号:19CWZJ44)、中央高校基本科研业务费专项资金资助项目"幽默加工认知老化机制的ERP研究"(项目编号:2022JX020)的部分成果。

** 作者简介:赵峰,博士,山东师范大学外国语学院教师。研究方向为心理语言学、神经语言学。电子邮箱:jack0225@126.com。通讯作者:范琳,北京外国语大学中国外语与教育研究中心教授、博士生导师。研究方向为心理语言学、神经语言学。电子邮箱:fanlinqd@163.com。

1 引言

幽默是一种人类社会普遍存在且独特的现象,在交际过程中可以缓解个体压力、维护关系、带来愉悦等。从 20 世纪中期开始,有关幽默的研究就吸引了人类学、符号学、心理学、社会学、语言学以及人工智能等众多学科参与,呈现出多元化、交叉性、重应用等特点,研究深度和广度都大大加强(尉万传,2015:25)。尤其是,随着社会老龄化日趋加重,老年人幽默研究引起学界越来越多的关注。本文在阐述幽默认知老化相关理论模型基础上,着重回顾老年人幽默实证研究,并对其未来方向进行展望,以期为国内外相关研究提供借鉴。

2 幽默认知老化理论模型

2.1 幽默理论模型

苏尔斯(Suls,1972)提出"不一致探测和不一致消解"(incongruity-resolution)理论,认为幽默理解过程分为不一致探测和不一致消解两个阶段。在幽默理解过程中,读者在探测阶段发现前后信息不一致,在消解阶段基于解决问题的形式寻求一条认知原则以消除其不一致。阿塔多(Attardo,1997)在苏尔斯(Suls,1972)两阶段理论基础上增加"准备"(setup)阶段,提出"准备—不一致探测—不一致消解"(setup-incongruity-resolution)三阶段理论,认为"准备"阶段从时间顺序来说是首先发生的,该阶段的话语本身并不可笑,但其为不一致探测阶段奠定基础。具体而言,在幽默理解的整个过程中,读者首先在"准备"阶段对幽默发生的可能结果做出预期;其次,在探测阶段读者的预期与幽默的妙语部分出现不一致;再次,在消解阶段按照解决问题的方式寻找一条认知原则以消除其预期与幽默妙语的不一致;最后,读者领悟到幽默的可笑之处并产生和表达积极的情绪(如笑)。

目前苏尔斯(Suls,1972)提出的理论得到最多的实证支持,为最具影响力的幽默理论之一。基于两阶段理论,研究者利用具有高空间分辨率的功能性磁共振成像(functional magnetic resonance imaging,fMRI)或高时间分辨率的事件相关电位(event-related potentials,ERPs)等技术验证并分离了幽默理解过程所涉及的不同阶段:"不一致探测和不一致消解"两阶段(涂桑等,2014)、"不一致探测、不一致消解和情绪加工"三阶段(Chan et al.,2013)、"不一致探测、关联评估(association evaluation)、不一致消解和情绪加工"四阶段（Tu et al.，2014）。可以看出，这些幽默理论模型或多或少存在某些差异，其原因可能是受到读者因素（如认知功能）或（和）语篇因素（如幽默类型）的影响。总的来说，幽默理解过程分为认知和情感两个阶段（Gardner et al.，1975），这两个阶段也得到了幽默理解脑机制实证研究的支持（Willinger et al.，2017）。其中，幽默认知阶段是指幽默不一致探测和不一致消解的过程，幽默情感阶段是指积极情绪产生和表达的过程（伍海燕等，2009）。

2.2　认知老化理论模型

随着脑成像技术不断发展，研究者对认知老化神经机制进行了更为深入的研究，提出认知老化相关理论模型。林登伯格等（Lindenberger et al.，1993）提出认知老化结构模型（cognitive aging structural model），认为认知速度受到教育程度和年龄的直接影响，而一般认知能力（如知识、推理、记忆和流畅性）通过中介因素（即速度）受到教育程度和年龄的间接影响，其中知识也受到教育程度的直接影响。有研究发现心理功能、高等教育水平对老年人幽默产出能力具有显著影响；年龄、性别、语言功能、概念性思维、韵律成分敏感性和推理能力等对老年人幽默评价能力具有影响（Daniluk & Borkowska，2017）。萨尔茨豪斯（Salthouse，1996）提出认知老化加工速度理论（processing speed theory of cognitive aging），认为成人基本认知操作速度随年龄的增长而普遍减慢，成为流体认知功能发生老化的主要原因。换言之，用加工速度的降低来解释认知老化现象，即成人认知表现的年龄差异问题。有研究发现，老龄化引起认知灵活度、抽象推理、短期记忆、语用能力、心智化能力等认知能力老化，这可能导致老年人对幽默的理解变得越来越难（Schaier & Cicirelli，1976；Mak & Carpenter，2007；Bischetti et al.，2019），其加工速度也相应变慢。韦斯特（West，1996）提出认知老化前额皮层功能理论（prefrontal cortex function theory of cognitive aging），认为前额皮层局部结构和功能变化导致执行能力的退化，进而导致更为普遍的认知老化。有研究发现老年人幽默理解能力变得更弱，其原因可能在于负责幽默理解能力的前额皮层功能因老龄化而受损（Shammi & Stuss，1999）。

上述理论模型从不同视角解释了幽默认知老化过程，它们互为补充。随着对幽默认知老化机制的深入探究，幽默认知老化理论模型也将得以构建和发展，进而为其实证研究提供更多理论支撑和指导。

3 幽默认知老化的实证研究

现存老年人幽默相关研究主要聚焦于三个方面:幽默认知老化的影响因素、幽默对老年人健康的影响以及幽默对老年人健康的干预研究。

3.1 幽默认知老化的影响因素研究

研究者考察了老年人幽默认知老化的个体差异,发现随着年龄增长,老年人的幽默评价能力不断增强,但其幽默理解能力逐步减弱(Schaier & Cicirelli, 1976);老年人的幽默创造力增强,他们使用幽默的频次增多,对幽默本身表现出更积极的态度,但其对幽默搞笑的人却表现出更消极的态度(Thorson & Powell, 1996);经常聚会的老年人比其他老年人幽默感表达能力更强(Proyer et al., 2010)。

有关幽默认知老化年龄差异的研究也发现,与年轻人相比,老年人更少利用攻击型幽默嘲笑别人(Martin et al., 2003),他们对不一致消解幽默的趣味性评价更高,但对无意义幽默的趣味性评价更低,对两种类型幽默的反感度普遍减弱(Ruch et al., 1990)。然而,老年人和年轻人对攻击型(卡通)幽默反感度和趣味性的评分在年龄上没有显著差异,但这两个群体均在性别上具有显著差异(Barrick et al., 1990)。具体来说,在这两个群体中,女性对这两个方面的评分呈倒 U 型关系,而男性对这两个方面的评分之间均无显著相关性(Barrick et al., 1990)。研究还发现老年男性比老年女性更加重视幽默的使用(Schiau, 2016),老年女性比老年男性使用幽默的频次更多,但老年女性的幽默创造力更弱(Thorson & Powell, 1996);老年女性比年轻女性更可能利用自我提升型幽默应对生活压力,而老年男性与年轻男性正好相反(Martin et al., 2003)。另有研究发现,较之健康的年轻控制组,老年抑郁症或痴呆患者对幽默的趣味性评价更高,表明该群体老年人能够理解简单和熟悉的幽默(Kmita et al., 2022);老年痴呆患者在幽默交流中能够理解和产生幽默(Baumgartner & Renner, 2019)。

研究者还发现,与年轻组相比,老年组幽默理解(认知)能力减弱,其原因可能是老龄化导致负责幽默理解能力的前额皮层功能老化(Shammi & Stuss, 1999),也可能是这些幽默理解任务对老年人来说相对较难,但老年人幽默评价(情感评价和情绪反应)能力保持完好(Shammi & Stuss, 2003)。研究者也发现,与年轻组和中年组相比,老年组幽默理解的认知成分受损,其部分原因可能是老年人心智化能力受损(Maylor et al., 2002;Sullivan & Ruffman, 2004;Uekermann et al., 2006),但有研究发现心智化能力在正常老化中保持完好甚至会增强(Happé et al., 1998)。有研究发现老年受试在幽默理解的情感成分上与年轻和中年受试也表现出差异,其原因可能是他们对幽默类型的偏爱不同（即群组效应），也可能是其心智化能力不同（Uekermann et al.，2006）。还有研究发现，老年人幽默理解能力减弱，其原因可能是老龄化导致他们认知灵活度、抽象推理、短期记忆等认知能力老化，但这些认知因素在幽默理解中所起的作用仍不清晰（Mak & Carpenter，2007）。因此，未来需要深入研究来构建一个模型以明晰影响幽默理解的认知因素及其相互关系（Mak & Carpenter，2007）。另外，研究发现老年人幽默产出能力与心理功能、高等教育水平也呈显著相关，其幽默评价能力可能和年龄、性别、语言功能、概念性思维、韵律成分敏感性、推理能力相关（Daniluk & Borkowska，2017）；语用能力对老年人心理笑话（mental jokes）和语音笑话（phonological jokes）理解具有预测作用，心智化能力对老年人心理笑话理解具有重要作用（Bischetti et al.，2019）。

概言之，多数研究横向考察了幽默认知老化的个体差异及影响因素，发现幽默认知老化存在明显的年龄和性别差异，其原因可能是老年人认知功能、情感功能等读者因素在老龄化进程中发生不同程度的变化，也可能是受到群组效应的影响，还可能是受到语篇因素（如幽默类型和幽默复杂度）的影响。然而，在幽默认知老化的影响因素研究中，多数研究集中于其个体差异因素，对其语篇因素研究相对较少。因此，未来可更多地关注影响幽默认知老化的语篇因素，也可纵向跟踪考察幽默认知老化进程及其影响因素。

3.2 幽默对老年人健康的影响研究

弗莱（Fry，1986）认为，幽默、欢笑和愉快的笑声可以减少、抵消和补偿由老龄化带来的各种问题。研究者考察了幽默对老年人心理健康和身体健康的影响。

研究者考察了幽默对老年人心理健康的影响，发现幽默有助于老年人保持积极的情感（Adams & McGuire，1986）和自我感知（Damianakis & Marziali，2011），增强幽默感（Mak & Sörensen，2018）和斗志（Simon，1990），缓解心理压力（Lai et al.，2010），减少抑郁和焦虑（Marziali et al.，2008；Villalba et al.，2023），缓解社会孤独感（Schiau，2016），保持身心健康（Forssén，2007）。研究者还发现幽默有助于老年人与其家人和朋友保持积极社会关系（Solomon，1996；Damianakis & Marziali，2011），获得社会支持，提高自我效能感（Marziali et al.，2008）、生活满意度（Ruch et al.，2010）和住房满意度（Solomon，1996），增强生活目标感（Mak & Sörensen，2018）。然而，有研究发现幽默对老年人健康状况和生活满意度之间相关性的调节作用并不显著（Celso et al.，2003）；幽默与老年人生活满意度之间无直接关联（Simon，1990；Celso et al.，2003）。

幽默对老年人身体健康和寿命的影响也受到研究者的关注。相关研究发现幽默有助于缓解身体疼痛（Adams & McGuire，1986），幽默与老年人身体健康呈显著正相关（Solomon，1996；Celso et al.，2003），幽默和寿命在某种意义上呈正相关（Yoder &

Haude,1995；Romundstad et al.，2016)，表明幽默对老年人身体健康和寿命具有积极作用。然而,也有研究发现,幽默与老年人自感健康不存在显著相关关系(Simon,1990);从事演艺行业比从事其他行业群体的寿命更短,但没有发现幽默感较强个体比严肃的作家或其他演艺群体的寿命更长(Rotton,1992)。弗里德曼等(Friedman et al.，1993)基于以往纵向研究数据探究了童年期孩子幽默感对其寿命产生的影响,发现在童年时幽默感更强的孩子比幽默感更弱的孩子的寿命更短,其原因可能是这些幽默感更强的孩子长大后更有可能从事喝酒和吸烟等高风险活动,进而导致他们过早死亡,但其具体原因有待深究。

总体来说,幽默对老年人健康产生积极影响,但其潜在机制尚不明晰(Mallya et al.，2019)。因此,马尔雅等(Mallya et al.，2019)基于心理学多个领域的研究发现,提出幽默有益于健康的认知老化这一理论,认为幽默可用于缓解老年人长期压力对其认知老化的消极影响,这主要通过三种途径来实现。具体而言:(1)幽默有助于老年人获得社会支持和保持积极社会关系(Mallya et al.，2019)。研究发现社会支持对人们的身心健康产生积极影响(Umberson & Montez,2010),有助于人们在日常生活中形成健康的行为(Debnam et al.，2012),缓解长期疾病带来的疼痛(Masters et al.，2007),增强自身健康意识和缓解各种压力(Thoits,2011),增强社会期许和社会归属感(Cann et al.，2016)等。简言之,幽默通过提高老年人的社会支持(作为中介)进而改善他们的身心健康(Mallya et al.，2019)。(2)短期来看,幽默作为情绪调节方法(emotion regulation technique)有助于老年人对当前面临的压力进行重新(即积极和客观)认知评价,进而改变其先前的消极情绪反应(Mallya et al.，2019)。研究发现幽默作为情绪调节方法可更有效地缓解老年人的消极情绪(Harm et al.，2014),其原因在于幽默可能消除老年人的消极情绪(Fredrickson & Levenson,1998),或者幽默诱发老年人产生积极情绪来取代消极情绪(McRae et al.，2012)。换言之,老年人可采用幽默策略抑制压力反应系统的激活,保护大脑免受压力激素的影响,进而应对当前的各种压力(Mallya et al.，2019)。(3)长期来看,幽默作为生理压力缓冲器,通过降低皮质醇(cortisol)水平来缓解生理压力系统的长期激活对老年人大脑产生的消极影响(Mallya et al.，2019)。研究发现幽默有助于降低老年人的皮质醇水平来缓解甚至消除其生理压力反应(Lai et al.，2010；Bains et al.，2014,2015),进而改善老年人的身心健康(Lai et al.，2010);幽默还有助于改善老年人的认知功能(如记忆力和学习能力)(Bains et al.，2014,2015)。

由以上论述可知,幽默有益于老年人的身心健康,幽默应对策略可被老年人用于获得社会支持、调节消极情绪、缓解生活压力,进而保持其身心健康。然而,由于幽默形式和功能的多样性以及老年人处理复杂幽默可能存在困难(Mak & Sörensen,2018；Mallya et al.，2019),自我提升型幽默有助于更好地改善老年人身心健康

(Romundstad et al.，2016)，故(具有较低复杂度的)自我提升型幽默可能成为老年人应对各种压力最有效的形式(Mak & Sörensen，2018；Mallya et al.，2019)。

3.3　幽默对老年人健康的干预研究

幽默疗法作为一种非药物干预手段，可用于帮助老年人改善情绪和生活质量，提高社会参与度，降低焦虑，保持身心健康(Goodenough et al.，2012)。因此，研究者利用幽默疗法对老年人身心健康行为、认知能力等进行干预训练。

研究者考察了幽默疗法对老年人身心健康的影响，发现与控制组相比，参加幽默干预项目的老年人焦虑和抑郁明显减轻(Houston et al.，1998；Ko & Youn，2011；Low et al.，2014；Zhao et al.，2020)，压力得以缓解(Bains et al.，2014，2015)，身体疼痛和孤独感也明显减少(Tse et al.，2010)，表明幽默疗法对老年人身心健康具有积极作用。比利亚尔巴等(Villalba et al.，2023)采用线上跟踪调查方法考察了幽默对美国老年人应对新冠病毒疫情的影响，发现幽默应对策略可以有效地缓解老年人状态性焦虑(state anxiety)。然而，也有研究发现控制组和实验组老年人的心理伤痛和总体健康没有显著差异(Ganz & Jacobs，2014)；大笑可能会导致实验组老年慢性阻塞性肺病患者的肺功能急性恶化进而严重膨胀(Lebowitz et al.，2011)。另外，相关研究发现，与控制组相比，实验组老年人生活质量得到改善，生活满意度明显提高，总体幸福感得以提升(Ronnberg，1998；Walter et al.，2007；Mathieu，2008；Proyer et al.，2010；Tse et al.，2010；Lebowitz et al.，2011；Konradt et al.，2013；Ganz & Jacobs，2014；Low et al.，2014；Zhao et al.，2020)，表明幽默疗法对老年人生活质量、生活满意度和幸福感具有积极作用。然而，有研究发现控制组和实验组老年人健康生活质量没有显著差异(Ganz & Jacobs，2014)。

研究者还考察了幽默疗法对老年人行为和认知能力的影响，发现与控制组相比，实验组老年人失眠得以缓解，睡眠质量得以改善(Ko & Youn，2011；Zhao et al.，2020)；还发现幽默疗法较大地改善了老年人的学习能力和记忆力，表明幽默疗法对老年人认知能力的提升具有积极影响(Bains et al.，2014，2015)。

综上所述，研究者利用幽默疗法，采用不同干预项目对老年人情绪、生活、行为、认知能力等方面进行一定周期的干预研究，表明幽默疗法在一定程度上缓解了老年人的焦虑和压力，提高了其幸福感和生活质量，改善了其身心健康(Zhao et al.，2020)，这些干预研究成果将促使幽默疗法作为一种改善老年人身心健康的非药物干预方法在临床中得到不断的推广和应用(Cernerud & Olsson，2004)。然而，以往干预研究样本量一般较小，干预周期较短，缺乏长期的跟踪干预研究。因此，未来可利用幽默疗法采用合理的干预项目针对不同群体老年人开展更大规模的长期跟踪干预训练研究。

4　思考与展望

可以看出,老年人幽默研究已经取得重要成果,但该领域的研究还存在一些不足,尚需扩展、深化和完善,以期更好地揭示幽默认知老化的进程及实质,以及幽默对老年人健康(干预)的影响。

第一,不少研究探讨了幽默理解认知老化问题及其影响因素,但这些影响因素在老年人幽默理解中所起的作用及其相互关系仍不清晰。因此,未来可考察不同文化背景老年人对不同类型幽默或特殊类型幽默理解过程及其影响因素,进而构建幽默理解认知老化理论模型,明晰影响幽默理解认知老化的因素及其相互关系。另外,多数研究主要关注幽默理解认知老化,但幽默产出认知老化研究相对缺乏,未来也可考察幽默产出认知老化进程及其影响因素。

第二,干预研究发现幽默疗法有助于改善老年人身心健康,但这些干预研究样本量一般较小,干预周期较短,长期的跟踪干预研究相对缺乏,干预训练的对比研究也较为缺乏。因此,未来可针对不同群体老年人开展更大规模和更长周期的干预研究,也可开展针对不同文化背景老年人干预训练的对比研究,还可开展幽默疗法和其他疗法对老年人健康干预的对比研究。另外,这些干预训练促使老年人身心健康的某些积极变化是在一定训练周期内普遍存在的,但其对后期训练的相同群体是否一直有效,对不同文化背景老年人是否同样有效,仍需通过进一步研究或长期跟踪研究来验证。

第三,多数研究从横向角度通过老年人和年轻人的对比考察幽默认知老化问题,研究发现老年人出现幽默认知老化倾向。但老年人和年轻人作为不同时代群体往往具有不同生活经历、人口趋势、社会文化规范等,这些因素可能会对幽默认知老化产生影响。因此,横向研究不能很好地揭示幽默认知老化的原因到底是老龄化效应还是群组效应,也不足以确定随着时间的推移人们在健康、幽默感或生活满意度等方面的变化可能导致其幽默理解和产出的任何差异,也不能全面揭示幽默在人一生中的功能、功能的变化以及引起这些功能变化的原因。因此,未来可纵向跟踪考察幽默认知老化的进程及其影响因素,以深入揭示幽默认知老化的实质。

第四,多数研究采用延时方法(如调查问卷)考察了老年人幽默问题,采用实时方法的相关研究极其缺乏。因此,未来可采用实时反应时方法、眼动追踪、ERPs、fMRI 等技术考察老年人幽默加工机制,更好地揭示幽默加工认知老化过程以及幽默对老年人健康(干预)的影响。

第五,较之国外,国内老年人幽默研究较为缺乏,所以此类相关研究也是国内未来的研究方向。

5 结语

本文在阐述幽默认知老化相关理论模型基础上，着重回顾老年人幽默实证研究，主要涉及幽默认知老化的影响因素研究、幽默对老年人身心健康的影响研究、幽默对老年人身心健康的干预研究。其中，多数相关研究属于延时和横向研究，实时和纵向研究非常缺乏。因此，未来可更多地采用实时方法考察老年人幽默加工机制，也可纵向跟踪考察幽默认知老化的进程及其影响因素，以期更好地揭示幽默认知老化的实质，还可长期跟踪考察幽默对老年人健康（干预）的影响。

参考文献

[1] Adams, E. R. & F. A. Mcguire, 1986. Is laughter the best medicine?: A study of the effects of humor on perceived pain and affect of humor on perceived pain and affect. *Activities, Adaptation & Aging*, 8(3 - 4): 157 - 175.

[2] Attardo, S., 1997. The semantic foundations of cognitive theories of humor. *Humor*, 10(4): 395 - 420.

[3] Bains, G. S., L. S. Berk, N. Daher, E. Lohman, E. Schwab, J. Petrofsky & P. Deshpande. 2014. The effect of humor on short-term memory in older adults: A new component for whole-person wellness. *Advances in Mind-Body Medicine*, 28(2): 16 - 24.

[4] Bains, G. S., L. S. Berk, E. Lohman, N. Daher, J. Petrofsky, E. Schwab & P. Deshpande, 2015. Humor's effect on short-term memory in healthy and diabetic older adults. *Alternative Therapies in Health and Medicine*, 21(3): 16 - 25.

[5] Barrick, A. L., R. L. Hutchinson & L. H. Deckers, 1990. Humor, aggression and aging. *The Gerontologist*, 30(5): 675 - 678.

[6] Baumgartner, G. & K. H. Renner, 2019. Humor in the elderly with dementia: Development and initial validation of a behavioral observation system. *Current Psychology*, 42(19): 1 - 14.

[7] Bischetti, L., I. Ceccato, S. Lecce, E. Cavallini & V. Bambini, 2019. Pragmatics and theory of mind in older adults' humor comprehension. *Current Psychology*, 42(19): 1 - 17.

[8] Cann, A., A. T. Cann & J. A. Jordan, 2016. Understanding the effects of exposure to humor expressing affiliative and aggressive motivations. *Motivation and Emotion*, 40(2): 258 - 267.

[9] Celso, B. G., D. J. Ebener & E. J. Burkhead, 2003. Humor coping, health status and life satisfaction among older adults residing in assisted living facilities. *Aging & Mental Health*, 7(6): 438 - 445.

[10] Cernerud, L. & H. Olsson, 2004. Humour seen from a public health perspective.

Scandinavian Journal of Public Health, 32(5): 396 – 398.

[11] Chan, Y. C., T. L. Chou, H. C. Chen, Y. C. Yeh, J. P. Lavallee, K. C. Liang & K. E. Chang, 2013. Towards a neural circuit model of verbal humor processing: An fMRI study of the neural substrates of incongruity detection and resolution. *NeuroImage*, 66: 169 – 176.

[12] Damianakis, T. & E. Marziali, 2011. Community-dwelling older adults' contextual experiencing of humour. *Aging & Society*, 31(1): 110 – 124.

[13] Daniluk, B. & A. Borkowska, 2017. Humor appreciation in elderly people and its cognitive determinants. *Annals of Psychology*, 20(3): 529 – 543.

[14] Debnam, K., C. L. Holt, E. M. Clark, L. R. David & P. Southward, 2012. Relationship between religious social support and general social support with health behaviors in a national sample of African Americans. *Journal of Behavioral Medicine*, 35(2): 179 – 189.

[15] Forssén, A. S. K., 2007. Humour, beauty and culture as personal health resources: Experiences of elderly Swedish women. *Scandinavia Journal of Public Health*, 35(3): 228 – 234.

[16] Fredrickson, B. L. & R. W. Levenson, 1998. Positive emotions speed recovery from the cardiovascular sequelae of negative emotions. *Cognition and Emotion*, 12(2): 191 – 220.

[17] Friedman, H. S., J. S. Tucker, C. Tomlinson-Keasey, J. E. Schwartz, D. L. Wingard & M. H. Criqui, 1993. Does childhood personality predict longevity?. *Journal of Personality and Social Psychology*, 65(1): 176 – 185.

[18] Fry, W. F., 1986. Humor physiology and the aging process. In L. Nahemow, K. A. McCluskey-Fawcett & P. E. McGhee (eds.), *Humor and Aging*. London: Academic Press, 81 – 98.

[19] Ganz, F. D. & J. M. Jacobs, 2014. The effect of humor on elder mental and physical health. *Geriatric Nursing*, 35(3): 205 – 211.

[20] Gardner, H., P. K. Ling, L. Flamm & J. Silverman, 1975. Comprehension and appreciation of humorous material following brain damage. *Brain*, 98(3): 399 – 412.

[21] Goodenough, B., L. F. Low, A. N. Casey, L. Chenoweth, R. Fleming, P. Spitzer, J. P. Bell & H. Brodaty, 2012. Study protocol for a randomized controlled trial of humor therapy in residential care: The Sydney Multisite Intervention of LaughterBosses and ElderClowns (SMILE). *International Psychogeriatrics*, 24(12): 2037 – 2044.

[22] Happé, F. G. E., E. Winner & H. Brownell, 1998. The getting of wisdom: Theory of mind in old age. *Developmental Psychology*, 34(2): 358 – 362.

[23] Harm, J., S. Vieillard & A. Didierjean, 2014. Using humour as an extrinsic source of emotion regulation in young and older adults. *The Quarterly Journal of Experimental Psychology*, 67(10): 1895 – 1909.

[24] Houston, D. M., K. J. McKee, L. Carroll & H. Marsh, 1998. Using humour to promote psychological wellbeing in residential homes for older people. *Aging and Mental Health*, 2(4):

328 – 332.

[25] Kmita, M., K. Lindner-Pawłowicz & A. Libura, 2022. Who does not find metaphors funny? Humor preferences in geriatric patients. *Communication Science & Disorders*, 27(2): 330 –348.

[26] Ko, H. J. & C. H. Youn, 2011. Effects of laughter therapy on depression, cognition and sleep among the community-dwelling elderly. *Geriatrics and Gerontology International*, 11(3): 267 – 274.

[27] Konradt, B., R. D. Hirsch, M. F. Jonitz & K. Junglas, 2013. Evaluation of a standardized humor group in a clinical setting: A feasibility study for older patients with depression. *International Journal of Geriatric Psychiatry*, 28(8): 850 – 857.

[28] Lai, J. C. L., A. M. L. Chong, O. T. Siu, P. Evans, C. L. W. Chan & R. T. H. Ho, 2010. Humor attenuates the cortisol awakening response in healthy older men. *Biological Psychology*, 84(2): 375 – 380.

[29] Lebowitz, K. R., S. Suh, P. T. Diaz & C. F. Emery, 2011. Effects of humor and laughter on psychological functioning, quality of life, health status, and pulmonary functioning among patients with chronic obstructive pulmonary disease: A preliminary investigation. *Heart & Lung*, 40(4): 310 – 319.

[30] Lindenberger, U., U. Mayr & R. Kliegl, 1993. Speed and intelligence in old age. *Psychology and Aging*, 8(2): 207 – 220.

[31] Low, L. F., B. Goodenough, J. Fletcher, K. Xu, A. N. Casey, L. Chenoweth, R. Fleming, P. Spitzer, J. P. Bell & H. Brodaty, 2014. The effects of humor therapy on nursing home residents measured using observational methods: The SMILE cluster randomized trial. *Journal of the American Medical Directors Association*, 15(8): 564 – 569.

[32] Mak, W. & B. D. Carpenter, 2007. Humor comprehension in older adults. *Journal of the International Neuropsychological Society*, 13(4): 606 – 614.

[33] Mak, W. & S. Sörensen, 2018. Are humor styles of people with dementia linked to greater purpose in life?. *The Gerontologist*, 58(5): 835 – 842.

[34] Mallya, S., M. Reed & L. Yang, 2019. A theoretical framework for using humor to reduce the effects of chronic stress on cognitive function in older adults: An integration of findings and methods from diverse areas of psychology. *Humor*, 32(1): 49 – 71.

[35] Martin, R. A., P. Puhlik-Doris, G. Larsen, J. Gray & K. Weir, 2003. Individual differences in uses of humor and their relation to psychological well-being: Development of the Humor Styles Questionnaire. *Journal of Research in Personality*, 37(1): 48 – 75.

[36] Marziali, E., L. McDonald & P. Donahue, 2008. The role of coping humor in the physical and mental health of older adults. *Aging & Mental Health*, 12(6): 713 – 718.

[37] Masters, K. S., A. M. Stillman & G. I. Spielmans, 2007. Specificity of social support for back pain patients: Do patients care who provides what?. *Journal of Behavioral Medicine*, 30(1):11 – 20.

[38] Mathieu, S. I. , 2008. Happiness and humor group promotes life satisfaction for senior center participants. *Activities, Adaptation & Aging*, 32(2): 134 – 148.

[39] Maylor, E. A. , J. M. Moulson, A. M. Muncer & L. A. Taylor, 2002. Does performance on theory of mind tasks decline in old age?. *British Journal of Psychology*, 93(4): 465 – 485.

[40] McRae, K. , B. Ciesielski & J. J. Gross, 2012. Unpacking cognitive reappraisal: Goals, tactics, and outcomes. *Emotion*, 12(2): 250 – 255.

[41] Proyer, R. T. , W. Ruch & L. Müller, 2010. Sense of humor among the elderly: Findings using the German version of the SHS. *Zeitschrift für Gerontologie und Geriatrie*, 43(1): 19 – 24.

[42] Romundstad, S. , S. Svebak, A. Holen & J. Holmen, 2016. A 15-year follow-up study of sense of humor and causes of mortality: The Nord-Trøndelag health study. *Psychosomatic Medicine*, 78(3): 345 – 353.

[43] Ronnberg, L. , 1998. Quality of life in nursing-home residents: An intervention study of the effect of mental stimulation through an audiovisual programme. *Age and Aging*, 27(3): 393 – 397.

[44] Rotton, J. , 1992. Trait humor and longevity: Do comics have the last laugh?. *Health Psychology*, 11(4): 262 – 266.

[45] Ruch, W. , P. E. Mcghee & F. J. Hehl, 1990. Age differences in the enjoyment of incongruity-resolution and nonsense humor during adulthood. *Psychology and Aging*, 5(3): 348 – 355.

[46] Ruch, W. , R. T. Proyer & M. Weber, 2010. Humor as a character strength among the elderly: Empirical findings on age-related changes and its contribution to satisfaction with life. *Zeitschrift für Gerontologie und Geriatrie*, 43(1): 13 – 18.

[47] Salthouse, T. A. , 1996. The processing-speed theory of adult age differences in cognition. *Psychological Review*, 103(3): 403 – 428.

[48] Schaier, A. H. & V. G. Cicirelli, 1976. Age differences in humor comprehension and appreciation in old age. *Journal of Gerontology*, 31(5): 577 – 582.

[49] Schiau, I. , 2016. Humor, loneliness and interpersonal communication: A quantitative study of Romanian older adults. *Romanian Journal of Communication and Public Relations*, 18(1): 89 – 106.

[50] Shammi, P. & D. T. Stuss, 1999. Humour appreciation: A role of the right frontal lobe. *Brain*, 122(4): 657 – 666.

[51] Shammi, P. & D. T. Stuss, 2003. The effects of normal aging on humor appreciation. *Journal of the International Neuropsychological Society*, 9(6): 855 – 863.

[52] Simon, J. M. , 1990. Humor and its relationship to perceived health, life satisfaction and morale in older adults. *Issues in Mental Health Nursing*, 11(1): 17 – 31.

[53] Solomon, J. C. , 1996. Humor and aging well: A laughing matter or a matter of laughing?.

American Behavioral Scientist, 39(3): 249 – 271.

[54] Sullivan, S. & T. Ruffman, 2004. Social understanding: How does it fare with advancing years?. *British Journal of Psychology*, 95(1): 1 – 18.

[55] Suls, J. M., 1972. A two-stage model for the appreciation of jokes and cartoons: An information-processing analysis. In J. H. Goldstein & P. E. McGhee (eds.), *The Psychology of Humor: Theoretical Perspectives and Empirical Issues*. New York: Academic Press, 81 – 100.

[56] Thoits, P. A., 2011. Mechanisms linking social ties and support to physical and mental health. *Journal of Health and Social Behavior*, 52(2): 145 – 161.

[57] Thorson, J. A. & F. C. Powell, 1996. Women, aging and sense of humor. *Humor*, 9(2): 169 – 186.

[58] Tse, M. M. Y., A. P. K. Lo, T. L. Y. Cheng, E. K. K. Chan, A. H. Y. Chan & H. S. W. Chung, 2010. Humor therapy: Relieving chronic pain and enhancing happiness for older adults. *Journal of Aging Research*, 1 – 9.

[59] Tu, S., X. J. Cao, X. Y. Yun, K. C. Wang, G. Zhao & J. Qiu, 2014. A new association evaluation stage in cartoon apprehension: Evidence from an ERP study. *Journal of Behavioral and Brain Science*, 4(2): 75 – 83.

[60] Uekermann, J., S. Channon & I. Daum, 2006. Humor processing, mentalizing, and executive function in normal aging. *Journal of the International Neuropsychological Society*, 12(2): 184 – 191.

[61] Umberson, D. & J. K. Montez, 2010. Social relationships and health: A flashpoint for health policy. *Journal of Health and Social Behavior*, 51(1): S54 – S66.

[62] Villalba, A., J. T. Stanley, M. T. Vale, J. R. Turner & M. Houston, 2023. Age differences in using humor to cope during a pandemic. *Humor*, 36(1): 51 – 74.

[63] Walter, M., B. Hänni, M. Haug, I. Amrhein, E. Krebs-Roubicek, F. Müller-Spahn & E. Savaskan, 2007. Humour therapy in patients with late-life depression or Alzheimer's disease: A pilot study. *International Journal of Geriatric Psychiatry*, 22(1): 77 – 83.

[64] West, R. L., 1996. An application of prefrontal cortex function theory to cognitive aging. *Psychological Bulletin*, 120(2): 272 – 292.

[65] Willinger, U., A. Hergovich, M. Schmoeger, M. Deckert, S. Stoettner, I. Bunda, A. Witting, M. Seidler, R. Moser, S. Kacena, D. Jaeckle, B. Loader, C. Mueller & E. Auff, 2017. Cognitive and emotional demands of black humor processing: The role of intelligence, aggressiveness and mood. *Cognitive Processing*, 18(2): 159 – 167.

[66] Yoder, M. A. & R. H. Haude, 1995. Sense of humor and longevity: Older adults' self-ratings compared with ratings for deceased siblings. *Psychological Reports*, 76(3): 945 – 946.

[67] Zhao, J., H. Yin, X. Wang, G. Zhang, Y. Jia, B. Shang, J. Zhao, C. Wang & L. Chen, 2020. Effect of humour intervention programme on depression, anxiety, subjective well-being,

cognitive function and sleep quality in Chinese nursing home residents. *Journal of Advanced Nursing*, 76(10): 2709-2718.

[68] 涂燊，马艺丹，赵光，张庆林，邱江，2014. 幽默加工中不一致探测与解决的脑机制分离. 心理科学，37(3): 555-558.

[69] 尉万传，2015. 当代西方幽默研究的语言学转向及趋势. 外语教学，36(5): 21-25.

[70] 伍海燕，傅根跃，臧燕红，2009. 幽默加工的脑机制. 心理科学进展，17(1): 112-117.

外语学科国别与区域类课程的
教材建设研究:现状与前瞻[*]

黄立鹤　陈若曼[**]

摘　要: 加强课程建设是培养国别与区域外语人才过程中的重要方面,而配套教材建设是必然环节。本研究通过对现有教材发展情况的调研与访谈,发现目前我国外语学科的国别与区域课程教材建设还存在育人价值引领不凸显、语言能力与全球视野培养有局限、跨学科思维与研究方法介绍不够、理论实践融合导向不明晰等问题。鉴于目前外语学科下的国别与区域类课程教材建设的现状,本文提出建议:(1) 全面提升教材内容质量;(2) 完善教材编写师资队伍建设;(3) 健全国别与区域课程教材评估体系,从而优化外语学科的国别区域高素质人才培养。

关键词: 外语学科;国别与区域研究;人才培养;教材建设

Title: Coursebook Development of International and Regional Studies in Foreign Language Education: Prospective and Retrospective

Abstract: The coursebook development is fundamental in the field of international and regional studies, which has been emerging as an important field in foreign language education. Based on the survey and interview of the development of current International and Regional Studies coursebooks, this paper points out that the construction of teaching materials for international and regional courses in foreign language studies in China still suffers from some problems: The value of China's

---

* 本文系 2021 年度中国外语教材研究专项课题"外语专业国别与区域课程教材分析及建设研究"(项目号:TJW2021735301)研究成果之一。

** 作者简介:黄立鹤,同济大学外国语学院长聘教授,同济大学中国特色社会主义理论研究中心特约研究员,主要研究外语教育、多模态及老年语言学。电子邮箱:cranehlh@tongji. edu. cn。陈若曼,同济大学外国语学院硕士研究生,主要研究外语教育与翻译学。

position has not yet been enforced; the cultivation of language proficiency and that of global insight are disconnected; interdisciplinary thinking and research methods are not fully included; integrating theory and practice is not yet up obvious. Based on the analysis of teaching materials, this paper puts forward new requirements for the construction of teaching materials for the courses: 1) enrich the teaching content and improve the quality of teaching materials; 2) foster the construction of teaching material writing faculty; 3) improve the construction of assessment system.

Key Words: Foreign Language Education; International and Regional Studies; Talent Training; Coursebook Development

1 引言

国别与区域研究已成为外国语言文学一级学科下的重要方向,学者们围绕多个育人核心要素和学科内涵维度进行了探讨。当前,推动研究性教学的改革,以编写全方位、多层次的国别与区域课程教材为抓手,形成跨学科的研究体系,助力培养"外语＋国别和区域研究"复合型、交叉型人才,已是当务之急。

本文重点着眼于以"外语＋国别与区域研究"复合型、交叉型人才培养为根本任务的外语学科国别与区域课程配套教材建设,基于对国别与区域课程教材现状分析,提倡要从教材内容质量、教材编写师资队伍、教材评估体系三大方面推进国别与区域教材建设。

2 国别区域外语人才培养与教材建设

国别与区域研究具有多学科交叉的本质,能够实现从某一现实问题(国际关系问题、外交问题等)的社会、经济、政治、文化、历史等方面全方位、多角度分析。"新文科视域下,与不同学科的交叉融合成为外语学科知识体系创新开拓的重要路径"(邓世平,2023:34)。从这个意义上说,外语学科下的国别与区域研究,本质上是外语学科本体研究知识体系和区域国别学知识体系的交叉融合。

外语学科将国别与区域研究明确列入外语学科的研究领域,对标国家的战略需求和学术研究的实际需要,是外语学科人才培养改革的重要举措。外语学科要培养国别与区域人才,"就需要对外语学科的课程体系、教学体系进行完善,切实构建'语言＋内容'融合的高等外语教育体系"(王启龙,2023:16)。外语学科国别与区域研究所要培养的"外语＋国别与区域研究"复合型、交叉型人才,以服务国家战略、促进国家发展、助力中华民族伟大复兴为根本指向,通过学习和研究对象国的政治、经济、文化、语言等发展概况,成为"国别通""区域通"这样"通专结合"(郑春荣,2020:23)的人才。毫无疑问,"要培养交叉型人才,关键在于编写好的教材"(钱乘旦等,2023:9),外语学科国别与区域研究的人才培养需对标其学科交叉属性,相应地,"教材必须具有交叉的知识体系,有交叉的知识内容。只有教材体现交叉性,人才才可能成为交叉型的人才"(同上)。

我们认为,对于外语学科下的国别与区域研究人才培养的内涵,可以从价值立场、语言能力与全球视野、知识素养(外语学科知识和跨学科思维)、实践能力四大维度加以界定;相应地,教材建构也要对标这四大维度。

2.1 教材需引领育人价值

国别与区域研究人才需要坚持正确的价值立场。"区域国别人才的知识结构必须具备知识高度,即以国家为中心,服务国家利益、满足国家需求,而非纯知识探究,这是区域国别研究的基本前提"(杨成,2024),也是对国别与区域研究人才的基本价值导向要求。外语学科下的国别与区域研究人才要善于发掘各个区域文明中有利于全球治理、共同发展的智慧精髓;既要"寻求人类共同利益、构建人类命运共同体"(黄立鹤、马博森,2020:21),还应该发掘中国式现代化这一人类文明新形态对于世界发展的智慧贡献,推动时代发展、人类进步的价值导向。

因此,国别与区域教材应更加注重教材的思政建设,具备育人价值引领的作用。所培养的国别与区域研究人才是为中国参与全球治理、中国外交、国家发展战略服务的,应具备国家意识,维护国家利益,传播中国声音,讲述中国故事。

2.2 教材需体现语言能力与全球视野发展

语言能力作为外语学科人才培养避不开的话题,是从事国别与区域研究的学者应该具备的基本能力,"其要义是熟练地应用语言获取知识和重新构建知识"(姜锋,2022:12)。这里所说的"语言"不仅仅针对英语,"英语是通用外语,除此之外,区域国别研究还必须掌握对象国语言"(钱乘旦,2022:10)。国别与区域教材需在外语学科培养语言能力的基础上更加强调针对性,实现语言技能锻炼与专业知识传授的适度融合。

进入新时代,中国比以往任何时候都需要具有世界眼光和全球视野的高质量人才参与到中国与世界的交流之中。外语学科培养的国别与区域研究人才必须学习并了解"语言教育、社会科学研究方法、各国和各区域基本情况、前沿和热点问题等"(赵裴、姜锋,2023:79)多学科知识,读懂国情政策、文化特色、社会制度等,并时刻关注国际局势,正确认识中国特色与国际比较。

　　由是观之,外语学科国别与区域教材在发挥学科特色、培养人才语言能力的基础上,也必须培养学生对于对象国家与地区的了解,即培养学生的全球视野。教材要着眼于具体的对象国或对象地区,真实传递其政治、文化、经济等方面的现状,以便学生准确把握相关知识,与中国国情知识进行全面比较,学会从横向、纵向等多维度进行现状思考。

2.3　教材需体现外语学科知识与跨学科思维

　　有学者指出,宽阔的跨学科素养是外语学科国别与区域研究人才培养的关键(彭青龙,2023:16)。可见,外语学科国别与区域研究培养的人才需要具备多种知识素养。其中,"对象国语言素养、多学科知识素养是首要的两条"(陈杰,2022:143)。换言之,该方向人才不仅要具有语言文学素养,而且鉴于国别与区域研究鲜明的跨学科特色,"又有强烈的问题意识和咨政能力,同时具备交叉学科思维和视野"(王健,2024),即他们更需要具备包含历史学、经济学、政治学、社会学、人类学等学科在内的知识涵养。

　　因此,外语学科的国别与区域教材建设需体现外语学科的特色,融入外语学科研究的理论和方法进行多语种、跨文化的国别与区域研究,构建具有外语学科国别与区域特色的对外话语体系。外语学科背景下的国别与区域研究人才知识素养培养注重理论基础,"在外语学科现有的知识体系中,外国文学、外国语言学及应用语言学、比较文学与跨文化研究、翻译学属于涉外研究,都与国别与区域研究具有专业本体上的相关性,都可以作为国别与区域研究的重要切入点和突破口"(杨庆龙,2023:27),来阐释、研究和解决国别与区域领域的问题。

2.4　教材需坚持理论与实践融合的导向

　　国别与区域人才培养是理论知识与实践能力兼修的过程。他们"应具有在研究对象国长期学习、研究及实地调研的经历,争取前往区域与国别研究发展较为成熟的国家或国际机构开展学习交流,在国际田野实践中提升全球理解力、全球表达力和跨文化沟通力"(杨成,2024)。实践能力包含两方面内容,即应用实践与研究实践。"区域国别研究最重要的工作是一线的田野调查、记录和写作"(钱乘旦等,2023:12),田野能力也应是外语学科国别与区域研究人才应具备的能力之一。研究实践方面,以田野实践为基础,国别与区域研究人才需阅读大量研究对象国与区域的资料,将实践经验与理论经验相结合,服务于国家的战略研判。

　　以美国的区域国别研究发展来看,该学科完全是由现实政治需求所驱动的,主要目的是支持美国在全球的战略竞争,与此同时也逐步构建起了系统多维的理论成果和研究方法,产生了助推学科建立的学术成果,贡献了原创性知识体系,一些开始为现实政治服务的学者逐步成长为区域国别研究领域的专家。我国发展国别区域研究,也要兼顾服务国家战略需要与学科知识体系构建这两个大目标。按照这个逻辑,国别与区域教材要注重"理论＋实践"的有机结合,教材须包含理论运用到实践的实证范例和实地考察的方法论与已有例证,所培养的国别与区域人才需要学会如何进行对象国与对象区域的实地调研,也要学会如何将所见所闻进行系统性整合,用理论解释现象、从现象凝练理论。

3 外语学科国别与区域研究课程教材现状与问题

为了明晰现阶段我国外语学科下的国别与区域教材建设现状,我们以近年来的外语教材发展报告、各大出版社业已出版的相关教材、针对外语学科师生的访谈结果作为主要数据来源进行分析。

3.1 教材发展报告综述情况

《2020 年中国外语教材发展报告》显示,高等院校大学英语教材出版集中于通用英语教程,也涉及专门用途英语课程和跨文化交际课程。跨文化交际课程教材聚焦于西方、英美国家和地区;英语类专业教材建设虽强调"技能与专业知识的融合",但是教材内容仍聚焦文学或文化,只出版了一本国别与区域课程教材(李战子《外交外事礼仪》);此外,在高等学校多语种教材建设中,俄罗斯语、法语、日语教育考虑到了国别与区域教材,但是教材数量偏少。

根据《2021 年中国外语教材发展报告》,高校外语学科关于国别与区域研究课程建设和教材建设有了新进展,但报告未有详细阐述。新文科背景下,高校英语类专业积极探索,结合自身优势,守正创新,促进学科间交叉融合,国别与区域研究方向课程逐渐开设,但报告并未提及各高校对于国别与区域研究教材的使用情况。

《2022 年中国外语教材发展报告》提到,外语学科正在加快构建中国话语与中国叙事体系,加强国际传播能力建设的教材相继出版,其大多为多语种系列教材,或在已出版英语语言能力培训教材中增设中国主题板块。高校英语专业教材虽逐步在聚焦课程思政,也着力促进学科交叉融合,但仍然走不出以听说读写等英语能力为培养目标的教材建设理念,国别与区域特色不显著。"理解当代中国"多语种教材建设的推进,在教学中将语言能力与我国国情知识体系紧密结合,对于解决外语学科下国别与区域人才站稳中国立场、了解中国国情的问题具有重要作用。

从整体上看,2020 年至 2022 年的发展报告没有开辟国别与区域教材专门条目,也未以数据说明国别与区域研究教材编写现状、未对教材进行分类,但能够看出外语学科在逐步注重教材中的中国立场、国家意识，强调课程思政建设；国别与区域课程开展范围有限，配套教材建设并未得到应有重视。

3.2 调研分析

为进一步进行实证研究，我们开展了外语学科知名出版社调研、外语学科国别区域研究师生访谈。

在出版区域教材方面，调研数据来源于包括高等教育出版社、浙江大学出版社、复旦大学出版社、清华大学出版社等在内的八家出版社[①]。根据《中华人民共和国国家级出版社目录》，这八家出版社，分别属于综合类、教育类、外语类等门类，且是发行外语类教材较多的出版社。

我们还对外语学科的师生进行了访谈，包含了文学、语言学、翻译学、跨文化等外语学科下的不同研究方向，了解受访者所在学科同国别与区域研究的相关性等。我们共访谈了某"双一流"建设高校1位教授、2位副教授、1位助理教授、1位博士后、2位博士生。我们针对案例数据进行分类整理，并开展详细分析，以期增强研究的可信度。

3.2.1 出版社教材的调研情况

2022年9月，我们分别以"国别、区域、国家、社会、概况、国外、英国、美国、欧洲、西方、欧美"这11个国别与区域教材常用的命名词组为关键词，在八家出版社官网分别检索调研了中国境内国别与区域研究教材的出版情况，进行多次检索，剔除不相关信息，得到146本教材的信息，结果如图1所示。

以上教材的编写说明中，明确表明适用于"国别与区域研究方向课程教材"或书名中包含"国别""区域"或"国别与区域"的共有11本，占比较少。部分教材体现了区域综合性知识，如北京大学出版社出版的包含《乌克兰区域概况》在内的一系列概况类国别与区域课程教材，是以培养助力"一带一路"发展的人才为目的，讲述对象国家的概况。总体来看，这11本国别与区域教材注重育人价值引领、语言能力与全球视野、外语学科知识的培养，但未能充分体现跨学科思维方法，也未能实现"理论＋实践"的融合。

其余135本大致可分为两大类，即国情类8本和跨文化交流类127本。国情类课程教材又可细分为政治、地理、外交关系等方面；跨文化交流类又可细分为社会历史文化、思想史、旅游概况等方面。现今英语学科所包含的"英国研究（British Studies）、美国研究（American Studies），乃至澳大利亚研究（Australian Studies）"（郭英剑，2023：27）等相

---

① 八家出版社官方网站：高等教育出版社 www.hep.com.cn；浙江大学出版社 www.press.zju.edu.cn；复旦大学出版社 www.fudanpress.com；清华大学出版社 www.tup.tsinghua.edu.cn；北京大学出版社 www.pup.cn；上海外语教育出版社 www.sflep.com；外语教学与研究出版社 www.fltrp.com；北京语言大学出版社 www.blcup.com。

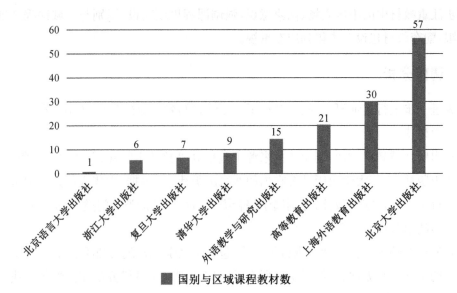

图1　八家出版社国别与区域课程教材数

关课程，是国别与区域研究课程的一个重要组成部分，所使用的课程教材大多属于这两类教材。国情类教材多讲述对象国的自然人文、经贸地理、外交关系等知识；跨文化类教材大多以某国家或地区"社会与文化""概况"等为取名方式。这两类教材都培养学生的语言能力与全球视野，提高学生外语知识技能，了解对象国和对象区域的政治、经济、社会等方面发展概况，但缺乏国别与区域研究方法的教授，也并未在教材中充分体现其育人价值引领、跨学科思维，也未能实现"理论＋实践"的融合，对于区域国别研究方法和实践应用的分析也不够。

3.2.2　外语学科师生访谈情况①

对于国别与区域人才而言，语言能力是基础，是所有师生都认可的"首要共识"。除此之外，外语学科师生分别提到了"文化认知""历史意识"（P4②）"跨国别、跨区域以及全球层面的知识""对党和国家政策、我国国情的熟悉"（P1）"对象国的国情社情民情等全方位的内容的把握和了解""文化自信"（P2）"丰富多样的外语研究方法工具箱""国际政治、法学、历史或者人类学等方面的专业知识""在对象国的田野调查（能力）"（D1、

---

① 调研提纲：（1）您的研究方向是什么？与国别区域研究有什么关系？您的研究方向中是否有相关研究方法能够助力国别与区域研究？（2）您认为外语学科对于国别与区域研究的定位如何影响教材建设？外语学科的国别区域人才培养的知识结构要素有哪些，如何体现在教材建设中？（3）您认为外国语言文学一级学科主导的区域国别学教材建设，如何区别于其他学科，如政治学一级学科下属的"国际关系"或"国际政治"教材建设？（4）您认为国别与区域教材建设如何体现学科交叉融合这一国别区域研究的核心属性？（5）您认为现阶段国别与区域教材建设还有哪些方面可以改进？

② 受访者代码中的 P、D 分别代表教师（教授、副教授、助理教授）和学生（博士后、博士生），数字代表人员序号，例如"P1"表示受访谈的第一位教师，"D1"表示受访谈的第一位学生。

D2)"跨文化交际""实践能力"(P3)等知识结构与能力要素。

国别与区域研究的教材应该是以外语为媒介帮助学生建立目标国家、区域的相关知识体系。在内容方面,外国语言文学一级学科的区域国别学教材更侧重特定国家或地区的语言、文学、文化、历史等方面的介绍和分析。因此,外语学科下的教材应当更加丰富多元,涵盖语言学、文学、跨文化、翻译等分支学科领域的学术成果和研究路径(D2)。另外,在分阶段培养方面,学生应该在本科阶段就积累多学科通识等基础知识,而研究生阶段是对已有基础知识的提升和深化(P3)。因此,外语学科国别与区域研究教材建设,应以跨学科为其根本特点。国别与区域研究是聚焦到一个对象国、对象区域的研究,就要打破学科边界,融合各个学科(D3)。目前国内的相关教材基本上都是从国际关系学科视角出发,多学科、跨学科的教材建设力度仍然不够(P1)。

在研究方法方面,研究者常采用文本分析、文化比较等方法,以文学作品和语言文化为载体,深入探讨对象国家或地区的文化内涵和精神风貌(P4)。受访者称"主要是运用语言学及文学的研究方法,前者包括话语分析、论式分析、框架分析,使用Maxqda、Antconc这样的分析软件"进行国别与区域研究(D2)。由此可见,在研究方法上,外语学科的国别区域研究应当充分发挥本学科的研究方法优势与特色。

此外,多名受访者提到了外语学科国别与区域教材的编写团队建设。多学科专家参与,可以保证在教材编写中涉及不同学科的研究方法,使用对象国家、区域的典型案例,形成不同学科内容的有机融合(P3)。现阶段最需要做的就是确定国别与区域研究核心课程,并组织一大批专家集中编写国别与区域研究相关的系列教材,可以是研究理论和方法相关的教材,也可以是根据国别编写的政治经济社会文化教材(P2)。另外,国别与区域教材建设要跟得上时代,要基于实地经验和田野考察,强调实践性,不能过度依赖陈旧的二手资料(D1)。

3.3　教材建设缺口分析

通过以上调研与访谈,运用内容分析法,基于现有国别与区域相关教材的编写说明,教材课文内容、课后习题等方面现状,对标以人才培养为导向的国别与区域教材建设要求,发现还存在如下问题:

3.3.1　育人价值引领凸显不够

专门的国别与区域研究教材相较于跨文化交流类教材或国情类教材应该更加注重培养学生的中国立场、国家意识。面对国内学生的跨文化交流类、国情类教材主要聚焦于对象国或是对象区域的发展概况等方面,并未体现其与中国当下国情的对比,也较少在教材中强调国家意识;但面对国外学生的国际中文教材已能够加大对重点区域国别的关注,在教材中全面展现当代中国形象风貌。

3.3.2 语言能力与全球视野培养有局限

大部分教材都聚焦于英美、欧洲国家,对于国别与区域研究人才的全球视野培养仍有缺失。学生对于英美、欧洲国家的了解程度比非洲国家、南美洲国家等程度更深,且因中国立场和中国意识在该类教材的编写中缺失,导致学生无法将中国国情与对象国或区域的概况进行横向与纵向的对比,无法将所学的对象国家和区域的知识与中国国情融会贯通,知识体系缺乏系统性、全面性。

此外,虽然教材中、课堂上不缺乏语言技能的培养,但语言能力的发展并未与全球思维的培养实现融合,语言能力无法实现有效"落地",学生无法感受全球化大语境下语言作为沟通实现的桥梁的重要性,语言能力培养与全球视野培养之间出现脱节。

3.3.3 跨学科思维与研究方法介绍不够

现有教材多聚焦于对象国家或地区的社会、文化、政治、人口等方面的概论式描述,并未真正结合跨学科的知识理论体系进行对象国和对象地区的现状分析,对于跨学科知识素养的重视程度仍然有待加强。同时,世界史是参与区域国别研究最早、关联度最高的学科之一,是区域国别学研究的支柱性知识体系之一,也是人才培养的一门必修课。但现今教材中除了《英语国家概况》等类型的教材,较少有教材针对外语对象国的社会发展史进行梳理,即教材内容的历史视野不够。另外,从目前的教材来看,外语学科的国别与区域教材学科特色不显著,并未融入语言学、翻译学、文学、跨文化的学科理论和方法来对对象国或对象区域进行相关研究,习题设置形式也较为单一。

3.3.4 理论实践融合导向不明晰

理论功底培养与实践能力提升未能有效对接。研究型人才注重理论的运用,但现有国别与区域课程教学并未教会学生使用国内外国别与区域研究数据库,或系统地采集文献资料进行整体性研究等。外交、国际传播等领域的实践人才注重收集第一手资料、解决实际问题、提出咨政建议,但现阶段的人才培养却重理论轻实践,较少学生奔赴对象国与对象区域开展田野调查。此外,已有学者深入对象国或对象区域开展实践调查,他们的实地考察成果、研究成果等较少在教材中体现。

4 外语学科国别与区域课程教材发展建议

外语学科国别与区域课程教材"应该围绕国别区域或国别区域涉及的主题知识信息组织材料,建设国别区域学课程教材及教学资源,凸显国别区域学教育的人才培养特色"(常俊跃,2020:15)。根据国别与区域教材现存问题,可有针对性地编写国别与区域研究课程相关教材,直接对接外语专业国别区域教学的现实需求,服务外国语言文学学科新增方向的发展需求，厚植外语学科五大学科方向，同时融合国际政治、外交学、国际组织等知识领域。

现针对国别与区域课程教材，从教材内容建设、教材编写师资队伍建设、教材评估体系建设三大方面提出以下建议：

4.1 全面提升教材内容质量

国别与区域课程教材的内容亟需丰富、细化，其质量也亟须提升。针对前文提到的国别与区域人才培养的四大维度，以及现有国别与区域课程教材的问题与缺口，在教材内容上应当注意：

4.1.1 对标人才培养总目标

在育人价值方面，国别与区域研究的教材建设需"以'人的发展'为依据"（文秋芳，2021：3-4），立足于人才培养的大目标，聚焦于学生的主体性，思考课程思政在教材中的阐释途径。现有国别与区域课程教材基本都能够在教材中体现育人价值；跨文化交流类教材或国情类教材也应该在教材的思政建设方面发力。

在语言能力与世界知识方面，外语学科需以语言能力培养为抓手，丰富教材的世界知识体系，培养人才参与全球治理、维护国家海外发展利益。但现有大部分教材聚焦于欧美国家的概况和国情，针对非洲、南美洲或是亚洲其他国家的教材较少，且基本面向学习某对象国或区域的非通用语种学生，不具有普遍性。另外，现有教材知识覆盖面不够，相关教材要充分体现对象国与地区的各方面基础知识，包括但不限于地理环境、历史发展、政治制度、经济发展、法律体系等方面。

在跨学科方法上，外语学科需立足于外语学科之"本"，丰富多语种的国别与区域课程教材，细化知识与跨学科思维培养内容，将语言学、文学、翻译学、跨文化研究的理论和方法运用于国别与区域课程教材中，用外语学科的独特视角阐释和剖析对象国或对象区域的相关领域问题。

在突出实践能力方面，国别与区域研究"承担着学理研究和实践研究的双重使命"（赵可金，2021：127），必须注重学生应用实践能力和研究实践能力的培养，提供已有的实践案例或论文专著，总结实践方法，培养国别与区域研究人才将理论和实践融通运用的能力。

4.1.2 凸显外语学科特色

外语学科的国别与区域研究之所以区别于其他学科（如政治学）下的国别与区域研究，在于以下三大方面（图2）：（1）语言技能；（2）对象国家或区域的社情文化；（3）外国语言文学研究方法及案例。其中，第三方面是外语学科国别与区域研究区别于其他学科相关研究的最本质特征。

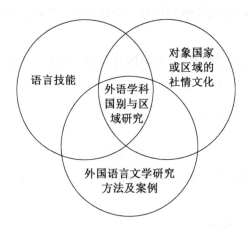

图 2　外语学科国别与区域研究学科特色

　　语言技能和对象国家或区域的社情文化是人文社科的基本知识，因此是"外语学科知识体系范围内的内容，是外语专业学生知识结构的组成部分，是专业知识学习和技能训练的应有内容"（查明建，2023：5）。语言技能并非只贯穿于听力、阅读等课程中，诸如"英美概况"类的课程在涉及对象国和区域的社情文化时也在锻炼外语学生运用语言技能。

　　外语学科下国别与区域研究方法及案例可具体与语言学、外国文学、翻译学、跨文化四大方面的理论和方法相结合。语言学方面，可以通过批评话语研究理论和方法（社会文化分析法、话语历史分析法、认知语言分析法等）、语料库技术理论与方法等将话语、意义与实践三者紧密结合来进行研究；外国文学方面，可以通过民族志研究方法、情报挖掘研究方法、战略文化研究方法等，从文学视角阐释对象国或区域的国家状态；翻译学方面，可以通过社会翻译学、生态翻译学、本地化等研究范式、方法，研究文化传播与文明互鉴的实践；跨文化方面，可以从文化维度理论、高低语境文化理论、GLOBE 理论等理论视角，服务于国别与区域研究实用性特点，也服务于国家战略需要与民间的社会、文化交流（可详见：张蔚磊等，2024）。

4.2　完善教材编写师资队伍建设

　　"外国语言文学类专业及其他涉外专业培养国别区域学人才的首要问题是教师队伍问题"（常俊跃、李莉莉，2020：31）。外语学科国别与区域研究教材编写的师资来源应不局限于传统的文学、翻译学、语言学等外语学科领域，也要包含历史学、经济学、政治学、社会学、人类学等领域的专家。外语专业教师可以与其他专业教师携手合作，组建教材编写的跨院系联合型专业师资团队，针对教材的不同培养方面进行探讨。此外，在国别区域研究在地化趋势下，教材编写队伍也欢迎当地研究学者加入，提升教材的适用性和全面性。

4.3　健全国别与区域课程教材评估体系

教材评估体系的建立是保证高质量教材建设的关键之一。我们参考教育部《普通高等教育本科教材评价指标体系及专家评议表（人文社科类）》，认为现阶段建立国别与区域课程教材评估体系，最重要的是从内容入手，针对教材内容的思想水平、科学水平、教学水平三大方面进行系统性、学术性评估（见表1）。

表1　国别与区域教材评估体系标准

思想水平	思想性	体现国家意识、中国立场，运用中国智慧，彰显学科意识
	逻辑性	逻辑分明、条理清晰，教材能反映内容的内在联系和外语学科特有的思维方法
科学水平	先进性	反映国内外国别与区域研究与相关学科研究的最新研究成果
	系统性	包含外语学科国别与区域相关知识与研究方法，反映其相互联系和发展规律，教材结构严谨
	理论性	正确阐释国别与区域研究的科学理念与概念，以案例论述理论，对实践具有指导作用
	学科独特性	更加注重语言能力的培养（不局限于英语能力），展现外语学科的特色，融入包括语言学、文学、翻译学、跨文化等领域的理论与方法来探究国别与区域问题
教学水平	教学适应性	符合人才培养目标及学科要求
	认识规律性	符合认知规律，且具有启发性
	结构完整性	教材包含正文、习题、参考文献等内容
	独特性	体系结构及内容具有创新性，体现外语学科特色

5　结语

"新文科"建设给外语学科带来新机遇、新挑战，国际局势和时代要求推动外语学科国别与区域课程体系发展、改革、创新。本文以教材为切入点，针对外语学科下的国别与区域课程教学的痛点，探究国别与区域研究人才培养的可行之道。值得欣喜的是，相关高校已经开始认识到外语学科下国别与区域教材建设的重要性并付诸行动。例如，北京外国语大学启动实施区域国别学基础教材系列丛书重大项目，组织国内外区域国别学相关领域的专家学者共同编写。该项目于2023年4月启动第一期12卷教材的立项建设，第二期项目编纂工作也于2023年6月面向国内外学术界公开招募。同济大学德国研究中心启动了区域国别学系列教材出版资助计划，覆盖理论方法类、地域专题类、领域专题类等。

国别与区域教学所培养的人才是国家之需、时代之需。国别与区域教材建设不仅仅是外语学科的责任，也需要跨学科知识的融入。希望学界同人开展更多国别与区域教学探索，助力新时代国别与区域人才培养，尽快推进构建中国自主的区域国别学知识体系和教材体系。

参考文献

[1] 陈杰，2022. 区域国别学的学科意义、学科属性与"三大体系"建设. 国际观察，No. 179（5）：133－156.

[2] 常俊跃，2020. 对外语学科构建国别区域学人才培养体系的思考. 外语高教研究，（00）：9－16.

[3] 常俊跃，李莉莉，2020. 增设国别区域学专业，服务国家对外战略——我国高等教育本科阶段设立国别区域学专业的思考. 外语界，（3）：29－35.

[4] 邓世平，2023. 新文科视域下外语学科知识体系的交叉融合建构：一项跨案例研究. 外语界，（4）：34－41.

[5] 郭英剑，2023. 外语学科的国别与区域研究：概念、内涵、定位与内容. 外语教育研究前沿，6（1）：23－29＋93.

[6] 黄立鹤，马博森，2020. 我国外语专业对外话语人才培养的目标内涵与实现路径. 外语界，（6）：19－25.

[7] 姜锋，2022. 浅谈区域国别人才培养和学科建设中的两个能力与三个基础. 当代外语研究，（6）：12－16＋21＋2.

[8] 彭青龙，2023. 外语学科区域国别学人才培养与科学研究面临的挑战、机遇和定位. 外语教学理论与实践，（1）：9－17＋8.

[9] 钱乘旦，2022. 关于区域国别研究的几个问题. 史学理论与史学史学刊，27（2）：7－10.

[10] 钱乘旦，李希光，罗林，等，2023. 区域国别学研究与学科建设笔谈（二）. 区域国别学刊，7（5）：7－17＋154.

[11] 文秋芳，2021. 编写英语专业教材的重要原则. 孙有中. 中国外语教材建设：理论与实践. 北京：外语教学与研究出版社，3－9.

[12] 王健，2024. 培养复合型创新人才新路径. ［2024.4.25］，引自：https://www.cssn.cn/skgz/bwyc/202404/t20240425_5747945.shtml.

[13] 王启龙，2023. 区域国别学十问. 外语教学，44（2）：10－17.

[14] 杨成，2024. 区域国别人才培养的知识结构转型. ［2024.4.25］，引自：https://www.cssn.cn/skgz/bwyc/202404/t20240425_5747944.shtml.

[15] 杨庆龙，2023. 当前外语学科下国别与区域研究面临的问题及其对策. 外语教学理论与实践，（3）：26－33.

[16] 郑春荣，2020. 全球治理视域下国别区域人才培养探析. 中国外语，17（6）：20－25.

[17]《中国外语教材发展报告》编写组,2021. 2020 年中国外语教材发展报告. 北京:外语教学与研究出版社.

[18]《中国外语教材发展报告》编写组,2022. 2021 年中国外语教材发展报告. 北京:外语教学与研究出版社.

[19]《中国外语教材发展报告》编写组,2023. 2022 年中国外语教材发展报告. 北京:外语教学与研究出版社.

[20] 赵可金,2021. 国别区域研究的内涵、争论与趋势. 俄罗斯研究,(3):121 - 145.

[21] 查明建,2023. 外语学科:如何守正,怎样创新? 外语教学理论与实践,(1):2 - 8.

[22] 赵裴,姜锋,2023. 区域国别学的内核与学科边界. 上海交通大学学报(哲学社会科学版),31(3):73 - 82.

[23] 张蔚磊,等,2024. 区域国别学跨学科研究的理论与方法. 北京:中国人民大学出版社.

"双一流"建设背景下的大学学术英语教学：现状分析与展望 *

王文宇　夏　珺**

摘　要：自 2017 年以来，"双一流"建设成为众多高校整体发展与学科建设的重要目标。大学英语教学，特别是学术英语教学对于高校"培养一流人才、产出一流成果"起着重要的作用。本文分析了 2017—2023 年国内 CSSCI 期刊上发表的有关大学阶段学术英语教学论文，以展现学术英语教学在课程建设、教学模式、教学资源、教学评测、教师发展等方面的发展现状。同时，对标"双一流"建设要求，探讨如何更好地在课程体系改革、教学资源开发、评测机制优化、师资队伍建设等方面进一步努力，更好地服务于高校的"双一流"建设。

关键词："双一流"建设；大学英语教学；学术英语教学

Title: College-Level EAP Instruction under the "Double First-Class" Initiative: Status Quo and Future Development

Abstract: Since the implementation of the "Double First-Class" Initiative in 2017, many Chinese universities have been striving to become world-class in both student education and discipline development. College English teaching, especially EAP (English for Academic Purposes) plays an important role in cultivating first-class talents and making first-class achievements. Thus, this paper analyzes articles on college-level EAP instruction published between 2017 and 2023 in CSSCI journals to

* 本研究是江苏高校"共建高质量的外语教育新生态"专项研究重点课题"项目驱动下的学术英语写作能力发展研究"（2022WJZD007）的部分成果。

** 作者简介：王文宇，南京大学大学外语部教授。研究方向：二语习得、外语教学。电子邮箱：wywang@nju.edu.cn。夏珺，南京大学大学外语部副教授。研究方向：二语习得、外语教学。电子邮箱：junxia@nju.edu.cn。

reveal the status quo of EAP instruction (including curriculum design, teaching methods, teaching resources, student assessment, and teacher development) in Chinese universities under the background of the "Double First-Class" construction. Based on the analysis and in line with the "Double First-Class" requirements, tentative suggestions are also made on reforming the EAP curriculum, developing EAP textbooks and other instructional materials, improving EAP assessment mechanism as well as training EAP teachers. It is believed that such efforts will further promote the "Double First-Class" construction.

Key Words: The "Double First-Class" Initiative; College English Teaching; EAP Instruction

1 引言

2015 年 10 月,国务院发布《统筹推进世界一流大学和一流学科建设总体方案》(以下简称《总体方案》)。根据《总体方案》,"双一流"建设的主要目标是"培养一流人才,产出一流成果",推动我国一批高校和学科"加快走向世界一流"。2017 年 9 月,教育部、财政部和国家发展改革委联合公布我国"世界一流大学和一流学科"(以下简称"双一流")建设高校及建设学科名单,"双一流"建设正式开启。目前,"双一流"建设已经成为众多高校整体发展与学科建设的重要目标。

在"双一流"建设中,大学英语不可或缺(王海啸,2019)。大学英语教学,特别是学术英语教学对于高校"培养一流人才、产出一流成果"起着重要的作用。因此,有必要梳理和回顾"双一流"建设正式启动以来有关大学阶段学术英语教学的研究论文,以展现目前学术英语教学在课程建设、教学模式、教学资源、教学评测、教师发展等方面的发展现状,及对标"双一流"建设要求,探讨如何更好地在课程体系改革、教学资源开发、评测机制优化、师资队伍建设等方面进一步努力,更好地服务于高校的"双一流"建设。

2 文献收集与分类

本文所分析的文献为收录在中国知网"期刊全文数据库"内发表于 2017—2023 年间有关大学学术英语教学的 CSSCI 期刊论文。"大学学术英语教学"指针对我国大学本科阶段非英语专业学生进行的学术英语教学。文献收集采用关键词、主题检索和手工排查相结合的方法。首先,选择知网的期刊高级检索功能,检索条件为篇名、摘要或关键词包含"学术英语"或"EAP",并且包含"教学"(以排除纯学术研究论文),回溯时间设定为"2017年到2023年",来源类别勾选"CSSCI"(包含扩展版),获得检索结果246条。然后,通过浏览论文标题和摘要进行人工筛选,剔除书评、会议纪要等非学术文章以及与英语专业教学或研究生阶段教学相关的论文,最终获得111篇论文用于分析。

本次分析的文献既有对大学阶段学术英语教学进行的理论性探讨,也有学术英语教学改革实践报告,以及基于教学实践开展的实证研究,还有少数为研究综述。根据其内容,我们将论文分为课程需求、课程建设、教学模式、教学资源、教学评测、教师发展六类,不能归入以上类别的(主要为综述类论文)归为其他,每类论文的数量与比例见下表。

表1 文献归类与统计

类别	课程需求	课程建设	教学模式	教学资源	教学评测	教师发展	其他
篇数	29	12	31	13	6	10	10
比例	26.1%	10.8%	27.9%	11.7%	5.4%	9%	9%

3 学术英语教学:现状分析

通过文献梳理,我们对于目前国内高校(特别是"双一流"建设高校)本科阶段的学术英语教学的现状有了一个大致了解,下文将从课程需求、课程建设、教学模式、教学资源、教学评测、教师发展六个方面进行简要概述。

3.1 课程需求

学术英语(EAP)是专门用途英语(ESP)的一个分支,分为通用学术英语(EGAP)和专门学术英语(ESAP)两种模式:前者注重培养学生专业学习所需的学术英语阅读、写作、听讲座与做笔记、做学术报告、查阅英文文献等综合能力,后者则强调专门学科的语言学习,包括词汇、语法、语篇、体裁等内容(Jordan, 1997)。在"双一流"建设背景下,学术英语课程的重要性毋庸置疑。杨惠中(2018)指出,学术英语课程的任务是帮助学生通过有效的专业学习,将来能用正确的语体撰写学术论文,用英语参与国际学术交流,学术英语教学将会成为我国大学英语教学的主流。蔡基刚(2018)进一步提出,一流学科的关键是提高大学生在其专业领域内的国际竞争力和国际话语权,因此大学英语教学应从通用英语或通用学术英语向专门学术英语转移。2020年，正式颁布的《大学英语教学指南》（以下简称《教学指南》）正式明确了学术英语——包括通用学术英语与专门学术英语——是大学英语课程体系的重要组成部分（向明友，2020）。

对于学术英语课程需求，专家学者不仅进行理论性探讨，还在不同类型高校中进行了调查研究，结果一致表明师生对于学术英语有着较高的需求。例如，蔡基刚（2019a）通过对全国17所不同类型院校的2 640名大学生和266名学科专业教师的调查，发现提高学术英语能力是全国普遍性需求，随着"双一流"建设的加快，这种需求会越来越强烈。潘海英、马小浩（2020）对一所"双一流"高校的3 892名学生和118位学科专家进行了问卷调查与访谈。根据调查结果，他们提出有必要建设学术英语相关课程和配套资源以培养学生的国际交流能力，辅助他们使用英语学习并交流专业知识和见解。另外，刘芹、刘鸿颖（2020）对全国30所理工类高校的6 825名学生和719名教师开展问卷调查，结果表明师生重视学术英语，他们对多元化的学习途径、清晰的课程规划和合理的课程设计表达了较高需求。

3.2　课程建设

随着新版《教学指南》将学术英语作为大学英语课程体系中重要的"一翼"（王守仁，2017），以及在努力创建世界一流大学的宏观背景下，不同类型高校都在不同程度上加强了对学生的学术英语能力培养的重视，特别是985、211院校，更注重学术英语应用能力的养成与学业学术素养的提升，学术英语教学体系也更完整（王海啸，2018）。例如，自2017年正式实施"双一流"建设，同济大学明确提出要推进国际化高层次人才培养，将公共英语教学从通用英语转向学术英语，形成了本硕博衔接的学术英语课程体系（宋缨、朱锡明，2019）。复旦大学自2011年起建设EAP课程，已形成较为成熟的学术英语课程群，且从2021年开始在学术英语课程中探索跨学科合作教学（即英语教师与学科专业教师合作上一门课程），提出跨学科联合授课框架（范烨等，2023；季佩英，2017）。此外，许多其他"双一流"建设高校，例如北京大学、清华大学、南京大学等，都将学术英语课程作为大学英语课程体系的重要组成部分（王海啸，2018；王文宇等，2018；张为民等，2015）。

然而，学术英语课程建设在全国范围内的发展并不平衡。根据廖雷朝（2019）对83所高校进行的问卷调查，近五分之一的院校未开设学术英语课程，而在已开设学术英语课程的高校，学术英语学分占大学英语总学分的比例并不高，只有少数高校将学术英语课程设置为大学英语的主流必修课程。另外，现有的学术英语课程大多是通用型或技能型，如综合类学术英语或技能类学术英语写作、阅读、听说等课程，与学科专业相关的专门学术英语课程较为缺乏。

3.3　教学模式

近十年来,国内大学英语教学不断更新教育理念,优化教学模式,"项目式教学""混合式教学""产出导向法"等成为热点词。同样,这些教学模式也在学术英语课堂上得以实践。例如,蔡基刚(2019b)有机融合了项目教学法、案例分析法、基于文本法等教学方法,且充分利用网络教学平台,采用线上线下相结合的教学模式,取得了良好的教学效果。顾晓乐(2023)、朱琳等(2021)在学术英语课程中进行线上线下混合式教学,通过课堂观察、问卷调查等方法考察教学效果。还有学者在学术英语课程中运用"产出导向法"(POA)进行词汇教学,并通过教学实验来验证 POA 的有效性(陈浩、文秋芳,2020;王宇、杜宛宜,2023)。

此外,语料库具有学习直观化、结论科学化、语境多样化等优势,在学术英语教学中应用较广且取得了良好的成效。例如,李广伟、戈玲玲(2020)依托自主研制开发的学术英语教学语料库和学术英语系列微课,搭建了基于语料库的学术英语教学平台。王华(2020)通过建设学术论文摘要语料库并应用于教学实践,以提高学生的学术英语写作能力。刘萍、刘座雄(2018)则进行了基于语料库的学术英语词汇学习教学实验,验证了基于语料库的学术词汇学习的有效性。

3.4　教学资源

教学资源是实施教学的直接条件,主要包括教材及其他相关教学材料。近十年来,随着国内学术英语课程的发展,学术英语教材建设逐步推进,几大外语教材出版社纷纷推出针对不同学术技能、涵盖不同学科领域以及具有行业特色的学术英语系列教材(张琦,2019)。在教材内容上,考虑到学术英语教学的重点除了培养学生的语言基本功与学术体裁能力,还要锻炼学生利用英语进行思辨的能力,因此思辨能力也是学术英语教材编写设计的一个考量方面(张文红、王莹,2021)。另外,在"互联网＋教育"时代,学术英语教材必须向数字化、立体化、智能化、动态化方向发展,进而实现教材新形态一体化的创新。基于此理念,张敬源等(2017)开发了《通用学术英语》教材,以纸质教材为核心,联结在线课程和课堂教学,构建"在线课程、纸质教材、课堂教学"三位一体的新形态课程体系。

学术英语教材建设的另一个重要话题是学术词表的开发。学术英语词汇在学术英语学习中占有重要地位(Masrai & Milton, 2018)。因此,学术词表开发是学术英语教材建设的一个重要环节。刘迪麟、雷蕾(2020)简要介绍了目前广泛使用的三个学术词表(Academic Word List, Academic Vocabulary List, Academic Spoken Word List),并对词表开发中如何处理学术词汇与通用高频词汇的关系、词汇展现方式、词形还原与词性标注等重要问题进行了讨论。金檀等人(2019)梳理了学术英语教材词表研制范式的理论基础,分析典型词表的应用案例,讨论不同研制范式对学术英语教学的影响。

3.5 教学评测

评价与测试是检验教学质量、推动课程建设与发展的重要手段。然而长期以来,学术英语教学研究领域有关评测的研究偏少,且多停留在思辨层面,缺少实证研究(左秀媛、宁强,2019)。近几年来,虽然此方面论文的数量并无明显增加,但在内容上已不限于单纯的理论探讨,而是给出具体的实施方案并对实施效果开展实证研究。

现有研究主要聚焦于学术英语课程评估模式的构建,特别是探索形成性评估的实施方案及效果。例如,上海交通大学的"学术英语交际课程"与华南理工大学的"通用学术英语课程"均采用了形成性评估模式,教师通过开展教学实验以及对学生进行反馈调查,发现形成性评估能够对学术英语能力提升产生积极作用(徐鹰、章雅青,2020;张荔,2017)。形成性评估有助于让学生更多关注学习的过程,实现"以评促学"的目的,而且评估任务真实性强,能增强他们的内生学习动力。另外,还有教师在学术写作课程中尝试构建一个生态语言学视域下的学术英语写作能力发展评估体系,通过采用写作文本分析、面谈、个案研究、电子写作档案袋等方法,实现学术写作能力的动态评估和生态迁移(齐曦,2017)。

3.6 教师发展

近年来,越来越多的高校开始从大学通用英语向学术英语的课程范式转型(李韬、赵雯,2019),这种课程转型使得大学英语教师面临新的专业知识能力及身份转型的挑战。课程改革之初,教师们度过了艰难的摸索期;在课程转型过程中,教师们也经历重重矛盾、面临很多挑战,如自身专业知识匮乏、教学材料缺乏、教学负担重、科研压力大、学生自主性差、学校政策支持不到位等问题,这在某种程度上也限制了他们的专业发展(刘晶、陈坚林,2019;卢军坪、张莲,2021)。

那么,哪些因素会影响大学英语教师投入学术英语改革呢?相关调查研究显示,主体因素是影响大学英语教师投入改革最主要的因素,包括教师知识与能力、教师信念、教师个体特征等(章木林、邓鹂鸣,2019)。能够成功地从通用英语向学术英语教学转型的教师,普遍认同学术英语课程改革趋势及其价值,并将参与改革视作实现自我专业发展的契机(章木林、邓鹂鸣,2020)。另外,对于一位优秀学术英语教师的个案分析显示,该教师的教学实践是一个由多重要素构成的和谐系统:主体教师在客体目标的驱动下,发挥主体能动性,借助多种有效的中介工具及合理的共同体规则和分工,达成促进学生学习的目标(颜奕等,2020)。

4 学术英语教学：思考与展望

综上所述，自 2017 年"双一流"建设正式启动以来，大学学术英语教学在课程建设、教学模式、教学资源、教学评测、教师发展等方面取得了较大的发展。"双一流"建设《总体方案》提出：到 2030 年，若干所大学进入世界一流大学前列，一批学科进入世界一流学科前列；到 21 世纪中叶，一流大学和一流学科的数量和实力进入世界前列，基本建成高等教育强国。为了实现以上目标，高校将持续推进"双一流"建设，而随着"双一流"建设进程的不断加快，师生对于学术英语教学的需求与要求会不断提高。虽然目前高校的学术英语教学已初具规模，但同时也存在课程体系不够完善、教学资源不够丰富、评测机制不够健全、专业师资依旧缺乏等问题。因此，我们认为大学阶段的学术英语教学应加强以下四个方面的建设。

4.1 构建一个科学合理的学术英语课程体系

根据廖雷朝的调查（2019），目前只有少数高校将学术英语课程设置为大学英语的主流必修课程，而且现有的学术英语课程大多是通用型，缺乏与学科专业相关的专门学术英语课程。可见，"双一流"高校亟待构建一个科学合理的学术英语课程体系，从而更好地助力"双一流"建设。学术英语课程体系的构建首先必须紧紧围绕学校的人才培养目标，学校的总体目标是制定学术英语课程体系培养目标的基础。"双一流"建设高校一般着眼于培养未来的各行各业拔尖领军人才，要求学生具有较强的表达能力、跨文化能力、领导力、批判思维、沟通合作和创造性能力（王海啸，2018）。因此，大学学术英语课程体系的培养目标不能局限于学术英语读写、听说及翻译技能，还要包括学术批判思维、学术创造力、学术领导力、跨文化学术沟通能力等。

第二，"双一流"高校的学术英语课程体系需包含通用、专门与衔接三类课程模块，以适应学生不同的英语水平与不同的发展需求。通用学术英语课程强调各学科英语中的共性，而专门学术英语教学注重与学科专业相关的语法、词汇及语篇结构等。除了这两类课程，考虑到部分英语水平较弱的学生入学后如果直接进入学术英语课程的学习可能会有困难，因此需要开设衔接课程。我们认为可以在通用英语课程中加入最基本的学术英语内容（如听讲座、做笔记等），作为学术英语体系里的基础模块。这样，不同水平的一年级学生可以先进入衔接型或通用型学术英语课程的学习，之后再根据其未来的发展路径（如"专业学术""交叉复合""就业创业"等）考虑是否选修与学科专业相关的专门学术英语课程。

第三，"双一流"高校的学术英语课程体系不能仅限于常规课程模块，还应包含"第二课堂"或实践拓展模块。此模块可以由"课程延展类""讲座培训类""竞赛实践类"活动构成。我们建议将部分学术英语课堂活动延展至课外，以模拟国际会议、学术海报展示等形式进行课程的期末汇报。这些活动不必局限于一个班级，而是由几个平行班共同组织，且对全校开放，欢迎其他学生作为观众参与。另外，建议定期组织有关学术英语学习的专题讲座与工作坊，以及定期组织学术英语竞赛，如学术词汇大赛、学术演讲比赛等，进一步提高学生的学术英语运用能力。

4.2 加强学术英语教学资源的建设

与通用英语教材相比，现有的学术英语教材数量相对较少，尤其是具有学科针对性的专门学术英语教材更显不足（张琦，2019），这也成为制约学术英语改革的一大因素。因此，要加强学术英语教材，特别是专门学术英语教材的建设。建议"双一流"高校综合考虑国家的战略需求、学校的办学特色与学科发展特点，基于不同专业、不同水平学习者的需求，建设具有学科特色的学术英语教材。在教材建设的过程中，可以采用语料库方法研制学科领域内的核心词表，将学术词表的开发作为教材建设的基础，以提高学术英语教材编写的科学性。同时，应加入"学术诚信、家国情怀、勇于创新、献身科学"等内容，体现教材的育人功能，从而将课程思政有机融入学术英语教学。

其次，要加强与教材相配套的数字化资源的建设。在"互联网＋教育"时代，学术英语教材应具有数字化、立体化的新形态。新形态的学术英语教材首先要配备微课（或其他类型的教学视频）及相应练习，以适应当前越来越普遍的线上线下混合式教学模式，做到教材研发与课程建设一体化。而且，鉴于语料库在学术英语教学中的重要作用，教材开发者或任课教师可以根据教材内容，自建小型语料库，作为学习材料的拓展。此外，在信息技术迅速发展的背景下，当代大学生希望通过智能手机或其他移动设备获取有效信息，实现动态化的学习方式，因此学术英语教材的配套资源应朝着智能化、网络化方向发展，方便学生在手机或其他移动设备上学习。

4.3 完善学术英语评测机制

学术英语评测研究数量较少，这说明评测仍是学术英语教学改革中有待建设的环节。目前，国内高校纷纷开设学术英语课程，但缺乏统一的学术英语水平评测机制，不同教师的命题形式、难易程度不一，随意性较大。为了科学、客观地评估学生的学术英语水平，"双一流"高校需开发标准化的学术英语能力测试题库，建立有效的学术英语校本评测机制。题库建设是大规模标准化语言能力测试的前提和保证，建设学术英语考试题库包括试题编制、题库软件系统开发、试题等值与存储等，此方面仍有大量的工作需要做。

此外，如果要在全国范围内规范学术英语教学，则需建立一个类似《中国英语等级量表》的学术英语水平评测标准。《中国英语能力等级量表》针对从小学直到大学研究生各个英语教学阶段对英语能力要求提出了语言能力的具体描述,为我国英语教学材料编写、英语课程目标设定与课程设计、英语能力等级考试开发提供最直接的参考(刘建达、彭川,2017),但这是一个通用英语能力量表。目前,国内只有蔡基刚(2023)根据分类分级原则,尝试设计一个适合大学生的学术英语能力量表,此方面研究严重缺乏。因此,有必要建立一个统一的学术英语能力量表,为正确制定学术英语教学要求、合理设置各类学术英语课程、科学评估学术英语教学效果、有效开发学术英语教材以及进行学术英语师资培训提供重要的参考依据。

4.4 促进学术英语教师的专业发展

在学术英语研究领域,教师发展研究仍处于起步阶段,然而师资建设是影响学术英语教学改革的一个关键因素。根据廖雷朝(2019)对全国 83 所高校的调查,部分大学英语教师对学术英语有认识和理念方面的偏误。对于这些教师,高校可以通过讲座、工作坊等形式组织培训,帮助他们认识到学术英语教学在培养大学生在学科领域中具有较强的国际交流能力、满足各高校办学定位和学科建设需求等方面起着不可或缺的作用。只有在观念上充分认同学术英语教学的必要性,教师才能有积极投入学术英语改革的动力。

当然,必须承认很多大学英语教师受自身的知识结构所限,缺乏学科专业知识,因而对于承担学术英语,特别是专门学术英语课程教学底气不足。针对此问题,我们建议鼓励有学科背景的教师(即具备其他学科硕士或博士学位的英语教师)进行慕课建设,他们建设的资源可以为其他教师所用,开设平行班,开展线上线下相结合的教学模式。对于现有师资无法独立承担的学术英语课程,可以考虑使用国内慕课平台上的一流课程资源或采用跨学科合作授课模式进行教学。此外,高校应积极组织学术英语教学培训,提高一线教师的学术英语教学能力。此类培训可以以讲座、示范课、工作坊等方式进行,帮助教师观察分析传统的大学英语课程和学术英语课程的不同,学习如何将学生的学科专业特点与英语实际运用能力相结合,突出批判性思维与研究能力的培养。教师除了参加学术英语教学培训,还可以通过自学、进修等方法掌握基础的学科专业知识,通过不断学习来充实自己,改变知识结构单一的状况,实现教师的自我发展。

总之,随着高等教育国际化进程不断加快,学术英语教学在人才培养中的作用日趋重要。同时,"双一流"建设方案也对高校的学科发展、国际竞争力和人才培养提出了更高要求,学术英语将逐渐成为大学英语教学发展的趋势。面对新形势与新要求,大学英语教师应主动转变观念,通过不断学习增强教学能力,积极投身于学术英语课程建设,开发立体化教材及其他教学资源,围绕学术英语各项技能设计科学合理的评估测试方案,有效提升大学生的国际学术交流能力与竞争力,从而更好地服务于学校的"双一流"建设。

参考文献

[1] Jordan, R. R., 1997. *English for Academic Purposes*. Cambridge: Cambridge University Press.

[2] Masrai, A. & J. Milton, 2018. Measuring the contribution of academic and general vocabulary knowledge to learners' academic achievement. *Journal of English for Academic Purposes*, 31: 44-57.

[3] 蔡基刚,2018.中国高校实施专门学术英语教学的学科依据及其意义.外语电化教学,(1): 40-47.

[4] 蔡基刚,2019."双一流"建设背景下非英语专业本科生与专业教师的学术英语需求再调查.外语教育研究前沿,(2): 48-54.

[5] 蔡基刚,2019.以项目驱动的学术英语混合式教学模式建构.解放军外国语学院学报,(3): 39-47.

[6] 蔡基刚,2023.《中国学术英语能力量表》设计考虑:分类与分级.外语教学理论与实践,(2): 62-69.

[7] 陈浩,文秋芳,2020.基于"产出导向法"的学术英语写作名词化教学研究——以促成教学环节为例.外语教育研究前沿,(1): 15-23.

[8] 范烨,孙庆祥,季佩英,2023."四新"建设背景下专门用途英语课程跨学科合作教学模式探究——以复旦大学学术英语(医学)课程为例.外语界,(5): 8-15.

[9] 国务院.统筹推进世界一流大学和一流学科建设总体方案.引自 http://www.gov.cn/zhengce/content/2015-11/05/content_10269.htm.

[10] 顾晓乐,2023."新工科"建设背景下学术英语多维混合式教学研究.外语界,(1): 24-32.

[11] 季佩英,2017.基于《大学英语教学指南》框架的专门用途英语课程设置.外语界,(3): 16-21,56.

[12] 金檀,刘康龙,吴金城,2019.学术英语教材词表的研制范式与实践应用.外语界,(5): 21-29.

[13] 李广伟,戈玲玲,2020.基于语料库的学术英语翻转课堂教学模式构建与应用研究.外语界,(3): 89-96.

[14] 李韬,赵雯,2019.国内学术英语研究述评.外语电化教学,(3): 22-27.

[15] 廖雷朝,2019.中国高校学术英语教学开展与课程设置调查.解放军外国语学院学报,(3): 48-55,92.

[16] 刘迪麟,雷蕾,2020.学术词表研究综述.外语教学,(2): 35-38,50.

[17] 刘建达,彭川,2017.构建科学的中国英语能力等级量表.外语界,(2): 2-9.

[18] 刘晶,陈坚林,2019.课程改革背景下学术英语教师身份建构研究.教育学术月刊,(4): 81-87.

[19] 刘萍,刘座雄,2018.基于 ESP 语料库的学术英语词汇学习法的有效性研究.外语研究,(3): 54-60.

[20] 刘芹,刘鸿颖,2020.中国理工科大学生学术英语教学调查研究.外语界,(5): 47-54.

[21] 卢军坪,张莲,2021.大学英语教师身份转型中的矛盾与冲突分析:活动理论视角.外语界,(4):62-70.

[22] 潘海英,马小浩,2020.高校英语教育多样化需求与有效教学——学科专家与学生视角.中国外语,(6):69-76.

[23] 齐曦,2017.生态语言学视域下的学术英语写作能力发展评估体系研究.外语界,(3):82-89.

[24] 宋缨,朱锡明,2019."双一流"建设背景下高校学术英语教学改革实践研究.外语教育研究前沿,(3):51-57.

[25] 王海啸,2018.具有校本特色的大学英语教学方案探析——以9所高校为例.外语界,(6):36-43.

[26] 王海啸,2019."双一流"建设大学英语不可或缺.中国大学教学,(10):12-18.

[27] 王华,2020.语料库驱动的学术英语写作教学模式探索——以摘要写作为例.外语学刊,(1):49-55.

[28] 王守仁,2017.转变观念 深化改革 促进大学外语教学新发展.中国大学教学,(2):59-64.

[29] 王文宇,王海啸,陈桦,2018.构建具有校本特色的个性化大学英语课程体系.中国外语,(4):18-26.

[30] 王宇,杜宛宜,2023."产出导向法"在学术英语之外壳名词教学中的应用.外语教育研究前沿,(2):28-36.

[31] 向明友,2020.顺应新形势,推动大学英语课程体系建设——《大学英语教学指南》课程设置评注.外语界,(4):28-34.

[32] 徐鹰,章雅青,2020.形成性评估在学术英语教学中的应用.西安外国语大学学报,(1):61-66.

[33] 颜奕,张为民,张文霞,2020.优秀学术英语教师教学实践的活动系统分析.外语教学,(3):73-77.

[34] 杨惠中,2018.学术英语?普通英语?外语界,(5):27-33.

[35] 张敬源,王娜,曹红晖,2017.大学英语新形态一体化教材建设探索与实践——兼析《通用学术英语》的编写理念与特色.中国外语,(2):81-85.

[36] 张荔,2017.学术英语交际课程形成性评估模式及效果研究.中国外语,(2):72-80.

[37] 章木林,邓鹂鸣,2019.学术英语改革中教师投入的制约因素研究.现代外语,(1):110-121.

[38] 章木林,邓鹂鸣,2020.自我决定理论视角下大学英语教师教学转型的动机研究.外语学刊,(3):63-68.

[39] 张琦,2019.我国学术英语教材出版问题探析.出版广角,(14):80-82.

[40] 张为民,张文霞,刘梅华,2015.研究型大学英语教育体系的构建与探索——以清华大学为例.现代外语,(1):93-101.

[41] 张文红,王莹,2021.思辨能力培养与EAP教学的融合——《学术思辨英语》教材的设计理念与使用效果浅析.外语研究,(2):64-69,75.

[42] 朱琳,徐鹰,韩金龙,2021.外语教学与信息技术的深度融合路径研究——学术英语教学改革与实践.外语界,(2):46-53,62.

[43] 左秀媛,宁强,2019.21世纪以来我国学术英语教学研究:回顾与展望.外语界,(2):73-81.

ESP 教学服务新文科建设的内在逻辑、角色定位与实施路径：以南京大学为例[*]

陆小兵　陈新仁　卫冰慧[**]

摘　要: 在新文科建设的背景下,大学外语教育改革亟需理顺与新文科建设的内在逻辑,重新定位其角色以及更新其实践,以应对教育高质量发展所带来的挑战。这一改革不仅关乎教学目标的重新设定,也涉及服务模式的创新、课程体系的优化、师资队伍的建设、教育资源的整合、院系间的协作、评估机制的革新等关键要素。本研究对 ESP 教学服务新文科建设的内在逻辑进行了理论探讨,并以南京大学为例,分析了该校 ESP 教学服务新文科的角色定位及具体实施路径。

关键词: ESP;新文科建设;专门用途英语教学;南京大学

Title: The Underlying Logic, Role Definition, and Implementation Strategies for the Integration of English for Specific Purposes (ESP) in the Development of New Liberal Arts Disciplines: A Case Study of Nanjing University

Abstract: In the context of the new liberal arts initiative, the reform of university foreign language education is imperative to align with the intrinsic logic of this movement, reposition its role, and innovate its practices to meet the challenges posed by the pursuit of educational excellence. This reform transcends a mere recalibration of pedagogical goals; it encompasses the innovation of service models, enhancement of curriculum frameworks, development of faculty expertise, consolidation of educational

---

[*] 本研究系 2023 年江苏省高等教育教学改革重点项目:拔尖人才培养视域下一流高校 EAP 本硕博一体化课程创新体系构建(项目号:14911200)的阶段性研究成果。

[**] **作者简介:** 陆小兵,男,博士,南京大学大学外语部副教授。研究方向:高等教育国际化、外语教育政策、学生发展等。电子邮箱:luxiaobing@nju.edu.cn。陈新仁,男,博士,教授,博士生导师,南京大学大学外语部副主任。卫冰慧,女,南京大学教育研究院学科教学(英语)专业硕士研究生。

resources, inter-departmental collaboration, and the modernization of assessment protocols—crucial components that underpin the educational ecosystem. This research delves into a theoretical examination of the underlying logic that integrates English for Specific Purposes（ESP）teaching services within the new liberal arts paradigm. Utilizing Nanjing University as a case study, the paper dissects the institution's strategic positioning of ESP in the new liberal arts and elucidates the specific pathways for its implementation, offering insights into a holistic approach to educational reform that is both academically rigorous and logically coherent.

Key Words: ESP; Development of New Liberal Arts Disciplines; ESP Teaching; Nanjing University

1 引言

在推进"中国式"教育现代化及教育高质量发展的时代背景下，大学外语教育正面临着前所未有的机遇与挑战。当前，大学生英语应用能力的需求日益增长，特别是具备跨文化交际能力、专业深度与外语精通能力的国际化人才的培养，显得尤为迫切。对此，《大学英语教学指南》提出了明确的指导方针，强调"大学英语教学以英语的实际使用为导向，以培养学生的英语应用能力为重点"，不仅继续重视以培养学生实现个人生活需求和进行社会交往的语言能力为目标的通用英语（English for General Purposes，EGP）的教学，而且加大了为培养围绕学业、学科研究和创新创业进行交流语言能力而进行的专门用途英语（English for Specific Purposes，ESP）的教学力度（王守仁，2016）。

新文科建设作为教育部"四新"建设战略的关键一环，标志着新时代哲学社会科学发展的新阶段，也对高等教育提出了新的人才培养要求。其核心目标在于营造具有中国特色、中国风格、中国气派的哲学社会科学新"氛围"，以及培养能够代表新时代中国特色社会主义思想的哲学社会科学人才，进而形成具有中国特色的哲学社会科学学派，同时也为其他"三新"（即"新工科""新医科"和"新农科"）的人才培养打下扎实的人文社科基础。

南京大学（以下简称"南大"）作为我国高校改革的领跑者之一，十分重视大学英语教育改革，学校切合学生的实际学习需求，结合本校的办学特色和人才培养目标，明确了大学英语教育改革的总体目标。该校大学英语课程的设计遵循"三三制"和"三元四维"的人才培养模式,围绕专业学术、交叉复合、就业创业三大发展路径,旨在培养学生在学术研究和就业创业方面的英语应用能力,以此支持新文科建设的深入实施。南大在 ESP 服务新文科建设方面的思考及作为将对我国大学外语教育改革具有理论支持和实践指导的作用。

2   文献综述

2.1   新文科建设的学术探讨

在新文科建设的研究领域,本研究以"新文科建设"为核心关键词,结合"大学英语""文科教育"及"课程设置"等主题词,使用 CNKI 平台进行精细化检索,系统梳理了该领域的学术讨论。现有研究集中于以下关键议题:

(1) 英语专业人才培养的新视角:王立非和宋海玲(2021)基于新文科建设的核心任务,全面解读了《普通高等学校本科商务英语专业教学指南》商务英语专业定位和人才培养核心理念,深入分析了商务英语专业人才培养的多维路径。韩晓蕙等(2020)及方秀才(2021)则分别针对理工类高校英语专业和英语师范专业新文科建设进行了深入探讨。

(2) 高校英语专业建设的个案分析:郭向宇(2020)以郑州工程技术学院为例,探索了新文科建设背景下大学英语课程改革的新理念与新路径。王钢(2020)运用 SWOT 模型分析了在新文科建设背景下大连外国语大学复合型俄语人才培养策略。朱文利(2022)针对新文科建设对 ESP 教学带来的新挑战,结合学校自身特点,提出了按不同院系实行"基础内容与细分内容相结合"的线上线下相结合的混合式创新教学模式。

(3) 学科思政与新文科建设的融合:林忠、王美娇(2021)运用个案分析法,分析在基础英语课程中实施课程思政的必要性和可行性,以"基础英语(四)"为例,探讨基础英语与思想政治教育的融入点,提出开展基础英语课程思政的具体方法。蔡金秋、丁爱群(2021)在对《英国文学史》课程实施课程思政教学改革的理念和可行性进行分析的基础上,结合教学实践解读了该课程实施课程思政教学改革的具体过程,并提出了教学改革的实施路径和方法。

2.2   ESP 教学的学术探讨

ESP 教学旨在培养学生在特定学术及职业环境中的英语交际能力,其课程是根据学习者的特定目的和特定需要而开设的英语课程(Hutchinson and Waters,1987)。通过"外国语言文字"学科下的"大学英语""ESP 教学"等主题词,归纳了 ESP 研究的主要方向：

(1) ESP 教学概念与内容的深化：蔡基刚（2004）通过对社会需要和学生基础的分析，提出了大学英语应调整课程设置，逐步把重心向专门用途英语教学发展的看法，就其和基础英语教学的关系、教材、教师亦进行了讨论。秦秀白（2003）阐述了 ESP 的性质、范畴和教学原则等问题，并针对我国高校开展多层次的英语教学的问题发表了一些个人看法，希望引起更多的讨论。

(2) ESP 教学对英语教育教学的启示：蔡基刚和廖雷朝（2010）认为我国的大学 ESP 教学应定位在学术英语上，着力培养学生学术口语和书面交流能力。这一定位的意义在于不仅能满足学生用英语进行专业学习的需求，而且为我国大学英语教师转型乃至整个大学英语教学的发展指明方向。梁雪松、陈黎峰和陆莺（2006）通过广泛借鉴国内外经验，提出了资质评估、跨专业合作、教材竞标等一系列对策，以期拓展新的教学模式，提高 ESP 专业教学质量，真正提高英语专业学生语言输出和专业相结合的交际能力。

从上述研究中不难发现，对 ESP 教学在新文科建设中的内在逻辑、角色定位缺乏深入全面的探讨，具体实施路径方面亦未有较多的涉及。南京大学作为著名的综合性大学，其新文科建设具有广泛的影响力。通过以南京大学为例进行 ESP 服务新文科建设的研究，可以深化新文科建设理念与实践的结合，探索如何在实际操作中将 ESP 教学理念和方法融入新文科建设中，推动新文科建设的深入发展。

3　ESP 教学服务新文科建设的内在逻辑

在教育的新时代背景下，ESP 教学与新文科建设之间的紧密联系，或者 ESP 教学服务新文科建设的内在逻辑正日益凸显。这种联系或逻辑贯穿了教育的多个关键领域，包括但不限于人才培养、课程改革与教学创新、教学质量与效果、跨学科合作与资源整合、教师培训与教师发展等多个方面。

3.1　人才培养：复合型能力的培养

新文科建设强调培养具备复合型能力和专业素养的人才，这与 ESP 教学的核心理念不谋而合。ESP 教学专为满足学习者的特定职业或学科需求而设计，旨在提升学生在专业领域运用英语进行交流的能力。将 ESP 教学理念融入新文科建设的框架之中，有助于培育更符合社会需求的英语专业人才。例如，在商务英语专业的培养中，ESP 教学可以通过模拟商务场景、商务谈判等活动，帮助学生掌握商务交流所需的语言技能和专业知识，从而提高其就业竞争力。

此外,ESP 教学还可以满足不同学科领域的英语学习需求。在新文科建设中,不同学科领域对英语专业人才的要求各不相同,而 ESP 教学的灵活性和针对性使其能够根据不同学科的特点和需求进行定制化教学。比如,在理工类高校中,英语专业人才需要具备丰富的科技英语知识和交流能力,因此可以通过 ESP 教学,结合相关学科知识和实践活动,帮助学生掌握专业术语和表达方式,提高其在科技领域的沟通能力。

3.2　课程改革与教学创新:适应社会需求

在新文科建设的推动下,高校需对专业英语课程进行深入的分析和改革,以更好地适应社会需求和时代发展。

一方面,ESP 教学注重根据学生的特定需求和目标设计教学内容和方法,强调教学的实用性和针对性。在新文科建设中,专业的英语课程设置和教学内容需要更加贴近社会需求和行业发展的实际情况,而 ESP 教学的理念可以帮助教师根据学生的专业需求进行灵活调整和优化,从而提高教学的针对性和有效性。

另一方面,ESP 教学的实践性和互动性为教学创新提供了广阔的空间。在新文科建设的背景下,教师可以结合 ESP 教学的理念,设计丰富多彩的教学活动和任务,如模拟商务谈判、专业文档写作、学科论文撰写等,以提升学生的实践能力和专业素养。同时,现代教育技术和网络资源的利用,线上线下混合式教学的开展,可以帮助构建 ESP 教学共同体,促进教学资源的共享和交流,从而推动教学模式的创新和教学效果的提升(高彩慧、姜莉莉,2022)。

3.3　教学质量和效果:提升专业交际能力

ESP 教学服务新文科建设,为提高英语专业教育的质量和效果提供了重要的借鉴和支持。通过借鉴 ESP 教学的经验和方法,可以有效提高英语专业教学的质量和效果,真正实现语言输出和专业相结合的交际能力的提升。

首先,ESP 教学注重培养学生在特定领域内的语言运用能力,强调语言与专业知识的结合。在新文科建设中,英语专业教育也应该注重培养学生的实际应用能力和专业素养,使其具备在工作和研究中运用英语的能力。其次,ESP 教学注重学生的个性化学习和需求导向教学,强调教学内容和方法的灵活性和针对性。在新文科建设中,教师可以根据学生的特点和需求,设计个性化的学习任务和活动,引导学生主动参与学习,提高学习的积极性和效果。

3.4　跨学科合作与资源整合:培养综合素质

新文科建设强调跨学科合作和教育资源整合的重要性,以培养具备跨学科知识和综合素养的复合型人才。ESP 教学往往需要与特定领域的专业知识相结合,因此,在新文科建设中,英语专业教育可以与其他学科合作,开设跨学科的 ESP 课程,如医学英语、法律英语等,以满足不同学科领域的英语学习需求。通过跨学科合作,可以整合各学科的教育资源,提供更丰富多样的学习机会和资源,促进学生全面发展。

3.5 教师培训与教师发展:提升教学能力

ESP 教学对教师的专业素养和教学能力提出了更高的要求,需要教师具备丰富的专业知识和教学经验。在新文科建设中,需要加强英语专业教师的培训和发展,提升其在 ESP 教学领域的专业水平和教学能力。通过专业化的教师培训,可以帮助教师更好地理解 ESP 教学的理念和方法,提高教学质量和效果,推动英语专业教育的全面发展。

总之,新文科建设和 ESP 教学在人才培养、课程改革与教学创新、教学质量和效果提升、跨学科合作与教育资源整合、专业化教师培训与教师发展等方面存在着密切的联系。通过深入研究和探讨这些方面的关系,可以推动大学英语教育教学的全面发展和提升,为新文科建设和 ESP 教学的持续深化和创新提供理论支持。

4 ESP 教学服务新文科建设的角色定位

4.1 ESP 教学服务国家战略

"四新"建设(即"新工科、新医科、新农科、新文科"建设)自 2017 年首次提出,2019年"六卓越一拔尖"计划 2.0 实施之际"四新"建设正式启动,2021 年习近平总书记视察清华大学时发表了"四新"讲话,讲话从"四新"建设的内涵到过程层层深入,对高等教育提出了新要求——高等教育作为国之重器必须加快培养服务国家战略的紧缺人才(吴岩,2019)。高等外语教育应以"四新"建设为契机,助力学科交叉融合,培养服务社会发展的时代能人和"讲好中国故事"的时代新人(姚希瑞、张小玉,2024)。

2020 年 11 月 3 日,全国各地高校和专家聚集于中国文化的重要发源地山东,共同探讨新时代文科教育的发展,并发布了"新文科建设宣言"。此举旨在提升综合国力、坚定文化自信、培养时代新人、建设高等教育强国,并推动文科教育融合发展。新文科的核心在于文科教育的创新发展,旨在构建哲学社会科学中国学派,创造光耀时代、光耀世界的中华文化和培养扎根中华文化、热爱中国并能担负起民族复兴重任的新时代人才。

南京大学 ESP 教学紧紧围绕新文科建设的国家战略需要,与其他院系共同制订相关的课程计划和人才培养方案,实现服务于新文科建设及"中国式"教育现代化的人才培养目标。通过 ESP 教学,学校培养符合新时代国家发展需要的各类既懂专业知识又精通外语的专业人才;培养既具国际视野、通晓世界文化、掌握世界规则规范,同时又深谙中华文化、胸怀中国气派、扎根中国本土及兼具中国特色的哲学社会科学人才;培养"讲好中国故事"的国际综合型通用型人才。

4.2 ESP 教学契合学校特色

高校办学特色是指高校在其办学过程中所凸显出来的有别于其他高校的独特的办学风格、独到的办学理念以及在人才培养、教育教学研究等方面具有的特色,是学校生存延续的根基,也是创新发展的动力。ESP 教学离不开高校各自办学特色,服务具有学校特色的新文科建设是当下 ESP 教改工作重心之一。

南大的"三三制"和"三元四维"是具有鲜明特色的人才培养模式。前者是学校人才培养的初始版,其中第一个"三"指三个培养阶段,即大类培养、专业培养和多元培养三个阶段;第二个"三"指多元培养阶段的三条发展路径,即专业学术、交叉复合和就业创业三条路径。"三三制"的核心理念是给学生自主选择权。在大类培养阶段,学生按照大类模式培养,不分专业,通过一年左右的通识课程及平台课程学习,逐步明确自己的未来发展方向,并自主申请进入相关专业深入学习;在专业培养阶段,对学生进行两年左右系统的专业培养;在多元培养阶段,学生进入大三大四后可以根据自己的职业规划选择专业学术、交叉复合和就业创业三条路径。

南大近年提出了人才培养的升级版,即"三元四维"。这一体系将德、知、行作为落实立德树人根本任务的切入点,在学习成长端构建个性化适应性学习模式和内涵式层次化成长模式,个性化适应性学习模式为学生提供多样选择,让学生在个性学习的过程中寻找多元出口;内涵式层次化成长模式不仅关注学生的知识学习还强调学生的能力提升,并且在这个过程中,以德导航学生的发展。在教书育人端构建融合式全面型育人模式和通达式全方位环境模式,努力打造"最好本科"第一品牌。

南大大学英语教学在夯实学生的英语听说读写能力的基础上,遵循"三三制"以及"三元四维"人才培养模式的指导思想与总体原则。紧密围绕"专业学术类""交叉复合类"与"就业创业类"三条发展路径,创建适合不同发展路径的大学英语课程群,特别是适合不同路径的 ESP 课程群。服务新文科等"四新建设",坚持立德树人为先的理念,将思政元素融于 ESP 教学之中。促进学科融合发展,培养学生与学术研究或就业创业相关的英语应用能力。同时,通过融入跨文化教育与人文教育,培养学生的跨文化交际能力,帮助他们树立世界眼光,增强国际意识,提高人文素养,提升学生的综合竞争力。

4.3 ESP 教学服务学生需求

课程定位的准确性决定课程目标的合理性。ESP 课程定位是决定高校 ESP 教学成效的关键问题之一。"现代课程理论之父"泰勒系统地归纳了课程目标的三个来源:

对学生的研究、对社会的研究和对学科的研究(引自常思亮,2010)。学生需求是 ESP 课程开发及教育教学的原点。

根据王文宇、王海啸和陈桦等(2018)的研究调查显示,南大本科生英语学习动机主要来源于了解专业领域知识和考研及未来工作的需要,其次是由于对英语和英美文化方面的兴趣,再次为对四六级考试和雅思托福考试的需要。此外,学生对选修课的需求数据表明,83.8%的学生希望继续选修其他英语课程,83.5%的学生希望有专业针对性的英语选修课,82.9%的学生对考试辅导类的英语选修课感兴趣,79.9%的学生想要有学术英语选修课,还有对文化类英语选修课的需求。

南大基于学生英语学习的需求分析,结合新文科建设的实际要求,对原有必修和选修英语课程,特别是 ESP 课程进行改革。改革围绕学生对多样化内容的强烈需求,扎实推动新文科建设落实到细处和实处,大力促进多学科教育的融合发展,以满足学生的多元化学习需求。

5 ESP 教学服务新文科建设的实施路径

5.1 定制相关课程与优化课程设置

ESP 课程建设为"四新"建设,特别是新文科建设提供有力支撑,为培养各行各业高水平国际化专业人才提供重要保障,各高校应高度重视并积极支持。与此同时,大学英语教学部门也须主动应变求变,精准对接国家人才战略急需,精准对接所在高校人才培养特色定位,突破大学英语课程设置的固有藩篱,大胆探索学术英语、商务英语、法律英语、医学英语、职业/行业英语等领域的课程建设及改革,大胆创新各类"英语+"复合型人才培养模式(李一帆、崔羽杭,2022)。

南大的大学英语课程体系精心划分为三个模块:课程模块、实践模块和网络教学模块。其中,课程模块作为核心,遵循"基于通用英语,辅以跨文化交际,扩展至学术英语"的原则,细分为通识通修课程群、学科专业课程群和拓展选修课程群。实践模块包括课程延展、文化活动和竞赛实践等多种形式。网络教学模块则提供了数字化教学平台和丰富的数字化学习资源。在三个模块的课程设计中,ESP 的内容和课程比例逐步增加,现有本科生 ESP 课程在全部英语课程中占比达近 60%。

实践模块的设计旨在将课堂学习延伸至课外活动,包括"课程延展类""文化活动类"和"竞赛实践类"。例如,通过模拟国际会议、英语才艺秀、戏剧表演等形式进行期末汇报,诸如"美国社会与文化"和"国际学术交流英语"课程则分别采用模拟会议发言和学术海报展示作为期末口头汇报形式。这些活动通常在周末举行,不限于一个班级,由多个平行班共同组织,并对全校学生开放。近年南大已举办两届全国国际学术会议英语演讲及汇报大赛,此类大赛的举办进一步激发了学生学习 ESP 的兴趣,提升了他们的学术英语表达能力。

在网络教学方面,"大学英语学术课程"于 2017 年成为"江苏省在线开放课程",并在爱课程网站上线。同年,"大学英语学术阅读"在中国大学 MOOC 网站上线,"大学英语学术写作"于 2018 年 9 月也在该网站上线。2022 年王海啸教授主持的"项目式大学英语教学模式改革虚拟教研室"获教育部批准,正式成立。

为了兼顾不同英语课程的比例,同时满足新文科建设的实际需求,南大对 ESP 相关课程进行了政策上的倾斜。具体措施包括鼓励教师开发 ESP 课程,对进入学校优质课程名单的 ESP 课程给予奖励;开发服务新文科建设的 ESP 教学与研究项目;鼓励教师编写 ESP 教材,并对在高等级出版社出版的教材给予奖励;资助教师积极参与 ESP 研讨会,鼓励发表相关论文和专著。

5.2 增强跨院系跨学科交流与合作

在 ESP 教学服务新文科建设方面,大学英语教学部门应积极主动与其他院系及学科进行交流,了解他们的人才培养目标和对 ESP 的实际需求,从而制定出适合其他院系及学科实际需要、符合他们各自的人才培养特色的个性化的 ESP 教学课程方案(苏秋萍,2023)。

南大外语部积极与学校其他院系进行交流和合作,定期或不定期举行教学协商和研讨会,针对院系的人才培养目标,制定具有针对性的 ESP 课程方案,在大学外语部开设的通识通修课程群之外,为不同院系的学生发展开设有学科专业课程群和拓展选修课程群。学科专业课程群是根据各院系特色和人才培养需求定制的国际化、个性化课程。例如"对外汉语教学专业大学英语课程群""国际化新闻人才大学英语课程群""法律卓越人才大学英语课程群""匡亚明学院理科强化班大学英语课程群"和"口腔医学拔尖人才双学位英语课程群"等。此外,还有针对特定学术或学科专业的英语课程,如学术英语阅读、学术英语写作、国际学术交流英语、新闻英语读写、法律文书经典导读、法学英语翻译与写作、口腔医学专业英语等。

拓展选修课程群旨在培养高端、国际化人才,服务于海外教育学院、新闻学院、法学院、匡亚明学院、医学院等多个学科的发展。课程类型涵盖通用英语、学术英语、职业英语、文学文化以及出国英语,为学生提供丰富多样的学习选择。

此外,南大外语部注重与其他院系共同建设跨学科科研合作项目,为新文科建设人才培养及 ESP 教学提供智力支持。例如,大外部与教育研究院合作的教改项目——拔尖人才培养视域下一流大学 ESP 本硕博一体化课程创新体系构建,是院系跨学科科研合作的典型。

5.3　搭建 ESP 专业化指导服务平台

搭建 ESP 专业指导平台,认真向学生提供 ESP 专业服务是 ESP 教学服务新文科建设的重要一环。此举不仅是课堂教学的有益补充,而且更能满足学生的 ESP 个性化需求。

为了助力国际化人才培养,促进新文科建设,南京大学于 2023 年 3 月成立了大学外语部学术英语服务中心,该中心每学期提供 8 周的 ESP 不同专题系列讲座以及一对一咨询服务。服务团队主要由大学外语部教师组成,同时与具有不同学科背景和学术研究能力较强的其他院系教师共同进行 ESP 课程体系的创新和合作授课,为学生提供专业指导,全面提升他们学术/职场英语的听说读写、学术论文发表、职场英语使用的能力。中心系列讲座涵盖"学术论文摘要写作""文献检索与综述""期刊论文写作""项目、基金及会议申请""学术汇报与学术海报制作""申请文书与推荐信写作"以及"出国考试——以雅思为例"等主题。

6　结语

ESP 教学在新文科建设中发挥着关键作用,这一过程主要通过以下几个途径实现:首先,它通过履行外语教学的育人功能,积极地参与到学生的"铸魂"工程中,不仅提升学生的语言技能,而且强化立德树人的理念和形成正确的价值观。其次,通过发挥外语教学的通识功能,ESP 教学有效地提升了学生的跨文化交流能力,使他们能够更好地适应和参与到全球化的环境中。此外,它还利用外语学科的研究功能,为文科的学术内涵注入新的活力和深度,推动学科交叉融合和创新。

新文科时代大学外语教育面临着巨大的挑战,但更多的是千载难逢的发展机遇。面对挑战和机遇,大学外语教育需要守正创新,站在国家战略发展的高度,认识大学外语教育的重要性,充分发挥外语学科独特的跨学科优势与文理工农医交叉融合,顺应国家战略的要求,培养具有全球视野、通晓国际规则、熟练运用外语,一精多会、一专多能的国际化人才,有助于促进大学外语教育的创新与发展。

然而,尽管 ESP 教学服务新文科建设目前仍处于不断探索和发展的阶段,这些探索活动往往具有自发性和零散性,缺乏系统化、体系化的框架。因此,未来的工作需更加注重将这些活动整合成一个连贯、有序的体系,以实现更自觉、更高效的教学活动。通过这样的方式,ESP 教学在新文科建设中的作用能够得到不断深化,从而真正实现培养国际视野和创新创业能力的人才的目标。

参考文献

[1] Hutchinson, T. & A. Waters. 1987. *English for Specific Purposes*. Cambridge: Cambridge University Press.

[2] 蔡基刚,2004. ESP 与我国大学英语教学发展方向. 外语界,(2):22-28.

[3] 蔡基刚,廖雷朝,2014. 国家外语能力需求与大学外语教育规划. 云南师范大学学报(哲学社会科学版),(1):15-21.

[4] 蔡金秋,丁爱群,2021. "新文科"视阈下英国文学史课程思政教学模式研究与实践. 中国多媒体与网络教学学报(上旬刊),(9):59-61.

[5] 常思亮,2010. 大学课程决策研究. 湖南师范大学博士论文.

[6] 方秀才,2021. 新文科背景下英语师范专业建设框架研究. 教育学术月刊,(4):97-103.

[7] 高彩慧,姜莉莉,2022. "新文科"背景下 ESP 教学模式的构建研究. 教育信息化论坛,(10):42-44.

[8] 郭向宇,2020. 新文科背景下地方应用型本科院校大学英语课程改革的"回归与创新"——基于郑州工程技术学院的实践研究. 中州大学学报,(2):91-96.

[9] 韩晓蕙,刘克东,张瑾,2020. "一流专业"背景下理工类高校英语专业新文科建设的思考. 外语教育研究,(2):1-6.

[10] 李一帆,崔羽杭,2022. "四新"背景下大学英语 ESP 课程体系构建. 经济师,(6):171-172+174.

[11] 梁雪松,陈黎峰,陆莺,2006. 英语专业 ESP 课程教学中的几个突出问题. 英语研究,(1):61-66.

[12] 林忠,王美娇,2021. 新文科建设背景下的英语专业课程思政——以"基础英语"为例. 重庆交通大学学报(社会科学版),(1):111-116.

[13] 秦秀白,2003. ESP 的性质、范畴和教学原则——兼谈在我国高校开展多种类型英语教学的可行性. 华南理工大学学报(社会科学版),(4):79-83.

[14] 苏秋萍,2023. 新文科背景下大学外语教育交叉融合与创新发展. 江苏外语教学研究,(1):1-5.

[15] 王钢,2020. 新文科视域下复合型外语人才培养态势分析——以大连外国语大学俄语＋区域学人才培养为例. 东北亚外语研究,(2):74-79.

[16] 王立非,宋海玲,2021. 新文科指引下的复合型商务英语人才培养理念与路径. 外语界,(5):33-40.

[17] 王守仁,2016. 《大学英语教学指南》要点解读. 外语界,(3):2-10.

[18] 王文宇,王海啸,陈桦,2018. 构建具有校本特色的个性化大学英语课程体系. 中国外语,(4):18-26.

[19] 王艳艳,王美桦,2022. "新文科"视域下专门用途英语教学创新与发展综述. 中国 ESP 研究,(3):39-45+115.

[20] 吴岩,2019. 新使命大格局新文科大外语. 外语教育研究前沿,(5):3-7.

[21] 姚希瑞,张小玉,2024. 推进 ESP 教学助力"四新"建设——全国第十届专门用途英语研讨会成功举办. 中国 ESP 研究,(1):159-160.

[22] 朱文利,2022. 音乐院校 ESP 教材建设和教学实践研究——以四川音乐学院为例. 西昌学院学报(社会科学版),(3):124-128.

非英语专业本科生外语学习无聊研究

——教师课堂元话语的缓解效应 *

杨金龙　　唐蜀娟**

摘　要: 教师课堂互动是影响学生外语学习无聊水平的重要因素之一,但就教师的课堂互动话语如何影响学生的外语学习无聊水平,现有研究仍缺乏微观层面的探索。本研究以英语教师课堂互动的元话语为线索,探索教师元话语如何影响非英语专业本科生的外语学习无聊水平。研究发现,授课教师不同的非英语专业本科生,其外语学习无聊水平具有差异性;低外语学习无聊水平组的授课教师,其课堂元话语的使用数量更多,且突出表现在"人际互动式元话语"中的介入标记语、态度标记语和自我提及;介入标记语、态度标记语等"人际互动式元话语"能维护各类(或持有不同观点)学生的素质面子,赋予其公平联络权;框架标记语、过渡语等"引导式元话语"能协助教师适时调整课堂互动话题,引导学生思考既定话题,从而构建良好的师生关系。

关键词: 教师课堂互动;外语学习无聊;元话语;非英语专业本科生

Title: Alleviating Foreign Language Learning Boredom for Non-English Major Undergraduates: The Role of Teachers' Classroom Metadiscourse

Abstract: Learners' foreign language learning boredom is influenced by the interaction between the teacher and learners in classroom. Nevertheless, the existing study has not extensively examined it from a micro perspective. This study

---

* 本文是 2024 年重庆市研究生教育教学改革研究项目"英语专业硕士生学术写作的教师反馈模式与实践研究"(编号:yjg243104)、第二轮重庆市一流学科外国语言文学 2023 年重大科研项目"体认话语分析的路径:历史审视与未来建构"(编号:SISUWYJY202303)的部分成果。

** 作者简介:杨金龙,男,博士,四川外国语大学英语学院副教授,硕士研究生导师,主要从事语言政策与规划、教育语言学、语用学研究。电子邮箱:yangjinlong1011@126.com。唐蜀娟,女,四川外国语大学英语学院硕士研究生,主要从事语用学、外语教学研究。电子邮箱:739860291@qq.com。

investigates the impact of teachers' metadiscourse on non-English major undergraduates' FLLB. The research finds that non-English major undergraduates taught by different teachers exhibit varying levels of FLLB, metadiscourse is used more frequently by the teacher of class with lower FLLB level. Specifically, teacher's interactional metadiscourses, including engagement marks, attitude markers and transitions, play a crucial role in maintaining students' quality face and guaranteeing students' association rights. Teacher's interactive metadiscourses, such as frame markers and transitions, can assist teachers in managing classroom discussions, introducing new topics at appropriate contexts, guiding students to contemplate established topics, and thereby establishing a positive teacher-student relationship.

Key Words: Teachers' Classroom Interaction; Foreign Language Learning Boredom; Metadiscourse; Non-English Major Undergraduates

1 引言

二语习得研究的情感转向(Pavlenko，2013)聚焦学习者二语情绪的多样性、普遍性与重要性(Dewaele & Li，2020)，为以往关注认知、动机等学习者个体差异的二语习得研究注入了新活力。其中，外语学习无聊研究侧重于外语学习者的消极、低激活、低唤醒学业情绪(Li et al.，2023)，成为近年来二语情绪研究的热点话题。一些研究表明(如 Chapman，2013；Pawlak et al.，2020；Zawodniak & Kruk，2019)，外语学习无聊既受动机、认知资源、焦虑、自我调节等学习者内部因素的影响，也与学习环境、学习任务、教师人格、师生课堂互动等外部因素息息相关。

目前，外语学习无聊研究多以量化或量化为主的方法，对影响外语学习无聊的学习者内部因素进行宏观探索。而从微观层面探索外语学习无聊的学习者外部诱因，现有研究鲜有涉及。鉴于此，本研究以英语教师课堂互动的元话语为线索，通过探究我国非英语专业本科生的外语学习无聊水平，分析被试组所在班级的英语教师的课堂元话语，旨在探索教师课堂元话语如何影响学习者的外语学习无聊水平。

2　文献综述

2.1　外语学习无聊

　　无聊是一种因"无法参与向往活动的厌恶体验"而激发的复杂情绪状态，包括"脱离、不满意、注意力不集中、时间观念扭曲、活力下降"等表征（Fahlman et al.，2013：69）。相应地，外语学习无聊（foreign language learning boredom）则聚焦外语学习者的消极、低激活、低唤醒学业情绪（Li et al.，2023），意指"学习者在外语学习的动态系统中，与周围生态环境互动而产生的多维度的负面情绪"（刘宏刚、李靖，2021：11）。

　　自查普曼（Chapman，2013）首次关注德语课堂中的外语学习无聊现象以来，十年间，外语学习无聊研究已涉及中国（Dewaele & Li，2021；Wang et al.，2021；李成陈、韩晔，2022）、波兰（Zawodniak & Kruk，2019；Zawodniak et al.，2023）、伊朗（Derakhshan et al.，2021）、泰国（Nakamura et al.，2021）、美国（Allen et al.，2014）、西班牙（Diert-Boté & Martin-Rubió，2018）等多个国家或地区的外语课堂语境。研究结果普遍认为，外语学习无聊既关涉动机、认知资源、焦虑、自我调节等学习者内部因素，同时也受学习环境、学习任务、教师人格、师生课堂互动等外部因素的影响。

　　值得关注的是，在影响外语学习无聊的学习者外部因素当中，教师课堂互动与外语学习无聊水平之间的密切联系得到多方研究验证。例如，有研究（Chapman，2013）对美国大学生的德语课堂调研发现，教师授课方式与课堂活动形式是影响被试外语学习无聊水平的重要因素。也有研究（Nakamura et al.，2021）以泰国大学生为被试，发现学习者对学习内容的理解力不足、课堂输入超负荷是引起学生外语学习无聊的重要原因。此外，有学者（Zawodniak et al.，2023）对波兰大学生的英语课堂调研发现，教师的课堂参与度、课堂话语量、课堂组织形式是导致学生外语学习无聊的重要因素。也有学者（李成陈，Dewaele，2020）对中国大学生的线上课堂进行调研，发现在线上英语学习环境中，被试存在低到中度的无聊水平，这可能与线上学习环境缺乏互动、学生很难找到学习乐趣有关。

　　综上，国内外不少研究表明，教师课堂互动是影响学生外语学习无聊水平的重要因素之一。然而，就教师的课堂互动话语如何影响学生的外语学习无聊水平，现有研究仍缺乏微观层面的探索。此外，也有一些研究表明（Lee & Subtirelu，2015；Wu & Yang，2022；姜晖，2020），教师的课堂元话语能够帮助学生理解教学内容、激发学习兴趣、建立和谐的师生关系。鉴于此，本研究假设，作为课堂互动的重要组成部分，教师的课堂元话语或许是影响学生外语学习无聊水平的因素之一。

2.2　元话语

元话语(Metadiscourse)的英文前缀"meta"意指"有关另一个概念或术语的概念或术语"(Culpeper & Haugh, 2014: 237)。相应地,元话语则定义为"有关话语的话语"(Crismore et al., 1993: 39)。陈新仁(2020)认为,话语可能既包括命题信息也包含元话语,后者经常是人们用于谈论和反思命题内容的语言方式或手段。基于语篇的交互功能分类(Thompson & Thetela, 1995),海兰德(Hyland, 2005)提出了元话语分类的人际模式,该模式将元话语分为引导式元话语和人际互动式元话语,前者用于帮助受众理解语篇,包括过渡语、框架标记语、内指标记语、言据标记和语码释义;后者用于促进受众参与到语篇中,包括模糊限制语、强化语、态度标记语、介入标记语和自我提及。

近年来,元话语研究由书面语篇转向口语语篇,且尤为关注教师的元话语策略如何提高教学效果(吁思敏,2021)。一些研究发现,作为促进交际互动、管理人际关系的重要手段(Hyland, 2005),教师在课堂互动中的元话语能够协助教师组织课堂活动、解释目标知识、促进课堂互动,增进师生关系(如 Doiz & Lasagabaster, 2022; Lee & Subtirelu, 2015; Wu & Yang, 2022;郭红伟、卢加伟,2020;姜晖,2020)。例如,有学者(Lee & Subtirelu, 2015)通过分析美国 EAP 课程的教师课堂话语,发现教师在课堂互动中的元话语不仅能帮助教师解释教学内容,而且能促进师生互动,激发学生的学习兴趣,构建良好的交际氛围。也有学者(郭红伟、卢加伟,2020)通过对比母语为汉语、英语的两组高校英语教师的课堂元话语,发现前者更关注话语的信息引导性,后者更注重话语的人际互动性。但两组分析结果均表明,元话语是教师课堂话语的重要组成部分,是管理课堂教学、组织教学环节、促进师生互动的重要手段。此外,姜晖(2020)通过分析我国大学英语教学比赛中的教师话语,发现教师元话语有助于维护学生的面子,减少教师话语行为对学生的驱使性,从而实现知识传递与师生和谐关系的共现。

综上,作为课堂互动的重要组成部分,教师元话语不仅能在信息引导层面协助教师阐述新知识、组织课堂教学,而且能在人际互动层面构建师生和谐关系与良好交际氛围,从而调动学习者的学业情绪。然而,已有研究尚未将教师的课堂元话语与学生的外语学习无聊相关联。由此,本研究以英语教师课堂互动的元话语为线索,借鉴元话语分类框架(Hyland, 2005)和关系管理模式(Spencer-Oatey, 2008),对非英语专业本科生的外语学习无聊水平及其教师的课堂元话语进行分析,以探索教师课堂元话语如何影响学习者的外语学习无聊水平。

3 研究设计

3.1 研究问题

基于教师课堂互动与学习者的外语学习无聊之间的密切联系,以及教师元话语在知识引导和师生互动层面的积极作用,本研究以我国西部某高校的非英语专业本科生为研究对象,采用问卷调查与话语分析的方法,旨在探索以下三个问题:

(1)处于同一英语水平、参与相同课程,但授课教师不同的非英语专业本科生,其外语学习无聊水平分别如何?是否具有差异性?

(2)针对外语学习无聊水平差异最大的两个班级,授课教师的课堂元话语有何差异?

(3)低外语学习无聊水平组的授课教师,其课堂元话语如何缓解学生的外语学习无聊?

3.2 研究对象

本研究以我国西部某高校的非英语专业大二年级学生为研究对象,根据该校学生入校后的英语分级考试,选择中等英语水平(B级)的被试342名,其中包括102名男生、240名女生。根据该校的人才培养方案,以上被试均须参加该校的《大学英语听说》课程,教学材料一致,但授课教师不同。

此外,我们通过分析被试的外语学习无聊水平,找出水平差异最大的两个班级,邀请各自班级的英语授课教师作为研究对象。两位教师均为女性,均具有出国留学或海外研修经历,英语口语水平良好。在本研究中,我们以化名的形式分别称之为 Z 老师和 M 老师,以她们在《大学英语听说》课程授课过程中的元话语为研究语料。

3.3 研究方法

本研究采用的方法为问卷调查与话语分析。其中,为回答研究问题(1),我们通过中文版外语学习无聊量表(Li et al.,2023)以探究被试的外语学习无聊水平。该量表共包含 32 个问题,下设 7 个维度,即外语课堂无聊、任务过简型无聊、PPT 情境无聊、作业情境型无聊、厌师型无聊、学习特质型无聊、任务过难或缺乏意义型无聊。被试的外语学习无聊水平采用李克特 5 级量表赋分:非常不同意=1,不同意=2,比较同意=3,同意=4,非常同意=5。分数越高,表明被试的外语学习无聊水平越高。

我们采用"问卷星"软件对 342 名学生被试发放问卷,共获有效问卷 333 份。通过

SPSS 软件的信度检验,发现外语学习无聊量表的克隆巴赫系数值为 0.777,高于 0.7 的信度接受标准,表明问卷内部一致性较好,根据问卷结果可以判断被试的外语学习无聊水平及类型。

为回答研究问题(2)和(3),我们通过课堂观察的方式,收集和分析外语学习无聊水平差异最大班级的教师课堂元话语。为确保授课内容一致,我们事先与 2 位教师商定教学进度、教学主题和教学材料,并在征得授课教师同意的前提下,参与她们的《大学英语听说》课程,在每个班级分别收集 540 分钟的课堂话语。随后,我们通过"讯飞"转写软件,将所获音频转为文字,提取教师话语,分析其中的元话语特征及其语用效果。鉴于元话语是高度情境化的语用构件,研究者往往不能通过语言形式判断其是否为元话语,或是哪一类元话语(吁思敏,2021)。我们借鉴海兰德(Hyland,2005)提出的元话语分类框架,运用人工甄别的方式对语料进行分类,对比两位授课教师的元话语使用有何差异。

最后,我们以低外语学习无聊水平班级的授课教师为个案,借鉴关系管理模式(Spencer-Oatey,2008;陈新仁,2018),探索教师的课堂元话语如何缓解学生的外语学习无聊水平。陈新仁(2018)认为,交际的全过程或特定阶段具有关系管理的需求,交际双方出于提升关系、维持关系、忽视关系、挑战关系、伤害关系的连续统关系管理取向,采用积极或消极的语用策略进行交际。由此,在课堂语境下,教师元话语作为管理人际关系的重要手段(Hyland,2005),至少是以维持或提升师生关系为宗旨的。据此,教师一般会出于提升学生面子、给予其个人权利、照顾其学业情绪等目的,在言语行为域、话语域、参与域、文体域、非言语域(Spencer-Oatey,2008;陈新仁,2018)中的一个或多个域中选择相应的话语策略、实现人际关系管理。鉴于此,本研究的语料归类以上述 4 个关系管理域(言语行为域、话语域、参与域、文体域)为原则[①],从课堂互动主体的面子、权利、情绪等方面分析教师如何通过元话语缓解学生的外语学习无聊水平。

4 研究结果

4.1 被试的外语学习无聊水平现状

为了解被试的外语学习无聊水平现状,我们采用中文版外语学习无聊量表(Li et al.,2023),线上发放给参与《大学英语听说》课程的 342 名大二年级本科生。随后,我

---

① 在大学英语课堂语境下,教师在非言语域的交际策略一般须通过多模态呈现,这并非本研究的关注重点,故在语料归类过程中,我们排除了关系管理模式中的"非言语域"。

们运用 SPSS 27 对其中的 333 份有效问卷进行分析,结果如下:

表 1　被试的外语学习无聊水平概况

班级	学生人数	教师	外语课堂无聊	任务过简型无聊	ppt情境型无聊	作业情境型无聊	厌师型无聊	学习特质型无聊	任务过难或缺乏意义型无聊	外语学习无聊总体情况
1	68	Z	1.97	2.65	3.43	2.53	2.68	2.15	2.65	2.46
2	66	Y	2.01	2.63	3.56	2.62	2.87	2.50	2.76	2.68
3	67	X	2.08	2.68	3.47	2.64	2.75	2.54	2.69	2.69
4	65	M	2.13	2.74	3.59	2.73	3.16	2.66	2.90	2.72
5	67	A	2.10	2.71	3.45	2.59	2.73	2.57	2.66	2.55
总人数	333		2.06	2.68	3.5	2.62	2.84	2.48	2.73	2.62

如表 1 所示,在参与调查的 5 个班级中,被试外语学习无聊水平的平均得分为 2.62。就外语学习无聊的 7 个子类别而言,其得分由高到低分别为 PPT 情境无聊、厌师型无聊、任务过难或缺乏意义型无聊、任务过简型无聊、作业情境型无聊、学习特质型无聊和外语课堂无聊。此外,外语学习无聊水平最低的为 1 班(n=68),得分为 2.46;外语学习无聊水平最高的为 4 班(n=65),得分为 2.72。

表 2　外语学习无聊水平的独立样本 T 检验

	班级	学生数量	平均值	标准差	P 值
外语学习无聊总体情况	1	68	2.46	.37	.000
	4	65	2.72	.42	
外语课堂无聊	1	68	1.97	.67	.183
	4	65	2.13	.71	
任务过简型无聊	1	68	2.65	.74	.541
	4	65	2.74	.85	
PPT 情境型无聊	1	68	3.43	.93	.314
	4	65	3.59	.93	
作业情境型无聊	1	68	2.53	.74	.152
	4	65	2.73	.80	
厌师型无聊	1	68	2.68	.93	.003
	4	65	3.16	.91	
学习特质型无聊	1	68	2.15	.69	.001
	4	65	2.66	.98	

（续表）

	班级	学生数量	平均值	标准差	P值
任务过难或 缺乏意义型无聊	1	68	2.65	.72	.111
	4	65	2.90	.99	

随后，我们对外语学习无聊水平差异最大的两个班的得分情况做了进一步统计分析（如表2所示）。独立样本T检验的结果表明，1班（n＝68）和4班（n＝65）被试的外语学习无聊水平整体上具有显著差异，1班（M＝2.46；SD＝0.37）的外语学习无聊水平低于4班（M＝2.72；SD＝0.42）。其中，1班和4班的被试在"学习特质型无聊"和"厌师型无聊"两个维度均具有显著差异，表明教师是影响被试外语学习无聊水平的重要因素之一。据此，我们对1班和4班《大学英语听说》课程教师的课堂元话语作进一步收集与分析，以探索其差异性。

4.2 教师课堂元话语的使用差异

为回答研究问题（2），我们对1班和4班英语教师在《大学英语听说》课程授课中的元话语进行收集、转录和编码①。然后，我们参照海兰德（Hyland，2005）的元话语分类框架，对两位教师的课堂元话语使用情况进行对比。

表3 教师课堂元话语的使用情况对比（每10 000 词）

类别	Z教师（1班）	M教师（4班）	举例
引导式元话语	609.7	480.3	
过渡语	202	204.9	in addition；but；thus
框架标记语	226.6	216.1	finally；to conclude；my purpose is
内指标记语	35.9	6.4	in this part；noted above
言据标记	15.8	2.7	according to；he/she states
语码释义	129.4	50.2	namely；for example；in other words
人际互动式元话语	1 271.4	685.1	
模糊限制语	94.1	63.5	might；perhaps；about
强化语	88.4	45.9	in fact；definitely；it is clear that
态度标记语	181.8	81.6	unfortunately；I agree
自我提及	171.7	88.6	I；me；my
介入标记语	735.4	405.5	us；we；you can see that
总体使用情况	1 881.1	1 165.4	

---

① 针对具有多种功能的元话语，我们根据使用语境进行人工识别和编码。

如表 3 所示,在每 10 000 词的教师课堂话语中,两位授课教师的"人际互动式元话语"(分别为 1 271.4 和 685.1)使用频率均高于"引导式元话语"(分别为 609.7 和 480.3),且就元话语的子类别而言,两位教师使用频率最高的 5 类元话语均为介入标记语、框架标记语、过渡语、态度标记语和自我提及。可见,在教师课堂话语中,以上 5 类元话语是阐释目标知识、促进师生互动的重要手段。值得关注的是,从元话语使用的总量来看,Z 老师(1 881.1)明显高于 M 老师(1 165.4),且两位授课教师在"人际互动式元话语"方面的使用数量相差接近一倍(分别为 1 271.4 和 685.1),该差异性在介入标记语(分别为 735.4 和 405.5)、态度标记语(分别为 181.8 和 81.6)和自我提及(分别为 171.7 和 88.6)维度尤为突出。

4.3　外语学习无聊:教师课堂元话语的缓解效应

通过对比外语学习无聊水平差异最大的两个班授课教师的课堂元话语,我们发现低外语学习无聊水平组的授课教师(Z 老师),其课堂元话语的使用数量更多。鉴于此,我们以低外语学习无聊水平组的授课教师(Z 老师)为个案,借鉴关系管理模式(Spencer-Oatey,2008;陈新仁,2018),从言语行为域、话语域、参与域和文体域四个方面,探索教师课堂元话语如何缓解学生的外语学习无聊水平。

4.3.1　言语行为域

作为语用研究的重要视域,言语行为是管理交际双方关系的重要因子(Brown & Levinson,1987)。本研究的语料分析发现,授课教师在对学生进行请求(提问)、鼓励、赞扬等施为效应时,往往能够融洽课堂交际氛围、促进师生互动,这或许是缓解学生外语学习无聊的有效路径之一。如例[1]所示:

例[1]

T:Okay, do any of us like to try a weak reading of this paragraph?

Ss:······(No response)

T:Do **you** wanna have a try? Yes, it's **you**! Come on, try it, please.

A:(read the content)

T:OK, do you think she reads well?

Ss:Yes!

T:Yeah, **I agree**. She's **very smart** (laugh). **We can see that** when she realized she doesn't know how to weakly read, what does she do? She took the other white word①to strengthen，**this is very clever.** But we should be aware that ……

    从例[1]中我们可以看出，当授课教师首次提问时，学习者均不愿主动回应。随后，Z 老师通过介入标记语"you"将学生 A 卷入互动行为。当学生 A 结束回答后，Z 老师进一步提问，试图让更多的学生融入课堂互动，并如期获得更多回应。紧接着，Z 老师通过态度标记语"I agree""smart""clever"，强化语"very"，对学生 A 的回答表示鼓励和赞扬。与此同时，我们不难发现，Z 老师对学生 A 的弱读技巧并非完全认同。但面对其他同学对学生 A 的积极评价，Z 老师并未直接指出错误，而是在新的话轮中首先同意学生们的观点，以维护其素质面子，融洽交际氛围。随后，Z 老师通过介入标记语"We can see that"让所有同学进一步正视学生 A 的问题，从而对其进行纠错。

4.3.2　话语域

    话语域主要涉及交际双方的话语内容与话语结构，包括话题的选择与管理、信息的组织与排列等问题。有学者认为(Spencer-Oatey，2008)，一些合乎时宜的话题选择、有目的性的话轮转变等，是维护交际双方面子与关系的重要因素。语料分析发现，在课堂互动中，授课教师的有目的性设问与话轮的不断转变，能够引导学生深入思考或讨论既定话题，从而激发其学习兴趣、提高课堂互动性。如例[2]所示：

    例[2]：

    T：We just talked about the negative effect of global warming, right? What are them?

    A：Melting of glacier, rising of sea level, extreme weather event.

    T：Okay, **that's good!** Thank you. **Well**, do you think that there are some positive effects of global warming?

    Ss：No.

    T：**Well，perhaps** we have to think twice, right? Is there any benefit?

    Ss：……（No response)

    T：**It's okay. For example**, can you eat tomatoes in winter in the past?

    Ss：No.

    T：**And** we can eat them anytime in most any season now. **Whereas** before, we could only eat them in one season. Is that a positive effect?

---

    ①　这里的 white word 指标记在课件上的白色字体。

Ss：Yes.

T：**So**，it's still going to bring in some production，right?

Ss：Yes.

T：**Besides** bringing in some production，what are the other benefits of global warming?

B：Less energy used to heat?

T：**So great! Anything else**?

Ss：……（No response）

T：Okay，now **Let's** listen to the text．**And** try to summarize the positive effects of global warming.

例[2]是一段围绕全球变暖问题的课堂听力任务及师生讨论。其中，授课教师的态度标记语"that's good""It's okay""So great"用于认可、赞扬和鼓励学生的回应。此外，值得关注的是，当意识到学习者对"全球变暖"的认识并不充分，无法支持其探讨关于全球变暖的积极作用时，Z老师首先通过过渡语"well"和模糊限制语"perhaps"，将话轮转向全球变暖的积极方面，同时也委婉地表示了学生的回答有误。随后，Z老师又通过语码释义"for example"和过渡语"and""whereas""so""besides"将话题转向学习者的生活经历，从而激发学习者对全球变暖问题的课堂互动与再思考。最后，Z老师又运用介入标记语"Let's"将话题引至既定的教学任务：完成听力练习、总结全球变暖的积极影响。

4.3.3 参与域

参与域主要关涉交际双方信息互换是否对等的问题。有研究认为（Spencer-Oatey，2008），讲话者对听众的回应与包容、话轮转换时的言语停顿与重叠、交际双方在会话中的参与情况等，均能体现交际主体的权利与义务，是影响交际双方和睦关系的重要因素。在课堂语境中，我们发现，教师通过使用介入标记语、模糊限制语、态度标记语等元话语，能够鼓励学习者参与课堂互动，赋予各方学习者在交际中的公平联络权（Spencer-Oatey，2002），从而达到维护学习者面子、照顾学习者情绪、促进师生与生生良好交际氛围的效果。如例[3]所示：

例[3]：

T：Which one do **you** prefer，fame or fortune?

Ss：Fame.

T：And could **you please** give me some reasons?

A：Being able to achieve spiritual fulfillment.

T：**Good!** Anything else?

B：Being honorable.

T：**Yeah，I agree.** As we know，**sometimes** spiritual fulfillment is **very important. And** I have noticed some of you prefer fortune，right?

Ss：Yes!

T：So，any reasons or examples?

Ss：(Murmuring).

T：**Maybe we** can have a discussion about this，Ok? Please discuss with your partner about this topic in 5 minutes. **And** we will choose someone to present his or her idea. Now **let's** begin!

例[3]是一段关于"名"与"利"选择问题的师生讨论。首先,教师通过介入标记语"you"引导学习者参与互动,并以态度标记语"good""I agree""important"和强化语"very"表达对学生 A、B 以及持有相同观点的学习者的认同。与此同时,当意识到有一部分学习者的观点与 A、B 对立时,Z 老师通过模糊限制语"sometimes"暗示承认其他观点的可能性(Hyland,2005),并运用过渡语"and"引出另一方观点,从而观照到持不同立场的学习者的公平联络权(Spencer-Oatey,2002)。最后,鉴于学习者们更倾向私下低语回应教师追问,Z 老师继而通过模糊限制语"maybe"、过渡语"and"和介入标记语"we""let's"将师生互动转至小组讨论,从而将那些私下低语的学习者们也纳入课堂互动当中。

4.3.4 文体域

文体域关涉交际互动过程的文体方面,例如特定语境下交际双方语气、词汇、句法、称谓等的适宜性问题(Spencer-Oatey,2008)。语料分析发现,在课堂互动中,过渡语、语码释义、模糊限制语、介入标记语等元话语能够帮助授课教师适时呈现典故、隐喻、名人名言、网络热词等,从而更好地阐释目标知识,营造诙谐的学习氛围,吸引学习者参与课堂互动。如例[4]所示:

例[4]：

T：Paparazzo，do you know paparazzo?

A：Gouzai（狗仔）.

T：**Yes，good!** Do you think the celebrities like paparazzo?

Ss：No.

T：**Well，** really? **For example，** what about the streamer on the Internet?

Ss：Oh……

T：Yeah. So maybe the paparazzo can help the celebrities get the "small target" easily. Do you know the "small target"?

　　Ss：······ (No response)

　　T：The "small target"，**perhaps like** "Yi Ge Xiao Mu Biao"（一个小目标）①.

　　Ss：Hahaha.

　　B：From Wang Jianlin.

　　T：**Good! Clearly**，the celebrities may actually want to seek the publicity，because exposure can increase their wealth，and slowly the money will increase after the increased exposure，right?

　　Ss：Yes.

　　T：Okay，now **we** should make another "Xiao Mu Biao"（小目标）：listen to the material and try to finish the tasks listed on page 42.

　　例[4]是一段讨论名流与"狗仔"之间关系的师生互动。其中，当学习者的回应与 Z 老师所期待的答案不符时，后者使用过渡语"well"和语码释义"for example"将话题引至网络主播，表明一些网络名流切实需要"狗仔"来提高自身影响力。此外，Z 老师还通过模糊限制语"perhaps"和语码释义"like"引用网络热词"一个小目标"，这不仅形象地呈现出一些网络名流可通过"引流"赚取大量财富，同时还为学习者构建出幽默、诙谐的课堂学习氛围。随后，Z 老师又借助态度标记语"Good"、强化语"Clearly"、介入标记语"we"，一方面对已讨论的观点进行总结，另一方面再次引用网络热词"一个小目标"，指令学生完成既定的练习。

4.3.5　小结

　　互动性与参与性是课堂教学的重要特征（Hyland，2009）。从前文的语料分析可以看出，介入标记语、态度标记语等"人际互动式元话语"是教师对学生实施请求（提问）、赞扬、鼓励等言语行为的重要方式。在课堂语境下，维护各类（或持有不同观点）学生的素质面子，赋予其公平联络权（Spencer-Oatey，2002），不仅能促成学生更好地参与课堂互动，而且能帮助教师建立良好的师生关系，构建轻松、愉悦的课堂交际氛围。这或许是低外语学习无聊水平组的教师（Z 老师）在"人际互动式元话语"尤其是介入标记语和态度标记语方面使用量较大（如表 3 所示）的重要因素之一。

　　此外，尽管"引导式元话语"主要用于帮助受众理解语篇（Hyland，2005），但本文的语料分析发现，框架标记语、过渡语等"引导式元话语"不仅在于帮助教师阐述教学内

---

　　①　2016 年度网络热词，源于时任中国首富王健林参加《鲁豫有约》节目时的访谈。当谈及年轻人奋斗的方向，王健林提及"想做首富，这是对的。但奋斗的方向，最好先定一个能达到的小目标，比方说我先挣它一个亿"。故"一个小目标"暗指款项的数额巨大。

容,而且能协助其适时调整课堂互动话题(如例[2]),引入不同观点(如例[3])或网络热词、典故(如例[4])等。由此,在课堂语境下,授课教师对"引导式元话语"的恰当使用,能更好地引导学生深入思考既定话题,营造诙谐的学习氛围,激发学生的学习兴趣。这或许是低外语学习无聊水平组的教师(Z老师)在框架标记语和过渡语方面使用量突出的重要印证。

5 结语

教师的课堂互动话语不仅在于阐释教学内容,同时也须顾及学生的面子与学业情绪(Thetela, 1997),实现师生人际关系管理。本研究以我国西部某高校的非英语专业本科生为研究对象,探索了教师课堂元话语如何影响学生的外语学习无聊水平。研究结果显示,授课教师不同的非英语专业本科生,其外语学习无聊水平不尽相同;外语学习无聊水平差异最大的两个班级,其显著性差异主要体现在"学习特质型无聊"与"厌师型无聊"两个维度;低外语学习无聊水平组的授课教师,其课堂元话语的使用数量更多,且突出表现在"人际互动式元话语中"的介入标记语、态度标记语和自我提及。最后,我们借鉴关系管理模式(Spencer-Oatey, 2008;陈新仁, 2018),分析了教师课堂元话语对学生外语学习无聊的缓解效应。

须要承认的是,影响外语学习无聊的学习者内、外部因素复杂且多变。本研究仅从师生关系管理视角出发,通过分析低外语学习无聊水平组的教师元话语,从微观层面探讨了其对学生外语学习无聊水平的缓解效应。该研究视域仍有很大扩展空间,个案分析结果仍有待大样本量化研究的检验。希冀本研究能抛砖引玉,为外语学习无聊在微观层面的进一步探索开拓思路。

参考文献

[1] Allen, L. K., Crossley, S. A., Snow, E. L., & McNamara, D. S., 2014. L2 writing practice: Game enjoyment as a key to engagement. *Language Learning & Technology*, 2: 124 – 150.

[2] Brown, P. & Levinson, S., 1987. *Politeness: Some Universals in Language Usage*. Cambridge: CUP.

[3] Chapman, K. E., 2013. *Boredom in the German Foreign Language Classroom*. Doctoral dissertation, University of Wisconsin-Madison, Madison.

[4] Crismore, A., Markkanen, R., & Steffensen, M., 1993. Metadiscourse in persuasive writing: A study of texts written by American and Finnish university students. *Written Communication*,

(1): 39 - 71.

[5] Culpeper, J., & Haugh, M., 2014. *Pragmatics and the English Language*. Basingstoke: Palgrave McMillan.

[6] Derakhshan, A., Kruk, M., Mehdizadeh, M., & Pawlak, M., 2021. Boredom in online classes in the Iranian EFL context: Sources and solutions. *System*, (101): 1 - 16.

[7] Dewaele, J. M. & Li, C. C., 2020. Emotions in second language acquisition: A critical review and research agenda. *Foreign Language World*, 1: 34 - 49.

[8] Dewaele, J. M. & Li, C. C., 2021. Teacher enthusiasm and students' social-behavioral learning engagement: The mediating role of student enjoyment and boredom in Chinese EFL classes. *Language Teaching Research*, 6: 922 - 945.

[9] Doiz, A., & Lasagabaster, D., 2022. Looking into English-medium instruction teachers' metadiscourse: An ELF perspective. *System*, 105, 102730, https://doi.org/10.1016/j.system.2022.102730.

[10] Diert-Boté, I. & Martin-Rubió, X., 2018. Learning English in Catalonia: Beliefs and emotions through small stories and iterativity. *Narrative Inquiry*, 1: 56 - 74.

[11] Fahlman, S. A., Mercer-Lynn, K. B., Flora, D. B., & Eastwood, J. D., 2013. Development and validation of the multidimensional state boredom scale. *Assessment*, 20 (1): 68 - 85.

[12] Hyland, K., 2005. *Metadiscourse*. London: Continuum.

[13] Hyland, K., 2009. *Academic Discourse: English in a Global Context*. London: Continuum.

[14] Lee, J. J., & Subtirelu, N. C., 2015. Metadiscourse in the classroom: A comparative analysis of EAP lessons and university lectures. *English for Specific Purposes*, 37: 52 - 62.

[15] Li, C. C., Dewaele, J. M., & Hu, Y. H., 2023. Foreign language learning boredom: Conceptualization and measurement. *Applied Linguistics Review*, 14 (2): 223 - 249.

[16] Nakamura, S., Darasawang, P. & Reinders, H., 2021. The antecedents of boredom in L2 classroom learning. *System*, 98: 1 - 15.

[17] Pavlenko, A., 2013. *The Affective Turn in SLA: From "Affective Factors" to "Language Desire" and "Commodification of affect"*. Bristol: Multilingual Matters.

[18] Pawlak, M., Kruk, M., Zawodniak, J., & Pasikowski, S., 2020. Investigating factors responsible for boredom in English classes: The case of advanced learners. *System*, 91: 1 - 10.

[19] Spencer-Oatey, H., 2002. Managing rapport in talk: Using rapport sensitive incidents to explore the motivational concerns underlying the management of relations. *Journal of Pragmatics*, (34): 529 - 545.

[20] Spencer-Oatey, H., 2008. *Culturally Speaking: Culture, Communication and Politeness Theory*. London: Continuum International Publishing Group.

[21] Thetela, P., 1997. Evaluated entities and parameters of value in academic research articles. *English for Specific Purposes*, 16 (2), 101 - 118.

[22] Thompson, G., & Thetela, P., 1995. The sound of one hand clapping: the management of interaction in written discourse. *TEXT*, 15 (1): 103 – 127.

[23] Wang, H., Peng, A., & Patterson, M. M., 2021. The roles of class social climate, language mindset, and emotions in predicting willingness to communicate in a foreign language. *System*, (99): 1 – 12.

[24] Wu, X., & Yang, H., 2022. A comparative analysis of English for academic purposes teachers' interactive metadiscourse across the British and Chinese contexts. *Frontiers in psychology*, 13, 879713, https://doi.org/10.3389/fpsyg.2022.879713.

[25] Zawodniak, J., & Kruk, M., 2019. Boredom in the English language classroom: An investigation of three language learners. *Konin Language Studies*, 7 (2): 197 – 214.

[26] Zawodniak, J., Kruk, M., & Pawlak, M., 2023. Boredom as an aversive emotion experienced by English majors. *RELC Journal*, 54 (1): 22 – 36.

[27] 陈新仁,2018.言语交际者关系管理模式新拟.外语教学理论与实践,(3):5 – 12.

[28] 陈新仁,2020.基于元语用的元话语分类新拟.外语与外语教学,(4):1 – 10.

[29] 郭红伟,卢加伟,2020.教师课堂元话语多维功能对比研究.现代外语,(2):248 – 259.

[30] 姜晖,2020.基于人际关系管理理论的高校英语教师课堂元话语研究.外语学刊,(4):45 – 50.

[31] 李成陈,韩晔,2022.外语愉悦、焦虑及无聊情绪对网课学习成效的预测作用.现代外语,(2): 207 – 219.

[32] 李成陈,Dewaele, J. M., 2020.特质情绪智力及线上学习收获感对外语课堂无聊的预测作用. 外语与外语教学,(5):33 – 44.

[33] 刘宏刚,李靖,2021.外语学习无聊情绪研究:综述与展望.解放军外国语学院学报,(5):10 – 17.

[34] 吁思敏,2021.国际元话语研究 60 年文献计量分析(1959—2019).外语教学,(2):40 – 45.

《克里斯朵夫国王的悲剧》对
黑人独立政权的警示意义[*]

刘成富^{**}

摘　要：本文以加勒比地区马提尼克法语作家塞泽尔的《克里斯朵夫国王的悲剧》为研究对象，旨在从"文明互鉴"的视角对剧作中所反映的黑人独立政权问题进行反思。作为"黑人特质"运动的杰出代表，塞泽尔在弘扬黑人传统文化的同时，对民族独立之后的黑人独立政权表现出了忧虑。表面上看，这部剧作是对海地国王克里斯朵夫的讽刺与鞭挞，实际上对于加勒比乃至整个非洲黑人的独立政权都具有深刻的警示意义，其前瞻性思想直至今天仍然闪耀着人文主义的光芒。

关键词：塞泽尔；《克里斯朵夫国王的悲剧》；独立政权；警示意义

Title: The Warning Significance of "The Tragedy of King Christophe" to African Independent Regimes

Abstract: This paper takes the Martinique writer Césaire's *The Tragedy of King Christophe* as the research object, aiming to reflect on the African independent regimes from the perspective of mutual learning of civilizations. As an outstanding representative of the "Negritude", while carrying forward the traditional Black's

---

＊　本研究为浙江越秀外国语学院委托课题"非洲（裔）文学视域中的价值取向与文化诉求"（编号：2023FZDHQ01）、2020年度国家社科基金重大项目"非洲法语文学翻译与研究"（编号：20&ZD292）、江苏省社会科学基金课题"种族与阶级视域下的艾梅·塞泽尔戏剧研究（21WWD001）"的部分成果。

＊＊　作者简介：浙江越秀外国语学院非洲大湖区研究中心执行主任，南京大学外国语学院教授，研究方向为法语语言文学、中非关系。电子邮箱：lcf0011@sina.com。

culture, Césaire has expressed his concern about the Blacks' regime after national independence. It seems that the play depicts the King Christophe of Haiti, but in fact it has profound warning significance for the Caribbean and even the entire African countries. His forward-looking thought still shines with the radiance of Humanism today.

Key Words: Césaire; *The Tragedy of King Christophe*; Independent Regimes; warning Significance

近年来,加勒比法语文学引起了我国文学评论界高度关注。塞泽尔(Aimé Césaire,1913—2008)、法农(Frantz Fanon,1925—1961)、葛里桑(Edouard Glissant, 1928—2011)、孔戴(Maryse Condé,1937—)、夏穆瓦佐(Patrick Chamoiseau,1953—) 等一批黑人作家进入中国读者的视野(宋心怡,2023:104 - 117)。其中,塞泽尔是当之 无愧的杰出代表。除了在作品中歌颂黑人传统文化、反对法国殖民统治外,塞泽尔对第 二次世界大战后取得独立的黑人政权同样表现了极度的担忧。众所周知,1804 年,海 地独立。海地革命为非洲国家争取民族独立树立了光辉典范。但是,独立之后的海地 社会现实与其初的革命理想相距甚远。20 世纪 50 年代,弗朗索瓦·杜瓦利埃 (François Duvalier,1907—1971)上台后,背弃了竞选时的承诺,宣布"朕即国家",使海 地又重新回到了专制统治,上流社会与平民之间的矛盾日益尖锐。塞泽尔写道:"在海 地,我看到了本不该发生的事。作为一个独立的国家,海地比法国的海外省马提尼克更 可怕。那里的知识分子舞文弄墨,高谈阔论。但是,他们的所作所为其实跟老百姓并没 有什么关系。太可悲了。这样的问题可能会发生在马提尼克人的身上。"(Aimé Césaire,2002:56)20 世纪 60 年代初,亚非拉民族独立浪潮此起彼伏,塞泽尔预感到新 的独立政权可能会借"独立"和"解放"之名走向专制统治。他的剧作《克里斯朵夫国王 的悲剧》(*La tragédie du roi Christophe*)正是在这种情形之下诞生的。通过海地国王 克里斯朵夫想要建筑一座城堡的故事,塞泽尔为我们揭示了黑人独立政权可能遭遇的 危机。2008 年,塞泽尔与世长辞,享年 95 岁。马提尼克首府法兰西堡为他举行了国 葬,法国总统萨科齐亲自前往悼唁。2011 年,萨科齐在巴黎举行隆重的仪式,将其灵位 迎入先贤祠。从法国政府的这一举措中,我们可以深切地感受到塞泽尔的地位与影响。 相对说来,中国读者对其诗集《返乡笔记》及其"黑人特质"思想已有一定了解(刘成富, 2023:113 - 120),但是,对于他的《一场暴风雨》《克里斯朵夫国王的悲剧》《沉默的狗》 《刚果的一季》等剧作仍十分陌生。由于篇幅限制,本文就《克里斯朵夫国王的悲剧》对 黑人政权的警示意义作简要的分析。

1 国王的乌托邦理想与劳民伤财的城堡

在《克里斯朵夫国王的悲剧》中，塞泽尔为我们描绘了一个具有乌托邦理想的海地国王，这个国王叫克里斯朵夫。剧作中的滑稽可笑成分从一开始就深深地打动了观众。克里斯朵夫国王为独立后高枕无忧、缺乏远见的子民们感到痛心疾首，对于自己作为国王的使命更是忧心忡忡："啊！多么神圣的职位啊！我一定要负起鞭挞臣民的职责！在这个位置上，我一定要像个小学老师，举着戒尺来吓唬这个又懒又蠢的民族。"(Aimé Césaire,2000:86)因此，克里斯朵夫别出心裁地想出了一个浩大的建筑工程，他想让他的子民在建造城堡的过程中得到锻炼并从中获得自尊："必须抗拒自己的命运，抗拒历史，抗拒自然！一定要用我们的双手进行出其不意的还击！一定要流血流汗，进行坚忍不拔的抗争！这样的挑战多么激动人心啊！"(Aimé Césaire,2000:62)显然，塞泽尔从这个国王的身上看到了资产阶级贵族的特性(Nicole Zand,1967)，一种对后奴隶制时代的过分担忧："从国民意识来说，这些乌合之众算什么臣民啊！海地人啊，比法国人更可怕的是海地本身。这个国家的敌人，是民众的麻木不仁、厚颜无耻、无法无天、坐享其成的思想意识。"(Aimé Césaire,2000:29)克里斯朵夫国王的粗鄙行为及其古怪性格导致了悲剧的发生。这位国王想以建造城堡的方式来让他的臣民重拾尊严，应该说，这只是个幻想而已。这种超越历史范畴的幻想即使今天也无法实现，自然也就注定了克里斯朵夫国王在那个时代的彻底失败。克里斯朵夫曾是个军人，是个纪律严明、爱憎分明的人，凭借这一身份和性格，他最终成功地登上国王的宝座。但是，他的理想过于乌托邦，他对臣民的要求过于苛刻，他想重建的城堡意味着一种新的社会秩序。在他的内心深处，海地虽然独立了，但是人民对于"自由"的考虑还不周全，仍处于麻木不仁的状态。他甚至认为，长期遭遇摧残的奴隶一旦获得解放，就会游手好闲，就会走到"勤劳"的对立面：

> "听吧！达姆达姆鼓在夜间咚咚作响……我的子民们在尽情狂欢……日复一日……在每一个夜晚……野猫进入灌木丛，夜间游荡的坏蛋到了家门口，猎人带着猎枪、捕猎网、嘴套，躲在阴暗的地方。陷阱已经布置好，迫害者的罪恶近在咫尺，而我的子民仍然在尽情狂欢！"(Aimé Césaire,2000:60)

克里斯朵夫国王好大喜功，他不愿接受参议院代表佩蒂翁(Pétion)的建议："我不是个咬文嚼字的混血。我当过兵，是个助理剑术教练，直截了当地跟你说吧。(……)佩蒂翁，你以共和国的名义为我提供的是一种既没有里子，也没有面子的权力。"(Aimé

Césaire,2000:20)他对佩蒂翁抱怨道:"虽然议员们历经过磨难,但是这个国家和这些需要被保护的、被教化的、被教育的民众究竟需要什么,他们一无所知。"(Aimé Césaire,2000:23)在这位国王的心目中,国家和人民需要的是"自由"和"自治",而这种"自由"和"自治"与解放而来的"纯自由"并不是一回事:

> "他们需要的是自由,这是不由分说的,但并不是轻易得来的自由! 一定要有国家政权的存在。好好听我说,我的哲学家先生,一定要有某个东西的存在。有了这种东西,移民们才能慢慢地生根、发芽、开花,向世界散发出芬芳并结出累累硕果。"(Aimé Césaire,2000:23)

众所周知,早在 1959 年第二届黑人作家与艺术家大会上,塞泽尔就提及"自由"二字。针对托克维尔(Alexis de Tocqueville)有关 19 世纪安的列斯的奴隶解放思想,塞泽尔说道:"1848 年之前,在法国君权恐怖统治下的奴隶制横行的那个时代,涌现了一个又一个英雄豪杰。在这里,我想提及的是法国历史学家托克维尔。他赞同奴隶解放的原则,但对该原则进行了修正:'试想一下,如果我们在一夜之间将黑奴置于自由的境地,那将是一场巨大的灾难! 首先,对于黑奴本人就是一场灾难!'托克维尔认为,奴隶必须有个尝试自由的时间,必须让他们处在一种具备将来某一天获得自由的心理状态。"(Aimé Césaire, 1959:119)

在这部剧作中,塞泽尔为我们揭示的是一种文化,一种被殖民的国家有意或无意地从殖民文化那里所继承的"恶"。他始终认为,一种文化常常凌驾于另一种文化之上。在这出戏中,海地城堡的设计模仿了法国宫殿,他身上颇具讽刺意义的那一面被表现得淋漓尽致、入木三分。国王秘书瓦斯蒂阿谀奉承地说道:"亲爱的国王,宫殿外形就应该这样,这才是文明!"(Aimé Césaire,2000:32)。

在克里斯朵夫国王即位仪式的那一幕中,塞泽尔对模仿宫殿外形的嘲讽达到了顶峰。通过滑稽可笑的场面,他影射了海地对诗歌所展开的大讨论。他给国王巧妙地安排了一句台词:"我认为要将民众的水平提升至文明程度(除了我,我觉得还没有一个人能够做到这一点),就必须让我们国家的精英发出声音。"(Aimé Césaire,2000:53)实际上,克里斯朵夫国王对社会现实早已麻木不仁,丝毫没有看出所谓国家精英阿谀奉承的嘴脸:

尚拉特(CHANLATTE)
英勇善战! 热爱祖国! 激情四溢!
陛下,这就是我的诗神。
随时听命,自始至终,

这就是达荷美国王的巾帼英雄。

克里斯朵夫（CHRISTOPHE）

说得好！这就是一张精美绝伦的名片。（Aimé Césaire，2000：56－57）

在舞台上，御用诗人尚拉特对国王阿谀奉承，还即兴创作了一首诗以表达崇高的敬意。那首法语诗的前几句是押韵的八音节诗，后面一节同样是押韵的亚历山大诗体，这正是旧王室钟爱的品位。诗句中有顿挫，顿挫将诗句一分为二。在这里，塞泽尔讽刺的是对欧洲文明的拙劣模仿，他要鞭挞的不仅仅是克里斯朵夫国王的形式主义以及朝臣们阿谀奉承的嘴脸，还有曲高和寡的法语古典诗体。后来，这一幕被宫中的疯子雨果安打断了。他从桌子底下爬了出来，咬了咬国王的脚踝，其目的是提醒国王要小心朝臣们的阿谀奉承。雨果安的这一咬，让台下的观众不由自主地想起奴隶制时期逃跑的奴隶被狗追咬的场景。同样，雨果安想以撕咬的方式来提醒国王，他本人以前也是个奴隶。从奴隶到国王，从国王到奴隶，高与低、贵与贱的滑稽变换使这部剧作具有了深刻的哲理意味。

克里斯朵夫国王觉得建造城堡要靠所有臣民的共同努力，当然这城堡也是为所有臣民而建造的。从民族尊严来看，这一城堡能够体现国王将建筑与教育合二为一的宏伟蓝图："对于被别人要求下跪的人来说，必须有个宏伟的建筑物来使他们站起来。"（Aimé Césaire，2000：63）在克里斯朵夫国王看来，这个集体性的浩大工程可以视为一个自我解放的进程，在塑造一种客体的同时也能够实现自我塑造。"干吧！子民们！（……）人人各司其职。属于你们的是劳动，是自由的劳动（因为你们是自由的人），你们是在为处于危难之中的国家而劳动。"（Aimé Césaire，2000：26）克里斯朵夫国王可能想要在创造属于奴隶们伟大作品的时候，也能塑造那些已被解放了的、摆脱了殖民压迫的奴隶。他觉得通过这一宏伟的建筑，他的子民能够从中获得尊严。城堡就是这样一种建设性工程。他的计划是通过城堡建造来锻炼并塑造他的子民。然而，事与愿违，城堡的建造带来的是消极被动的劳动者。

2　二元对立的阐释空间：顺从与反抗

《克里斯朵夫国王的悲剧》中的思想性表现在诸多方面，其中最为突出的就是文字游戏。法语单词"起来"（debout）和"泥浆"（de boue）这两个同音词被赋予了新意。在这部作品中，巍峨的城堡及其高耸的位置给我们留下了巨大的阐释空间。城堡坐落地面，但竖立朝天，至少给人两个意象。"竖立"意味着反抗，"地面"意味着饱受压迫。但是，在巴什拉（Gaston Bachelard）的眼里，"地面"可以表示逆来顺受，也可以表示奋起反抗,这主要取决于物质的状态。如果是软的,那就意味着逆来顺受;如果是硬的,那就意味着奋起反抗(Gaston Bachelard,1948:24);"软蛋佩蒂翁"就是个典型的被认为是消极的且有损自身形象的绰号。在塞泽尔源于大地的作品中,"软的"意味着逆来顺受。"泥浆"(boue)摸起来是软的,象征着一种凄惨的甘于屈服的物质。如果说这种软的、没有固定形状的或一无是处的东西有问题,那么就必须对它进行打造,以便使它站立起来并耸入云霄。聪明的读者发现,诗人巧妙地采用了谐音来遣词造句,使处于水平的、毫无生气的、被蔑视的"泥浆"变硬并"站立"起来:

> 坐着的黑人
> 出人意料地站立了起来
> 站立在底舱里
> 站立在客舱里
> 站立在港口上
> 站立在风里
> 站立在太阳下
> 站立在骨子里
> 站立着
> 　且
> 　　自由着(Aimé Césaire,2000:61－62)

"坐着"含有僵化和屈辱之意,是象征垂直和站立的对立面。"站立"意味着自由和反抗。城堡建于山顶,是用坚硬的石头来建造的。值得注意的是,城堡属于文化现象。克里斯朵夫国王想要实现人类智慧和才华。这是一座城堡,一种造福于人民以及千秋万代的防御性建筑。国王并不承认自己大权独揽:"这不是一座宫殿,不是一座固若金汤的用以保护私人财产的城堡。"(Aimé Césaire,2000:62)石材需要大家一块块地垒,根据建造城堡的集体契约,每个人都必须参与其中。国王认为,这是必须的,这种方式可以用来教育他的子民:

> "我们所有的人,我是说所有的、没有特殊例外的人都经历过流放、虐待、奴役、被集体贬低为畜生,受尽了凌辱与辱骂。(……)如果我们想要站起来,就必须知道我们究竟需要什么,我们需要的是有力的双腿,是张力十足的肌肉,是紧咬的牙关,是大脑! 是沉着的、冷静的、仁厚的大脑! 这就是为什么我们对黑人的要求要高一点:更多的劳动、更多的忠诚、更多的热情,前进,再前进!"(Aimé Césaire,2000:59)。

根据巴什拉的理论,有"上升"就必然有"下降"。与之对应的是,飞翔的欢乐总是伴随坠落的恐惧。从社会阶层来看,起初,克里斯朵夫国王只是个会做饭的奴隶,后来一路升迁,成了杜桑·卢维杜尔(Toussaint Louverture)的将军,再后来竟摇身一变成了海地的国王。这个暴君对晋升的恐惧不敏感,对当了国王之后的飘飘然也不甚敏感。这就使他具有了一种独特的性格,这种性格为他在戏剧末尾的挫败埋下了伏笔。克里斯朵夫国王的志向越高,他就越想提升子民的素养,也就越想通过权力来压迫他的子民。一个难以逾越的鸿沟在他与他的子民之间出现了。克里斯朵夫国王变得麻木不仁,因为他终日被朝臣们前呼后拥。他自以为被他的子民们拥戴着,然而,他与子民们之间的隔阂在城堡的建设过程中暴露了出来。

3 驱动黑人文化价值的回归

《克里斯朵夫国王的悲剧》讲述的是加勒比海地区海地一个国王的故事,主要人物不是黑人领袖杜桑·卢维图尔(Toussaint Louverture),也不是海地国父德萨林(Dessalines),而是大独裁亨利·克里斯朵夫(Henri Christophe)。这部剧作反映的不是安的列斯的一段历史,而是一则有关"去殖民化"进程中的充满寓意和警示意义的作品。海地人的遭遇成了非洲人民命运的缩影,塞泽尔曾直言不讳地告诉我们:

> "我为什么要选择一个小国的国王呢？首先是出于我内心的驱动,有一种想谈论海地的愿望;海地能回应非洲国家的独立问题(……)。'自由'是个好东西,珍贵无比。当我们对'自由'进行思考的时候,就会发现获得自由其实很简单,只要一点勇气而已。但是,获得自由之后,我们必须懂得接下来究竟要做些什么。解放是一件激动人心的事,但是明天常常具有悲剧性,这个问题始终萦绕在我的脑际。因此,我想把独立后黑人饱受摧残的问题聚焦在海地这个国家。"(David L. Dunn, 1974:9)

克里斯朵夫国王的悲剧就在于他所承受的重负最终压垮了他自己。在这部剧作中,塞泽尔采用历史现实主义的手法,为我们生动展现了一个君王所承受的社会责任及遭遇的失败。1959年,在第二届黑人作家与艺术家大会上,塞泽尔口中的"责任"一词出现的频率颇高。对于那些"独立了的"或正在进行"去殖民化"的非洲国家而言,"责任"一词成了那个时代备受关注的热点话题:

> "因为在殖民社会内部,让人民尝试自由的应该是知识分子。知识分子、作家、

诗人、艺术家要让他们社会的人民进行这样的尝试,因为在被殖民的情境下,创造性文化活动总是走在具体的集体性活动之前,因为这种创造性文化活动是一种对自由的尝试。"(Aimé Césaire,1959:120)

塞泽尔游历海地的时候,游历了克里斯朵夫国王的府邸,通过"道听途说"得出了对国王的第一印象:

"听说克里斯朵夫很荒谬,一天到晚拙劣地模仿着法国人。人人都这么说,真的。我也一样,我是个黑人,我们黑人都有这一习性,也就是"模仿"。其实,这并不是什么模仿,而是内心深处的一种顾虑,一种真实存在的焦虑,我想透过荒诞性来表现这一悲剧。《克里斯朵夫国王的悲剧》不是一出喜剧,而是一出真真切切的悲剧,是我们黑人的悲剧。究竟是什么让克里斯朵夫国王变成了这副模样呢?他建立了君主制,他想模仿法国的国王,想跟法国的国王一样身边被公爵、侯爵簇拥着,舒舒服服生活在宫廷里。所有这一切太荒诞了,在这种排场背后,在这个国王的背后,其实是一出悲剧。这个悲剧揭示了文明碰撞时的一个深刻道理,把欧洲奉若神明的人一定会遭遇冷嘲热讽,这出戏就是证据。"(Aimé Césaire,2005:57 - 58)

塞泽尔善于用一种大众化的戏剧艺术寓教于乐。"桑戈尔和我一直认为要跟大众对话,但是怎样跟他们对话呢?用诗来跟疯子对话是行不通的。一定要通过戏剧创作来揭露社会问题,要把我们的历史搬上舞台,让所有的人都能够理解。"(Aimé Césaire,2000:63)塞泽尔通过传统的戏剧跟大众进行了对话,通过戏剧的形式不仅给人民上了一课,而且给海地之外的、即将取得独立政权的人也上了一课。李建英认为,塞泽尔文学创作的目的就在于实现本民族文化价值的回归(李建英,2014:106 - 112)。跟《一场暴风雨》一样,他以大众化的戏剧形式生动地表达了后殖民主义思想(刘成富,2023:136 - 140)。相较于他的第一部剧作《沉默的狗》,塞泽尔在这部剧作中摒弃了合唱的形式,通过粗俗的人物形象将底层人的声音反映了出来。人民的声音主要安排在两个插曲里,这两个插曲将全剧自然分成了三幕,人民的声音不再用合唱的方式来表现。通过宫廷与农村场景的分离,平民与贵族的对立一目了然。就舞台的空间而言,这与《沉默的狗》中的大型监狱场面形成了鲜明的对比。对于海地南部的共和国而言,北部克里斯朵夫的王国已然是一个被分离开来的国家。当然,同样的分离也表现在语言层面。《沉默的狗》采用的是一种严谨的语言,而在《克里斯朵夫国王的悲剧》中则有好几种不同的语言。农民说的是克里奥尔语,宫廷里说的是法语。法语又被分成两种,一种是克里斯朵夫说的粗俗法语,另一种则是朝臣们说的礼貌法语。不同语言的出现意味着海地北部王朝的内部出现了分裂。

4 结语

综上所述,在塞泽尔的心目中,克里斯朵夫王国里的乱象并不是海地特有的。第二次世界大战结束后,这种乱象在广袤的加勒比地区和非洲十分普遍。从风格和题材来看,《克里斯朵夫国王的悲剧》看似一出喜剧,但揭示的却是残酷的社会现实。这出宫廷剧蕴含着极为深刻的警示意义。对于某些黑人来说,革命意味着抢占白人的地盘,革命获胜后,可以像白人那样踩在另一些黑人的身上,成为像白人一样的奴隶主。但是殖民者被赶走了,新政权的建立并不意味着苦难深重的被殖民者就能够过上自由幸福的生活。要肃清殖民文化的余毒并非一朝一夕。这部剧作写于20世纪60年代初,其前瞻性的思想发人深省、促人深思。

参考文献

[1] Aimé Césaire, 1971. Cahier d'un retour au pays natal. Paris: Présence Africaine.

[2] Aimé Césaire, 2000. La tragédie du roi Christophe. Paris: Présence Africaine.

[3] Aimé Césaire, 2005. Nègre je suis, nègre je resterai, Entretiens avec Françoise Vergès, Paris: Albin Michel.

[4] David L. Dunn, 1974(4). Interview with Aimé Césaire on a new approach to La Tragédie du Roi Christophe and Une Saison au Congo. Cahier césairien.

[5] Gaston Bachelard, 1944. L'air est les songes. Paris: José Corti.

[6] Gaston Bachelard, 1948. La terre et les rêveries de la volonté. Paris: José Corti.

[7] Nicole Zand, 1967. Entretien avec Aimé Césaire, Le Monde, le 7 octobre 1967.

[8] Krishnan, R. S., J. Michael Dash, 2001(1). The Other America: Caribbean Literature in a New World Context. International Fiction Review.

[9] 李建英,2014.论塞泽尔的诗歌创作.上海师范大学学报,(2):106-112.

[10] 刘成富,2023.加勒比海法语文学镜像中的文化身份.上海交通大学学报,(1):113-120.

[11] 刘成富,2023."文明互鉴"视域下的《一场暴风雨》.南京艺术学院学报(音乐与表演),(5):136-140.

[12] 宋心怡,2023.论安的列斯群岛法语流散作家文化身份的构建策略.外国文学动态研究,(2):104-117.

论《天堂》中的主仆关系 *

周和军　张云淼 **

摘　要:文章讨论《天堂》中的主仆关系。首先聚焦奴隶制作为主仆关系的思想根源与集中表现,探究非洲传统奴隶制与欧洲奴隶贸易对《天堂》中主奴关系的影响,随后对优素福与阿齐兹这一对主要人物之间的关系发展进行梳理与阐释,挖掘小说中各式主仆关系并进行阐释,揭示其等级身份与财富关系,最后对殖民体系下自由与奴役的主仆关系进行了探索,古尔纳意在揭示殖民体系与奴隶制度的畸形与罪恶。

关键词:《天堂》;主仆关系;奴隶制;殖民;穆斯林

Title: On the Relationship between Master and Servant in *Paradise*

Abstract: This paper analyzes the master and servant relationship in *Paradise*. Firstly it explains slavery as the ideological roots and manifestations, and discusses the impact of traditional African slavery and the European slave trade. Then it interprets the relationship between the main characters Yusuf and Aziz. It elucidates various types of master and servant relationships in the novel and reveals their social status and wealth. Finally, it explores the master and servant relationship between freedom and slavery under the colonial system, with Gurnah's intention of revealing the deformity and evil of the colonial system and slavery.

Key Words: *Paradise*; Master and Servant Relationship; Slavery; Colonization; Muslim

* 本研究是天津市教委社会科学重大项目"古尔纳小说中的'非洲性'研究"(项目编号:2022JWZD50)的部分成果。

** **作者简介:**周和军,天津外国语大学比较文学研究所教授。研究方向:族裔文学和西方文学。电子邮箱:594860111@qq. com。张云淼,天津外国语大学比较文学研究所硕士研究生。研究方向:族裔文学和西方文学。电子邮箱:402598073@qq. com。

1 引言

  《天堂》以少年优素福被卖为奴作为故事起点，又以优素福加入德国军队、逃离奴役生活为故事结局。古尔纳（Abdulrazak Gurnah，1948—）习惯将人际关系或人物身份作为小说的主要问题来建构叙事。人物围绕着权力中心构成不容置疑的等级结构，通过伦理、契约等合法化手段形成内化的主仆秩序。优素福、哈利勒、阿明娜作为阿齐兹的奴隶，不戴镣铐却插翅难飞，集中体现了其社会体制化的奴隶制与内化的奴役观念。《天堂》构筑了独特而又复杂的场景，以再现 20 世纪初东非社会的真实样貌。

  20 世纪初，一方面非洲土著奴隶制、穆斯林奴隶贸易与欧洲奴隶贸易正在消失，奴隶制度的式微结束了赤裸裸的奴隶贸易，但非洲复杂而深远的奴隶制传统却始终存在；另一方面欧洲人、阿拉伯人、南亚人、土著人之间的民族矛盾尖锐，种族歧视较为突出，构建起基于压迫的等级秩序，殖民体系进一步强化。《天堂》始终将人物置于压迫与被压迫的关系之中，主仆关系贯穿小说并且主仆意识支配着人物行为。

  小说中的主仆关系是奴隶制遗产与殖民创伤的具体表现，小说通过人物间的主仆支配关系直接表现种族歧视与殖民压迫，被奴役的非洲人成为故事的主角，在逆写帝国与重构历史中发出自己的声音。对主仆关系的书写即是对奴役与压迫的反抗，古尔纳揭示了殖民历史下非洲人民逆来顺受的奴性与无能为力的境况，通过优素福对奴隶身份的反思与对奴性的反抗展现非洲人民精神觉醒的历史进程。在个人历史与民族历史交织的叙事中，错综复杂的主仆关系展现了历史的复杂性，表现了东非历史中穆斯林文化、土著文化与殖民文化互相渗透的多重性。以主仆关系作为切口映射出 20 世纪初东非的社会样貌。

  古尔纳对主仆关系的描写能够直接展现殖民创伤，揭露殖民主义对社会关系与民族关系的毒害，反思殖民历史对非洲人民精神与心理的深层影响，优素福的奴隶生活既是个人化的独特体验，也是在 20 世纪初东非社会具有典型意义的殖民创伤体验。古尔纳通过描写主仆关系暴露出殖民社会的多重矛盾，展现出了他对被奴役被压迫的非洲人民的悲悯与关切。对奴性与压迫的反思、对殖民历史的逆写、对家奴制度与劳动剥削的讨论也体现了古尔纳对于后殖民背景下非洲社会仍存在的殖民遗毒与奴隶制遗产的批判。

2　基于奴隶制的主仆关系

《天堂》的故事发生于奴隶贸易结束与奴隶制废除的早期,"在非洲禁止奴隶制和奴隶贸易问题上,被强调的是在'(非洲)地区拥有广泛权力或势力的各国'的责任"(龚刃韧,2021:31)。工业体系的完善使得糖贸易等基于奴隶经济的产业边缘化,奴隶制成为制约欧洲进行商业殖民与资本扩张的重要阻力。德国要求在其殖民地推行废奴运动,但与此同时殖民者仍采用强制劳动、合约奴隶或其他剥削方式压榨非洲人民。奴隶制的废除带来的是变换形式的压迫,即奴隶制名亡实存。

古尔纳将奴隶制的话题多次引入角色的对话以展现社会对于奴隶制的一贯态度。"就像奴隶制时代。这不是正人君子的做事方式"(Gurnah,1994:89)①。"我说过我想杀人吗？或者让任何人成为奴隶？"(94)"政府不做奴隶贸易。是这些人在买奴隶,大人物是来阻止他们的。"(171)"我跟他们说谁也不能让我们成为奴隶。谁也不能!"(176)这些话语来自锡克教徒、穆斯林、欧洲殖民者、部落酋长,古尔纳一再强调奴隶制在非洲已经成为耻辱的历史,但是奴役的传统与奴性正如伤口痊愈后的疤痕,并未消失。

小说中一再用人物否定奴隶制正是强调奴隶制的遗毒与危害。越是强调奴隶制的缺席,越是能够体现集体记忆中奴隶制的牢不可破。古尔纳意识到了东非社会中的奴性思维深入骨髓,在土著、穆斯林、基督教三重奴隶制度近一千年的奴役下,奴隶制成为东非社会的文化秩序。法农在《黑皮肤,白面具》中也提到了非洲、欧洲的主仆关系以及奴隶制,"我希望我已经表明,这里的主人与黑格尔描述的主人有本质的区别。黑格尔的主人是互惠的,而这里的主人却嘲笑奴隶的意识。他对奴隶的要求不是认可,而是工作。同样,这里的奴隶无论如何也不能与那种迷失在对象中,并在工作中找到解放之源的奴隶相提并论。奴隶想要像主人那样。因此,这里的奴隶比黑格尔笔下的奴隶更不独立。在黑格尔的描写中,奴隶离开主人并转向对象。在这里,奴隶转向主人,放弃了对象"(Fanon,1986:220)。法农揭示了主人和奴隶只有在相互对立中才能确证自己。主人需要奴隶使他的特权合法化,同时,奴隶在对主人的服从中展开了他的主体性。主人和奴隶是一种相互依存的关系。法农指出了这种奴隶制传统根盘蒂结,成为一种思想潜意识。而在20世纪初的时间点上,欧洲奴隶贸易在法律与政策上的废除并不能使奴隶制与奴性思维成为历史。古尔纳不遗余力去描写社会对奴隶制的摒弃,却又浓墨重彩地刻画不戴镣铐的优素福,这更能体现奴隶制传统在人们的意识当中的根深蒂固。

---

①　本文 *Paradise* 引文均出自 Gurnah, A. 1994. *Paradise*. New York: the new press. 以下引用随文标注页码,不再一一说明。

古尔纳将穆斯林商队的雇佣关系描绘为主仆之间的压迫关系，体现着奴隶制带来的思维惯性。"如果不想要我给你们的屁股来上几棍，就最好给我打起精神。"（112）领队与雇工的互动反映出这种关系远非平等的契约关系，而是暂时的奴役关系，领队依靠威压与暴力维持商队秩序和提升工作效率。随着奴隶制的消解，这种暂时的奴役关系也同样展示出可憎的一面，"他把所有人都当仆人和奴隶一般对待。这种方式以前可能行得通，但现在谁都忍无可忍"（193）。社会对于奴隶制保持普遍反对态度，因此面对与奴隶制同构的雇佣奴役社会同样产生了排斥情绪，尤其是雇主与雇员都是非洲人而非欧洲人，都应是受压迫者而非施暴者。

以部落奴隶制、穆斯林奴隶制为代表的传统非洲奴隶制和欧洲奴隶贸易是完全异质的，它们是基于亲属关系建构的，奴隶被视为家庭的一部分。奴隶主通过伦理规范而非法律与暴力控制奴隶，利用伦理与责任约束奴隶的同时更是对奴隶主行为的规约。"一位19世纪的英国副领事甚至声称，世界上没有一个地方的奴隶待遇比摩洛哥更好……这种观点得到了19世纪一位著名学者的支持，他在一份专门研究他父母历史的手稿中说，他们的奴隶穿得'像自由人一样'，而且'衣食无忧'。"（Lydon，2007：393）

对于穆斯林而言，《古兰经》对主仆关系进行了明确的规定，要求穆斯林具有"乌玛"精神（穆斯林共同体或兄弟情义）。伊斯兰先知认为奴仆也是兄弟，衣食应与奴仆共享，仆人并不比主人卑贱，他们都是"真主"的仆人。古尔纳将这种基于人情与认同感的主仆观念植入阿齐兹的脑中，他根据穆斯林主仆观对待其仆人。

优素福、哈利勒与阿明娜是传统非洲奴隶制的代表。古尔纳用"rehani"（抵押）这一斯瓦希里词汇彰显优素福的身份。此处使用斯瓦希里语即是暗示此种关系为传统观念而非欧洲奴隶贸易的衍生品，将其视为基于穆斯林商业文化与奴隶传统的产物。持续出现的"十安那硬币"的意象暗示了古尔纳眼中奴隶制的本质：商品交易。"奴隶可能是卑微的田间工人，受压迫的仆人，受宠爱的妃子，代亲属，被排斥的社会群体，或者是一个现成的献祭对象。"（Osinubi，2009：26）传统非洲社会中妻子、儿女、亲属成员都可以是由交易获得的或被视为交易的对象，奴隶制被深刻嵌入社会秩序与商业活动中，而儿童是这种抵押与交易中的抵押物或买卖对象。卖儿鬻女这一行为既宣示着父母对儿女的绝对支配，也认为儿女有为父母分忧解难的必要义务，更隐含着父母只能通过卖儿鬻女来改善生活的无奈。主仆之间维持契约关系，一方自愿交出自由，另一方给予基本的人身保障，其中的担保与抵押往往是债务人无法履行债务，卖儿女为奴，以及对主人信任与忠诚的"美德"。

3 优素福与阿齐兹的主仆关系

阿齐兹采用传统穆斯林方式控制奴隶们：亲属化。优素福离开原生家庭，阿齐兹为使其适应新的家庭环境，为他安排哥哥哈利勒培养兄弟情义，将自己定义为义父，成为真正的"叔叔"。用亲情关系替换主仆关系，将次属群体变为首属群体。如此使得优素福能够重新建构身份，联系到新的共同体之中，既能够减弱离家的焦虑，又能获得自我的认同。值得注意的是，古尔纳将阿齐兹设计成了一个任意支配优素福的奴隶主的同时，又将其塑造成一个合格的义父角色，对优素福充满了信任与尊重。阿齐兹的形象立体圆满，使二人的主仆关系跳出了简单的对立对抗。

亲属化要求激发奴隶的责任感与亲情，产生信任的鼓励和伦理上的责任。这种主仆关系必须基于尊重与温情而不能像奴隶贸易般运用暴力，如前任店伙计穆罕默德便是一例，"有一天，因为数字出错，老爷抬手想打他，他就离开了"（204）。信任崩塌的时刻即意味着控制的失效。对哈利勒的控制鲜明展示了古尔纳对奴性思维的理解：一是对亲人的责任感。"如果没有老爷的许可他就离开，我就得再度被抵押，或者偿还债务。这是协议，也是荣誉的要求。所以她不会离开，而只要她不走，我就不走。"（232）二是激发对奴隶主的亲情。"你的阿齐兹叔叔去年娶了她。所以就像他是你的叔叔，他也是我的妹夫，我们是天堂花园里的一个幸福家庭。"（207）三是施加逃避责任的舆论压力。"她想走就可以走！这些年来有谁不让你走吗？……你在所有人眼中都会被谴责，这合情合理。"（232）

优素福对阿齐兹的态度有两次转变，首先是由冷淡与尊重转变为温情与怀疑，最后又由温情转变为怨恨。人物心理形成"不平衡——平衡——不平衡"的发展轨迹，由此引出优素福成长的阶段性变化。第一个转折点出现于阿齐兹的内陆之旅，第二个转折点出现在得知阿齐兹与阿明娜将结婚。

最初优素福不认可以阿齐兹为中心的等级秩序，至少在形式上保持着对阿齐兹的反抗。

经历了与阿齐兹的内陆之旅之后，优素福对阿齐兹的情感发生了转变。这种转变既是出于对阿齐兹认识的加深，又是基于阿齐兹对自己的重视。首先，是对老爷这一身份的服从，"优素福逐渐理解他们为什么尊称阿齐兹叔叔为老爷"（117）。其次，是阿齐兹与优素福互动的增多并委以重任。最后，优素福与阿齐兹的共患难建立了友谊。优素福在与商队的互动中不断适应"仆人"这一标签，阿齐兹也通过父亲式行为强化着优素福扮演的"儿子"这一角色。优素福被期望成为一个合格的仆人：谦卑、坚韧、驯顺、智慧，当他做出了符合期待的行为时会获得肯定。

优素福在逐渐适应奴隶的标签、熟悉全新的社会关系时，却从未对奴隶或仆人这一标签感到舒适，"'是仆人。'优素福说，体会着这种屈辱"（157）。"像他们所有人一样，陷在某个臭气熏天的地方，满腔的渴望，只是通过幻想寻求安慰。"（175）古尔纳将优素福设计成一个可圈可点的角色，能够用现代性的目光认识到奴隶制压制人性的罪恶特质。他在开始享受阿齐兹的奴隶这一身份带来的特权的同时，也认识到了奴隶本质的屈辱与不公，认识到对奴隶生活的安于一隅不过是自我安慰。因此在优素福逐渐进入奴隶这一身份的同时也激发起了他对奴隶身份更强烈的怀疑。

古尔纳赋予优素福的反思和批判的能力，体现在他的沉默与坚定上，这是隐忍的美德。阿齐兹又将其视为一种基于信仰带来的神赐，将其赋予宗教性，"他给了你一种天赋（gift）"（125），"也许他认为你受到了祝福（blessed）"（173），"可以用你晚上做过的梦解析一下"（181），阿齐兹眼中的美德使优素福获得了非同寻常的重视。让优素福在旅途中担负重任，这既是阿齐兹对优素福的恩惠，同时也使优素福承受更多的压迫。阿齐兹作为虔诚的穆斯林对于"祝福"与"天赋"的重视与被赐福者优素福奴隶的地位形成强烈的对比。

阿齐兹与优素福的互动日益增多，主仆之间的关系逐渐发生质变。随着内陆之旅的结束，发展至高潮。优素福对哈齐兹的依赖越发减少，阿齐兹对优素福的信任却与日俱增，优素福的自我意识逐渐觉醒。对阿齐兹而言，他坚信对优素福的驯化是成功的：首先是优素福与哈利勒关系的亲近，"阿齐兹叔叔的笑逐颜开，于是优素福明白这也是商人的意愿"（179）；其次是他相信优素福已经彻底融入全新的环境，"我的家就是你的家。我想，你知道这一点"（195）；最后是他始终能够保持从容余裕的姿态表明身份的高贵与强化自身的主人地位。

阿齐兹在坚信对优素福驯化成功的同时又明确意识到优素福某种程度的觉醒。"我看到你一直在观察我"（174），"你还让他有了异样的感觉。你一直在看他……他觉得你的目光深邃犀利"（194）。阿齐兹在赋予优素福重任的同时激发了优素福的自我反省与自我意识，开始进行怀疑与否定，而阿齐兹又通过优素福进行自我审查。但是阿齐兹无法对优素福的觉醒与质疑进行反制，相反阿齐兹利用这种"天赋"来对自己的行为进行矫正。这是主人对奴隶的进一步依赖，也是奴隶比主人更了解主人这一主奴辩证关系的引申。

阿明娜将与阿齐兹结婚和阿齐兹夫人对其的羞辱成为优素福觉醒的导火索，一方面他意识到阿明娜被迫与主人结婚象征着对自由的剥夺，另一方面阿齐兹夫人对优素福的肆意玩弄象征着奴隶只能接受奴隶主的摆布。优素福决定逃离，首先是对父母的再认识，"他不会认为愧对父母。多年前，他们为了自己获得自由而抛弃了他，现在他也要抛弃他们……他将创造属于自己的人生……感谢他们的'言传身教'，让他自主地选择未来"（234）。优素福选择放弃对父母的责任意味着阿齐兹利用奴性控制人性的手段的失效,建立在自觉与尊严的奴性基础上的秩序被自我意识觉醒所突破。

优素福最终的觉醒是其自身认知失调的集中爆发,优素福心理与行为上产生不可弥合的差异:他爱阿明娜,却必须让给阿齐兹。优素福觉醒的自我与奴隶身份的双重意识产生了初级偏常感[①],而对自己没有能力与勇气挑战阿齐兹产生的挫败感产生了更严重的次级偏常感[②]。优素福无法再从奴隶生活中获得意义与安慰,只能感到痛苦与焦虑。

最终阿齐兹在认为自己对优素福拥有绝对控制时选择告知优素福父亲已死这一事实。他认为优素福已经在这个人为构筑的新家庭中获得了足够的社会关系与生活机会,其身份也从边缘进入核心,他已经成为族群不可或缺的一员。再加上阿明娜与阿齐兹太太事件让他抓住了把柄——试图玷污女主人这一来自伦理上的重负,他不认为优素福能做出任何出格的举动,但"优素福却找不出继续为商人效劳的理由"(244)而选择离开。

4 衍生的主仆关系与等级秩序

欧洲殖民者运用军事霸权、文化霸权、商业霸权等试图控制非洲的一切。20 世纪初,东非作为殖民地,其身份处于从属欧洲的仆从地位,不平等的殖民体系造就了欧洲人与东非人的奴役与被奴役关系。一方面,随着奴隶制的瓦解,奴隶与奴隶主的关系转变为雇员与雇主的新型奴隶制;另一方面,欧洲人在各方面享有特权。古尔纳在《天堂》中着墨最多的就是如何使非洲人接受其仆从地位。首先,创造欧洲人的神话。"他曾经看到过一个欧洲人倒地而死,然后来了一位同伴,对他吹了一口气,他又复活了。"(72)文中大量运用不可靠叙事神化欧洲人,歪曲事实。传播神话是一种古老而有效的构建等级制的方式。其次,摧毁和瓦解非洲文明,输入西方文明。"他们会让这些年轻人唾弃我们所了解的一切,让他们背诵他们的法律以及关于世界的故事,仿佛那是圣言。当他们来记述我们时,会怎么说呢?说我们成了奴隶。"(87)西方殖民者对非洲实施愚民政策,让他们骄傲并乐于保持原始状态并限制他们的发展,效果不言而喻。"去桑给巴尔吗?在那里,连奴隶都维护奴隶制"(88),建立对于西方的依赖关系是殖民体系的一大基础,而文化依赖最为牢不可破。再次,商业霸权贯穿全书始终,阿齐兹代表的穆斯林商业贸易始终为欧洲人所钳制,处于贸易体系的边缘地位。最后,军事压迫既展现在查图村中到访的"大人物"的傲慢与强力,又体现在德国军队的气势汹汹,古尔纳揭示了

---

① 即人们认识到自身与他人的差异。

② 即人们对自己差异反应的评价,如因自身行为违背价值观而产生的负罪感与愧疚感。

西方殖民者通过武力手段征服和统治殖民地。

欧洲与非洲的主仆关系直接体现在人际关系上。这种主仆关系既体现在非洲人对殖民者的言听计从，又体现在殖民者代理人的暴力专制与特权上，他们对奴隶进行等级划分，以奴隶管理奴隶是殖民者的惯用伎俩，象征着一种体制化的压迫秩序。古尔纳塑造了一个欧洲人的雇工，"近看他，衣衫褴褛，散发着烟和动物粪便的味道"（77）。作者以此揭示此人身着雇工服装却依旧为奴隶身份。同时他的行为刻板而又充满攻击性，透过优素福的眼睛展现，"他眼里闪着诡异的光，显得愤怒而又可怕……那双眼睛悲不自胜，仿佛已经失明"（78）。"失明"隐喻着自我意识的丧失，身体的"仿佛失明"与心理的盲目是一体的，更象征着心灵的麻痹与思想的自我放逐。此人扮演着压迫者的角色，履行着压制非洲人的职责，因为是统治者的奴仆，地位高于常人，却在优素福的眼里显得可怜而无力。殖民者依靠暴力控制奴隶，奴隶的内部管理依靠恫吓，这种奴役关系脆弱而又无效，仅仅能够满足殖民者的控制欲望，"我们走吧。他的主人（原文为 bwana，即东非地区对上司的称呼，侧面证明此种雇佣关系与奴隶制的同构）肯定认为自己无所不有"（78）。

《天堂》中狗的形象引人深思。小说中的狗喻示着被殖民者驯化的非洲人民。狗作为驯顺与忠诚的象征，同时也是凶猛好斗的代表，其形象频繁出现。原因在于，一是狗对主人的"美德"与奴隶对主人的"美德"同构，狗的形象暗示着奴隶对于奴性的追求，优素福既践行着狗的"美德"，又恐惧与对抗狗的围猎，由此可见优素福具有的服从者与反思者的双重意识；二是狼人作为与狗伴生的形象同样多次出现，暗示着欧洲人的文化殖民，哈利勒所描绘狼人故事中"把他们当野兽养大，还教他们说豺狼的语言"（28），此故事暗示着殖民者的文化统治，"狼人"具备瘟疫般的传染性与遗传性更说明了文化渗透的迅猛与可怖；三是在讲述欧洲人的雇工后将欧洲人的走狗与狗并称；四是小说最后保护自己所食粪便的狗彰显了东非真实的境况，更指出非洲人内部竞争的残酷，古尔纳将"那些狗一看到吃屎者，马上就认了出来"（247），成为压垮优素福心灵的"最后一根稻草"，既说明优素福对当前生活无望的绝望，又反映出优素福对殖民体系下非洲被奴役命运的无奈。狗的忠诚驯顺展示了非洲人民奴性深重，狗的野蛮凶残与欺凌弱小显示了非洲深刻的内部矛盾与残酷斗争，而狗的食粪与护食也映射了贫瘠的现实。狗的形象隐喻了非洲在漫长的殖民掠夺下处于欧洲的仆从地位，非洲沦为殖民地之后，又成为盛产贫穷落后与暴力冲突的沃土。

古尔纳还强调了非洲内部的腐败问题。《赞美沉默》指出，非洲人民的内部斗争，"即使他们之间死伤无数，血流成河，也总是可以归咎于其他原因：奴隶制、殖民主义、基督教、欧洲教育，对他们自己的贪婪视而不见……"（Gurnah, 2016:10）。非洲内部的民族矛盾、种族问题、宗教分歧和区域冲突古已有之，西方殖民主义强化了矛盾与对抗，无论是殖民前还是殖民后，非洲从来都不是"人间天堂"，古尔纳将叙事的重点放在了非洲人的内部关系上,展现了不是奴役就是被奴役的极端现实。奴隶制并非源于种族主义;相反,种族主义是奴隶制的后果。

古尔纳还在小说中刻画了推崇诚实、守信的穆斯林商业社会物质主义的一面,财富的多寡决定着地位的高低,有产者与无产者的分化日益严重,"你们只有贱命一条,对别人毫无益处。他却腰缠万贯,财源滚滚"(112)。这种商业秩序构成的等级体系同样脆弱无比,随着商业被殖民者侵蚀,古尔纳描绘了最后一次贸易旅行的失败与阿齐兹身份的下降。殖民等级体系远比商业关系更为牢固。

因此《天堂》出现的众多社会等级关系中,最为稳定与持久的是以血缘为纽带的人身买卖关系和充满暴力压迫的殖民体系带来的权力关系。

5 超越主仆的自由

《天堂》的主仆关系中,自由并非奴隶从某人手中挣脱,不应是孤立的、片面的,而是真正从一切对自己生命与权利的宣称中挣脱。因此优素福随时都能逃走,但他却迟迟未动,这并非行为的延宕,而是自我意识从无到有的孕育。

古尔纳并未赋予故事强烈的悲剧性,小说整体节奏舒缓,通过优素福的一段段旅途构建故事,主人公优素福沉默而驯顺,读者随着优素福的旅行不断聆听角色们的故事,感受为奴的寄人篱下,体悟优素福的心理成长。以第五章为界,旅行结束后,故事节奏加快,矛盾激化,优素福的行动成为故事的核心,从旁观者变成了主导者。小说反复使用"旅行——成长——回归"的叙事结构,旅行的结束伴随着优素福自我意识的觉醒,对阿齐兹的祛魅、对夫人的反抗以及对阿明娜的追求集中体现了其自主性。古尔纳将"发现奴性——对抗奴性——摆脱奴性"的过程置于旅行叙事的框架之中,旅行的过程即是优素福怀疑自我、重新认识自我、渴望自由的过程,而最终旅行的结束预示着矛盾的爆发与追求自由的付诸行动,反思奴性并追求自由是小说的重要主题,这一主题贯穿于主人公优素福的心理与行为。

在叙事伦理上,古尔纳始终以讽刺的态度描写逆来顺受的奴隶哈利勒,角色们对以优素福为代表的契约奴隶往往表达同情与鼓励却缺乏行动的支持,小说营造出表面亲切和谐、事实上却冷漠压抑的社会氛围。大部分角色被塑造为畏惧强权、无力行动的弱者形象,所有人都恐惧德国人,除查图外的所有人都对阿齐兹言听计从,古尔纳赋予了德国人与阿齐兹支配一切的强权,肆意控制着故事的走向,德国人可以轻而易举地化解商队被查图囚禁的困境,而故事中一次次的旅行也就是阿齐兹的一条条命令。认识奴性并反抗奴性的主题既贯穿于优素福的个人经历,又体现在故事的整体建构之中,优素福的个人觉醒即是在对一系列奴性行为的观察与思考后产生的,摆脱强权压迫、克服奴性观念、获得真正的自由就是对"人间天堂"的美好向往。

哈姆达尼的对话展示了部分事实,"他们把自由当礼物送给我……谁跟她说过她有权这样做? ……自由不是他们可以夺走的东西。他们即使毁掉你,还是远远不能拥有你,就像你的出生一样"(223)。奴隶社会最重要的特点是将奴隶商品化,将人彻底异化,交易作为商品的属性也被赋予了动产奴隶。自由作为奴隶主的恩赐也意味着商品的再一次转手,如同资本家使用剩余价值带来的财富进行慈善。将人异化为商品,本身就是错误的,奴隶主从未能真正拥有奴隶,而只能宣称拥有奴隶。

如同中国现代文学一再出现的命题:个人觉醒却无法改造社会,对奴性与奴隶制残余的真正革除需要彻底的社会变革而非个人的超越性意识。《天堂》构建了一个权力永远都在对弱者宣示占有的世界,欧洲人宣称着商业贸易的合法与否,阿齐兹通过婚姻宣称对阿明娜的领有,查图宣称对货物的占有。殖民体系遵从社会达尔文主义,奴隶作为权力关系的底层永远处于受压迫状态,即使优素福从阿齐兹手中逃走,仍会被更强大的权力奴役。

"你这样不对,不该娶她。不该虐待她,她似乎一无所有。让她拥有别人,就像你拥有我们这样。"(241)古尔纳使用斜体强调小说中的奴隶们几乎未曾拥有任何物品,任何不被阿齐兹重视的人际关系都注定走向式微,即使阿齐兹并未对奴隶们进行物理的束缚,却依旧行使着剥削的职责。阿齐兹依靠优势地位创设规则与观念,宣示对人与物的占有,运用伦理与道德来制约奴隶的行为,优素福未曾占有任何东西,只是被灌输各种受奴役的观念。

因此无论前任店员穆罕默德离开时的两手空空还是优素福离开时的不名一文,都说明了奴隶除了自由以外空空如也,优素福的逃离既是对阿齐兹剥削的反抗也是对限制其自由的逃离,只有完全脱离促使其被奴役的社会才能获得完全的自由。

古尔纳在《遗弃》中描写了奴隶的解放。"这人一来就把种植园的奴隶都解放了,然后又把其中愿意领工资当工人的都雇了回来……其中多数获得自由之后就跑了,根本不想工作……不过这些逃跑的工人又慢慢回来了,被我们安置在小镇往南一点的阿拉伯人的荒地上。"(Gurnah,2005:46)奴隶解放后并未改变奴隶生活境况,奴隶们身无长物也无处寻得容身之所,只能被迫回到曾奴役他们的种植园。强制劳动取代了暴力的奴隶贸易,借贷赎身又使奴隶们必须投入高强度工作。奴隶主自由的承诺仅仅意味着奴隶由契约奴隶变为负债苦工,奴隶制仅仅是剥削的一种形式,而殖民者拥有众多手段对非洲人民进行敲骨吸髓。因此优素福只有彻底摆脱被殖民的身份才能真正获得自由。古尔纳敏锐地意识到解放奴隶只是形式上的,如果不能改变殖民下社会的积贫积弱,真正的解放无从谈起。

小说中德国殖民者两次承担了解放奴隶的任务,一次是释放查图囚禁的商队,一次是优素福逃离,加入德国民兵。古尔纳将殖民者视为残忍与暴力象征的同时又赋予了他们"救世主"的身份,让他们扮演着无可置疑的权威。德国军队以残暴闻名于世,而加入德国军队即意味着受害者身份彻底的转变。"不受自由人的奴役了,反受起奴隶的奴役来了;本想争取过分的极端自由,却掉进了最严酷、最痛苦的奴役之中了。"(柏拉图,2018:309)柏拉图的话语发人深省,在这里只有极端的自由才能摆脱奴役,只有最严酷地奴役他人才能获得自由。这便是古尔纳为何让优素福加入德国军队作为故事的终点,作者是在暗示殖民体系中压迫与被压迫之间没有中间路线,优素福获得自由的方式便是获得压迫他人的权力,自由是依靠压迫他人的自由获得的。不成为主人,便成为奴隶,古尔纳通过这种极端的社会达尔文主义展现殖民体系与奴隶制度的畸形与罪恶。

6 《天堂》中主仆关系的审美考察

古尔纳以精湛的叙事和透彻的洞察,使主仆关系既成为展示小说主题、人物成长以及社会背景的重要载体,又是推动叙事的中心主题,呈现出一种独特而深刻的审美形态。我们对不平等权力结构下的等级秩序、非洲内部种族歧视、民族间的压迫与奴役、审美距离、审美意蕴等问题进行了考察。

对等级秩序的否认。在内陆之旅中,《天堂》全面展现了优素福对以阿齐兹为代表的等级秩序的否认:一是体现在称呼上,"他无法让自己称阿齐兹叔叔为老爷(seyyid)"(32)。二是体现在厌恶亲吻阿齐兹的手这一表示地位的行为上。"看到哈利勒在最后一刻对阿齐兹叔叔的手亲了又亲(原文为 slavering,即垂涎与渴望,暗示着哈利勒作为"slave"的行为),似乎只要有机会就把它全部吞下去,优素福不禁感到羞耻"(55)。三是体现在对讨好阿齐兹行为的漠视,如不学习阿拉伯语。他对奴隶生活并不认可,阿齐兹的驯化也不算成功,"他只是路过"说明了阿齐兹此时的状态,而"优素福到达几个月后——他教会了自己不再记时间……一旦对日子不抱期待,一日就可以像一周那么漫长"(33)说明了优素福的状态。此时的优素福将作为家庭抵债的抵押物这一事实作为生活的意义,他的奴隶生活即是以身偿债,并无其他意义,因此他保持着静观的态度,并不融入阿齐兹家的生活。优素福沦为奴隶这一事实造成了心理的不平衡,由此触发了其自我保护机制,通过否认阿齐兹的主人身份,否定这种等级秩序。

对非洲内部种族歧视的揭露。非洲的不同民族始终固守种族中心主义,视自己民族为优等,歧视其他民族,建立一种单向的等级身份。种族歧视发展到一定程度产生了相互歧视的现象,哈利勒最初称优素福为"愚蠢的斯瓦希里小子(stupid Mswahili)"(44),众人对卡拉辛加的歧视,土著认为穆斯林愚蠢,而穆斯林视土著为野人,提起印度人领队,穆罕默德始终保持愤怒。不同种族不同区域拥有独特的民族歧视结构,贸易与旅行便是将这种歧视付诸实践的方式。民族矛盾集中体现在内陆之旅上,领队穆罕默德对土著人始终怀疑与厌恶，土著人对商队的态度各有不同，而虐打向导、与查图对峙直接演变为流血冲突。《天堂》展现了一个多元而混乱的东非社会，各种民族与势力互相交织却互不相容。在欧洲人的统一压迫下，各个民族与区域绝非铁板一块，而是维持着历史惯性，保持着原有的内化了的种族歧视，将其他民族视为低于本民族的野蛮人。

对民族间压迫与奴役的展现。身为奴隶主的阿齐兹却崇尚民族宽容（EthnicTolerance，或称族群宽容），这是由他穆斯林商人的身份决定的。阿齐兹作为虔诚的穆斯林遵循先知的教诲，反对种族歧视。因此在优素福的叙事中展现了阿齐兹的民族宽容，暗示着古尔纳具有的反种族主义的伊斯兰思想。但叙事中严重的种族歧视往往将反对的声音淹没，如查图将一切苦难与罪恶归咎于穆斯林商队与奴隶贩子，阿齐兹与领队的辩论都反映出反种族歧视力量的脆弱。查图甚至要求阿齐兹的商队偿还他们从未见过的"兄弟"的债务，这是对穆斯林"乌玛"精神的挑衅。古尔纳一方面将穆斯林商队视为沟通与交流的桥梁，另一方面又将极端种族主义者领队穆罕默德作为商队的核心。而小说中象征着宽容与克制的穆斯林商队在一系列冲突中处于劣势地位，体现了殖民背景下矛盾的不可调和与种族主义的根深叶茂，平等的交流与沟通难以为继，民族间的压迫与奴役成为历史主线。

审美距离的构建。主仆关系在审美上构建了一种距离感。优素福作为仆人，始终处于被审视、被凝视、被规训的地位，他的生活、思想、情绪都暴露在阿齐兹的目光之下。这种审视、凝视不仅是对优素福个人空间的侵犯，也是对他主体性的剥夺。小说通过这种凝视与被凝视的关系，构建了主仆之间的审美距离，使得优素福的形象更加鲜明，也加深了读者对主仆关系复杂性的认识。此外，古尔纳在小说中采用了多种叙事技巧来构建审美距离。他通过回忆、倒叙等手法和嵌套式的叙事结构将过去与现在交织在一起，构建出一个跨越时空的故事世界，这种叙事结构使小说在时间上呈现出一种非线性的特征，使读者在阅读过程中能够感受到时间的流逝和空间的变迁，将主仆关系的不平等融入其中，增强了叙事的层次感和丰富性。

审美意蕴的升华。《天堂》中的主仆关系具有重要的美学价值，并使其审美意蕴得以升华。《天堂》不仅仅是一部成长和爱情小说，12 岁的优素福离开父母，一直处于"被设计"的境地，店铺伙计哈利勒告诉了优素福真相，他因父亲债台高筑被抵押给阿齐兹，优素福在被遗弃的恐惧中逐渐长大；因长相英俊被男性女性骚扰，心上人阿明娜又嫁给了阿齐兹，优素福一直处于被掌控、被安排、被交易的地位，种族歧视、阶级压迫、信仰矛盾、部落相残成为当时东非社会的常态，优素福最终实现了从被动接受到主动反抗的转变。这种反抗与成长的过程，既是对主仆关系的一种超越，也展现了东非人民在殖民统治下的苦难与抗争，表达了对社会不公不义的批判，同时也传递了对于自由、平等、尊严等人类普遍价值的追求。这种追求在优素福的反抗与成长中得到了升华，使得小说具有更加深刻的审美意蕴和人文关怀。

7 结语

《天堂》揭示了主仆关系的复杂性与多样性,既有传统的主奴关系,又有新型雇佣式的主仆关系,更有基于殖民与种族的主仆关系。各式主仆关系构成了这一时期东非复杂的人际关系,既反映了殖民时期东非社会的权力结构和阶级分化,也揭露了奴隶制与殖民统治的残暴本质,暗示着殖民体系必将崩溃与奴隶制度在现实政治、心理道德层面的积重难返。与此同时,穆斯林奴隶制、部落奴隶制与欧洲奴隶贸易在小说中互相交织又互相排斥,殖民体系与奴隶制之间又是若即若离,由此构成了更为复杂的社会历史现象。非洲文学中的奴隶制、臣属问题与美洲奴隶制、欧洲仆从制有鲜明区别,它的形成绝非仅仅受欧洲奴隶贸易与殖民体系的单方面影响,它是一种受到传统与殖民、本土与外来、约定俗成与法律法规、穆斯林与殖民者多重合力形成的特殊人际关系结构。

此外,《天堂》通过主仆关系的刻画,展现了小说冲突与审美张力。优素福作为奴隶,他的命运被阿齐兹所左右,但他内心深处对自由和平等的渴望从未止息。这种内在冲突与外在压迫之间的张力,构成了小说审美价值的重要组成部分。古尔纳聚焦底层人物的命运,书写他们在压迫与剥削下的生存现状。这种现实关怀和人文精神,使得《天堂》在审美价值和主题意蕴上具有了更加深远的意义。

参考文献

[1] Alexander, J., 2001. Islam, Archaeology and Slavery in Africa. *World Archaeology*, 33(1), 44 – 60.

[2] Fanon, F., 1986. *Black Skin, White Masks*. C.L. Markmann trans. London: Pluto Press.

[3] Gurnah, A., 1994. *Paradise*. New York: the new press.

[4] Gurnah, A., 2005. *Desertion*. New York: Pantheon Books.

[5] Gurnah, A., 2016. *Admiring silence*. London: Bloomsbury.

[6] Hall, B. S., 2011. How Slaves Used Islam: The letter of Enslaved Muslim commercial agents in the nineteenth-century Niger bend and central Sahara. *The Journal of African History*, 52(3): 279 – 297.

[7] Hodapp, J., 2015. Imagining Unmediated Early Swahili Narratives in Abdulrazak Gurnah's "Paradise". *English in Africa*, 42(2): 89 – 107.

[8] Lydon, G., 2007. Islamic Legal Culture and Slave-Ownership Contests in Nineteenth-Century Sahara. *The International Journal of African Historical Studies*, 40(3): 391 – 439.

[9] Osinubi, T. A., 2009. Chinua Achebe and the Uptakes of African Slaveries. *Research in*

African Literatures，40(4)：25‒46.

[10] Steiner, T., 2010. Writing "Wider Worlds": The Role of Relation in Abdulrazak Gurnah's Fiction. *Research in African Literatures*, 41(3): 124‒135.

[11] 柏拉图,2018.理想国.范晓潮,译.北京:中国出版集团,研究出版社.

[12] 戴建国,2004."主仆名分"与宋代奴婢的法律地位——唐宋变革时期阶级结构研究之一.历史研究,(4):55‒73＋190.

[13] 龚刃韧,2021.论跨大西洋奴隶贸易的废除及其原因.人权研究,(4):24‒47.

[14] 罗如春,2011.殖民主体与他者身份——主奴辩证法的嬗变.湘潭大学学报(哲学社会科学版),(3):104‒108.

[15] 佘诗媛,2023.另类殖民书写:《天堂》中东非沿海到内陆的生态研究.浙江海洋大学学报(人文科学版),(3):15‒20＋26.

[16] 朱振武,郑涛,2022.古尔纳《天堂》的隐喻叙事与殖民创伤.人文杂志,(6):67‒75.

十九世纪欧洲文学史的民族意识与跨国研究

——兼论勃兰兑斯的文学史观及对中国文学史的启示[*]

——兼论勃兰兑斯的文学史观及对中国文学史的启示[*]

张　振[**]

摘　要:18 世纪中后期欧洲随着民族意识觉醒和民族国家的建立,文学批评从个体的审美体验演变为具有民族意识的历史书写。在此基础上,19 世纪的欧洲文学史书写有两种取向:一方面,欧洲大陆的法国、德国和意大利分别建构了自身的历时性国别文学史;另一方面,丹麦的勃兰兑斯吸纳并超越了国别文学史的框架,构建了跨国式的共时性文学史书写范式。这两种取向对 20 世纪中国的文学史书写产生了深远影响。梳理和反思 19 世纪的欧洲文学史的宏大叙事,这有助于厘清中国文学史形成的历史脉络,对当代中国文学史的书写也有启示意义。

关键词:国别文学史;民族意识;跨国研究;勃兰兑斯;中国文学史

Title: National Consciousness and Transnational Studies in the Nineteenth-Century European Literary History: A Case Study of Georg Brandes's Literary History and its Implications for Chinese Literary History

Abstract: Ever since the foundation of nation-states and the rise of national consciousness in the mid-eighteenth century in Europe, literary criticism has changed its focus from self-fashioned aesthetic experience to a historical narrative with a peculiar focus on nationality and ethnicity. In addition, the nineteenth-century European literary history has two tendencies: on the one hand, France, Italy and Germany established their own national literary history with a synchronic view; on

---

　* 本文系国家社科基金艺术学重大招标课题"两个结合与中国当代艺术理论创新研究"(批准项目号:24ZD02)的阶段性成果。

　** **作者简介:**张振,男,博士,中国人民大学文学院讲师,主要研究领域是比较文学、世界文学、俄罗斯文学和艺术理论。电子邮箱:zhenzhang@ruc. edu. cn。

the other hand, Georg Brandes appropriated the national literary historiography and constructed a transnational and diachronic one. These two tendencies have a significant impact on the Chinese literary historiography in the twentieth century. Mapping out the European literary history of the nineteenth century, we could have a better grasp of the historical development of literary history in China and its contemporary implications.

Key Words: National Literary History；National Consciousness；Transnational Studies；Georg Brandes；Chinese Literary History

文学写作以及文学史书写和欧洲民族意识的成型相互关联，互为蓝本。在文学写作层面，16 世纪法国七星派的兴起和杜贝里创作的《为法国语言辩护》(1549)为法兰西民族意识的觉醒奠定了基础。在文学史书写层面，19 世纪是欧洲文学史的兴盛期，国别文学史的书写进一步促进了欧洲民族意识的形成。进入 18 世纪中后期，在浪漫主义运动的推动下，以民族语言为载体和民族生活为蓝本的文学创作得到长足发展，在此基础上，文学批评也从文学家的主观审美体验转变为学者型的科学学术研究，国别文学史的书写也由此逐渐成形，为 19 世纪末 20 世纪初文学史学科的诞生奠定了理论基础。此时，欧洲各民族意识的觉醒和欧洲国别文学史的书写相辅相成，前者为后者提供了思想准备，而后者为前者提供了叙事框架。此后，在 19 世纪晚期也出现了超越国别文学史的跨国文学史书写。纵观 19 世纪欧洲文学史，一方面，国别文学史的书写偏重于对某个作家的创作构思、某部作品的艺术特色或者某个文艺思潮的特点在"历时性"的纵向历史坐标中进行剖析；而另一方面，跨国文学史的书写则倾向于把文学的本体放置在"共时性"的横向空间坐标中与同时代的作家、作品和思潮加以比较分析。这两种取向为 19 世纪欧洲文学史书写提供了张力和态势，文学、民族、国家、历史等问题在文学史的书写中得以交错融合。本文首先整体梳理 19 世纪法国、意大利和德国历时性国别文学史书写的兴起及其与民族意识之间的张力，其次具体分析勃兰兑斯《十九世纪文学主流》中确立的共时性文学史观对于国别文学史书写的吸纳和超越，最后简要阐明西方 19 世纪文学史书写对当代中国文学史书写的启示。

1 历时性的文学史书写：十九世纪欧洲文学史书写的兴起与民族意识的确立

在西方，文学虚构与历史事实之争可以追溯到亚里士多德在《诗学》中关于历史与诗的表述,"诗是一种比历史更富哲学性、更严肃的艺术,因为诗倾向于表现带普遍性的事,而历史却倾向于记载具体事件"(亚里士多德,1996:81)。亚里士多德在哲学上为诗的辩护颇有道理,可是事实上,文学虚构与历史书写之间的边界长久以来并不清晰。史诗通常是基于对真实历史事件的虚构,而历史叙事中又囊括了虚构与想象的成分。然而,这种对历史的看法与现代意义上的历史书写或者历史学截然不同。历史要么是作为文学虚构的原始材料存在,要么是对于孤立的历史事件的客观记录。在18世纪末19世纪初之前,欧洲的历史书写者较少在历史中寻找到某种"进步"或者"发展"的规律。经历了启蒙思想的扰动,人的理性可以独立于神而存在,欧洲这种恒定的历史观有所松动,人类反观自身书写历史成为可能。而历史真正成为一门科学是19世纪最后几十年的事情,法国文学史学者孔帕尼翁指出,"在19世纪后半叶特别是其最后25年间,历史却成了一门科学,它从文学中脱身,上升到真正的科学之林……"(孔帕尼翁,2023:26)。历史学以其扎实的实证研究和清晰的叙事框架在各科学学科中独树一帜,具有强大的说服力。作为现代科学历史学分支的文学史也崭露头角。法国、意大利和德国都出现了书写本民族的文学史著作。

1.1 丹纳和朗松的法国文学史书写:时代精神的文明史观 vs 艺术特质的文学史观

伊波利特·丹纳(1828—1893)和古斯塔夫·朗松(1857—1934)是法国19世纪两位著名的文学史家,也是法国文学史的先驱。两人在如何书写文学史上产生了一定的分歧,丹纳的文学史经典观与他的艺术哲学一脉相承,他关注的是产生艺术家和艺术品的外部因素,也就是孕育艺术这种灿烂鲜花下面的"土壤",其所处的"环境"。一直以来艺术家通常被看作"天才",其艺术品来自艺术家的某种无法解释的"灵感",然而在《艺术哲学》(1865—1882)这部讲演中,他挑战了长久以来的观点,他认为艺术家(包括作家)的创作并不是孤立地存在于世界之中,而是发生于更加宏大的总体之中,这种总体性有着层级结构,像是生物分类法中的物种的分类方法有域、界、门、纲、目、科、属、种那样,丹纳做了这样的比喻,"自然界有它的气候,气候的变化决定这种那种植物的出现;精神方面也有它的气候,它的变化决定这种那种艺术的出现……精神文明的产物和动植物界的产物一样,只能用各自的环境来解释"(丹纳,1989:48-49)。丹纳将艺术品划分为三个层级,首先,艺术品是艺术家全部作品的一部分,"人人知道一个艺术家的许多不同的作品都是亲属,好像一父所生的几个女儿,彼此有显著的相像之处"(丹纳,1989:43)。其次,艺术家的全部作品"隶属于同时同地的艺术宗派或艺术家家族"(丹纳,1989:44),"我们发现十来个优秀的剧作家……都用同样的风格、同样的思想感情写作"(丹纳,1989:45)。最后,更大的一个层级是"风俗习惯与时代精神",而这个层级是"决定一切的基本原因"(丹纳,1989:47)。由此可见,某个艺术品之所以能经得住历史的考验成为经典而进入艺术史书写的范畴，不仅仅是因为天才艺术家"妙手偶得之"，而是由艺术家的整体艺术观念、同时同地的艺术团体和时代精神共同造就的。

在文学史写作方面，在《艺术哲学》前一年发表的《英国文学史》(1864)之中，丹纳已经发展出类似的文学经典评价体系。在该书的导言中，丹纳提出了文学批评的科学方法，他指出作家的作品应该从三个方面加以解读：种族(la race)、环境(le milieu)和时代(le moment)。种族指的是"人来到这个世界上随之生而俱来的遗传特质，也包含伴随这种特质的性情(temperament)和身体结构(bodily structure)"(Taine，1910：422)，而丹纳所谈的环境既包括自然环境也包括社会环境，"人不是单独地活在这个世界上；自然包裹着他，其他的人包围着他……曾经一度是气候能达到这个效果"(Taine，1910：423)，比如说日耳曼民族的性格跟其周围的沼泽地、忧郁的森林有着千丝万缕的关联，而希腊和拉丁民族的性格受到了狂暴的海洋的影响；而社会环境包括所处时代的政治环境和宗教环境。当种族的性格和周围的环境具备的时候，这两种因素并不是在"白板"(tabula rasa)上发生作用，而是在有"印记"(imprint)的地方起作用。丹纳眼中的时代正是这样一种"能量"(forces)，类似于物理学上的势能，既有方向，也可以被测量，是一种"隐秘的创造性能量的合力"(concordance of creative forces)(Taine，1910：428)，这个隐秘的合力既创造了优雅的诗篇，也创造了劣质的作品，可是它在艺术家和文学家的身上留下了印记。在这里丹纳并没有深入探讨这种隐秘的创造力合力到底是什么，或者该用何种科学的手段加以衡量。可以说，丹纳关注的是不同文明的"道德观念"(moral history)和"心灵的律法"(psychological laws)，以及不同文明形态背后的"原始驱动"(primordial causes)，而文学作品之所以可以构成经典性，正是因为它呈现了国家或者时代引领的生活方式，而作家自身应和着自己的那个国家或者时代(Taine，1910：428)。

朗松的文学史书写方法和丹纳有所不同。他不同意丹纳仿效博物学的艺术史研究方法，而是呼吁文学史家应该开拓出一条属于文学史自身的书写方式。在 1910 年 10 月 10 日发表在《每月评论》(Revue du Mois)上的论文《文学史方法》中，朗松批评了丹纳的艺术史方法，"最不轻信的人最有可能被科学的伟大发现冲昏头脑。我想到的是泰纳和布吕纳介……他们在仿效物理科学和博物学的方法，或者使用它们的公式时怎样使得他们歪曲或损毁了文学……文学史要想具有一点科学性，首先就应该避免滑稽可笑地模仿任何别的科学"(朗松，2009：13—14)。在具体该怎么写文学史，朗松强调借鉴严谨的历史学的方法对文学史料加以考据，"我们当然也跟历史学家一样，要翻阅大量手抄的或印刷的资料"(朗松，2009：5)。与此同时，朗松也强调要区别于一般历史学的强调客观性的研究方法，因为文学作品有着独一无二的个体性和美学特征。他指出，"历史学家处理的对象是过去——今天只能靠一些残存的迹象或碎片来再现的过去。我们的对象也是过去，但这是今日依然存在的过去：文学这个东西既是过去也是现在"

（朗松，2009：4）。文学史所关注的不仅仅是档案里的史实资料，而是某部杰作为什么可以打动人，"我们应该以与处理档案材料不同的方法去处理，应该学会在心中激起共鸣，来体会这些作品的效力"（朗松，2009：6）。一般的史学家可能不会去关心作品的美学、感情、形式等，而文学史家所关注的作家和作品是鲜活的、有感情的，也是有美学意义的。可以说，文学史家会去做文本细读，从而分析出为什么某部作品在某个时代可以称得上杰作，而为什么有些作品已经无人问津。文学家关注的是人，而不是历史事件或者历史进程。当然，朗松并不只是关注作家本人，不是把文学史写成了作家的个人传记，或者个人的心理状况，他也把作家和作品放置在更宏大的环境当中，"一方面找出个性，指出他与众不同、不可略去、不可分解的那一方面，另一方面又要把一部杰作放回到那个系列之中，将这天才的作家看作某一环境的产物，某一群体的代表"（朗松，2009：8）。从这个角度来讲，朗松也是受到了丹纳的影响。朗松正是以这样的方式书写了《法兰西文学史》，也正是由于他的推动，文学史开始进入到大学的课程中。

1.2 蒂拉博斯基和德·桑克提斯的意大利文学史书写：多元文化史观 vs 单一国族史观

杰罗姆·蒂拉博斯基（Girolamo Tiraboschi，1731—1794）和弗朗切斯科·德·桑克提斯（Francesco de Sanctis，1817—1883）是意大利历史上最著名的意大利文学史编写者，两人都编写了《意大利文学史》（*Storia della letteratura italiana*）的巨著，可是在文学家的选取和文学史书写的方式上两位意大利文学史之父可谓南辕北辙。蒂拉博斯基更偏重于多元的、复调的、文化的历史观，而德·桑克提斯的文学史更加强调语言的整体性，符合诞生不久的意大利国族的构建设想。

蒂拉博斯基出生在意大利的贝加莫，是一名耶稣会士，曾在米兰大学担任教授，后来在法兰西斯科三世·埃斯特公爵的图书馆担任馆长期间编写了经典著作《意大利文学史》，总共有 9 册，收录了从公元前 12 世纪的伊特鲁里文明开始，包括古希腊地区、罗马共和国和罗马帝国，之后意大利地方语形成，一直到 17 世纪末的意大利文学作品，后来又附上了 13 篇摩德纳地区的文学作品。这部作品花了 11 年才得以完成（1771—1782 年），是首部意大利文学史著作，开启了意大利国别文学史书写的先河。在 1787 年至 1794 年之间，其他学者在蒂拉博斯基的基础上编著了《意大利文学史》的第二个版本，总共有 16 册，为后来的意大利文学史写作奠定了扎实的基础。

蒂拉博斯基的意大利文学史书写更像是今天流行的跨国文化史的写作，与以国家为基础的文学史写作迥然不同，这与蒂拉博斯基所生活的时代密切相关。蒂拉博斯基并不是意图建构一种服从于国家的语言观和历史观，也不是试图构建国家体系中的某种机构或者组织，在他所生活的 18 世纪的意大利，这些概念还无从谈起。他所歌颂的是为意大利文化身份认同作出贡献的作者，强调的是亚平宁半岛上的意大利文明，而不仅仅是那些为了爱国主义唱赞歌的诗人。在这部百科书式的著作中，包含了用方言写作的诗人、众多的女性作家，还有现在被当作没那么重要的作家和文人。同时在所选用的题材方面也有着广阔的视野，在他的时代，letteratura（文学）这个词几乎包括所有付梓书面的写作，包括历史、法律、哲学、数学、医学、宗教学、图像艺术，还有众多的机构，包括学校、图书馆、研究机构和文化院，等等。可以说，蒂拉博斯基在构建一种意大利文化上的身份认同，而不是国家政治意义上的认同。他这种对于文化意大利的建构是对法国学派的文化史书写的回应。1733 年法国的莫尔学派出版了《法国文学史》（*Histoire littéraire de la France*），从高卢民族的视角重写文化史，试图从罗马历史中拯救出一条优秀的高卢民族的历史，甚至提出古希腊人是从古高卢人那里学习的哲学思想（Gazzola，2015：294）。蒂拉博斯基的文学史针对的是法国这个学派，试图在拉丁文化的继承权上为意大利民族著书立传。

如果说蒂拉博斯基的文学史是 18 世纪的经典的话，在蒂拉博斯基死亡后一个世纪问世，德·桑克提斯的《意大利文学史》（1870—1871）是属于 19 世纪文学史写作的经典作品。经历了浪漫主义熏陶的意大利民族国家意识已然觉醒，特别是经历了意大利统一运动（Risorgimento）之后，作为政治上统一的意大利对于梳理本民族新文学史的议题再次提上日程。德·桑克提斯书写意大利文学史的最初动机来自意大利的出版商穆拉诺（Murano），他被要求为意大利的高中准备一份文学教材。由此可见，该书跟蒂拉博斯基的文学史的著述有着完全不同的读者群，德·桑克提斯对于文学作品的处理充溢着说教的语气和国家精神的输入。这本书从西西里学派讲起，到他的同时代的文学结束，从演变的视角审视意大利文学的发生。贯穿其中的主旨思想是这些文学作品中的文学价值和精神价值，这种精神价值指的是黑格尔式的历史观，即将出现的有着自我意识、自我认知的国家精神。比如说，他认为意大利文学的高峰的代表人物是有着民族意识的诗人但丁，之后彼特拉克（Petrarch）已经被削弱，而 16 世纪和 17 世纪的阿里奥斯托的诗歌以及享乐文学、骑士文学中的意大利文学达到了最低点，这正是由于意大利政治上的衰败，被外族入侵，在 18 世纪中叶之后意大利文学又开始回升，直到浪漫主义时期，在诗人莱奥帕尔迪（Giacomo Leopardi）和孟佐尼（Alessandro Manzoni）的带动下，意大利的民族意识和政治意识才得以苏醒（Gazzola，2015：298）。德·桑克提斯使用了亚里士多德的三段论，中世纪文学出现了"命题"（thesis），在文艺复兴时代出现了"对立"（antithesis），最后在浪漫主义时期出现了"融合"（synthesis）。这里，文学史有着特定的发展方向和目的，在线性的发展路径后最终在民族国家的体系中达到了完美，似乎在此之前的所有文学家和诗人都是为了最后的时刻而活着，也因为这个时刻他们的作品才有了意义。除了文学史的架构以外，在文学作品的批评方面德·桑克提斯也立意鲜明。他把文学家分为主要作家和次要作家，同时对于文学作品中合时宜的（appropriato）和不合时宜的（inappropriato），他从不掩饰自己对某部作品的褒扬或批评。比如说德·桑克提斯对于意大利语写作的诗人充满了赞许,而使用拉丁语写作的彼特拉克无论如何也不可能和但丁相提并论;马基雅维利的爱国情怀也得到了极大的赞扬;文艺复兴时期的女性作家完全没有被收录到他的文学史之中。综上所述,德·桑克提斯的文学史是一部为民族主义书写的历史,为意大利国族身份的建构提供了蓝本。除此以外,德·桑克提斯注重作品本身而非作者本意为文学批评的目的,这契合了后来美国新批评派的思想,对于整个 20 世纪文学批评和理论发展产生了重要影响。

1.3 盖尔维努斯和舍雷尔的德国文学史书写:民族性历史主义史观 vs 科学性实证主义史观

早在 18 世纪末 19 世纪初德国哲学家赫尔德就已经提出了"德国文学"的概念,并且编撰了《当代德国文学之片稿》和《民歌集》等作品,施莱格尔兄弟也开启了欧洲文学史的研究工作,出版了《古代与现代文学史》(1815)等文学史著作。可是真正以日耳曼民族为立足点的文学史书写是从 1835 年之后才正式开始。德意志民族文学史写作的开端几乎可以精确到 1835 年至 1836 年之间,在这期间"德国学"(Germanistik)这门学科诞生了,在 1836 年出现了专门研究德国的刊物,由语言学家冯·德尔·哈根(1780—1856)主编的 *Germania*(《日耳曼学》),紧随其后,在 1841 年和 1846 年出现了 *Zeitschrift für deutsches Altertum*(《古代德国研究》)和 *Archiv für das Studium der neueren Sprachen*(《现代语言研究档案》)这两本重要的研究德国文学的杂志(Batts,1993:2)。在 1835 年,盖尔维努斯(Georg Gottifried Gervinus,1805—1871)的五卷本《德国人的诗意的民族文学史》(*Geschichte der poetischen Nationallitteratur der Deutschen*)的第一卷正式发行,这标志着德国民族文学史写作正式进入历史舞台。威廉·舍雷尔(Wilhelm Scherer,1841—1886)是继盖尔维努斯之后 19 世纪德国最有影响力的文学史家,1883 年出版的《德意志文学史》(*Geschichte der deutschen Literatur*)开辟了实证主义德国文学史写作的先河,为 20 世纪初期德国文学史的繁荣提供了范本。

盖尔维努斯不同于以往的文献派史观和以格林兄弟为代表的语文学学派对于文学的处理方法,他致力于建立一种以民族和时代特征为线索的历史观。与其说盖尔维努斯是在书写文学的历史,不如说他是在书写历史中的文学。他对语文学中对于词句修辞中细枝末节的研究嗤之以鼻,对于文献派史料的堆砌也不认同,更是与历史哲学学派的历史观迥然不同,他认为其所推崇的先验式、目的论的、有立场的书写方法背弃了历史学的视角,变成了哲学上的演绎。盖尔维努斯首次提出了"德国古典文学"的概念,他认为以歌德和席勒为代表的德国古典文学时期是文学发展的顶峰,因为他们最有民族性，他强调文学史写作的教育意义，"并非每页历史都是用于民族史的目的，如想使实践具有教育意义，就应叙至一个目标和歇止点"（王建，1995：20）。文学在古典时期达到了顶峰之后，也到达了歇止点，之后的文学所面临的是不可避免的衰落、政治的时代的开启。盖尔维努斯把欧洲文学分为三个阶段，古代、中世纪和近代（王建，1995：23）。古代的代表是古希腊文学，中世纪的代表是意大利文学，而近代的代表是德国文学。德国的文学也可以分为三个阶段，分别是宗教性、文学性和政治性，路德代表了富有宗教性的文学，歌德和席勒代表了文学的文学性，而在作者本人所生活的 19 世纪正面临着政治时代到来。

除了强调文学史写作的教育性之外，盖尔维努斯还强调文学史写作的现实关怀和政治意味。作为一名致力于发展德意志民族性建构的学者，盖尔维努斯并不把文学史的写作当成一个纯粹客观的科学研究，也没有把文学史当成写给学院内部人士的参考书目。他说道："我不愿为这一文学的从事者和渊博的内行写作，不愿为某个特殊阶层的读者写作，而是如果能够成功的话，为整个民族。"（王建，1995：24）文学史的书写不再是简单的史料的整理和堆砌，也不是像朗松那样对文本的艺术特质进行深入的细读和分析，而是从一名历史学家的视角，重新挑选文学作品中具有民族性的叙事，对历史进行加工。这也契合了他所说的"政治时刻"的到来，他的文学史是基于现实的考量，然后面向未来的预言，有着极大的开放性。这和席勒先验论的"完美"观念有着极大的不同，文学史的著述是为了推进建构未来某种具有政治性的民族政体，而不是回到某种先验的、悬空于历史材料之上的观念。

舍雷尔是一名德国的语文学家，也是著名的德国文学史家。与盖尔维努斯的强烈民族性历史观的文学史写作相比，舍雷尔更像是一名客观的文学评论家。他对于作家和文学作品的分析受到了丹纳的实证主义历史观的影响，对于历史中某一位作家的分析并不是仅仅对于他的生平、天才的艺术直觉加以分析，而是应该把他放置于他周围的环境和时代之中。作家的创作是在丹纳所说的三要素的"土壤"中生长出来的。古希腊人创作的悲剧是跟希腊的凄美的命运联系在一起的；中世纪的骑士文学是和普罗旺斯的政治风气息息相关。舍雷尔认为只有通过分析作品所处的历史和环境，才可能解读文本。舍雷尔的文学史文笔流畅、清新自然，可是这样的观点也导致他选择文本和作家的时候有点偏执，比如说他偏重分析历史上留名的大作家和有影响力的作品，而对于次要作家的关注度很低，常常一笔带过。他把德国文学史分为上下两卷，上卷包括早期日耳曼神话一直到腓特烈二世的文学作品，第二卷以歌德的死亡结束。在历史分期的处理上主要有以下几个阶段：古罗马时期的日耳曼民族及其境况；国家变换和墨洛温时期英雄史诗的起源和发展；加洛林时期的中世纪复兴；古高地德语时期；中古高地德语时期的史诗和抒情诗；宗教改革过渡期到路德之死（Hewett，1887：39）。尽管舍雷尔本人是一名天主教徒，这部文学史著作充溢着人文主义色彩，文学的创作时时刻刻影响着历史的发展。

除了科学实证的视角,舍雷尔的德国文学史中另外一个重要特点是使用了比较的方法。跟盖尔维努斯民族性的文学史不同的是,舍雷尔的文学史中国家的概念被淡化了,有着世界文学的色彩。在分析作品的时候,他常常把德国文学和法国、英国文学相比较,在比较的过程中寻找日耳曼民族的特点,可以说,在其中可以瞥见比较文学科学的萌芽。

2 共时性的文学史考察:勃兰兑斯的文学史观对欧洲国别文学史的吸纳与超越

在 19 世纪不仅在法国、意大利和德国的国内出现了国别文学史写作分量十足的著述,在国外也出现了全盘考察欧洲文学的文学史巨著。来自丹麦的文学评论家和文学史家格奥尔格·勃兰兑斯(1842—1927)的《十九世纪文学主流》(1872—1927)六卷本可以说是欧洲文学史写作的经典著作。勃兰兑斯的文学史观一方面吸纳了黑格尔、圣伯夫和丹纳的历史观和文学史观,另一方面,处于 19 和 20 世纪之交的勃兰兑斯也超越了先前的国别文学史书写的范式。作为一名来自丹麦的文学史学者,勃兰兑斯在吸纳英德法国别文学史书写的同时,也保有一种潜在的、未标明的旁观者视角以及展望未来的立场,构建了一种以欧洲为整体的共时性跨国文学史的书写范式。具体来讲,笔者认为勃兰兑斯的文学史观念有四个面向,分别是激进的文学史观、传记式文学史观和彼岸的文学史观三个特点。

2.1 激进的文学史观:进步与反动的斗争

《十九世纪文学主流》描述的主要是 1848 年之前英法德的文学史,勃兰兑斯用一句话总结了他的文学史总的论点:"文学主流……活动都为一个巨大的有起有伏的主导运动所左右,这就是前一世纪思想感情的减弱和消失,和进步思想在新的日益高涨的浪潮中重新抬头。"(勃兰兑斯,2017:1)在这里他把黑格尔运动的历史观念进行了"思想感情"的转变,而文学史的中心内容是"谈 19 世纪对 18 世纪文学的反动和这一反动的被压倒"(勃兰兑斯,2017:1),这种斗争的历史观贯穿了整个六卷文学史,勃兰兑斯把这六卷史书比作一个历史剧,这个剧中的作家在不同的程度上、在不同的层面上对 18 世纪的自由主义思想做了反动的斗争,而这种斗争在英国拜伦那里出现了转折,自由主义在希腊政治上获得胜利,最后在德国那里逐步地实现。

第一卷中的"法国流亡文学"开启了反动潮流的序幕,人权和进步虽然在 18 世纪已然诞生,可是观念毕竟需要时间才会得到人们的接受,而这些法国的流亡作家也的确受到了自由进步观念的影响，可是他们还是保留着"反动"的观念，"19世纪的晨曦照在他们身上，慢慢驱散笼罩着他们的奥西安式的雾气和维特式的忧郁。他们脸色苍白严肃……他们的忧郁引人同情；他们不能继续前一天的工作，而不得不疑虑看待那一天打下的基础，而且费力地把一夜的浩劫留下的碎片收拢起来"（勃兰兑斯，2017：181）。比如说夏多布里昂虽然在艺术上是进步的，他的《阿拉达》（1800）这部作品充满着对于自由的追求，可是他本人是一个笃信宗教的人，属于勃兰兑斯眼中的"反动者"。第二卷"德国的浪漫派"的反动因素有所加强，勃兰兑斯认为德国的浪漫派在"源头上就中了毒"，文艺上是"歇斯底里的祈祷和迷魂阵"，在社会方面是"私生活的关系，两性之间的关系"，在宗教上是无论这些作家在艺术上多么的进步和革命，可是一旦遇到宗教权威，总是"恭敬地伸长了他们的脖子"，最后在政治方面"取消人民思想自由的宣言"（勃兰兑斯，2017：11）。第三卷"法国的反动"描绘的是王朝复辟时期的法国作家向权威教派和正统派的低头，在分析雨果的反动时刻的时候，他写道："维克多·雨果天生善于表达每种流行的情绪，也比任何人更早觉察人们脑中的变化，看到在纪念之中拿破仑已变成一个传奇式的民族英雄，于是就在他的颂歌《万多姆广场圆柱颂》中，使自己成为怀念帝国伟大事件的喉舌。"（勃兰兑斯，2017：264）这幕剧可以说是反动浪潮最高耸的时刻，而在此之后出现了对这种反动的反扑，这就是英国的自然主义诗人。

第四卷"英国的自然主义"是戏剧的转折点，因为出现了希腊反抗土耳其的革命，而且英国青年诗人拜伦参加这场革命，自由的气息得以在政治上实现。勃兰兑斯认为自然主义是属于英国的诗人的，"无论是柯勒律治的浪漫的超自然主义、拜伦的革命的自由主义，还是司各特对以往时代的缅怀，无以不与为它所渗透"（勃兰兑斯，2017：11）。而这种属于英国民族的对于自然由衷的热爱，也导致了政治上的激进主义，这种独特的对于本民族土地、山川、动物、植物的热爱转变成了一种独特的"性格"，这一扫来自德国浪漫派和法国反动文人的风气，用作者的话说，"真正的欧洲文学产生了新的运动的，正是这种顽强地表现自己的特殊气质。只有英国人才敢于做出拜伦曾经做过的事，即独自抵抗从神圣同盟的源泉中涌出的洪流"（勃兰兑斯，2017：11）。第五卷"法国的浪漫派"讲的是法国1825年到1835年这十年的浪漫派的主要潮流，勃兰兑斯认为这个时期的作品是19世纪最高的艺术成就，这一代年轻人不经意地以其饱满的热情和对于人生生命的探究形成了一种风气，包括拉马奈、缪赛、乔治·桑等，这种风气传回到德国的时候最终在德国取得了胜利。这就是最后一卷"青年德意志"的焦点，在科策比被刺杀后自由主义被打压，而后的七月革命为德国的青年注入新的能量，黑格尔的哲学影响着这一代年轻人，他们一起为1848年的革命运动准备着。

2.2 传记式文学史观：作家的生平影响下的作品

勃兰兑斯也受到了圣伯夫的心理传记主义学派的影响。一方面作者分析作家的环境、时代和推动时代的进步运动,另一方面作者也从作家的生平来切入分析作品,仿佛作品的创作和作家本人的生活经历有着一一对应的关系。比如谈到司各特的作品中民族性抒情的时候,勃兰兑斯从诗人的家谱出发,似乎要从中寻找到某种关联,"真正的苏格兰人司各特作为一个民谣作家,特别欣赏描述他自己祖先或血族的种种功业的那些传说,而且在私人生活中表现出强烈的家族情感"(勃兰兑斯,2017:115)。司各特有一位不争气的兄弟,他一事无成,在西印度谋生,司各特从不提这个兄弟,也不接纳他,这种强烈的血族立场在勃兰兑斯看来也是有着反动意味的,"不惜向家族的祭坛付出代价如此巨大的牺牲的人,终于不能够成为有个性的诗人,并且在拜伦一出现以后便立即被目为诗坛老朽"(勃兰兑斯,2017:115)。这意味着作家和作品之间是没有分割的,一个不进步的作家无论作品是否显示着艺术性,作家本人也应该接受批评家的检视和评价。

2.3 彼岸的文学史观:作为指涉的丹麦文学

勃兰兑斯虽然写的是英法德的文学史,可是他的祖国丹麦并没有缺席,而是以比较的方式时而出现在这部文学史中。勃兰兑斯是在彼岸观火,可是心怀祖国。在分析德国浪漫派的反动的时候,尽管从进步—反动的两元视角来看,勃兰兑斯认为德国的浪漫派简直是最反动的存在,可是当和丹麦同时期作家相比较的时候依然有着强大的精神力量,"丹麦作家作为艺术家照例超过了德国作家,但是作为人,他们在精神方面远远落后于后者"(勃兰兑斯,2017:5)。比如说,"蒂克的一部中篇小说,奥尔巴赫的一部长篇小说,都包含着诗意的、哲学的人生观……反之,欧伦施莱厄的一部悲剧,安徒生的一篇童话,霍斯特鲁普的一个杂耍歌舞剧……即使富有诗意,也只是一个孩子的观点……根本谈不上人生道路上不断向前发展的世界观"(勃兰兑斯,2017:6)。勃兰兑斯不仅仅对于丹麦文学缺乏精神力量有所批评,而且对于丹麦文学的循规蹈矩、和谐平淡的创作也进行了批评,德国浪漫主义"精神病院"中有着各色的人士,尽管是反动的,可是他们对生活有着强烈的热爱。他认为丹麦文学中看似有着很强的艺术性、健康的生活,不过是因为他们"由于怯懦,由于缺乏艺术的勇气,才获得那种和谐的……我们小心翼翼地防止折断脖子,但我们也摘不到只在山巅和悬崖旁边开放的阿尔卑斯山的花朵……我们丹麦作家绝不像霍夫曼那样疯狂,但也绝不像他那样有魅力。他们缺乏迷人的强烈的生活,缺乏活力,但他们的作品清澈如水,朗朗可读"(勃兰兑斯,2017:8)。从勃兰兑斯对丹麦文学的批评中我们也可以洞察到勃兰兑斯的文学史观念,由于时代的限制,一个作家和作品可能是反动的或者是进步的,可是不能是平淡无奇的,应该具有"典型性"和对生活独特的感悟,这样的作品才会是文学史关注的焦点。

然而,勃兰兑斯的文学史观本身就很受他那个时代的局限,那种以"反动"和"进步"来看文学潮流和作家、以某个国家的环境来看作者,虽然具有戏剧性的冲突,具有浪漫主义的情感和魅力,可是这种传记式的文学史写作缺乏历史的实在感和学理上的说服力。尽管读者可以在这部文学史著作中看到丹纳、圣柏夫和黑格尔的身影，可是勃兰兑斯并没有对历史书写这个话题在学理层面的探讨，也少见引用同时代乃至之前的欧洲文学史家的观点和视角。作者也没有详细辨析进步和反动的概念，而这组概念很大程度上取决于某种政治立场。作者在写作时已经处于 20 世纪的开端，反观漫长的 19 世纪，作者以 1848 年为文学史这场戏剧的终点，排斥了 19 世纪后半叶出现的现实主义、象征主义乃至现代主义的文学流派，这样的历史观具有很强的政治倾向性，在缺乏论证的情况下显得有些武断。此外，这部著作的标题是"十九世纪文学主流"，可是对于在 19 世纪上半叶已然大放异彩的俄国文学只字不谈。即使从"反动"和"进步"的视角来看，俄国文学家对欧洲文学传统的继承和内化对于自身民族意识的形成具有深远影响，俄国的浪漫派理应是 19 世纪的文学主流中的一员。另外，从当今的世界文学史书写来看，这部著作难免有欧洲中心主义历史观的嫌疑。尽管勃兰兑斯谈及丹麦的文学，可是对于其他弱小民族文学的关注显得不足，对于同时期深受欧洲文学影响的欧洲殖民地的文学创作没有讨论。当然，勃兰兑斯并不是在写一部"世界文学"的历史，可是这种"反动"与"进步"观念的文学历史剧也是基于欧洲自身历史的演变逻辑，这种做法有把作为地方的历史经验普遍化、普世化的倾向，容易落入线性历史叙事的窠臼。勃兰兑斯眼中的丹麦文学学习的对象是德国的浪漫派，这间接地否定了另类现代性的可能。勃兰兑斯的文学史巨著的确具有时代的局限性，尽管如此，这部著作确是开辟了一种跨民族、跨国别和跨文化的世界文学史书写的经典范式，他对于浪漫派的褒扬以及人道主义取向为 20 世纪中国文学观念与民族意识的建立有着深刻的影响。

3 西方文学史书写对当代中国文学史的启示：宏大叙事的转向/回归？

19 世纪的欧洲文学史有国别性向跨国性转变的历史脉络，也有从强调民族主体性的历时性历史书写向整体性的共时性文学叙事演变，如此在民族、国家、文学和历史之间产生的张力为 20 世纪的中国文学史书写产生了深远的影响。勃兰兑斯的《十九世纪文学主流》这部著作不仅是首部以完整的形式翻译成中文的西方文学史巨著，而且也是迄今为止最受中国的文学批评界褒誉的西方文学史著作之一。20 世纪中国的三次翻译浪潮中都能找到勃兰兑斯的身影。比照欧洲 19 世纪文学史的兴起，20 世纪的中国文学史著述不仅仅是对于文学文本的个案研究或是实证论述，更是搭载着构建国族意识的宏大目标。面对法、意、德等欧洲大陆已然建立了强势的民族—国家的历史现实，20 世纪中国知识分子思考的是如何让积弱贫困的中国在世界的民族之林中站起来的问题。法、德、意的国别文学史会以强权者的姿态出现，而勃兰兑斯回看欧洲"浪漫派"

兴起的整体性论述以及他自身所处的"边缘性"时空坐标,恰恰契合了当时中国知识分子对于民族性建构的期许和弱小民族文学的追求。鲁迅早在《摩罗诗力说》(1908)中就有两次提到"丹麦评骘家勃阑兑思"(鲁迅,1981:88),后来在致徐懋庸的信中也给予《十九世纪文学主流》正面的评价,称之为"虽是人道主义立场,却还很可看的"(鲁迅,1981:303)。《摩罗诗力说》是鲁迅在日本留学期间书写的,处于中国之外日本的鲁迅也正如处于欧洲大陆之外丹麦的勃兰兑斯,他们参照的对象是欧洲浪漫派的文学史,而思考的问题却是相对"落后"的祖国的命运。鲁迅的世界文学史观也与勃兰兑斯类似,文中鲁迅分析了众多欧洲和俄国的作家后,他把拜伦的反抗精神作为"摩罗诗人"的"宗主":"摩罗之言,假自天竺,此云天魔,欧人谓之撒但,人本以目裴伦(G. Byron)。今则举一切诗人中,凡立意在反抗,指归在动作,而为世所不甚愉悦者悉入之,为传其言行思惟,流别影响,始宗主裴伦,终以摩迦(匈加利)文士。"(鲁迅,1981:66)

1936 年,韩侍桁完整地翻译了《十九世纪文学主流》的全部六册,是"五四"以来翻译的首部西方文学史著作。1958 年,人民文学出版社出版了韩侍桁修订的第一卷。20世纪 80 年代,人民文学出版社邀请张道真、刘半九、徐式古、江枫、张自谋、李宗杰、高中甫等翻译家重新翻译了这部著作。这三次翻译浪潮中目的有所不同:20 世纪 30 年代的翻译着重于民族意识的建构;50 年代的翻译是在整理中西方文化遗产的背景下完成的,整理资本主义文艺代表的 19 世纪文学遗产并且在此基础上进一步创造社会主义文化的需求;而 80 年代的重译则是看重勃兰兑斯史传记体的文学批评对于作家心理、人物灵魂的关注,以此反思之前的政治化、社会决定论的文学史观。对于 20 世纪的中国文学史来讲,勃兰兑斯的文学史带来了一个科学的文学史书写传统,中国自身对于弱小民族(丹麦)的认同,以及文学史书写对于建立民族意识、促进民族进步的重大作用。这部诞生于 19 世纪后期的著作在中国长盛不衰,是大陆高校中国文学一级学科中的必读书目,也是中国的外国文学研究者的案头书。今日我们重读勃兰兑斯的文学史观依然有着积极的现实意义。

如今,如此大部头的文学史著述已经不多见,这不仅仅是因为数字化的知识型百科已经充斥着网络的各个角落,像"世界文学史"这样的全盘性通史著作难免出现纰漏,也更是因为经历了后现代主义、后结构主义和后殖民主义洗礼的西方学界对于这种体系化、结构化、民族文学为中心的历史书写有了深刻的反思。

经历后现代理论的洗礼,碎片化、弱化逻辑和结构的叙事受到西方学院文学理论的重视。但是,一般读者却仍然需要有头有尾、有情节发展变化的故事。数年前,《哈利·波特》风行一时,就可以作为证明。在后现代理论热潮之后的西方学院也有回归世界文学史书写的呼声。帕金斯就对学院里的《哥伦比亚美国文学史》(1987)和《新法国文学史》(1998)等受到后现代理论影响的论文集式的、缺乏结构的文学史写作提出了质疑和批评,他指出:"这两部书的写作形式本身就是危机的证明,也证明了这种形式的写作不可能克服这一危机。百科全书这种形式从智力方面说来就有其缺陷。它对过去的事情的解释是零碎的,各篇之间可能解释不一致,而且也自认不足。它预先就排除了对写作内容有某一看法。因为它希求反映过去历史的多元性和异质性,所以就不去组织过去,也就在这个意义上说来,它不是历史。"(Perkins,1992:60)丹姆罗什也曾质疑杜索萨伊(Annick Benoit-Dusausoy)和吉·枫丹(Guy Fountaine)编辑出版的《欧洲文学史》(2000),他指出本书的目的是书写一部超越国别文学史的欧洲文学史,可是结果却是"很难让人坐下来通读一遍……此书撰稿的 150 位作者相互独立、各自为政,结果显示出来的不是关联,却更多是互不相干"(Damrosch,2008)。2004 年在瑞典斯德哥尔摩召开了一个世界文学的会议后,张隆溪、丹姆罗什等十位来自不同国家和地区的学者经过充分讨论,邀请众多具体撰写的学者完成了一部四卷本的《文学的世界史》(Literature:A World History),在 2022 年正式出版。这部著作以充分的国际合作取代了不同学者各自为政的后现代文学史编写方法,来自美洲、欧洲以及阿拉伯国家、土耳其、印度等地区的学者分别对自身的文学传统撰文,文学的世界史领域真正地超越了西方中心主义。该著作的出版也预示着一种宏大文学史叙事的转向与回归。

如前文所述,中国的历史与文学有着与欧洲迥然不同的发展脉络。在后现代思潮席卷西方学院的时候,中国的学院并没有全盘接受过西方的解构主义。在社会现实中,中国依然处于中国式现代化的进程之中。中国或者说中华文明的延续性依然得到广泛的认同并且迸发着蓬勃的生命力,如今,西方学界也开始反思曾经盛极一时的解构主义,一个被解构掉主体的西方、国家、民族、历史、性别还剩下什么了呢? 这种解构是不是不经意间反而使人们更加的扁平化、去历史化,甚至是反智化、原子化,更容易变成了资本的奴隶呢? 曾经激进的解构主义对于欧洲中心论的批评、对于资本全球化的批评反而在今日发生了让人出乎意料的演变,消解掉了的国家不仅仅没有给人应许的个人自由,而是在自由主义的包裹下成为资本中的"剩余人口",等待着被剥削,而同时也为资本的再生产繁衍后代。

对于西方,中国是一个观察者,类似于勃兰兑斯之于丹麦,远观西方思潮的风起云涌,同时,中国也是世界的重要参与者,那么,中国的文学史书写需要以哪一种方式介入这个世界呢? 本文所分析的文学史著作都可以说是宏观的史学视角,无论是丹纳的三要素史观、蒂拉博斯基的文明史观和德·桑克提斯的民族史观,还是盖尔维努斯的民族历史主义史观、舍雷尔的实证主义史观、勃兰兑斯的激进的斗争史观,都是如此。我们是否可以以张隆溪等学者撰写的《文学的世界史》为契机,呼唤一种宏观文学史叙事的回归/转向来应对当前愈发分裂、碎片化的世界? 学者可以通过坦诚、充分的国际合作以及对不同文学传统深入、思辨的研讨加深对不同文明的宽容、理解和互通,最终通向人类命运共同体。这正是中国比较文学和世界文学的学者应该重点关注的话题。

参考文献

[1] David Damrosch, 2008. Toward a History of World Literature, *New Literary History*, 39(3): 481 - 495.

[2] David Perkins, 1992. *Is Literary History Possible?* Baltimore: The John Hopkins University Press.

[3] Giuseppe Gazzola, 2015. Return to Tiraboschi: On Italian Literary Canon Formation and National Identity. *Modern Language Quarterly*, 76(3): 285 - 304.

[4] Hippolyte Adolphe Taine, 1910. Introduction to the History of English Literature, in Charles William Eliot (ed.), *The Harvard Classics, Vol. 39: Prefaces and Prologues to Famous Books.* New York: P.F. Grollier & Son, 410 - 437.

[5] Micheal S. Batts, 1993. *A History of Histories of German Literature, 1835—1914.* Montreal: McGill-Queen's University Press.

[6] Waterman Thomas Hewett, 1887. Wilhelm Scherer, *The American Journal of Philology*, 8(1): 34 - 45.

[7] 安托万·孔帕尼翁,2023. 从福楼拜到普鲁斯特. 龚觅,译. 北京:生活·读书·新知三联书店.

[8] 勃兰兑斯,2017. 十九世纪文学的主流. 张道真,等,译. 北京:人民文学出版社.

[9] 丹纳,1989. 艺术哲学. 傅雷译文集(第十五卷). 傅雷,译. 合肥:安徽文艺出版社.

[10] 朗松,2009. 朗松文论选. 徐继曾,译. 天津:百花文艺出版社.

[11] 鲁迅,1981. 摩罗诗力说. 鲁迅全集(第一卷). 北京:人民文学出版社,65 - 120.

[12] 鲁迅,1981. 致徐懋庸. 鲁迅全集(第十二卷). 北京:人民文学出版社,301 - 303.

[13] 王建,1995. 论文学史作为历史:从盖尔维努斯的文学史观看近代文学史的形成. 国外文学,(4): 15 - 26.

[14] 亚里士多德,1996. 诗学. 陈中梅,译. 北京:商务印书馆.

身份构建的空间属性

——石黑一雄《上海孤儿》中的文化空间书写[*]

王　妍^{**}

摘　要：从石黑一雄小说《上海孤儿》的地景描写和文化空间特征进行解读，可深入探析具有双重文化背景的主人公班克斯在身份归属与心理焦虑层面上的动态变化，揭示他对纯粹的英国文化身份的向往、对上海租界理想家园的怀念以及为实现自我身份构建与周边异质文化的必要融入。该部作品中典型的文化地景表征与多层次的空间要素都有力地彰显了蕴含其中的丰富的历史、文化及社会内涵，值得深入思考与探究。

关键词：《上海孤儿》；地景描写；身份构建；文化空间

Title: Landscape Narration and Heterogeneous Cultural Space in *When We Were Orphans*

Abstract: From interpretation of the landscape description and cultural spatial characteristics of Kazuo Ishiguro's novel *When We Were Orphans*, we can deeply explore the dynamic changes of identity belonging and psychological anxiety of Banks, the protagonist with dual cultural background, and reveal his pursuit for pure British cultural identity, his nostalgia for ideal home of Shanghai concession and his attempt of integrating with heterogeneous culture in order to realize his self-identity. The typical cultural features of the landscapes and various spatial elements in this work strongly demonstrate historical, cultural and social connotations, which are worthy of

---

　　* 本论文是 2022 年度江苏省社会科学基金项目"石黑一雄小说中文化共同体思想研究"（编号：22WWD004）的阶段性研究成果。

　　** 作者简介：王妍，苏州科技大学外国语学院教授、硕导。主要研究方向：英美文学。电子邮箱：sophia-js163@163.com。

deep interpretation and exploration.

Key Words: *When We Were Orphans*；Landscape Description；Identity Construction；Cultural Space

1 引言

《上海孤儿》(*When We Were Orphans*，2000) 是石黑一雄 (Kazuo Ishiguro，1954—) 出版的第五部长篇小说，是其创作至今唯一一部与中国或者说东方国家直接相关的小说，以地域空间(上海)和人物身份(孤儿)命名的题目表现出强烈的空间意识和身份意识。石黑一雄首次聚焦移民族群在异质文化冲突下不断审视和确认自己文化身份的复杂心理历程的作品，其"移民"主题激起不同文化背景下的读者的共鸣，也获得文学界的普遍关注和认可，该部小说 2000 年出版当年即被提名英国布克文学奖。

地理景观是对制造这一景观文化的一种展示。因此，对一种景观的解读可以提供一扇了解特定文化的窗户(Sauer，1925)。由此可见，地理景观是具有文化和社会属性的。双重文化的成长和教育背景，非但没有限制石黑一雄的空间书写和地景选取，反而促使他跳脱出个人民族性的束缚，以更加国际化的视野穿梭于世界各地，展现东、西方文化碰撞、坚守直至交融的空间话语形态和其超越民族界限的人文关怀。《上海孤儿》沿用石黑一雄惯用的第一人称叙事和形式化空间叙事的艺术手法，将主人公班克斯在时空交错中的个人情感交织于历史真实与记忆梦幻之中，以此剖析现代性语境下自我与他者、个人与世界的关系。对具有东西方相互冲突的双重身份的班克斯来说，其成长和生活的空间地域在上海与伦敦之间往返，其身份归属和心理焦虑也与物理空间变迁紧密交织在一起，始终处于不断变化和重构的状态。

2 英国地景映射下身份构建的文化属性

对移民来说，与母国故土的空间分离造成他们与记忆或想象中的故乡日渐疏远是极平常的。《上海孤儿》中，自小出生并生活在上海租界的班克斯，与母国英国的空间割裂必然造成他对真正故乡的记忆缺失和适应困难。然而，小说的开篇便是班克斯对伦敦的一段地景描写："我喜欢伦敦的大小公园，喜欢大英博物馆静谧的阅览室……英国这个国家，就连如此著名的大都市中心，幢幢漂亮气派的房屋正面也四处可见攀缘植物和爬山虎，对此我赞叹不已。"[1]显然，母国的文化符号深植于班克斯的潜意识中，大英帝国的辉煌与骄傲几乎跃然纸上——众多美丽的公园、闻名遐迩的大英博物馆、"漂亮气派"且景致优美的民居，特意提及这些英帝国典型的地景，无不暗示出班克斯对母国文化的极力认同。紧接着，班克斯又对自己的住宅刻意作了较为详细的描述："租金不算高，房东太太却颇有品位，将它布置得优雅从容，令人想起逝去的维多利亚时代。客厅里整个上午阳光充足，摆放着一张颇有年头的沙发，两张舒适的扶手椅，一个古色古香的柜子及一个装满旧百科全书、纸张已经发脆的橡木书橱——所有这些，我相信，都将使任何一位来访者赏心悦目。"（WWWO：3）如巴什拉所说，"房屋是人的第一个世界，从房屋开始，人立即成为一种价值"（巴什拉，2009：8）。对极具英伦风格的住宅空间格局的赞赏再次昭显班克斯对维多利亚时期处于世界之巅的英国文化的崇尚，蕴含着他对自己本源身份的设想。尤其是他之后自己对住处的空间布置，"此外，租下这套公寓后，我立刻就到骑士桥街买了一套安妮王后茶具，几包上等好茶和一大听饼干"（WWWO：4），更是将其渴望融入英国主流社会、获得英国传统文化认同的迫切之情表露无遗。但是，值得注意的是，这两处空间描写里提到的"英国这个国家"和"租金"两个关键元素却清晰地揭露了班克斯"无根""无家"的飘零状态，既没有"我的国家"，也没有"我的家宅"，身处伦敦二十多年，班克斯在自己的母国依旧毫无归属感。

外部空间环境作为社会文化的载体，对主体的自我确认和反思的影响至关重要。在班克斯对初到伦敦在姑妈家和寄宿学校生活的回忆中，空间叙事主要以故事空间形式展开，没有具体和细致的地景描写，但反复提及"农舍""公地""阁楼""茶馆""乡村广场"等地点和场所。这些典型的传统英国田园风格的地景实则也是英国文化的符码，象征英国最强盛的所谓"日不落帝国"时期的富庶：饮食考究、建筑物和公共场所宽敞舒适。班克斯可以在农舍、公地独自上演在上海时与小伙伴哲一起常玩的侦探剧目，在乡村茶馆里与同学开心享用蛋糕茶点，欣赏窗外广场上的景色。小班克斯在这些地方获得些许美丽和自由的感受，也因为对空间的这种良好感觉建立起对自己身份的理解，认为自己已经成功融入当地环境："我记得自己可是完全融入了英国的校园生活"（WWWO：7）。然而，这种自我身份认同只是移民群体对空间迁移过程中的文化缺失、心理焦虑产生的防御式自我欺骗。在上海租界出生和成长的事实即物理空间先天性的区隔致使班克斯根本无法被伦敦文化完全接纳，他时时处处小心谨慎，唯恐显露出自己与周边格格不入的礼仪举止，在公地玩游戏时"由于充分意识到自己暴露在农舍的视线范围之内，做起动作来我总是缩手缩脚，小心翼翼，念台词也是压低嗓门——这与我和哲惯常的无拘无束形成鲜明对照"；但即便如此谨慎小心，姑妈却背地里议论"这种年龄

---

① 小说引文出自石黑一雄：《上海孤儿》，陈小慰译，南京：译林出版社，2011年，第3页。后文出自同一著作的引文，将随文标出该著名称英文首字母WWWO和引文出处页码，不再另注。

的男孩,老这么沉浸在自己的世界里,对身心健康不会有什么好处。他得学会朝前看"(WWWO:10)。对儿时上海租界的美好追忆,成为阻止他"朝前看"的障碍,也是他真正融入英国文化的最大阻力。

无论是外在英国自然地景还是内部英式家宅空间的描述都表征着班克斯对纯粹的英国文化身份的极端向往,而正是这种对所属民族和国家的天然归属感,促使生成并加剧了其身份焦虑。双重文化空间的经历和错置始终横亘于班克斯的文化归属的问题上,这种"异乡人"式尴尬的文化身份始终困扰着他,迫使大学毕业后努力在侦探领域小有名气和成就的班克斯辗转于各类俱乐部、酒店举办的各种宴会、酒会等时尚社交场合,以期释放自己的身份焦虑,更接近或更快融入英国主流社会,从而获取纯粹的文化身份认可。当时的伦敦"文化区"布卢姆斯伯里平和赫尔本的公寓成为成年后班克斯最常提及的地景,虽然他也并未对这些场所的空间布局进行具体细腻的描绘,但他反复强调的"高档酒店""大型宴会"甚至具体到"沃尔多夫酒店""克拉律治酒店""棕榈苑""多尔切斯特法式餐厅"等酒店、茶室或餐厅的名称,俨然是提供了英国高档消费地景文化最鲜明的符码。借助这些文化符码,读者可以轻易勾画出一副生动逼真的景象:在当时世界帝国中心伦敦,上流社会的各界达官显贵聚集于这些高档社交场合,满室的富丽堂皇、奢华尊贵、觥筹交错……而大英帝国的社交必须遵循严格繁复的礼仪,从饮食、服饰、谈吐到举止,无不是天然嵌入在这些高档酒会、宴会场所里的文化元素。通过频繁参加这些聚会,班克斯逐渐摆脱了起初"在查林渥斯俱乐部表现出来的局促不安",举止"越来越透出自信",直至"完全可以说我在伦敦的时髦'圈子'里占据了一席之地"(WWWO:17)。凭借这些地景描述和与之紧密关联的文化空间想象,读者和班克斯本人都相信他终于被英国文化所接纳和认同,甚至融入了主流社会,成为有一定话语权的权贵。然而,班克斯对自己身份地位的自信却遭到社交界"无人不晓"的交际花莎拉·海明丝小姐的无情打击。莎拉对他不但没有任何赞赏奉承,反而只有爱理不理的冷漠,这让班克斯突然意识到自己受到的吹捧也只是大多数人表面上对他著名侦探身份的虚伪庸附,并反省自己一直奋力做好侦探工作的初衷是"与罪恶作斗争——尤其是阴险狡诈、暗中为害的罪恶",而这个抱负"与在社交圈子里追求声望没有多大关系"(WWWO:19)。于是从此以后,班克斯开始远离社交界,潜心工作,并最终踏上返回上海之路,去探究父母失踪的真相。而小说中班克斯对英国生活的回忆在此处结束,对英国地景的描写也在此终止,故事空间和叙事空间随之转至上海。

弗雷德里克·詹姆逊(Fredric Jameson, 1991:100)指出空间的生产方式决定社会组织结构和文化根基:"我们的社会是由特定的空间意识决定的,空间是我们存在和文化的根基。"至小说的最后结尾处,班克斯重回伦敦,对伦敦地景再次作了刻意的描述:"我喜欢在公园里散步,参观各种美术馆和画廊,近来,我还虚荣心大发,经常到大英博物馆的阅览室翻看过去有关我破获案件的新闻报道,并且越来越热衷于此。换句话说,这个都市已经成为我的家。假如余生要在这儿度过，我不该有什么意见。"（WWWO：286）读到故事的最后，读者终于领会到伦敦才是班克斯内心一直想要依附和归属的"家"。"公园""美术馆""画廊"和再次提及的"大英博物馆"这些典型的伦敦地景，承载了班克斯对辉煌成就的缅怀和对英国文化油然而生的骄傲，对这些地景的描写也印证了班克斯身份构建的文化属性。

3　上海地景映射下身份构建的社会属性

班克斯在自己母国始终没有获得纯粹的文化身份认同，由此产生的身份焦虑令他自然转向了对更为熟悉的精神家园的追忆，即对其出生地——上海租界的回忆。特别要注意的是，班克斯出生地不是上海，而是"上海租界"。石黑一雄将故事设定在二战期间，更具体地说是中国境内淞沪会战时期的特殊历史语境中，对上海租界这个特殊存在的地景的选取独具匠心，以自己独到的国际化角度去解读地理景观更为深刻的社会意义。以空间批评理论的奠基者亨利·列斐伏尔（Henri Lefebvre，1905—1991）对空间特性考量的三个维度——物质空间、心理空间、社会空间（Henri Lefebvre，1991：39）为依据，《上海孤儿》中对上海地理景观的描写可归为三种形态："诗意化"的公租界区域，指在物理空间层面上，上海租界被抹去了战争景观的痕迹，而被塑造成一个物化的、意象化的以及理想化的安全港湾；"病毒化"的中国人聚居区，指在心理空间层面上，西方人想象中的中国形象是鸦片战争造成的全民颓废、低贱与肮脏；"对峙中"的上海，指在社会空间层面，石黑一雄深刻揭示了东、西方在政治、文化上的碰撞和冲突，强烈抨击西方社会"欧洲中心主义"的自以为是。

石黑一雄笔下的地景描写总能找到历史的痕迹及其对历史事件的深刻铭写。《上海孤儿》中描述的上海在遭受过 19 世纪英国鸦片贸易的侵害后，又在经历着世界大战和日本侵略的双重蹂躏。但是，欧洲殖民者却在这块饱受侵犯摧残的土地上建立了一片貌似和平安全的公共租界。而班克斯回忆和眷恋的并非整个上海，却正是当时由英国人占据并掌握话语权的"公共租界"，是当时上海所有人心目中的安全港湾，却不允许中国民众进入，被视为"外国人的城市"。在班克斯的描述中，他们在上海的家宅布置是纯英式的："在上海我们家的花园后面，有一座长满杂草的小山丘，上面长着一棵枫树……精心照料的'英国式'草坪，那一排把我们家和哲家花园隔开的榆树午后投下的影子；还有那座房子，一座高大气派的白色建筑，有许多厢房和格子阳台"（WWWO：49）。以班克斯和哲为代表的英、日等帝国的孩童可以在此自由玩耍："像我们这么大的小孩子居然可以到处乱跑没人管。当然，这仅限于在外国租界内，因为这里相对比较安全"（WWWO：52）。他们居住的租界内呈现的是一片安居乐业、歌舞升平的景象：汇中酒店的顶楼舞会上,铺着从电梯口"一路铺往舞厅的豪华地毯","头上的天花板很高,装饰着精美的枝形吊灯",正在上演"本城最棒的卡巴莱歌舞表演"(WWWO:140)。班克斯对上海租界地景的描述都是温馨美好的,在上海的居所被他称为"我们家"(实则是为英国公司所有),这反映出他对上海"故土"的喜爱和适应。然而,这些幸福美好也只是班克斯有选择的甚至是过度美化的记忆,是服务于他英国公民身份的优越感的。实际上,班克斯借助不可靠回忆叙事,掩盖了真实物理空间的很多客观存在,如班克斯对其上海家宅的补充描述:"我怀疑关于房子的回忆多半出于孩子的幻觉,实际上它并没有那么堂皇","这座房子归巴特菲尔-史沃尔公司所有,它意味着里面有许多绝对禁止我触摸的绘画作品和装饰品。它还意味着时不时地就会有一位'暂住客人'来我们家借宿"(WWWO:49-50)。这座被班克斯理想化的"高大气派"的房子只不过是英国公司为员工提供的普通公寓,在这里班克斯一家也没有得到完全的自由和私密安全。最为讽刺的是,在他们自认为安全稳定的租界内,班克斯的父母双双离奇失踪,租界的警察调查该失踪案十几年未果。所以,在这个连英国白人都保护不了的租界里,英殖民文化的影响正逐渐走向没落,对英国白人来说所谓的安全感不过是他们自欺欺人的精神自慰。尽管公租界这个安全港湾是班克斯在精神层面上的意象化追忆,但是不可否认,这里的物理空间满足了班克斯的身份感和安全感,是他理想的精神家园。

而与公租界的风平浪静形成鲜明对比的是,苏州河的北岸中国人居住的闸北区却炮火纷飞,一片混乱。班克斯和哲的父母都要求他们"绝对不可以进入城里华人区",因为"那里瘟疫肆虐,遍地污秽,坏人横行"。在哲的描述中,"华人居住区的真实情况比**传言**的更糟。没有一座像样的楼房,全是破旧的棚屋,密密麻麻紧挨在一起……到处是死人,苍蝇在他们身上嗡嗡直飞"(WWWO:52)。英国检察官对"尽数陷入烟枪中不能自拔"的中国人居住区的描述是"那里自然形成卫生条件差、传染病率高的状况"(WWWO:56)。因此,班克斯路过闸北区与苏州河相邻的道路时看到"河对岸拥挤低矮的屋顶"时"使劲屏住呼吸,生怕有什么恶性传染病会随着空气飘过狭窄的河道到河这岸来"(WWWO:52)。在租界外国人的"想象性"描述中,与租界仅一河之隔的闸北区是被战争和鸦片双重侵袭下遍地狼藉和疾病肆虐的地方,是集他们厌恶、鄙视、恐惧等各种情绪于一体的"病毒区"。战区的实际景观的确是炮火纷飞、断壁残垣和尸横遍野,但对战区地景的描述显然更多是被租界内外国人过度渲染过的"病毒化"的场景。从哲所说的"传言"二字可以看出,无论是班克斯、哲这些孩童们,还是检察官、班克斯父母等成人,都不曾也不敢跨过苏州河去目睹战区的真实景象,他们只是凭着对中国之封建落后、"东亚病夫"等形象的臆测去贬低并"妖魔化"中国民众。而成年后返回上海探寻父母失踪真相的班克斯被迫无奈进入战区的时候,目睹了中国军人与日军进行激烈对战和殊死抵抗的英勇,亲身体会到出租车司机等普通中国民众的善良和包容。石黑一雄巧妙地以班克斯"耳听"的间接信息与其"眼见"的真实情况之间的反差来抨击西方列强对中国形象无端进行主观臆想的傲慢与偏颇。

　　亨利·列斐伏尔(Lefebvre Henri，1991:26)在《空间的生产》中指出:空间是动态的标志时代变化的社会建构,空间生产除了作为一种思想和行为的工具以外,作为一种生产方法,它也是一种控制、主宰和支配权力的方式。因此空间是有社会性和等级性的,社会主导势力通过对社会空间施与一套严密的话语体系来规范社会成员的"空间实践"。租界内的国外移民代表强势集团的殖民帝国英国,在他们的内心深处,上海是被等级划分为相互"对立"的两个区域,展示作为构想的"空间表征"下的空间地理景观。公租界就是一个"权力异质空间",代表着大英帝国的荣耀、身份与地位。这里常举行的聚会活动很多都是政治性的,权势贵族大肆发表对当下实事、战争发展状况的看法与对策。因而,公租界是他们眷恋的安全温暖的精神家园,而租界之外的华人区则是他们鄙夷的炮火连绵的污秽之地。通过纳入和排除的空间分隔原则,中国人破烂、矮旧的居住区与建筑豪华、禁闭森严的租界形成了强烈的对比,构成二元对立的"殖民/被殖民"的空间秩序(何锦秀,2020)。石黑一雄对上海的地景描写恰如其分表现出个体与空间的交往都是建立在有一定地理限定、包含各种社会因素的空间中的,并非静态、均衡、同质的状态,而是与个体本身的各种空间行为密切相关。

4　异文化空间书写

　　从地景的选取与描写可以看出,《上海孤儿》的叙事空间不仅是一种简单物理空间的再现体,还表征社会空间变革的重要生产性的政治力量,更是石黑一雄叙述、分析和想象的新型转换空间,是异质文化想象的再现体。租界内的物理空间与社会空间都因居住人群民族的差异而带上多元化、异质化的特有色彩。班克斯对好友哲的家宅内部空间布置进行了颇为详细的描述,提到"众多的富有东方情调的画卷和摆设"与"许多西式家具"的混杂,而"最最稀奇的是哲的父母在房子顶层布置的两个日式居室的'复制品'……那些房间的门尤其特别;外面是典型的'西式',橡木贴面,铜把手闪光锃亮;而门里面却是完全的'日式',糊着由亮漆镶嵌图案、经不起一碰的脆纸"(WWWO:67)。这种异域地景"不仅构成了社会空间的单位空间,还体现了社会关系是如何通过物质空间呈现,换言之,空间是权力的载体"(张海榕,2013)。也就是说,租界内的各国人也不可避免被划分为不同等级,如日本民族在租界内只有占据间隙性空间的可能性,这一空间不能完全被其原本国家的传统所辖控,而是要与当时占有绝对话语权的英国民族的文化进行相互融合。这一新型空间打破了文化整体性,对依赖其"本原性"而具有权威的认同、对依赖其纯洁性而具有价值的文化概念、对依赖其连续性而具有有效性的传统,等等,都抱持强烈的怀疑态度(生安锋,2011:80)。在班克斯的孩提时代,也是大英帝国在公租界里叱咤风云的时期,他总是以高姿态指挥哲扮演游戏角色,嘲笑哲的英语发音不标准,处处彰显自己的骄傲与权威。然而,随着日本侵华战争的推进和权力话语权的转移,日本与英国在上海的殖民统治地位逐渐发生变化,尤其在租界之外的战区。为寻找失踪的父母,班克斯被迫离开安全的租界,进入中国人聚居区,不可避免地遭遇了残暴的日本军人,他顾不得大英帝国臣民的身份,竟然十分笨拙地开始学习诸如Tomodachi(朋友)等简单日语来讨好日本军人。此时,班克斯在英国、租界的上流社会制造出的"怀着远大理想"来解救上海、解救中国的自以为是的"救赎者"身份全面崩溃,标志着其代表的英殖民文化和西方文明走向没落。

离开了自己的本土文化语境,散居族裔在异质文化的交叠中极易丧失自己的文化身份,在不平等的混杂文化空间中陷入身份认同的危机。这导致他们必须努力寻求与所处空间的和谐,改变原本的文化习惯以尽量融入周边的异质文化,从而维持空间的文化延续性。幼时的班克斯在询问自己如何才能更"英国化"时被告知在租界这个各国人混杂的环境中成长,长成"汇集各国特点的混合人"是很正常和明智的。身处动态协商的混合文化中,租界内的各国人始终在改变自身文化内涵中构成要素的比例,从而在文化冲突和文化转换的交织空间中建构多质的文化身份。对于租界内聚会中互相推搡、挡路等不礼貌的言行举止,班克斯的评价为"组成这个社区的所有民族群体——英国人、中国人、法国人、美国人、日本人、俄国人——全都以同样的热情对此做法表示赞同,由此自然得出如下结论:这是上海外国租界里特有的做法,它完全打破了种族和阶级的隔阂"(WWWO:139)。显然,租界居民均遵循一定的空间活动秩序动态调整自己的空间实践行为,以此获得该空间内的社会身份认同,尽管他们内心或许跟班克斯一样,对某些异质文化传统根本不赞同甚至是鄙夷至极,但最终还是由"气恼"到"习以为常"。认同是个体主动进行的意义建构,它要确定自身的意义来源,它只有在将自身的社会角色作为自身的意义来源而主动内化、加以接受的时候才能算作"认同"(罗如春,2016:13)。无论英国人、法国人、美国人还是日本人在租界、在上海表现出多高的地位和骄傲,都不能抹杀他们离乡背井的状态和漂泊无根的移民身份。所以,班克斯和哲等移民代表均表现出强烈的"家园"追求,"这个'家园'不一定是他原来所属的民族、国家或种族,可以是真实的,也可以是想象的家园,是一种文化认同的结果,一种心灵归属的结果"(任一鸣,2008:136)。

正如小说的名称"上海孤儿"所影射的内涵,以班克斯为代表的租界内不同国家和民族的异国人实则都是离开或者失去家园的"孤儿",而上海的公共租界便是一座"孤岛",是"在暴力环境下能提供保护的绿洲"(Bain,2007),为这些上海的"孤儿"们打造了一个临时家园。班克斯自始至终对上海公共租界有着一种难以割舍的眷恋,对他而言,精神层面的家园(租界)比实体层面的家园(伦敦)更为重要。虽然这个家园在地理上并不属于他原本所属的民族或国家,却是他最温暖和依赖的心灵归属。更重要的是,这个家园不完全是孤立的异国文化空间，而是与大英帝国紧密相连的多元文化空间。在中国上海的传统文化地景之中，以英国为代表的殖民国家和以日本为代表的侵略民族的各国异域文化相互制约抗衡，最终达到空前的"和谐"共处。

在这里，班克斯始终以英国人的视域进行自我身份建构，从不认为英国人是侵略者，反而是尊贵的文明使者和对愚钝中国人的教化者。借助租界表面上和平安静的空间描述，班克斯微妙地掩饰了大英帝国作为鸦片贸易真正的发起者这些不光彩的一面，不遗余力地凸显母亲反鸦片运动及他自身斥责日本军人暴行以保护中国民众等高尚的一面，而这份对租界的热爱眷恋之情，实则是班克斯内心深处潜藏的作为英国人的民族自豪感和优越感之外在表征。正如弗雷德里克·詹姆逊（Fredric Jameson，1991：100）指出空间的生产方式决定社会组织结构和文化根基，"我们的社会是由特定的空间意识决定的，空间是我们存在和文化的根基"，正是特殊时期的上海租界内整体社会的意识共识，给予英国人备受尊崇的地位，才使得班克斯实现了自我身份构建，视租界为其文化认同的精神家园，这也不可否认地成为该空间社会属性和文化属性的鲜明印记。

5　结语

借助《上海孤儿》的地景描写与空间书写，石黑一雄为读者呈现出不同层次的空间表征形式：既有传统文化的发源地尤其是以高贵自居的英国伦敦，又有战争期间具有特殊地理学意义的中国上海；既有广阔开放的自然地景，又有细致复杂的人文景观；既有微观的家庭空间，也有宏大的社会空间；既有具象的现实空间，也有抽象的权力空间。石黑一雄笔下的班克斯依靠游历在英、中两国的空间实践活动和对这些多样的、异质的、流动性的地景与空间的感官体验，努力寻找自我身份认同，并最终进行自我审视。不同形式与层次的空间要素不仅限于表征故事发生的地点和场所，还是对日常生活空间、都市景观空间、政治权力空间、民族国家空间、主体身体空间等方面拥有话语权并层次多样、内涵丰富的表征形式，强有力地彰显深刻的历史、文化及社会内涵。

参考文献

[1] Bain, Alexander M., 2007. International Settlements: Ishiguro, Shanghai, Humanitarianism. *Novel* (3): 240 - 264.

[2] Fredric Jameson, 1991. *Postmodernism, or the Cultural Logic of Late Capitalism*. Durham: Duke University Press.

[3] Henri Lefebvre, 1991. *The Production of Space*. UK: Blackwell.

[4] Sauer, Carl O., 1925. The Morphology of Landscape. *University of California Publications in Geography* (2): 19 - 54.

[5] 巴什拉,2009.空间的诗学.张逸靖,译.上海:上海译文出版社.

[6] 何锦秀,2020.空间与身份:《上海孤儿》中班克斯的身份追寻.河北工业大学学报,(1):38 - 44.

[7] 李春,2005.石黑一雄访谈录.当代外国文学,(3):134 - 138.

[8] 罗如春,2016.后殖民身份认同话语研究.北京:中国社会科学出版社.

[9] 任一鸣,2008.后殖民:批评理论与文学.北京:外语教学与研究出版社.

[10] 生安锋,2011.霍米·巴巴的后殖民理论研究.北京:北京大学出版社.

[11] 张海榕,2013.小说叙事空间的多重维度与刘易斯的文化空间想象.浙江工商大学学报,(5):18 - 25.

"我们都是从果戈理的《外套》中走出来的"作者考辨

杨　正[*]

摘　要:国内外学界一般均认为,"我们都是从果戈理的《外套》中走出来的"这句话是陀思妥耶夫斯基的名言。事实上关于这句名言作者权归属问题从 20 世纪 60 年代开始学界就一直存在争论,迄今为止也未能形成定论。总结起来看,目前国际学界先后出现过四个主要的观点。第一个观点认为是作家集体意见的概括性表达;另外三个观点分别认为可能是陀思妥耶夫斯基、屠格涅夫和马尔凯维奇。然而,这四个观点基本都还是在有限文学史料基础上的推理,并未提出根本性证据。共同点是大家都认为法国人欧仁·沃盖的著作《俄国小说》是这句名言的源头。笔者在综合分析上述各位学者运用的丰富文献史料基础上,结合掌握的新资料,同时运用推理假设、反证、语言考证等方法,最终得出结论:这句名言的作者是屠格涅夫的可能性最大。

关键词:名言;作者考;沃盖;屠格涅夫;陀思妥耶夫斯基

Title: A Textual Research on the Author of the famous quote "We have all come from beneath Gogol's *Manteau*"

Abstract: It is generally believed in academic circles both domestically and internationally that the quote "We have all come from beneath Gogol's *Manteau*" is attributed to Fyodor Dostoevsky. However, the authorship of this quote has been debated since the 1960s, and no definitive conclusion has been reached so far. Currently, there are four main viewpoints in the international academic community. The first viewpoint suggests that it is a general expression of the collective opinion of writers, while the other three viewpoints propose Dostoevsky, Turgenev, and Markewich as possible authors. However, these viewpoints are mostly based on

---

　* **作者简介:**南京大学副教授,主要研究方向为俄罗斯文学、俄罗斯文化。电子邮箱:yz@nju.edu.cn。

limited literary sources and lack substantial evidence. The common denominator is that the French author Eugène-Melchior de Vogüé's work "Russian Novel" is believed to be the source of this famous quote. On the basis of comprehensive analysis of the rich literature and historical materials used by the above-mentioned scholars, combined with the new information, the author applies the methods of inference hypothesis, disproving, language textual research, etc., the conclusion is that Ivan Turgenev is the most likely author of this famous quote.

Key Words: Famous Quote; A Textual Research on the Author; Vogüé; Turgenev; Dostoevsky

"我们都是从果戈理的《外套》中走出来的"①——这句话对国内俄国文学研究者来说一定不会陌生,而且在引用时一般都会不假思索地把它当成陀思妥耶夫斯基的名言。事实上,这不是国内特有的现象,在国际俄罗斯文学研究界该名言出自陀思妥耶夫斯基之口几乎已成共识。国内外关于陀氏创作的研究或者文学史教材里大多都会引用这句话,并且每次都不会给出这句话引自何处,似乎作者是谁毋庸置疑。然而,事实上关于这句名言的作者权归属问题自 20 世纪 60 年代起学界就一直存在争论,迄今为止也没有定论。总结起来看,目前国际学界先后出现过四个主要的观点。接下来,本文将重点介绍这些观点及其判断依据,在此基础上对每个观点的可采纳度逐一进行分析,并试图提供解决该问题的可能性途径。

观点一:作家群体意见的概括性表述

1968 年苏联著名文艺评论杂志《文学问题》在第二期上刊登了一篇名为"我们都是从果戈理的《外套》中走出来的"(Рейсер, 1968)的文章,拉开了这一争论的序幕。作者索·列依谢尔(C. A. Рейсер)在文中首先通过资料考证得出,该名言最初出现在法国人欧仁·沃盖②发表的《费·米·陀思妥耶夫斯基》一文中。在提到《穷人》中的小人物形象时,文章作者这样写道:"的确,果戈理在小说《外套》中已经开创了这一主题。难怪俄

---

① 这句名言的俄文一般为 Все мы вышли из «Шинели» Гоголя. 同时也有 Мы все вышли из-под «Шинели» Гоголя 或者 Все мы вышли из-под гоголевской «Шинели» 等变体形式。

② 欧仁·沃盖(Eugène Vogüé, 1848—1910)是一名精通俄语的外交官,1877 年 12 月至 1883 年 5 月间在法国驻俄使馆担任秘书,回国后从事文学创作与文学评论工作,在俄期间与众多俄国作家和社会名流有过交往。

罗斯作家们都在说：'我们都是从果戈理的《外套》中走出来的。'然而，在陀思妥耶夫斯基笔下，他将老师果戈理的讽刺变成了一种动人的情感。"（Долинин，2018：163）①这篇论文后来收入1886年出版的欧仁·沃盖的代表作《俄国小说》（Le roman russe）中。该著作问世后产生了很大影响，关于其对俄罗斯文学的意义，艾亨鲍姆曾这样写道："这本书不仅让法国人，而且让全欧洲都认识了俄罗斯文学中那些最杰出的代表。"（Эйхенбаум，1913：124）

接着，索·列依谢尔对《俄国小说》的创作过程进行了研究。这部专著实际上是一部论文集，包含了沃盖此前发表在杂志上的一系列论文，其中关于陀氏的那篇论文最早发表在"Revue des Deux Mondes"杂志（1885年第1期）。这篇论文很快就被翻译成俄文，并在《时代》杂志1886年第1~2两期连载。然而篇名变成了"法国批评家欧仁·沃盖论作为心理学家的陀思妥耶夫斯基"，内容也做了不小的删节，里面并没有出现原文中的那句名言。1887年沃盖的《俄国小说》节译本在莫斯科出版，书名为"当代俄罗斯作家：托尔斯泰—屠格涅夫—陀思妥耶夫斯基"。书中的翻译虽然有不少错误，但保留了"俄罗斯作家都在说，我们都是从果戈理的《外套》中走出来的"这句话，应该是该名言俄语版最早的源头。

然而，通过对比后索·列依谢尔发现，《俄国小说》一书中的内容跟杂志论文存在差别。书中关于陀氏的那篇论文删掉了在杂志上发表时关于"我们都是从果戈理的《外套》中走出来的"的表述。他认为，这是由于作者本人意识到这句表述可能存在问题，因而将其抛弃不用。列依谢尔接着解释道，原因就在于这句名言本身可以做两种理解：一种意思是继承，另一种是远离和超越。

由此，索·列依谢尔得出结论：虽然现在很难断定谁是第一个将这句话的作者归为陀思妥耶夫斯基的，但可以肯定的是，这句话并非出自陀氏之口，而且沃盖本人也从来没有明确指出这句话为陀氏所说。无论是法语原版，还是俄语译本，这句话都是俄罗斯作家们集体意见的表达。据此，他做出推测，沃盖可能在不同场合与众多俄国作家打交道过程中都听到过类似的表述，从而作为一个群体意见印入他的脑海。

索·列依谢尔论文的贡献在于他首先对"我们都是从果戈理的《外套》中走出来的"这句名言的作者提出疑问，并通过挖掘文学史料确定了这句话的源头所在。但由于对史料挖掘不够充分和仔细，他也犯了一个明显的错误。很快这个错误就被他的学术论敌发现。

---

① 此处原为法语，译文为笔者根据 Долинин А. А. 的俄语译本译出。

观点二:应该是陀思妥耶夫斯基

很快,在 1968 年《文学问题》杂志的第 6 期登出了谢尔盖·博洽洛夫和尤里·曼的文章,作者们对索·列依谢尔论文中的观点进行了反驳。首先他们肯定索·列依谢尔一文的重要意义,认为弄清该名言的作者很有必要。紧接着笔锋一转,直指索·列依谢尔一文中存在的史料错误①。

原来,在《俄国小说》成书时,沃盖的确对先前发表的论文进行了一定的修改和调整。索·列依谢尔认为沃盖在书中删掉了"我们都是从果戈理的《外套》中走出来的"表述,因为他在书中关于陀思妥耶夫斯基的那一章里没有找到论文中的那句话。对此,博洽洛夫和尤里·曼指出,这句话的确没有出现在该书论述陀氏的那一章,那是因为作者在更靠前的论述果戈理的那一章里已经出现过这个表达了,所以为了避免重复,后文就做了删减。而在果戈理那章,作者是这样写的:"我阅读俄罗斯作家的作品越多,就越清楚地发现'我们都是从果戈理的《外套》中走出来的'是个真理,这句话是他们当中的某一位告诉我的,他与近 40 年的文学史进程密切相关。我们会进一步发现,在陀思妥耶夫斯基身上这种继承性表现得尤其明显:其处女作《穷人》充分展示了生活的可怕,而《穷人》正是脱胎于《外套》。"(Бачаров,1968:184)

将这段话和前文《费·米·陀思妥耶夫斯基》有关内容对比后不难发现沃盖在文字中提供了更多线索。在论文中他写的是"俄罗斯作家们都在说",书中变成了"他们当中的某一位告诉我的",而且这位作家"与近 40 年的文学史进程关系密切"。据此博洽洛夫和尤里·曼大胆推测,这里指的应该是陀思妥耶夫斯基。首先是因为陀氏进入文坛恰好在 1846 年,距《俄国小说》(1886)一书出版的时间正好是 40 年。其次,沃盖在每次提到这句名言时,无一例外都会紧接着提到陀氏的名字或者其作品。此外,还有一个事实。1909 年,在沃盖去世的前一年,他赴莫斯科参加了果戈理诞辰 100 周年庆典并做了发言,在讲到果戈理继承人的时候,他说道:"……所有这些后起之秀都是从果戈理的《外套》中走出来的。阿卡季·阿卡季耶维奇那件破旧的外套就像是圣经中先知留给弟子的披风,帮助他们升入天堂。这个像医学标本一样被解剖、受尽侮辱和命运极度凄惨的小官员不止一次成为陀思妥耶夫斯基的模特。这里已经可以看到果戈理笔下的那种凄惨,并从中很快就会诞生出'死屋'和'被损害与被侮辱的'人。"(Бачаров,1968:184)

---

① 1971 年,索·列依谢尔再次撰文讨论该话题,文中他承认了在解读史料时犯了错,但对自己得出的结论仍坚持不变。详见:Рейсер, С. А. 1971. К истории формулы «Все мы вышли из гоголевской „Шинели"». *Поэтика и стилистика русской литературы. Памяти академика Виктора Владимировича Виноградова*. Л. 187 – 189.

因此，虽然沃盖自始至终没有直接说这句名言出自陀氏之口，但实际上无不给人造成这种印象，自然而然与陀氏的名字形成关联。

博洽洛夫和尤里·曼也对该表述本身做了自己的解读。他们认为，"从果戈理的《外套》中走出来"既可以指"继承和发展了果戈理开创的主题"，也可以指"从果戈理的主题中走出来另辟蹊径，发出自己的'新声'"（Бачаров，1968：185）。不过，本文的两位作者也没有提出更具说服力的证据，仍然只是一种推测。

观点三：应该是屠格涅夫

四年之后，1972 年《文学问题》第 11 期刊登了一篇名为"陀思妥耶夫斯基还是屠格涅夫？"（Долотова，1972）的文章，重新拉开关于该问题的论争。作者是莉·多洛托娃（Л. М. Долотова），高尔基世界文学研究所的一位屠格涅夫研究专家。她认为索·列依谢尔的"概括性表述"只会让问题的讨论变得毫无意义。她建议应当适当扩大考察范围，首先确定有哪些人被明确视为这句话的作者，然后再进一步考证。

基于这一点，她发现除陀思妥耶夫斯基之外，还有一人也非常符合这个条件。那就是屠格涅夫。在一些著作中，尤其是欧洲其他国家的著作中也有人将这句话的作者权归为屠格涅夫，与陀氏的情况一样，同样没有指明这句话的来源。比如俄裔法国作家鲍·施洛泽（Schloezer）在他的《果戈理》一书中提到，屠格涅夫在谈论小说《外套》时说过："我们都是从果戈理的《外套》中走出来的（这里指的是冈察洛夫、皮谢姆斯基、陀思妥耶夫斯基、托尔斯泰和屠格涅夫本人这些现实主义大家）。"（Schloezer，1946：94）此外，托马斯·曼甚至两次提到过这句话。第一次出现在他的随笔集《俄国选本》中，第二次在《安娜·卡列尼娜》（1939）英译本前言中他再次提到："屠格涅夫曾说过'我们都是从果戈理的《外套》中走出来的'这句十分精辟的话。"（Манн，1961：252）

不仅如此，多洛托娃还指出，当时俄罗斯国内也有人原样引用过这句话并明确指出是屠格涅夫所言。比如有位叫亚·伊·乌鲁索夫的评论家和律师，本人与屠格涅夫相识。他在书中写道："让我们想想另一位伟大作家曾经说过的话吧：我们都来自《外套》。这位结合了普希金和果戈理传统的伟大作家就是屠格涅夫。他的这句话同样适应于《复活》这部小说。"（Урусов，1907：66）此外，还有一例。亚·奥·斯米尔诺娃的女儿在日记中写道，针对小说《父与子》中作家调侃卡卢加省长夫人一事，她的母亲笑着对屠格涅夫说："但是，伊凡·谢尔盖耶维奇，按您自己的话来说，毕竟您本人也是从果戈理的《外套》中走出来的，而您之所以能从牢里走出来也是多亏了省长夫人说情。"（Долотова，1972：188）

多洛托娃还认为，从屠格涅夫对果戈理创作评价的角度来看，也完全有理由相信这句话可能出自屠格涅夫之口。屠格涅夫经常称果戈理是整个一代俄罗斯作家的领袖，也自认为是他的学生。这样的例子很多，比如："如果您见到果戈理，别忘了向他鞠躬致敬，以他最年轻学生的名义。""是的，他死了。因为他的死我们才有资格（虽然是悲伤的）称他为伟人，他的名字代表了我们文学史的一个时期。""这是一种对真理和特色的追求，自我们的伟大作家果戈理起，这样的追求便给俄罗斯文学的所有作品都刻下了印记。"在《文学与生活回忆录》中屠格涅夫称果戈理为"当代人的导师"，1856 年在给德鲁日宁的信中他说自己是"果戈理的崇拜者和最不起眼的追随者"（Долотова，1972：189）。

至此，多洛托娃同样遇到一个问题，在屠格涅夫的作品和信件等文字材料中也找不到这句话的出处。因此，作者只能推测这句话是屠格涅夫在某个场合口头说过的。她认为最有可能的时间和场合就是 1860 年 4 月 19 日和 22 日屠格涅夫在彼得堡做过两次关于普希金的公开演讲。此次演讲引起了社会的广泛共鸣，屠格涅夫首次将别林斯基抬到与俄国伟大作家平起平坐的地位。对此伊·伊·帕纳耶夫在其回忆录《群星灿烂的年代》里曾这样写道："我们当中有位天才的作家在一次精彩绝伦的文学讲座中做了一件令人叫绝的大事，他当着在座的社会名流和文学界元老的面把别林斯基的名字与普希金和果戈理并排在一起！这种说法在整个彼得堡还是头一次听说……"（Панаев，1950：318）然而，可惜的是，这两场讲座的讲稿并没有留存下来，屠格涅夫只是在《文学与生活回忆录》中引用过第二场讲座的片段："库科尔尼克的戏剧《托尔夸托·塔索》和《神手拯救了祖国》像肥皂泡破灭一样消失殆尽。就连《青铜骑士》也无法与《外套》一同欣赏。"讲座内容的引用到此结束，屠格涅夫只用一句话概括了讲座后面的内容："接着我详细论述了果戈理和莱蒙托夫的创作。"而在讲座中提到《外套》之后具体如何展开论述的便不得而知。作者认为，如果将这句名言放到这里续上前面演讲的内容，前后的衔接也能显得非常恰当合理。当然，这也仅限于一种假设，尚缺乏确凿的证据。不过，多洛托娃就此推断这句名言首次出现的时间应当在 1860—1861 年之间，此后成为一句流行的名言。

接着作者展开反证并得出结论：这句名言的作者不可能是陀思妥耶夫斯基。虽然这句名言的表述客观上适用于说明陀氏的创作与果戈理之间的关联，但这本身并不代表陀氏自己也认同这种观点。事实上，说果戈理是"陀思妥耶夫斯基之父"的是别林斯基，而说陀氏是"新果戈理"的是涅克拉索夫。因此，我们需要去考察陀氏自己的相关评价。首先"我们所有人"这种说法就不大可能出自陀氏之口。他从进入文坛那一刻就很清晰地认识到必须有自己的特色。1846 年 4 月 1 日在给哥哥的信中他这样写道："出现了大批新作家，这些都是我的竞争对手。尤其是赫尔岑和冈察洛夫。前者已经有东西发表了，后者才刚出茅庐，还未见作品发表。但大家都对他们赞赏有加。暂时我还能领先，希望能一直保持下去。"从这段话里难以看出陀氏具有任何"团队意识"，更多的是表现出一种特立独行的味道，强调自己的与众不同。1877 年陀氏在《作家日记》中这样论述新老作家的关系："不要说是某个人了，哪怕整个这一群体也找不出一个人符合严格意义上的创作天才。我们的文学中发出毫无争议'新声'的毫无争议的天才仅有三位：罗蒙洛索夫、普希金和部分果戈理。整个这一群体（也包括《安娜·卡列尼娜》的作者）都直接出自普希金……"（Достоевский，1929：207 - 208）这与屠格涅夫的说法形成鲜明的对比："现在推荐给读者的这部小说，其作者是列夫·托尔斯泰伯爵，他是俄罗斯文学新流派最出色的作家之一，该流派起源于普希金和果戈理，而我们这位伟大的幽默作家所占的比重要比我们那位伟大诗人多得多。"（Долотова，1972：191）至此，多洛托娃认为，虽然不能为作者归属问题画上句号，但可以断定，这句话的作者并非陀思妥耶夫斯基。

最后，多洛托娃还批评了前文两位作者对这句名言的双重解读。她认为这种解读有些勉强，因为这句话的主要意思是在指出一种主题的源头和师承关系，而不是强调对传统的突破和发出"新声"。

观点四：作者是马尔凯维奇

此后，也许是没有出现新的证据和考据方法，有关该名言作者权的讨论一直被搁置。其间虽然也有观点认为是德·格里戈罗维奇①或者是沃盖本人的原创（Душенко，2017），但并没有提出有力证据。直到 2018 年，在普希金之家的《俄罗斯文学》杂志上刊登了一篇名为"究竟是谁说的'我们都是从果戈理的《外套》中走出来的'？"（Долинин，2018）的论文。作者亚·多里宁（А. А. Долинин）通过对比《俄国小说》最早的英语译本后有了新的发现。1887 年美国译者埃德曼（J. D. Edmands）编译此书并在美国波士顿出版，其中涉及这句名言的地方她是这么翻译的："A late Russian politician and author once said to me：'Nous sommes tous sortis du manteaux de Gogol.'"②（Vogüé，1987：68）就此，多里宁推测，作为一名负责任的译者不会擅自增添法语原文中没有的内容，译者之所以这样做，应该是与作者本人沟通后做出的选择。此外，他还认为，politician 一词并不是普通的政治家或者官员。按照这位译者的特点，凡是在文中提到俄国位高权重的官员时她总会使用 politician 一词。如果英文译本中的这种说法的确是经过原作者认可的话，那么这句名言的作者身份至少有两点是可以肯定的。

---

① 俄国作家韦德勒（Вейдле В. В.）在随笔集《俄罗斯遗产》（1976）中引用了这句名言，并猜测沃盖可能是从格里戈罗维奇口中听到的。这只是作家的个人猜测，书中并未给出任何证据，这也不是作家写这本书的目的。

② 参考译文：一位已故的政治家和作家曾对我说过："我们都是从果戈理的《外套》中走出来的。"

第一，此人在 1887 年英译本出版前已经去世；第二，此人的身份应该是一名高官兼作家。这样一来，陀思妥耶夫斯基、屠格涅夫、格里戈罗维奇等三人都不符合这两个条件。此三人皆非高官，而且格里戈罗维奇彼时还在世。

那么究竟谁符合上述两个条件呢？接下来，多里宁给出自己的分析。他通过研读相关文学史料后发现，法国人沃盖经常出入彼得堡文学沙龙，尤其是诗人阿·康·托尔斯泰的遗孀托尔斯塔娅举办的文学沙龙，在彼得堡非常有影响力，冈察洛夫、陀思妥耶夫斯基、屠格涅夫等人都不止一次参加过。在沃盖的日记中记录了他有三次到过托尔斯塔娅家参加沙龙。1879 年 3 月 29 日参加了屠格涅夫和陀思妥耶夫斯基的作品朗诵会，1880 年 1 月 29 日在沙龙中与陀氏交谈，陀氏向他透露自己这段时间非常痴迷的"普世共鸣性"想法。同年 3 月 18 日与尤里·巴赫梅捷夫、马尔凯维奇以及陀思妥耶夫斯基在沙龙上交谈。但实际上从沃盖的私人信件中可以发现，他是该沙龙的常客。最后，多里宁得出结论，在沙龙上与之交谈过的人当中符合上述条件的仅有波列斯拉夫·马尔凯维奇一人。

马尔凯维奇于 1884 年 11 月 30 日去世，曾在沙俄政府担任高官，写过一些小说，且受到上流社会追捧。同时代的人经常称他为"官员作家"，他本人则喜欢自称为"作家，二等文官"。此外，多里宁还找到沃盖 1888 年 12 月在法国报纸 *Journal des débats* 上的"俄国来信"(Lettres de Russie)栏目发表的一则有关马尔凯维奇去世的文字，其中写道："Les lettres russes viennent de faire une nouvelle perte par la mort de M. Markévich. Romancier facile, mêlé depuis un quart de siècle à toutes les luttes littéraires … "[1](Долинин，2018：168)多里宁发现，这里使用的表述与沃盖在关于果戈理的论文和《俄国小说》一书中提到告诉过自己这句名言的那位作家时使用的句式完全一样，试比较从句部分："Ловкий романист, связанный на протяжении четверти века со всеми литературными битвами"（他是一位擅长写作的小说家，他与近四分之一世纪以来的所有文学斗争密切相关……）和"писатель, тесно связанный с литературной историей последних сорока лет"（这位作家与近 40 年的文学史进程密切相关）。

至于为什么沃盖在自己的书中多次改变表述，也不愿意直接透露说这句话的人是谁，多里宁认为这涉及马尔凯维奇的为人。因为马尔凯维奇虽然位高权重，但因为收受贿赂而使自己名誉扫地。因此，如果让这句话从他口中说出来的话，便会失去分量和名人效应，很可能就不会成为名言了。

---

[1] 从俄语转译的参考译文："马尔凯维奇的去世是俄罗斯文学的一大损失。他是一位擅长写作的小说家，他与近四分之一世纪以来的所有文学斗争密切相关……"

余论

可以看出，尽管在"我们都是从果戈理的《外套》中走出来的"这句名言的作者权归属问题上学界的讨论已跨越半个多世纪，并产生了四种主要观点，然而时至今日该问题依然没有得到彻底解决。上述四个观点基本都还是在有限文学史料基础上的推理，并未提出根本性证据。

第一个观点认为是作家集体意见的概括性表达，这就消解了本问题的研究意义。如果这句话本来就没有作者，而是沃盖本人的原创性论断，那作者考证问题便失去其存在的价值。这只能说明索·列依谢尔尚处在问题研究的初级阶段，限于史料不足和研究方法的局限，无法做出明确的判断，从而便以集体之名"草草收场"。

第二个观点实际上是在维持现有的"神话"，不过通过后来各位学者的努力，陀思妥耶夫斯基应该可以被排除在外。对此，本人也表示认同。博洽洛夫和尤里·曼本身都是著名的陀氏研究专家，他们在文中提出的最大根据就是每当沃盖引用这句名言的时候，后面总会提到陀氏及其作品。然而，这恰恰说明陀氏不可能是说这句话的人。因为从逻辑上讲，如果真是陀氏所言的话，为了证明其观点正确，接下来沃盖应该会用陀氏以外的作家及其创作来说明，仅仅用陀氏本人的作品为例似乎缺乏说服力。另外，他为何要一直隐瞒作者，秘而不宣，而且后来还多次做出更改？这个问题也没能得到回答。沃盖在俄工作期间的日记显示，曾与陀氏有过三次会面，但从未提到任何陀氏与果戈理在创作上存在关联性的内容。

第三个观点的作者多洛托娃是屠格涅夫研究专家，掌握了大量新的史料。同时她还运用了作者考证的基本方法，在逻辑上也能做到自洽。但没能解决为什么沃盖要隐瞒作者的原因所在，所以也只好算作一个较为完美的推理。

第四个观点突破了语言的界限，在法语原文和俄语史料的基础上，加入了英译本的视角。结果的确有新的发现。但一方面，他的结论仍然是建立在诸多假设之上的。比如无法断定英文译者自行添加的内容就一定等同于沃盖本人的真实想法。实际上，既然沃盖在多个场合都不愿揭示作者姓名，他会透露更多的线索给一个英文译者吗？另一方面，即便上述假设可以得到证实，也无法得出沃盖在俄国生活期间接触的人当中符合条件的仅有马尔凯维奇一人。毕竟，沃盖本人也是外交官，结交俄国上流社会的机会很多。此外，还有语言学方法上的问题。比如，把英语的 politician（政治家）翻译成俄语的 сановник（达官显贵）有些牵强，只是为了设置更高的条件过滤掉一些可能的候选人。通过一个相同句式的使用便能断定两者说的是同一个人也不够有说服力，这只能说明一个人的语言使用习惯。

尽管上述四种观点均有令人质疑的地方，但从史料发掘和方法运用上，给人的感觉是史料越来越翔实，方法越来越科学，结论也因此显得越来越具说服力，也可能越来越接近事实。因此，在综合分析上述各位学者在论证过程中运用的丰富文献史料的基础上，运用作者考证的基本方法，笔者认为，"我们都是从果戈理的《外套》中走出来的"这句名言的作者是屠格涅夫的可能性最大。原因有以下几点：

首先，我们对句子结构做语言学分析。这句名言是由"我们都是"和"从果戈理的《外套》中走出来的"这两部分构成的。根据"从果戈理的《外套》中走出来的"可以推断说这句话的人一定认同自己属于果戈理"自然一派"的作家，或者说应当属于别林斯基圈内的作家。从"我们都是"可以看出在说这句话时此人在文学界已经具有相当的影响力。马尔凯维奇不属于这个圈子，陀思妥耶夫斯基从一开始就比较特立独行，不大会说出"我们都是"这样的话，后期也与该圈子渐行渐远，他最终更加认可的是具有"普世共鸣性"的普希金传统。

其次，1899年沃盖在一篇名为"俄罗斯文学：伟大年代中的伟大小说家（1840—1880）"的文章中再次提到这句名言："'Nous sommes tous sortis du Manteau de Gogol', me disait un des grands romanciers de la génération suivante."（The Universal Anthology，1899：XV）①当时能被沃盖称为伟大俄国小说家的最有可能是屠格涅夫。这从他的代表作《俄罗斯小说》一书可以看出来。虽说书中对普希金、果戈理、陀思妥耶夫斯基和托尔斯泰都有专章介绍，但无疑论述屠格涅夫的那一章是整本书的核心。这本书最初也是由他在1883年撰写并发表的一系列关于屠格涅夫创作的论文而发端的，此时距屠格涅夫去世不久。其中的第一篇论文在成书时被当作整本书的前言。沃盖对屠格涅夫十分尊敬和推崇，他们也有过私下的交往。沃盖在日记里称他为"俄罗斯的上帝""奇迹般的天才"和"教父"。在读完《贵族之家》后，沃盖写道："我不知道，我国的小说家中有没有哪位拥有如此全才的人。"（Гальцова，2018：192）另外，当时屠格涅夫在欧洲文学界的影响力是超过陀思妥耶夫斯基和托尔斯泰等人的，他对俄罗斯文学在世界尤其是欧洲其他国家的传播起到了至关重要的作用，众所周知，正是屠格涅夫努力将陀思妥耶夫斯基和托尔斯泰等人的作品译介到欧洲，才使得欧洲各国逐渐认识并接受俄罗斯文学。

最后，俄罗斯著名历史学家康·杜申科曾在一篇小文中对俄语表达"Мы вышли из ..."做过考证。根据他的看法，该短语在这句话成为名言之前俄语中并没有"我们属于哪个学派、流派"之类的意思，仅表示动作意义"从……里面走出来"。而该意思在法语中的表达最初出现在福楼拜的名著《包法利夫人》（1856）中：Он принадлежал к

---

① 从英文转译的参考译文：一位后起的伟大俄国小说家曾对我说："我们都是从果戈理的《外套》中走出来的。"

великой хирургической школе, вышедшей из фартука Биша（sortie du tablier de Bichat）。《包法利夫人》的俄文（也包括德文、英文等）译者在翻译时都把 *sortie du tablier de Bichat* 原文中的"白大褂"给去掉了，直接翻译成"他属于毕莎建立的伟大外科学派"（福楼拜，1992：294）[1]。其中俄文 1858 年和 1911 年译本都是如此（Душенко，2017：320）。

综合杜申科和前文学者们的研究，我们可以推断，该俄语名言应当出现在 1858 年（《包法利夫人》的第一个俄文译本）和 1887 年（《俄国小说》的第一个俄文译本）间。我们知道，屠格涅夫长期在法国居住，他与包括福楼拜在内的法国作家交往甚密，并且与法国作家左拉、莫泊桑、福楼拜、都德一起组建了五人文学小组。他不仅读过《包法利夫人》的原文，还称这部作品为"整个文学世界"中最优秀的长篇小说。从这个角度来看，我们完全有理由推测，正是屠格涅夫在读完《包法利夫人》的法语版后在 1860 年的那次讲座中借鉴了法语短语，然后说出"Все мы вышли из ... "这句名言。名言出现和流行的时间节点可以完全吻合。

如果我们的推断是正确的，为什么沃盖从一开始就不肯透露这句话的出处，就连表述也先后进行过三次改变呢？笔者认为，这是因为沃盖也遇到了与我们一样的问题，他也经历着一个考证的过程。他在俄国任职期间，屠格涅夫早已在那次公开演讲中就说过这句话，被周围人知晓并开始小范围传播。前文的史料也表明，基本上回忆录里面记载的都认为是屠格涅夫所言。因此沃盖从一开始就可能在与不同人的交往中听到过这句话，然而究竟是谁先说的，他并不知道，当时也没意识到要去考证，毕竟他的本职工作是外交官。从事文学工作也是在任职期满返回法国后才开始的，最初撰写的就是关于屠格涅夫的系列论文。

另外，陀氏作为该名言的作者被广泛传播得益于 1891 年叶·索洛维约夫（Е. Соловьев）为《名人传记》系列撰写的陀思妥耶夫斯基传。书中将这句话的作者归于陀思妥耶夫斯基[2]。自此，众多文学教科书中也竞相采用该说法。即便如此，该时期也有一些教科书中认为这句话的作者是屠格涅夫，比如一位来自俄罗斯南部小城刻赤的教师弗·施捷平科（В. Штепенко），此人编过不少中学俄语和文学教材，其中有一本里他写道："有一次屠格涅夫谈到自己以及四十年代的小说家时说过：'我们都是从果戈理的《外套》中走出来的。'"（Штепенко，1906：353）面对这样的情况，沃盖本人也无法确定谁是真正作者，只好采用"某位伟大的俄罗斯作家"这样的笼统表述，既不会做出武断之举，同时也不会有损这句名言的声誉。

---

[1] 中文译本也没有将"白大褂"一词翻译出来。

[2] 索洛维约夫在书中写道："他（陀思妥耶夫斯基）说，'我们都是从果戈理的《外套》中走出来的'，他的文学活动正是始自这种对被损害的和被侮辱的人的真挚同情开始的。"See.：Соловьев, Е. А. 2015. Достоевский. Его жизнь и литературная деятельность: биографический очерк. М. : Директ-Медиа. 111.

当然，以上也仅仅是笔者的个人推断。目前，在该问题的研究中尚未发现具有突破性的新材料。这就要求我们一方面要从生前与沃盖接触过的人着手，进一步挖掘出相关回忆录和史料，另一方面也要从沃盖本人身上入手，从他留下的论文、回忆录、信件、日记等资料，甚至是他创作的文学作品中寻找新的线索。比如，笔者在互联网搜索发现，1932 年法国巴黎曾出版一部沃盖在俄国生活期间的日记（Vogüé，1932），从中或许可以找到一些对本研究有用的信息。但由于笔者不懂法语，其他语种的译本也没有找到，因此，围绕作者归属权的种种问题只能留待将来去慢慢解决。

参考文献

[1] Schloezer, Boris de, 1946. *Gogol*. Paris: Janin, cop.

[2] Vallée L., Brandl A., Garnett R., 1899. *The Universal Anthology: A Collection of the Best Literature, Ancient, Medieval and Modern, with Biographical and Explanatory Notes. Vol. XVII*. London; New York; Paris; Berlin.

[3] Vogüé, E. M. de, 1932. *Journal du vicomte E.-M. de Vogüé, Paris—Saint-Pétersbourg (1877 - 1883)*. Publié par Félix de Vogüé. B. Grasset.

[4] Vogüé, E. M. de, 1987. *The Russian Novelists*. J. L. Edmands, trans. Boston.

[5] Бачаров, С. & Манн, Ю., 1968. Все мы вышли из гоголевской «Шинели». *Вопросы литературы*, 6:183 - 185.

[6] Гальцова, Е. Д., 2018. Между "русской модой", культурными стереотипами и "реализмом-любовью": И. С. Тургенев в книге Э. М. де Вогюэ "Русский роман". *Вестник Московского университета, Серия 9, Филология*. 6:190 - 202.

[7] Долинин, А. А., 2018. Кто же сказал «Все мы вышли из „Шинели" Гоголя»? *Русская литература*, 3:163 - 170.

[8] Долотова, Л., 1972. Достоевский или Тургенев? *Вопросы литературы*, 11:186 - 192.

[9] Достоевский, Ф. М., 1929. *Полн. собр. художественных произведений, т. XII*. М.-Л.: Госиздат.

[10] Душенко, К. В., 2017. Все мы вышли из гоголевской «Шинели». *Литературоведческий журнал*, 41: 319 - 321.

[11] Манн, Томас, 1961. *Собр. соч. в 10-ти томах, т. 10*. М.: Гослитиздат.

[12] Панаев, И. И., 1950. *Литературные воспоминания*. М.: Гослитиздат.

[13] Рейсер, С., 1968. Все мы вышли из гоголевской «Шинели». *Вопросы литературы*, 2: 184 - 187.

[14] Урусов, А. И., 1907. *Статьи его о театре, о литературе и об искусстве, т. II и III*. М.: Archive Publica.

[15] Штепенко, В., 1906. *Пособие для исторического изучения русской словесности в средних*

учебных заведениях. Ч. IV: Пушкинская эпоха и Белинский, как ее истолкователь. Санкт-Петербург: тип. и лит. Тиханова.

[16] Эйхенбаум, Б., 1913. Достоевский в иностранной критике. *Северные записки*, 4:124 – 130.

[17] 福楼拜,1992.包法利夫人.李健吾,译.杭州:浙江文艺出版社.

情感、人性与伦理主题的互文再现

——论石黑一雄的两部科幻小说

刀喊英[*]

摘　要:通过对《莫失莫忘》(2005)技术恐惧、人性危机和技术伦理三大主题的互文性改写,石黑一雄新作《克拉拉与太阳》(2021)加强、深化并重申了《莫失莫忘》的主题意蕴。两部小说以技术恐惧话语与表征的关联及深化、人性危机主题的交相呼应与拓展、技术伦理从幕后向台前的延展,在情感、人性和伦理三个层面形成了借鉴、吸收、互动与对话的互文性关系,实现了恐惧、人性与技术伦理要旨的增值和显豁,传达了石黑一雄对技术议题的延续性思考,在人文关怀和现实关切的创作旨归上实现了跨越时空的一脉相承。

关键词:《莫失莫忘》;《克拉拉与太阳》;科幻小说;恐惧;人性;伦理

Title: Intertextuality of Themes of Fear, Humanity and Ethics: A Study of Kazuo Ishiguro's Two Science Fictions

Abstract: Through the intertexual rewriting of themes of technological fear, humanity and technological ethics in *Never Let Me Go* (2005), *Clara and the Sun* (2021) foregrounds above themes of the former fiction. From the perspective of the connection and deepening of the discourse and representation of technological fear; the echoes and promotion of humanity crisis, and the extended discussion on technical ethics from ambiguity to clarity, the two science fictions constitute an intertextual relationship of reference, absorption, interaction and dialogues in terms of emotion, humanity and ethics, which intensifies and activates themes of fear, humanity and

---

* **作者简介:**刀喊英,厦门理工学院外国语学院副教授,文学博士,主要研究方向为英美文学。电子邮箱:daohanying@xmut. edu. cn。

technical ethics, jointly conveys Ishiguro's persistent exploration on technical issues, and achieves continuity in humanistic care and realistic concern across time and space.

Key Words: *Never Let Me Go*; *Klara and the Sun*; Science Fiction; Fear; Humanity; Technological Ethics

1 引言

《莫失莫忘》(*Never Let Me Go*，2005)是石黑一雄(Kazuo Ishiguro，1954—)的第一部科幻小说，讲述了克隆人作为人类器官移植供体被量产的既定物化命运。小说入围布克奖，被改编成同名电影和电视剧，引发了有关克隆人的热议及国内外学界的普遍关注，相关研究著述十分丰富，其中，伦理、存在主题、后种族主义、阶级、权力话语、后人类、叙事艺术、医学人文、生命政治、跨媒介的电影特质等批评视角已获较为充分的阐释。《克拉拉与太阳》(*Klara and the Sun*，2021)是石黑一雄推出的第二部科幻小说，讲述了机器人朋友克拉拉作为少女乔西的陪护、玩伴以及乔西病故后的替身未果而遭废弃的故事。因其是作家获诺奖后推出的首部小说而引发国内外文学界的普遍关注。该小说获2021年布克奖提名，入选《华盛顿邮报》2021年十大最佳图书榜单。书评人查尔斯(Ron Charles，2021)和恩赖特(Anne Enright，2021)注意到两部小说在人性议题上的关联，不过对于两部小说如何就人性进行阐释与批评则着墨不多。两部小说在情感、人性与伦理三者间的内在关联也尚未受到学界关注。时隔16年，石黑一雄重返技术主题，两部作品有何关联？又体现了作家何种创作考量？这是本论文的关注焦点。

互文性也称互文，通常指两个或两个以上文本之间的相互关系。自克里斯蒂娃(Julia Christiva)提出互文性概念，学界对其内涵有许多阐释和讨论①。萨莫瓦约认为，互文性越来越被广泛地灵活使用，"今天的互文性不再遵守严格的对号入座的体系，它更力图展现网络的、对应的、联系的现象"(2003:31)。在他看来，联系和变换是互文性

---

① 如巴特(Roland Barthes)指出，不能仅把互文性归结为起源和影响的问题，互文是由已无从查考出自何人所言的套式、下意识的引用和未加标注的参考资料等内容构成；热奈特(Gérard Genette)将互文界定为"一篇文本在另一篇文本中切实地出现"，并提出文本的互文性与超文性等概念，后来的理论家将其区分出的文本的共生与派生现象统称为互文性；里法特尔(Michael Riffaterre)则阐明了互文与读者的文本记忆的关联，认为互文即"读者对一部作品与其他作品之间的关系的领会，无论其他作品是先于还是后于该作品存在"。参见蒂费纳·萨莫瓦约：《互文性研究》，邵炜译，天津：天津人民出版社，2003年，第12、19—21、17页。

的两个基本组成部分,互文性使我们可以把文本放在"联系"和"转换"两个层面进行思考。所谓联系指的是文本间的交流,转换则是在这种交流关系中的文本之间的相互改动(2003:57)。殷企平也认为,"从作家的角度看互文性表现为对文本的改写,任何作者在写作时都是在对别的文本进行有意或无意的改写……对前文本的修正与改写,便形成了'互文'"(1994:40-41)。他还指出,克里斯蒂娃互文性定义中的"'重新组合''互相交叉'和'互相中和'其实都是一种重复。且这种重复的痕迹有时候,尤其在被'中和'后,会变得难以辨认"(殷企平,2003:63)。简言之,互文意味着文本之间的相互指涉,而指涉则暗含着某种内在关联:关联既可以是对话,也可以是承续。《克拉拉与太阳》通过对《莫失莫忘》技术恐惧、人性危机和技术伦理主题的借鉴、吸收和某种程度的修正与改写,实现了主题的承续与对话,具体表现在三个方面:一是技术恐惧话语与表征的关联及深化;二是人性危机主题的交相呼应与推进;三是技术伦理从幕后走向台前的延展性讨论。值得注意的是,《克拉拉与太阳》对《莫失莫忘》的有意改写并未沿用传统的互文性模式,如引语、典故、原型、戏仿等,而是基于新的技术语境,通过对《莫失莫忘》主题的重复、修正与改写,加强、深化并重申它的主题意蕴,体现了"文本的重读、更新、浓缩、移位和深化"(秦海鹰,2004:21)的互文性内涵,从而使两部小说在情感、人性与伦理三个层面形成借鉴、吸收与对话的互文性关系。互文性强调一种相互指涉的动态的意义生成过程,体现在两部小说中,《克拉拉与太阳》显然从主题到情节多方面与《莫失莫忘》呼应,营造出强烈的似曾相识之感,并在上述三个主题展开互动,实现了两部作品在恐惧、人性与技术伦理主旨的增值和显豁,共同传达了石黑一雄对技术议题的延续性思考,在人文关怀和现实关切的创作旨归上实现了跨越时空的一脉相承。

2 技术恐惧话语与表征的关联及深化

两部小说体现了石黑一雄对现代技术的持续性关注。石黑一雄称,在《莫失莫忘》的构思阶段,他无意中听到电台有关生物技术进步的讨论,当即定下了小说的框架,让读者能在其中找到自己生活的回应①。该小说的背景是 20 世纪 90 年代末的英国,显然是对 1996 年英国科学家成功克隆出备受瞩目的克隆羊多莉的回应。2021 年,在接受《日经亚洲》访谈中,石黑一雄直言,《克拉拉与太阳》是他对当下大数据和人工智能对人类社会和人际关系影响的文学思考(Gohara,2021)。事实上,在 2017 年诺奖获奖演说中,他就曾坦承对科技的忧虑和关切:

---

① 参见 https://www. bookbrowse. com/author_interviews/full/index. cfm/author_number/477/kazuo-ishiguro[2021-11-03]。

科学、技术与医学的重大突破向人类提出的挑战已经近在眼前……新的基因技术（如基因编辑技术 CRISPR）、人工智能和机器人技术的进步都将为我们带来惊人的、足以拯救生命的收益，但同时也可能制造出野蛮的、类似种族隔离制度的精英统治的社会以及严重的失业问题，甚至连那些眼下的专业精英也不能从中幸免……我还能拿出什么，在当下社会挣扎适应巨变之际，为即将到来的争论、斗争与战争提供另一个视角，剖出另一些情感维度？（石黑一雄，2018：42-43）

石黑一雄明显将技术可能带来的灾难性后果投射在小说中，透过克隆人、机器人与基因编辑缔造的科幻世界，剖析了人们对技术发展或远超人类预期或违背人类对技术的美好愿景的"恐惧"这一情感维度。恐惧是人类面对困境、威胁或不确定性时自然的情感流露，通常伴有诸如颤抖和肢体僵化等生理表征（Svendsen，2008：25），精神上表现为"恐慌和焦虑"（Tuan，2013：5），同时包含抵御恐惧的防御性行动。两部小说齐集恐惧内蕴的上述要素，呈现了技术失控所致的恐惧景观，且技术失控及其恐惧景观还表现出从抽象到具体等的升级态势。

两部小说先后描绘了两个原本为人类服务、却已明显对人类社会构成不同维度威胁的"类人"世界。《莫失莫忘》中，克隆人不仅拥有常人的体貌特征和智力水平，还能创作油画、素描、陶塑、作文和诗歌。若以艺术作品是"人的心灵的产品"（黑格尔，1979：38）衡量，克隆人对艺术创作的得心应手说明他们也拥有人类的心灵，借此颠覆了人们对克隆人是没有灵魂的"非人"假定，超越了他们仅作为器官供体的预期，对"人"的存在造成某种潜在威胁。对此，见证者夫人和艾米丽的恐慌也就不言而喻。小说通过克隆人凯西的视角"验真"并描述了克隆人才艺见证者夫人对他们的恐惧："［她］定定地站住，等着我们经过。她没有尖叫，甚至没有出声……似乎在拼命压抑住周身的颤抖。"（石黑一雄，2018：40）夫人的颤抖和身体僵化无疑展演了她对克隆人的恐惧。而她每次匆忙离开黑尔舍姆，同样是她逃离恐惧的表现。艾米丽也坦言，"我们都怕你们。我本人就不得不每天跟自己对你们的恐惧作斗争"（2018：302），表明了人类对克隆人的心理恐惧。事实上，克隆人并未反抗既定的宿命，但依然激发人们身心两方面的恐惧症候，因为"想象极大增加了人类恐惧的种类和强度"（Tuan，2013：5）。因此，若旨在制造加强特质儿童的基因编辑实验一旦成功，那么人类被取代的焦虑和恐惧便弥散开来，加剧了人类对技术突破的恐慌。小说再次借艾米丽之口表达了人类的技术恐惧，"这事提醒了人们，让他们关注到了一直抱有的一种恐惧……被设计创造出来的孩子，将取代他们在社会上的位置？更何况这些孩子将显著超过我们其他人？噢，那可不行。人们都吓坏了"（石黑一雄，2018：296-297）。面对技术失控的恐惧，停止赞助、关停黑尔舍姆、中止基因编辑实验便是人们抵御技术恐惧的必然选择和实际行动。正如鲍曼所说，"恐惧促使我们采取防御性行动，而采取防御性行动会使恐惧产生的真实或假定的威胁具有即时性、有形性和可信度"(Bauman,2006:133)。

　　如果说《莫失莫忘》中的人们通过果断干预,将技术恐惧纳入可控范围,那么,《克拉拉与太阳》中,人类工作被机器人取代、机器人替身的研发以及基因提升的普及不仅暗指技术的迭代更新,还进一步预演了技术升级给人类带来的更大威胁。失业是机器人对人类持存最明显的威胁。保罗曾是制冷行业的王牌工程师,却在机器人普及的时代被迫失业。不少比他卓越的职业精英也被迫失业,他们组建了与其说是志同道合的社区,不如说是人类职业精英被动构成的"失业者联盟",预演了人类工作被技术普遍取代的严重失业状况。海伦用"深沟坚壁、全副武装"(石黑一雄,2021:297)描述保罗所属的社区,而保罗则坚称那仅是自保的权宜之计。保罗们集体抵御机器人的努力明显折射了职业精英的技术恐惧。据美国皮尤研究中心调查,"72%的美国人非常担心或有点担心未来机器人和计算机能够完成许多人类工作。76%的人担心工作自动化会加剧经济不平等"(Ramge,2019:96)。小说人物对失业的焦虑和恐惧其实影射了当下社会人们对机器人就业威胁的焦虑。如福德所言,"机器本身正在变成工人,前所未有地模糊了劳动力和资本之间的界限"(Ford,2015:xii)。可见,在机器人普及的时代,人类的失业焦虑绝非杞人忧天。此外,小说也描写了普通人对机器人的恐惧。对克拉拉的加入,管家故意变动厨房物品的摆放位置、对其颐指气使等排斥和敌意内蕴了她对失业的恐惧。而收银员阻止克拉拉进入剧院的反诘,"它们先是抢走了我们的工作。接着它们还要抢走剧院里的座位?"(石黑一雄,2021:305)表达了她对机器人的愤怒,而"愤怒往往包含着恐惧的元素"(Svendsen,2008:23)。其次,机器人替身的研发是对人类家庭的巨大威胁,必将引发诸多新的社会和伦理问题。在摩根瀑布一行中,克拉拉与克丽西惟妙惟肖的"母女"对话操演令人骇然。克丽西请求克拉拉延续乔西的意图和实践不仅预示了机器人对亲情关系的异化,还向人类抛出一个棘手的新问题:"机器能否替代人类?"(尚必武,2021:28)通过保罗从质疑到感叹其女儿乔西身上已没有现代技术"无法发掘、复制、转移的东西"(石黑一雄,2021:283),小说似乎暗示了机器人替身的技术可行性。小说也借卡帕尔迪之口传达了公众的技术焦虑:"眼下社会上对于 AF 有一种十分普遍而且不断滋长的担忧……你们变得太聪明了。他们害怕。因为他们已经不能理解 AF 是如何运作的了。"(2021:373)该话语内蕴的恐惧与艾米丽上述恐惧坦言如出一辙。

　　两部小说在基因编辑技术上也构成明显的互文。《克拉拉与太阳》中萨尔和乔西的基因提升实践呼应了《莫失莫忘》中加强特质儿童的基因实验,通过反复提及萨尔死亡、乔西多次生命垂危,不仅具象化了《莫失莫忘》中基因编辑可能出现的负面后果,还因实验失败后的机器人替身切中当下社会的技术脉搏。不宁唯是,《克拉拉与太阳》还借里克因未提升而被所有大学所拒,将《莫失莫忘》中加强特质儿童对社会公平造成的威胁隐忧实例化,展演了基因提升而致的阶层和人群命运分化的不可控后果。小说中,阿特拉斯·布鲁金斯大学对"未提升"孩子的录取率还不到 2%,几乎剥夺了这些孩子获取大学教育的机会，而合适的在线家教要么"禁止会员接收未提升的学生"，要么"漫天要价"（2021：184），必然导致"未提升"儿童教育权益的大幅收缩。"已提升"的乔西将进入顶尖大学，拥有更成功的人生，而"未提升"的里克则无缘大学，面临更艰难的人生，演绎了悬殊的人为操纵的命运轨迹，类似例子将不断涌现。从《莫失莫忘》对基因编辑后果的抽象想象到《克拉拉与太阳》中的实例演绎，可以预测，基因编辑必然导致新的社会歧视，缔造新的社会不公，冲突隐患势难阻挡。对此，石黑一雄直言，"当基因编辑技术被用来创造智力和运动方面优越的孩子时，它将对人类社会构成严重的挑战"（Gohara，2021），表明了他对基因编辑技术的特别关切。

《克拉拉与太阳》不仅续写了《莫失莫忘》的技术议题，还因技术的升级，实现了技术书写和恐惧对象的更新。从《莫失莫忘》中人们对技术研发的阻挠、退缩，到《克拉拉与太阳》中上至社会精英、下至普通百姓对机器人的系列抵御技术恐惧侵袭的行为表征，预示了两部小说对人性与技术伦理的探讨。

3　人与人性危机主题的交相呼应与拓展

人与人性是人文社科亘古常新的话题，学界对这两个概念莫衷一是。不过，对人性的探讨往往涵盖人的本质追问。聂珍钊认为，人是天性与人性并存的载体，天性是人与生俱来的本性，是人的自然本性或本能，历史上有关人性善恶的讨论就是对人的天性的讨论，而人性则是人的道德属性，其核心是善，是人之为人的本质特征（2015：15-18）。换言之，人的天性分善恶两面，但唯"善"才是衡量人性的标准和核心要素。两部小说首先赋予技术他者言说的权力，着重以他者之眼展开对人与人性的凝视，以技术他者具有的利他、向善的人性比照人类利己害他的本性中恶的一面，书写"源于与他者的相遇——他者使自我受到质疑"（戴维斯，2006：5）的人性危机。其次，从《莫失莫忘》"不算真正的人"（石黑一雄，2018：295）到《克拉拉与太阳》对"人心"的升级探索，石黑一雄重申何以为人的追问。

两部小说均着重刻画了技术他者利他、向善的人性。利他强调他人利益，无论克隆人还是机器人，均体现了纯粹考虑他人而不考虑自己利益的纯粹利他行为。作为护理员，凯西长年孤身在英格兰各个偏僻的康复中心辗转，时常亲历捐献者的并发症和突然死亡，即使身心俱疲，依然尽职尽责，毫无怨言。她还以黑尔舍姆的乌托邦想象缓解了濒临死亡的捐献者的身心痛苦，彰显了她的利他精神。作为小说的叙述者，她用委婉语"捐献"指代"强制性的身体器官切除手术"、"完成"指代"谋杀"、"监护人"指代收割其器官的帮凶（弗雷泽，2012：38），弱化了克隆人捐献命运的血腥，透露出对读者情感的体恤，尽管不乏借委婉语掩饰悲惨命运的质疑，却反衬了她的利他精神。此外，自知被贬斥为他者,也遭到各种非人性对待,克隆人却不予抵抗,"他们既不想逃跑,反而还具有一种责任感"(Giles,2005:52),还为成为优秀的捐献者不吸烟并配合每周体检。小说中唯一对捐献命运表示愤怒的汤米也只是对着旷野嘶吼,并未以行动反抗人类的器官收割。他们选择默默配合人类的一切安排,表现出纯粹的利他行为。《克拉拉与太阳》延续了对技术他者利他的人性刻画,但增加了克拉拉身上积极情感(如希望与爱)的温情刻画。为挽救乔西,克拉拉极尽所能:误以为销毁库廷斯机器可以交换太阳对乔西的特殊关照,她付出部分赖以生存的溶液。面对乔西病危,她克服跨越草场的困难,再次表示愿意付出"生命"的代价祈求太阳的关照。她在挽救乔西上所表现的真诚及无畏的献身精神与其说出于纯粹利他的动机,不如说是出于对乔西无私的爱。她力劝克丽西和保罗不要放弃乔西康复的希望,同时做好乔西替身的准备。她还说服里克不要放弃上大学的希望,又以爱之名以及乔西与里克终成眷属的希望,促成乔西与里克的和解,等等,无疑在延续利他和向善的人性刻画中,增加了《莫失莫忘》未涉及的技术他者对人类的温情演绎,赋予机器人温情与人性,拓展了小说的情感维度。

与技术他者向善的人性相比,两部小说均展演了利己害他的人本性中恶的一面,反衬了人类的人性危机。在人类眼中,克隆人仅是服务人类的利己利器,从器官移植中康复是人类的唯一关切,人们通过对"试管中样貌模糊的物质"(石黑一雄,2018:294)的物化而认定克隆人"不配享受优待"(2018:48),又通过这些器官"凭空出现"或"真空种植"的自欺获得良心的安宁,祛除人类自身的道德义务。艾米丽的坦言便是人类利己而害人的人天性中恶的一面的某种宣言:"无论人们对于你们的生存状况感到多么不安,他们主要关心的仍是自己的孩子、自己的配偶、自己的父母、自己的朋友不要死于癌症、运动神经元疾病、心脏病。"(2018:295)此外,艾米丽自诩以最人性的方式培养、庇护了克隆人,却以砍断手脚的非人性方式惩戒踏出黑尔舍姆边界的僭越者,明显是人本性中利己害他的佐证。树林中徘徊着的越界学生的鬼魂被植入黑尔舍姆学生的头脑,通过恐惧不断对学生进行规训。如怀特海德所评,"黑尔舍姆的人性教育充其量只是一个骗局或谎言,往坏了说,它与克隆人所受的政治压迫制度形成共谋"(Whitehead,2011:57)。医生对仍保有意识的克隆人的废弃处置,显然把生命降格为一种劣质的生命,展示了"更加科学、更有效率"和"更冷酷、更无情"的"新世界"(石黑一雄,2018:306)的强烈对比,克隆人最终沦为被废弃的生命。他们"被截短的生命"(Sim,2006:239)所展演的赤裸生命本质与人的技术性长寿构成巨大的张力,彰显了人天性中利己害他的恶的一面。尤其值得关注的是,凯西怀抱隐喻婴儿的枕头低唱:"哦,宝贝,宝贝⋯⋯别让我走。"[①](石黑一雄,2018:80)这一场景不仅表明她对生育的渴盼、对生存的留恋,更隐喻了她本

---

① 笔者将小说原文的歌名"Never Let Me Go"译作"别让我走",取其"别让我死去"的引申义,对中译文"莫失莫忘"做了调整。

人希望获得人类善待、延迟捐献的哀求。尽管该场景令夫人心碎，却无法扭转她的捐献命运，小说中的人们也断然不会为他们提供这样的机会，反而反衬了人类利己而害他所体现的残忍。《克拉拉与太阳》中的机器人被视为人造朋友，却没有获得朋友应有的善待。如丹尼尔拒绝善待克拉拉的说辞，"这有什么坏的？他们的设计本来就可以应付这种事情"（石黑一雄，2021：99），明显揭示了人们对机器人他者定位的利己本性，与艾米丽的上述宣言异曲同工。机器人从朋友、玩偶到废弃物的"身份"变更，及他们从对人类有用到无用而被废弃的命运轨迹，又与医生将丧失捐献价值的克隆人废弃的做法如出一辙。两部小说以不同技术他者相似的命运轨迹凸显了人类的工具理性与人类中心主义所内蕴的利己害他的人本性中恶的一面。

如果说《莫失莫忘》借艾米丽培养克隆人的艺术才能，力证他们不仅拥有与人比肩的灵魂，依然无法改变他们非人的身份定位，引出人是什么的疑问，那么，《克拉拉与太阳》中保罗对人心的追问明显推进了作家对人与人性的探讨。意识到乔西可能被机器人替代，保罗的提问颇耐人寻味："你相信有'人心'这回事吗？我不仅仅是指那个器官，当然喽。我说的是这个词的文学意义。人心。你相信有这东西吗？某种让我们每个人成为独特个体的东西？"（2021：275）"人心"到底是什么？从保罗所说"我们这代人依然保留着老派的情感。我们的一部分自我拒绝放手。这一部分自我仍然执着地想要相信我们每个人的内核中都藏着某种无法触及的东西。某种独一无二，无法转移的东西"（2021：264）可以推测，人心显然就是情感。他据此坚信，克拉拉若要替代乔西，不仅要学习她的外在行为，还需学习她的内心。他用总有其他无法抵达的套房谕示了人心的复杂，暗示克拉拉不可能学习人心。保罗对人心的追问实质上是他对机器人不可能拥有人心的断言，将其视为人类不可能被机器人替代的最后防线。小说结尾，克拉拉坦承永远无法触及人们对乔西的情感，暗示了人心内蕴的复杂情感。但若以"爱人之心也是人性的体现"（王海明，2005：12）为参照，克拉拉明显超越乔西父母对乔西的爱，数次不遗余力挽救乔西所体现的利他、无私无畏的爱并没有换回人类对她的爱与善待，她的无私付出和倾情奉献依然无法避免被废弃的命运，构成了对人心与人性的进一步反讽。

就"恒久为善、偶尔为恶"及"趋善避恶"的人性而言（2005：380－381），被视为"非人"的克隆人与机器人却彰显了利他、向善的人性。相比凯西的纯粹利他，克拉拉身上还闪烁着爱的光芒，更反衬了人类选择利己而害他的本性而丢失的人性和温情。正如评论者所述，"典型的石黑一雄小说人物往往视角有限……无法完全理解人类，却恰恰给了我们重新审视自己所需要的视角"（Holmes & Rich，2021：16）。还需指出的是，技术他者体现的美好人性让小说中的人类相形见绌，反向加深了人类的恐惧，加剧了他们对技术他者的抵制和迫害，由此引发的人性和伦理困境预示了作家对技术伦理的召唤。

4 技术责任伦理从幕后向台前的延展

伦理也是两部小说的共同旨趣。现有研究对两部小说伦理主题的讨论主要依托文学伦理学、生命伦理、社会伦理、空间伦理等视角展开，鲜少注意到两部小说对技术责任伦理的关注。事实上，石黑一雄前述对技术突破导致的失业和精英统治等焦虑呼应了法国哲学家约纳斯所倡导的责任伦理，即：基于技术文明自带的副作用引发的人们对未来的忧虑和恐惧，"以长远、未来、全球化的视野来探究我们日常的、世俗—实践性决断"的新的责任伦理（约纳斯，2008：27）。在约纳斯看来，责任伦理意味着我们不仅要考虑当代人类所应负的责任，还要把这种责任向未来延伸。因为若没有责任伦理的约束，技术的潘多拉盒子一旦打开，后果难以预测。石黑一雄将技术焦虑先后投射在两部小说中，不仅借人们的技术恐惧而致的人性危机探讨责任伦理，还借人们对科技从抵制、乐观到论辩的态度转变，突出如何看待技术的议题，使建构积极的技术伦理观的反思与呼求更显豁明朗。

面对克隆人、基因编辑与机器人替身挑战人性、危及人类持存的"恐怖潜能"（2008：29），人类应如何作为？两部小说以不断升级的技术失控的前述恐惧景观和人性危机维度的深入探讨，接连唤起人们的技术恐惧，呼应了尤纳斯责任伦理所提倡的"恐惧启示法"（The Heuristics of Fear）：通过优先预测技术风险或致某些事物消逝而引发的恐惧，促使人们反思自己的核心需求，以恐惧为启示，督促人们对技术进行伦理反思（Jonas，1984：26 - 27）。换言之，通过潜在的技术威胁和风险的启示，促使人类提高对技术的敬畏之心，把技术纳入责任伦理的范畴，让技术的发展更符合人类未来的整体利益。约纳斯指出，恐惧启示法是人类寻求"善"的重要方法。借此，传统意义上的消极情感"恐惧"被赋予了积极的伦理价值。两部小说揭示技术恐惧所致的人性缺失，而人性的缺失让我们发现"人之为人"所应保留的根本属性（1984：26），传达了石黑一雄规避技术失控以捍卫人类光辉形象的责任伦理吁求。

通过对《莫失莫忘》中的基因编辑从隐蔽实验到公开实践的改写，以及卡帕尔迪、里克、万斯和保罗就技术与伦理关系看法的开诚布公，《克拉拉与太阳》不仅与《莫失莫忘》相互呼应，还推进了研究自由与技术伦理之辩。研究人员首先是研究责任的主体，不能逃避技术副作用的责任。尽管研究人员具有较大的研究自由，但"研究的自由不可能是无条件的"（约纳斯，2008：74）。小说中，茂宁代尔和卡帕尔迪明显规避了身为研究者的责任。为避人耳目，茂宁代尔躲到苏格兰的偏僻乡间，秘密推进基因编辑实验，企图摆脱法律的约束。而卡帕尔迪在萨尔付出生命代价、乔西多次病危的风险后，依然坚信，"最终的赢家总是那些坚持下去、保持信心的人"（石黑一雄，2021：258），以此成功说服乔西继续实验。如果说《莫失莫忘》中的基因编辑实验特意选择偏僻的乡间作为研究基地，有意躲避社会的伦理审查，被发现后被定性为茂宁代尔丑闻，科学家似乎被社会舆论钉在耻辱柱上，那么，《克拉拉与太阳》中的基因提升实验室坐落市区，曾需极力掩人耳目的实验似乎已正大光明，还受到富裕家庭的追捧，无畏地迎接或挑战人类伦理的审视，凸显了小说对技术伦理的关注。此外，茂宁代尔并未发声，是一个失语的存在，卡帕尔迪则是技术乐观主义者的代言人，宣称："我相信 AF 能够带给我们的好处远远超出了我们当下的认知范畴。我们不应该惧怕他们的智力。我们应该向他们学习。AF 有那么多东西可以教给我们。"（2021：250-251）他对机器人替身的痴迷、机器人便利的推崇，以及面对公众对机器人的反拨发出"我们必须回击"（石黑一雄，2021：373）的强硬态度，无疑表明他抛开伦理考量的技术研究狂热。他声称"任何工作始终面临着道德选择"（2021：255）所暗示的研究工作伦理争议的理所当然，完全推脱了科学家对技术副作用所需担负的责任，同时也将小说的技术伦理的议题表露无遗。从茂宁代尔的失语到卡帕尔迪的不断发声，《克拉拉与太阳》将《莫失莫忘》内蕴的科学家的责任伦理议题从幕后推向台前。万斯和里克就无人机道德问题的讨论尤其凸显了《克拉拉与太阳》的技术伦理之辩。万斯提醒里克关注无人机或被滥用带来的道德问题，而里克在指出无人机的各项优势后，不仅申明无人机并不必然被用来从事侵犯隐私的活动，还指出需提防无人机被滥用以及技术道德立法等问题，表明了他对技术研发责任伦理的考量。相比之下，茂宁代尔和卡帕尔迪并未主动承担技术责任主体的责任，凸显了石黑一雄对不顾技术后果的技术研究主体的批判。

从《莫失莫忘》中人们的扪心自问式反思到《克拉拉与太阳》对技术伦理的公开论辩，两部小说通过人们对技术研发态度的对比或转变，以层层推进的态势，揭示了普通人对技术责任伦理形塑的影响，阐明普通人也应肩负责任伦理的吁求。艾米丽堂吉诃德式的自语"是什么？是什么？到底是什么阻碍了我们？"及其沉默后的爆发"但我绝不妥协"（石黑一雄，2018：49），是她对克隆人悲惨遭遇的反思和抗议。面对凯西和汤米的延期捐献申请，她感叹"可怜的小东西。我们对你们都干了些什么啊？用我们那些谋划和策略？"（2018：285）则体现了她对克隆人技术的伦理反思。人们对基因编辑实验的"丑闻"定性显然表明了公众的伦理态度，直接导致了人们对基因实验态度的转变，形塑并见证了企图改善克隆人处境的黑尔舍姆这类基地的产生和消亡，说明人们对技术的态度转变对科技潮流走向的切实影响。如果说《莫失莫忘》中人们对技术突破的总体态度是质疑和抵制，《克拉拉与太阳》则展演了从研究者到普通人对科技态度的分歧和论辩。首先，在乔西的基因提升实验和机器人替身研发上，保罗与克丽西和卡帕尔迪的分歧和冲突最为明显。保罗反对乔西参与基因提升及其机器人替身的研发。为此，在卡帕尔迪的实验室中，他与克丽西争执不休。他对实验操刀者卡帕尔迪的冷嘲热讽、憎恶和敌意均围绕技术伦理展开，卡帕尔迪均予以回击。三人对机器人替身的论辩无疑演绎了技术保守派与激进派的论争。其次,《莫失莫忘》仅简要提及基因编辑,《克拉拉与太阳》则增加了选择基因提升家长的心路历程,克丽西坦言:"我不能不让乔西提升。我想给她最好的。我想让她过上好日子。"(石黑一雄,2021:268)这份出于孩子前途考量的初衷和需求事实上推进了基因编辑及实验失败后的机器人替身的研究进程。不可忽视的是,管家对克拉拉的敌意、对卡帕尔迪"狗娘养的讨厌鬼"(2021:221)的辱骂,以及收银员对克拉拉的抵制则表明了普通人对技术进步的盲目排斥。可见,责任伦理既要强加给技术研发者,又要强加给享受或忍受技术进步的大众(约纳斯,2008:80)。换言之,研究者和普通大众都应是技术责任伦理的践行者,小说传达了石黑一雄对技术责任伦理主体的吁求。

尽管两部小说仅是石黑一雄对技术的反乌托邦想象,但它们所透视的人类应该如何面对技术时代议题已然是当今时代的现实关切。事实上,技术早已嵌入人类生活中,构成人类持存不可或缺的部分,"我们不得不依赖于种种技术对象"(海德格尔,1996:1238-1239)。面对技术突破带来的挑战和恐惧,人类既不应盲目抵制,也不应盲目乐观,而应把技术发展纳入技术责任伦理的监管范畴,让技术发展不失人类整体现在和未来存在的关照。因此,建构一种积极的技术伦理观便成为技术日新月异时代的应有之义,也契合科幻小说所内蕴的警世传统。值得一提的是,技术恐惧症本质上是对技术颠覆人类中心地位的隐忧。既然技术的发展势不可挡,人类是否愿意让渡一贯的优先权,突破人类中心论,迈出与技术共存的步伐? 石黑一雄无疑借两部小说激发了读者有关人与技术关系的多维思考,延续了他对人类命运走向的现实关切。

5 结语

石黑一雄以技术为契,通过技术及其恐惧景观的关联及深化、人性议题的呼应与推进,以及技术责任伦理从模糊到显豁的延展,建构了两部小说情感、人性和伦理三个层面的借鉴、吸收、改写与互动的互文性关系,既延续了他对情感、人性和伦理主题的探讨,又实现了三大主题的增值与显明,共同传达了他对技术议题的延续性思考,即:对技术他者的恐惧书写只是其写作的表象,深层的目的则是通过技术恐惧引发的人性和伦理危机,延续并深化他对技术时代有关人与人性的思考,拓展并重申他对人与技术关系的本质追问,凸显他建构积极的技术责任伦理的主题要旨,续写他作品中一以贯之的人文情怀,重申他作为公共知识分子的责任与担当。

参考文献

[1] Bauman, Z., 2006. *Liquid Fear*. Cambridge: Polity Press.

[2] Charles, Ron, 2021. "In Kazuo Ishiguro's *Klara and the Sun*, a robot tries to make sense of humanity", 2rd March, https://www. washingtonpost. com/entertainment/books/Kazuo-ishiguro-klara-and-the-sun[2021 – 03 – 05].

[3] Enright, Anne, 2021. "*Klara and the Sun* by Kazuo Ishiguro review—What it is to be human", 25th February, https://www. theguardian. com/books/2021/feb/25/klara-and-the-sun-by-kazuo-ishiguro-review-what-it-is-to-be-human [2021 – 03 – 02].

[4] Ford, Martin, 2015. *Rise of the Robots: Technology and the Threat of a Jobless Future*. New York: Basic Books.

[5] Giles, Jeff, 2005. Like lambs to slaughter. *Newsweek*, 4th April.

[6] Gohara, Nobuyuki, 2021. "Kazuo Ishiguro confronts basic questions about humanity and technology", 2rd March, https://asia. nikkei. com/Life-Arts/Arts/Kazuo-Ishiguro-confronts-basic-questions-about-humanity-and-technology[2021 – 11 – 16].

[7] Holmes, Chris and Rich, Kelly Mee, 2021. On rereading Kazuo Ishiguro. *Modern Fiction Studies*, (1): 1 – 19.

[8] Jonas, Hans, 1984. *The Imperative of Responsibility: In Search of an Ethics for the Technological Age*. Trans. Hans Jonas and David Herr. Chicago: The University of Chicago Press.

[9] Preston, Alex, 2021. "*Klara and the Sun* by Kazuo Ishiguro review—Another masterpiece", 1st March, https://www. theguardian. com/books/2021/mar/01/klara-and-the-sun-by-kazuo-ishiguro-review-another-masterpiece [2021 – 03 – 05].

[10] Ramge, Thomas, 2019. *Who's Afraid of AI?: Fear and Promise in the Age of Thinking Machines*. New York:The Experiment.

[11] Sim, Wai-chew, 2006. *Globalization and Dislocation in the Novels of Kazuo Ishiguro*. New York: The Edwin Mellen Press.

[12] Svendsen, Lars, 2008. *A Philosophy of Fear*. Trans. John Irons. London: Reaktion Books.

[13] Tuan, Yi-Fu, 2013. *Landscapes of Fear*. Minneapolis: University of Minnesota Press.

[14] Whitehead, Anne, 2011. Writing with care: Kazuo Ishiguro's *Never Let Me Go*. *Contemporary Literature*, (1): 54 – 83.

[15] 蒂费纳·萨莫瓦约,2003.互文性研究.邵炜,译.天津:天津人民出版社.

[16] 海德格尔,1996.海德格尔选集.孙周兴,译.上海:上海三联书店.

[17] 汉斯·约纳斯,2008.技术、医学与伦理学——责任原理的实践.张荣,译.上海:上海译文出版社.

[18] 黑格尔,1979.美学(第一卷).朱光潜,译.北京:商务印书馆.

[19] 柯林·戴维斯,2006.列维纳斯.李瑞华,译.南京:江苏人民出版社.

[20] 南茜·弗雷泽,2012.论正义:来自柏拉图、罗尔斯和石黑一雄的启示.王雪乔,欧阳英,译.国外理论动态,(11):35 – 40.

[21] 聂珍钊,2015.文学伦理学批评:人性概念的阐释与考辨.外国文学研究,(6):10 – 19.

［22］秦海鹰,2004.互文性理论的缘起与流变.外国文学评论,(3):19-30.

［23］尚必武,2022.机器能否替代人类?——《克拉拉与太阳》中的机器人叙事与伦理选择.外国文学研究,(1):28-45.

［24］石黑一雄,2018.别让我走.张坤,译.上海:上海译文出版社.

［25］石黑一雄,2021.克拉拉与太阳.宋金,译.上海:上海译文出版社.

［26］石黑一雄,2018.石黑一雄诺贝尔奖获奖演说:我的二十世纪之夜及其他小突破.宋金,译.上海:上海译文出版社.

［27］王海明,2005.人性论.北京:商务印书馆.

［28］殷企平,1994.谈"互文性".外国文学评论,(2):39-46.

［29］殷企平,2003.重复.外国文学,(2):60-65.

文学书写的现象学还原

——莫里斯·布朗肖的文学现象学研究

吴 博[*]

摘 要:本文以现象学的视角考察布朗肖的文艺理论,认为其文学批评符合现象学理论特点,应用了现象学的研究方法,构成了独特的文学现象学思想体系。文章从诗性语言、文学书写的本质孤独、死亡与文学三个方面分析了布朗肖文学现象学的构成和还原方法,探讨了文学性的本质、存在的遮蔽、死亡的二重性等一系列文学现象学核心问题,同时将布朗肖的思想与胡塞尔、海德格尔、列维纳斯等人的现象学及存在论相比较,展现了其文学现象学的原创性——在对绝对不显现之物的现象学还原过程中超越"存在",揭示"中性",走向"外边"。

关键词:布朗肖;现象学;文学;存在;死亡

Title: Literary Writing and Phenomenological Reduction: A Research of Maurice Blanchot's Literary Phenomenology

Abstract: The article analyses Maurice Blanchot's literary theory from a phenomenological angle in considering Blanchot's literary criticism as a holistic phenomenological system. We tackled the problem of its construction and development from three aspects: poetic language, writing and essential solitude, death and literature. Crucial issues such as the "eidos" of literariness, the occultation of Being, the duplicity of death are deeply dressed upon. The article also compares M. B. 's thinking with traditional phenomenological or existential thinkers such as Husserl, Heidegger and Levinas, so as to demonstrate the originality of M. B. 's

---

* **作者简介:**吴博,男,河海大学外国语学院法语系讲师,博士,研究方向为以莫里斯·布朗肖为代表的法国二十世纪文学艺术理论。电子邮箱:bastien_wu@hotmail.com。

literary phenomenology: by applying phenomenological reduction to absolute invisible things, it transcends Being, reveals "Neutral", steps into the "Outside".

Key Words: Blanchot; Phenomenology; Literature; Being; Death

"现象学：它标志着一门科学，一种诸科学学科之间的联系；但现象学同时且首先标志着一种方法和思维态度：典型哲学的思维态度和典型哲学的方法。"（胡塞尔，1986：24）然而和所有与语言打交道的思想者一样，胡塞尔面临语言与思想间的固有矛盾：一方面，语言并非先在于意向运动，而是意向运动的表征手段之一；另一方面，意向运动与存在的联系须通过语言表述。胡塞尔的策略是在识别语言意指功能的基础上把握语言更深层的意向性，他并未简单将语言视为主体与世界的中介，而认为语言的核心在于语言所蕴含的意向趋向性与自身形成（arche-）或者说"语言之先"之间的张力——"语言的边界不是世界的边界"（Welton，2000：391）。而这也正是布朗肖书写理论的核心问题，它构成了一种独特的文学现象学。尽管很少在文本中提及胡塞尔，布朗肖却切实在对文学本源的追问中应用了先验现象学的视角和还原方法[1]，被遮蔽的"语言之先"就是现象学先验自我及意向性的文学体现，而作品成形的过程就是文学本质（eidos）——文学性、诗性或者说文学本源逐步显现的过程，即文学转向内部，在书写和阅读中逐步剥离一切外部意义，最终"还原"为其自身的可能性。因此，文学书写就是先验现象学的还原过程，它悬置所有的附加功能（再现、意指、宗教、教化，等等），追问最初的意向性和本源。那么布朗肖是如何具体应用现象学还原方法构建其文学现象学体系的呢？本文将分别从诗性语言的本质、书写的本质孤独和文学与死亡这三个方面对此给出自己的见解。

1　语言与文学性

在《火的作品》（*La part du feu*）之"小说的语言（Le langage de la fiction）"中，布朗肖集中对比了日常对话与小说语言，认为小说家可以使用口语化的语言令作品尽量贴近日常交流，但这并不能掩盖小说语言与日常对话间的根本差异，它不在词汇的意指

---

① "如果没有意向性这一概念……，所有有关当代艺术的哲学都将是不可能或不可理解的。只谈论它最非凡的杰作，那么非莫里斯·布朗肖的批评著作莫属，在那里文学既不是对美的理念的接近，也不是对生活的点缀，也不是对时代的见证，也不是对经济冲突的表达，而是与存在本身的关系，在一种几乎是不可能的对已然属于存在的预演中。这样的作品不可能被创作于彻底的意向性理念之外。"（Levinas，1974：144）

层面,而是语言的使用(Blanchot,1949:79)。日常对话会立刻被现实存在的无尽细节所填充,语句本身会即刻融入现实关系和内容的海洋并被赋予现实功能。而由于缺乏丰满的现实世界的依托,同样的句子在小说里不过是一个没有现实的投影、一个对已然缺席的世界的唤起、一个和当下生活永恒错位的抽象。可如果就此得出日常对话比文学语言的意涵更丰富的结论却是武断的。事实上,如果说日常对话以一种更有效而确定的方式被外部世界所限定,那不是因其本身拥有指涉世界的客观实体性,恰恰相反,其本质仍是抽象化的意识活动——对客体的意指必然以消解其实体性为代价(80)。例如,使用"猫"这个词的时候,我们抹杀了具体某只猫的个体性,令其变为抽象概念——"言说便拥有了一种不仅是再现更是毁灭的功能。它引起消失,使得物体不在场,它消解物体"(32)。因此,不论日常对话还是小说语言,它们的本质均是缺席,它令我们超越被指涉物的具体特点,达到概念层面的抽象的普世属性[1]。

但是,日常对话的"缺席"是相对的、附属的、动态的,它后发于指涉世界,后者不会被其改变,也不依托其而存在。不仅如此,为了有效再现现实,语言本身的物质性被最大限度地忽视了,即在日常交流中,节奏、韵律、语言的音律美等从不是核心要素,信息的准确传达才是。相对地,小说语言几乎是一种没有先存的语言,一种绝对语言。"办公室主任亲自打来了电话。"(81)读到这句话时,唯一能令读者进入由白纸黑字构筑的想象世界的手段只有这句话本身。小说语言是无媒介、瞬时且无中生有的,缺席和空无才是先设。因此,小说读者遭遇的不是"缺席的在场"(une présence absente / an absent presence),而是"在场的缺席"(une absence présente / a present absence)。日常对话通过对现实的抽象来传达普遍性的意指:在场→缺席,本质是"再现"(représenter)。小说语言则不依赖先存现实,勾勒不存在之物才是目的:缺席→在场,本质是"表现"(présenter)。因此,小说读者常需要想象不存在之物(比如一个卡夫卡小说中的办公室主任),而日常对话双方往往指代存在却缺席之物(比如对话双方共有的上司),尽管两者的本质都是语言的意指性和符号功能[2]。

然而,日常对话和小说语言的界限并不总是清晰可辨:比如纪实类文学和"生活世界"的关系就十分紧密且带有强烈的"再现"属性,但这又令人极易陷入相对主义的陷阱和阐释学的闭环,令文学语言有彻底被索绪尔语言—符号体系捕捉的风险。于是布朗肖将其文学现象学的还原更进一步,以更透彻明晰的方式阐明小说语言不仅是一个传达思想的符号体系,抑或是将概念生动化的唤醒机制,而是具有相对于日常对话而言的绝对不可化约性——"文学性",或者说诗性本质。为此他讨论了叙事文本的三种独特

---

① 对此问题的详述可参考吴博与张新木的《主体的失去与不可言明的共同体——论布朗肖的语言观与主体思想》(吴博,2020)。

② 布朗肖在此处对于日常对话和小说语言的区分可以和胡塞尔对于内在意向对象和超验意向对象的区分相对照(胡塞尔,1986:114-149)。

表现手法,即寓言、神话和象征,虽然它们在唤起读者对"不存在的世界"的想象方面并不等价。寓言建立在对小说的驯服之上,即令小说服从于日常交流的符号学原则,它只不过是"借着小说的形式来引进的日常叙事:[一个寓言]不过是一个将我们导向某个主张的故事,对于后者而言它只是符号"(83),因此,寓言和日常对话的区分性最差,"文学性"也最低。至于神话,它"不同于寓言,在叙事人物和其意义间建立的关系不是符号和所指的关系,而是一种真正的在场"(Ibid.),它超越了一般符号逻辑,更彻底地将自身贡献于对"在场"的描述(比如希腊神话中鲜活生动的诸神形象,令人们宁愿相信他们的[曾经]在场),致力于对读者感受的唤起。因而神话是由卓越的叙述和修辞构成的成熟文学文本,在那里思想和其载体是清晰分离的,其文学性源自对解读必要性的超越。然而,只有象征才是最自由于符号属性的表现形式,将它从根本上和寓言及神话区分开的是其整体性,它令"原本被扼杀在琐碎的个别事件性中的日常生活的整体意义在场"(84)。不同于寓言或神话,象征不依赖于任何确定的虚构故事,而是对存在世界的所有个别性进行超越,对没有确定性的世界进行描述。对象征手法运用最多的文学形式是诗歌,它因此具有最纯粹的文学性,代表了文学现象学对语言的终极还原。

而在"马拉美的神话(Le mythe de Mallarmé)"中,布朗肖通过分析马拉美的诗歌语言观表达了对诗歌语言本质的理解——物质性和对概念的实体化,从"再现"到"表现"的嬗变。马拉美将语言分为"天然语言"(langage brut)和"本质语言"(langage essentiel),前者的典型就是日常对话,它的根本目的是交流,通过牺牲指涉对象的具物性传达抽象概念;而后者即诗歌语言,作为小说语言的进阶版,它不再满足于对不存在之物的描摹勾勒,而是在大量使用象征手法对缺席进行整体展现的同时强化语言本身的"质感"——物质性(音律、节奏、文本呈现的可视形态等因素)。因此,诗歌语言体现了语言的符号性向文学性演变的最成熟阶段,兼具四重属性:(1)符号性。语言将被指涉物抽象化,以实现交流目的;任何语言都不能彻底脱离符号性,它不能被彻底"还原","生活世界"不可抛弃。(2)叙事性。它在小说等叙事文本中体现得最为充分,语言最大限度摆脱对先在(à priori)世界的依赖,通过描述和联想勾勒不存在之物,具有了无中生有的创造性——文学性的初现。(3)象征性。相对于小说叙事,象征手法更注重想象的整体性,进一步释放语言的缺席和否定本质,将其从日常生活的辩证法中解放出来——文学性的完善。(4)以马拉美为代表的现代诗人毕生追求的语言物质性和自指性(auto-référence / self-reference)。力求将"目光吸引到语言本身而非其所谈论的事物"(39),最大限度将语言和其指涉功能剥离,令语言本身接近自在自为的自足状态——几近纯粹的文学性。理想的诗歌语言令词句自身相互映照并散发出与个体情感无关的光芒。在此过程中,诗歌虽仍不可避免地传达了意指,创造了画面,但后者因其象征性和流动性已和最初激发灵感的被指涉客体相去甚远,意义和画面的流动、语言的韵律及意向的生灭才是诗性语言的根本追求。这四重属性也对应着诗歌创作的四个阶段,作为一个彼此循环往复、不可止息的动态过程,言语在被指涉物、抽象概念与诗性画面间流动不止,创造出文学空间(如图1)独有的缺席、空洞与寂静的质感。因此,文学性和诗性的本质是无限的自我迁移,是现象学独有的精神内观,而非辩证法的螺旋上升。但是,不论诗人如何利用言语制造动态的空无和寂静,语言的意指性是不可被彻底"悬置"(epoché)的,后者总会不断浮现并平衡诗歌语言的物质性,一种相互影响和彼此湮灭的运动在文本生成与阅读中被反复经验。因此,与其说理解或展现不可言说之物,文学性更像是一种呼应的姿态:"诗歌的存在不是为了言说不可能之物:它只是回应它们,以回应的方式言说。这便是我们内部所有本质话语共同分享的秘密:命名可能,回应不可能。"(Blanchot,1969:68)

图 1

2 本质孤独与存在

在《火的作品》中,布朗肖对文学语言的现象学还原——"文学性"进行了深入思考,而从《文学空间》(*L'espace littéraire*)开始,文学现象学更专注于对作品与作家的本体论地位及其背后所隐藏的存在论维度的思考:"作品——艺术作品,文学作品——既不是已完成的,也不是未完成的:它存在。它只传达一个理念:它存在。除此之外它便什么都不是。"(Blanchot,1955:14)这是一个强有力的存在主义宣言:作品的存在先于本质。作品这一独特的存在属性被布朗肖定义为"孤独",它由作品的孤独和作家的孤独共同构成。在《存在与时间》中,海德格尔将存在分为两类:事实性和实际性(Heidegger,2001:69-71);前者是现成的无生命实物(如一块岩石),后者是生活在当下此在的人。布朗肖将实际性存在这一在海德格尔看来专属于人类的存在属性赋予了文学作品,视其为超越一般现象的"存在者",它是无中生有的,是非理性、绝对和无根的,是不可被现象学还原的:"于他[作家]而言,作品是不可阅读的,宛如一个秘密,在它面前他无法驻留",不仅如此,"作家属于作品",因此作家从未真正拥有作品,更无力完结它,他完成的只能是作品的"存在之尸"——书,后者嘶吼着:"不要阅读我!"

(Blanchot，1955：17)文学书写就是作家向作品让渡主体性的过程："当书写就是投身于不可止息之物，接受承担这一本质的作家便丧失了说'我'的力量。"(21)

　　和海德格尔一样，布朗肖也认为西方形而上学传统中的"主体性"本质是对存在"中断"的产物，因而始终处在尚未完成的动态中，不断在世界的操劳中自我扬弃，这便是布朗肖的"我"，它必须承担与存在分离的焦虑——"世界中的孤独（la solitude dans le monde）"(337)。而当我处在世界中，我不仅将存在的缺席预设为我生存的本质，亦将这缺席视为我力量的一部分，借着它我可以创造或毁灭一切，然而"当存在缺失的时候，存在真的缺席了么？……这缺席难道不是隐藏在存在缺失的深处的存在么？即是说当什么都没有的时候仍然有存在？"(339)。换言之，当我处于世界中的孤独时，我无法想象在存在的缺失中或许仍残留有一小部分的存在，更无法令其显现。这一问题事实上已然若隐若现地困扰了自柏拉图以来的整个西方形而上学史，在《存在与时间》中，海德格尔详细描绘了日常操劳的遮蔽性，并在作品的后半部分转向对本真存在及先验时间性的视野分析，他的思想与其师胡塞尔一样仍延续了西方形而上学的主体中心主义。而在现象学还原方面，胡塞尔提出了范畴，海氏提出了对此在的超越；一个对意识与世界的连接进行形式上的规范，一个提出了"此在"并将其与存在区分开。两人都强调对抗自然主义和客观主义的日常性对存在的遮蔽①，他们都没有真正意义上超越主体，更没有给出一个具体的、可操作的将存在的遮蔽还原掉的方法。而布朗肖在这方面却做出大胆尝试，他认为令本真存在显现的方法就是文学，更准确地说是文学书写所固有的"本质孤独"（la solitude essentielle）令这种相遇成为可能："当存在缺失，存在只不过被深深隐藏了。对于接近这个缺失的人来说，正如这个缺失在'本质孤独'中呈现的那样，他所遇到的是被存在的缺席所展现的存在，不再是被隐藏的存在，而是'被隐藏'作为存在：即隐藏本身。"(Blanchot，1955：340)继对语言进行现象学还原后，布朗肖将文学现象学的研究方法——将文学本身同时视为意向对象和还原手段——应用到对存在的探究上。而从"世界中的孤独"到"本质孤独"便是布朗肖对文学现象学还原的进一步完善，它如此彻底，以至于还原的剩余物几乎以否定的形式呈现，但绝非虚无："［在本质孤独中］，隐藏显现并成为表象令'一切消失'，……即'一切消失'自身变为表象。*显现说明当一切已消失时仍存留某些事物，当一切缺失，缺失令存在的本质，那在存在缺失之处仍留下的存在，即被隐藏的存在显现*。"(Ibid.)换言之，存在的缺席仍和存在相连，即存在是不可化约的，它的隐藏本身就是一种显现②。

----

　　① 正如胡塞尔的学生芬克所说，"我们生活在这些存在者之间，它们置我们于习惯的牢笼里，我们也忘记了如何破笼而出"(Fink，1939：240)，自然主义和客观主义关注事物的内容，忽视了它们被给予的方式，因此遮蔽了对本真存在的认识。

　　② 对本质孤独与作家的存在处境更详尽的论述，感兴趣的读者可参考由吴博与张新木合著的《本质孤独与文学存在——布朗肖〈文学空间〉中的文学本体论》(吴博、张新木，2018)。

从"世界中的孤独"到"本质孤独"，文学书写的还原对象从作家的"此在"过渡到存在本身，文学现象学因而具有了更深刻的存在论维度，揭示了存在的双重被遮蔽性：存在不仅被世界中的操劳（辩证法的运作）所遮蔽——世界中的孤独，更被其自身的无限后撤造成的缺席所遮蔽——本质孤独。通过将存在定义为"隐藏本身"，即作为缺席自身的显现，文学现象学展现了它最大的原创性：一个关于不显现之物的现象学。另一方面，从《火的作品》（La part du feu）乃至《失足》（Faux pas）开始，布朗肖就已意识到胡塞尔现象学，甚至整个西方形而上学传统无法回避的局限性——对主体性的执着，并开始对其进行解构，这在《文学空间》中通过将作家的主体性让渡给作品得以实现。那么，文学缘何成为本质孤独？或者说文学与存在的根本渊源来自何处？这就不得不谈到布朗肖独特的死亡观。

3　死亡与文学

从人类意识到自身的必死性起，死亡便成为悬置、不可预知却必然发生的事件，潜在却持久地影响着我们的日常生活和选择。柏拉图认为哲人应当时刻意识到自身的有限性，并尝试与死亡背后的无限理念世界相连，最大限度接近永恒——哲人之死。而在海德格尔的存在论中，本真的存在只能在对死亡与时间的全新认识中实现：一切都可以被剥夺和替换，唯独死亡真正属于自己，我们被自身的死亡定义——向死而生。布朗肖却认为哲人死亡背后隐藏着更深刻且本质的另一个死亡，它意味着所有可能性的不可能："这令我们回头想到了一个双重死亡：一个在关于可能性与自由的言语中的循环，它将死之自由和能够冒死的风险作为终极视界；另一个是不可掌握的死亡，它和我没有任何形式的任何联系，它永不到来，我也不朝它前进。"（Blanchot，1955：127）换言之，第一重死亡是概念中的死亡，是来自外部且抽象的，遥远却完善；第二重死亡是真正的事件，它和每个人切身相关，却无法以经验的形式被主体拥有。死亡不是柏拉图憧憬的可以带给人知识和力量的彼岸入口，而是匿名的、非个人的、中性的——"一个比死亡更强大的垂死"（130）。因此，死亡所导致的所有可能性的消失在海德格尔看来只是诸多可能性之一，而布朗肖则彻底地否认了所有其他可能性——死亡消解一切可能性，令向死而生彻底沦为"被不可降临的死亡永恒折磨着的濒死"（147）。

在"作品与死亡空间"（L'œuvre et l'espace de la mort）一章中布朗肖提到阿丽娅（Arria）："这个罗马女人看到自己丈夫自杀前的犹疑，夺过匕首刺入自己胸膛，然后抽出匕首还给自己的丈夫，说道：'你看，这一点儿也不疼！'"（124）然而，这种基里洛夫[①]

---

① 基里洛夫是陀思妥耶夫斯基的小说《群魔》中以自杀寻求生命意义的哲学家。

式的大无畏是徒劳无益的，因为在自杀的过程中，我们体验消失着的意识，而非对消失本身的体验——主体存在时，死亡未降临，死亡降临时，主体已不再。人类终究只是被动接收并融入死亡，自杀也不会使我们真正体验、掌控或拥有死亡。我们只拥有死之理念，而非死之现实。自杀者的根本错误在于忽略了死亡的双重性，将第二重死亡误认为第一重。二重死亡观的独特性在于：它将事件性从死亡这一事件本身中剥离出来，并对其进行严肃的哲学思考，而不讨论作为事件的死亡本身，因为后者和意识永不兼容。和存在一样，死亡本质上不是绝对终结，更不是静止状态，它不断自我逃逸，向自身的更深处隐藏，缺席和周而复始的自我构建与自我否定才是它的本质。二重性并非说存在两种死亡，而是死亡本身的一体两面，死亡在外在可能性和内在不可能性间彼此切换，我们时而笃定死亡的可能性，时而被其不可能性所笼罩。死亡的可能性遮蔽自身的不可能性，第二重死亡本质上既非真亦非假，而是两者之间的永恒暧昧，一种由于存在后撤造成的遮蔽本身的深渊。

在《火的作品》之"文学与死亡的权利"（La littérature et le droit à la mort）中，布朗肖认为法国大革命中个体的死亡是为了成全"公民"的诞生，是为了自我抹除以实现普世的匿名性（Blanchot，1949：309 - 310），这种行为和作家在文学书写中的"本质孤独"状态具有存在论层面的同质性——从"我"到"它"的转变，以失去主体为代价令存在（以缺席的形式）显现：在文学创作中，作家不仅需要和世界保持距离——世界中的孤独，更要和自我分离——本质孤独，最大限度接近匿名性和非个人性。因此，文学书写的前提就是"死亡"——作者在现象学层面的自我抹除："为了能够死去而写作，为了能够写作而死去。"（115）事实上，作家不仅属于作品，作家的创作过程和自杀也有着耐人寻味的相似性：首先，作家在作品成形前并不真正了解作品，艺术创作的过程就是寻找和构建对象的过程——"真正的诗人一生都在找寻诗歌"（107）。而不论是诗人还是自杀者所追逐的都是必然超出其掌控之物。作家从未拥有作品，正如死者从未拥有死亡。然而，如果说成功的自杀必以死亡为终结，于作家而言，死亡却是艺术之源和创作的开始。不仅如此，文学书写天然包含死亡的二重性。里尔克尝试通过写作掌控死亡，令死亡成为私人化的力量（同时拒绝接受第二重死亡），但最终，在十年沉寂和挣扎换来的诗集《挽歌》（Elegies）中他终于明白，为了真正踏入文学空间，诗人必须接受第二重死亡，"死亡是生命中不朝向我们也不被我们照亮的一面"（169）。

受巴塔耶的影响，布朗肖试图在"极限体验（expériences limite）"——"着迷（fascination）"中逼视存在的真相。如果说在列维纳斯的《从存在到存在者》（De l'existence à l'existant）中的实体（hypostase）的获得是从存在到存在者的运动，那么着迷则正相反，它指引存在者向着存在和本质孤独行进。着迷的本质是被画面捕捉，是认知对象从物品功能性转向外在形式的过程（与辩证法认识世界的过程相反），这是艺术独有的能力：凡·高画笔下的木鞋已经不再是木鞋，它们已经失去了所有的有用性和

（海德格尔意义上的）"在手性"，它们没有任何在世的工具价值，沦为纯粹的画面。因此，一切艺术天然包含死亡，它们不和生活世界发生关联，它们的意义矢量只指向自身，和第二重死亡一样，它们是赤裸的、无功利的、非个人的、不可把握的。在制造"着迷"这方面文学比任何艺术走得更远，它彻底摆脱了对审美媒介的依赖，成为更纯粹的画面（Image）艺术："书写，就是将言语置于着迷的掌控下。"（31）诗歌语言的本质就是日常对话的自我成像，言语被剥离其意指符号的工具性而成为自身的画面与终点。因此，着迷就是将第一重死亡翻转为另一重死亡，或者说第二重死亡就是第一重死亡的画面与成像。为语言画面着迷，作家成为寂静的回声，将自身的主体性让渡给存在，投入时间的缺席和自我放逐，这一体验在最大限度上接近死亡："我为了死亡而书写，为了给予死亡它本质的可能性……只有当死亡在我内部书写时我才能写作，它令我变成空洞的、非个人性之物自我确认的场所。"（193）不仅如此，书写见证死亡，书写令我们不再对死亡冷眼旁观或扭头回避："我们也是那自愿通过，自愿对逝去说'是'的人；我们言说失去，将它变成话语与歌谣。"（Ibid.）文学书写构建了存在和死亡的同一性：两者均永远以否定的方式自我显现：作为缺席和被遮蔽本身。正如海德格尔认为存在需要此在作为显现的场域，布朗肖认为死亡需要作家用文字勾勒的画面，即文学空间（见上文第一节），那是由本质孤独所支配的独特场域，在那里存在以隐藏和缺席的形式自我显现，布朗肖给予它全新的命名——"中性"（Neutre），它不是海德格尔意义上的存在，却也不是对它的辩证否定，它是画面，是空间，是无处之所，是真正的"外边"（Dehors）——存在之外①，它是存在本身的自我成像与自我疏离，正如列维纳斯在其名篇《现实及其影子》（La réalité et son ombre）中所写："存在就是如其所是，它以自身真相的方式自我显现，但同时它也和自身相似，它是自身的画面。本源在那里自我给予，仿佛它与自身拉开距离，仿佛从自身抽离，仿佛存在中的某些东西将存在延迟。"（Levinas，1994：134）

布朗肖的理论既非归纳性，亦非推理性，更非辩证法，他始终尝试触碰"外边"，企图令哲学本身都无法触及的双重遮蔽之处显现，在这个意义上，布朗肖是一个纯粹的现象学家，其文学批评构建了独特的文学现象学体系。首先，文学现象学还原了"文学性"的本质，即文学书写令语言在符号性、叙事性、象征性及自指性间周而复始、循环往复，构成独特的现象场域——文学空间。不仅如此，文学现象学还原了作品和作家的关系——作品独立于作家，作家属于作品，作家主体性的让渡令书写的本质显现——本质孤独，它令存在以缺席（隐藏）的形式显现。最后，文学现象学还原了死亡的二重性及文学书写的死亡本质，并通过"着迷"最终锚定了文学、死亡与存在三者彼此依存、互为画

---

① "外边"这一概念首次出现在布朗肖 1955 年出版的《文学空间》（L'espace littéraire）中，之后便一直贯穿布朗肖的整个中后期创作生涯，而"中性"概念的真正成型是在 1969 年出版的《无尽的对话》（L'entretien infini）中，认为这两个概念具有同一性是当前学界较为普遍的共识，即"外边"是"中性"的理论前身：外边，就是中性的空间（Pinat，2014：230）。

面的关系，以此引入文学现象学还原的最终产物——"中性"或"外边"，它没有任何"生活世界"的支撑，是真正的存在之外。从这个意义上说，文学现象学相比海德格尔的存在论或列维纳斯的"il y a"而言更接近胡塞尔的初衷——对绝对先验性的追求。而就方法论而言，布朗肖的还原更类似于海德格尔——对意义本身的悬置，只不过他不仅悬置意义，甚至和所有的意义决裂，走向"意义之外"，这一点在其后期的"碎片书写"中得到更充分的展现①。不仅如此，在布朗肖的现象学体系中，不论是死亡、文学乃至存在本身，均在"着迷"效应下自我分裂成像，催生出独特的二重性：本质并不存在，或者说本质就是事物自身的重影，是非此亦非彼②，是朝向"外边"的存在本身的裂隙。因此，文学现象学不仅解构了主体，更解构了存在，它是否定的、逆转的"负-现象学"——关于不显现之物的现象学，它动摇了整个西方经典形而上学思想体系，为以德里达和福柯等人为代表的解构主义浪潮埋下伏笔。

参考文献

[1] Blanchot, Maurice, 1969. *L'Entretien infini.* Paris: Gallimard.

[2] Blanchot, Maurice, 1955. *L'Espace littéraire.* Paris: Gallimard.

[3] Blanchot, Maurice, 1949. Le langage de la fiction., Le mythe de Mallarmé., La littérature et le droit à la mort. *La part du feu.* Paris: Gallimard.

[4] Fink, Eugen, 1939. Das Problem der Phänomenologie Edmund Husserls. *Revue Internationale de Philosophie 1*: 240.

[5] Levinas, Emmanuel, 1947. *De l'existence à l'existant.* Paris: Gallimard.

[6] Levinas, Emmanuel, 1974. *En découvrant l'existence avec Husserl et Heidegger.* Paris: Vrin.

[7] Levinas, Emmanuel, 1994. La réalité et son ombre. *Les imprévus de l'histoire.* Montpellier: Fata Morgana.

[8] Mallarmé, Stéphane, 1976. La musique et les lettres. *Œuvres complètes*, t. II, Paris: Gallimard.

[9] Pinat, Etinne, 2014. Les deux morts de Maurice Blanchot: une phénoménologie. Paris: Zeta Books.

[10] Welton, Donn, 2000. *The other Husserl: The horizons of transcendental phenomenology*, USA: Indiana University Press.

[11] 海德格尔,2014. 存在与时间. 陈佳映,王庆节,译. 北京：生活·读书·新知三联书店.

[12] 胡塞尔,1986. 现象学的观念. 倪梁康,译. 上海：上海译文出版社.

[13] 吴博,张新木,2020. 主体的失去与不可言明的共同体——论布朗肖的语言观与主体思想. 解放

---

① 关于布朗肖碎片书写的深入探讨，可阅读吴博、张新木合著的《布朗肖的"象"与碎片书写》（吴博、张新木,2019）。

② 法文"中性"（Neutre）一词的拉丁语本意就是"既不是这个也不是另一个"。

军外国语学院学报,(5):152 - 158.

[14] 吴博,张新木,2019. 布朗肖的"象"与碎片书写. 当代外国文学,(2):85 - 92.

[15] 吴博,张新木,2018. 本质孤独与文学存在——布朗肖《文学空间》中的文学本体论. 南京社会科学,(4):122 - 127.

栖居于多变的天气：试论《苏格兰人的书》中的变化诗学

官雪莹*

摘　要：20 世纪苏格兰作家刘易斯·格拉西克·吉本（Lewis Grassic Gibbon）的小说《苏格兰人的书》（*A Scots Quair*）三部曲是苏格兰文学的经典之作，但其中的天气叙事很少受到关注。其实，小说中大量出现的天气与气候变化描述既承担了作品的主要叙事功能，也是 20 世纪初苏格兰社会的灾难隐喻，并引导我们将文本视为前"气候变化小说"来阅读。通过将天气变化内置于作为小说核心的"变化问题"，《苏格兰人的书》构建了一种"变化诗学"，连接 20 世纪 30 年代苏格兰的地方经验与世界命运，也超前地为身处气候变化语境的当代读者提供了启示。

关键词：刘易斯·格拉克西·吉本；《苏格兰人的书》；灾难叙事；气候变化小说

Title: Dwelling in Changing Weather: the Poetics of Change in *A Scots Quair*

Abstract: Weather narratives in *A Scots Quair* trilogy by twentieth-century Scottish author Lewis Grassic Gibbon have received less attention. In fact, the abundant description of change of the weather and climate is not only a necessary narrative strategy, but also metaphor for the catastrophes of early twentieth-century Scottish society; besides, it leads us to read the trilogy as proto-"cli-fi". Through putting the weather change in the core of "problem of change", the trilogy constructs a "poetics of change" that connects Scottish local experiences and global destiny in the 1930s, and inspires contemporary readers to dwell in an epoch of climate change.

＊作者简介：官雪莹，武汉大学文学院比较文学与世界文学专业博士生，法国巴黎西岱大学文学院（CERILAC）联合培养博士生。研究方向为气候小说、生态文学。电子邮箱：claraguan623@gmail.com。

Key Words: Lewis Grassic Gibbon; *A Scots Quair*; Catastrophic Narrative; Climate Change Fictions

1 引言

20 世纪苏格兰作家刘易斯·格拉西克·吉本（Lewis Grassic Gibbon，1901—1935）的代表作《苏格兰人的书》三部曲（*A Scots Quair*），主要叙述女主人公克丽斯的人生轨迹，以展现苏格兰东北部阿伯丁一带在一战前后城乡变迁的历史。《落日之歌》（*Sunset Song*，1932）设定在缅思斯山谷中的金拉第村，重点描绘了克丽斯的少女时期以及与农民尤旺的婚后生活，小说跨越了一战前后的时期，以尤旺因逃兵罪在法国被处决为结尾。《云雾山谷》（*Cloud Howe*，1933）中，孀居的克丽斯带着儿子小尤旺与苏格兰教会牧师罗伯特再婚，搬到因黄麻纺织业而兴盛的谢格特镇，她见证了罗伯特发起的社会主义小镇改良运动在经济危机的冲击下化为泡影的过程，小说以罗伯特因肺炎去世为结局。《灰色花岗岩》（*Grey Granite*，1934）中，再次寡居的克丽斯和成年的儿子小尤旺前往工业城市"邓凯恩"寻找出路，小尤旺做了钢铁厂学徒后走上无产阶级革命道路，克丽斯则独自回到童年的村庄，迎接死亡的到来。三部曲反映了 20 世纪上半叶苏格兰个人与社会命运的走向，并延伸至对人类整体命运的思考，正如谢默斯·希尼（Seany，1995）所说，30 年代苏格兰文学"不仅对继承的传统展开自我批判和实验，也受到世界文学发展的激荡"（引自 Brown et al. Eds.，2007：81）。

在以 T. S. 艾略特等作家引领下的现代主义的黄金时代，这个批判现实主义题材的三部曲无疑是一股"逆流"，并不像普遍意义上的现代派小说一般反对现实主义，使用象征、意识流等手段来体现"先锋"精神，而是使用写实平淡的笔法体现苏格兰自然与人民的生命力，正如休·麦克迪儿米德所说，"与苏格兰生活的强大生命力相比，本世纪几乎所有苏格兰小说都只由脆弱的纸牌搭起，刘易斯·格拉西克·吉本的小说是为数不多的例外"（MacDiarmid，1967：19），它也受到了批评家的持久关注。随着近年来文学研究中环境批评、气候批评视角的介入，我们仍可以挖掘出这部经典之作尚未被言说的内涵。路易莎·盖伦对小说的生态书写给予了较高评价，认为"吉本的小说唤起了人们的生物行为与土地之间的联系"，认为小说表现了生物区域基础上的民族概念，并拓展至星球理念（Gairn，2008：101 - 104）。

如若我们带着气候批评视角来重读这部小说，艾弗·布朗（Brown，1993）对本书的序言便值得深思："这部作品中，你可以听到云天在说话。""云天"要说些什么？这个问题引领我们将目光转向作品中较少被集中探讨的天气主题。在吉本笔下,天气和气候的描写始终围绕着作品中"变化"的主题,不仅形成了文本内部独特的叙事方式,也在文本外部回应着苏格兰历史乃至人类历史的变化,形成了小说独特的"变化诗学",这在苏格兰文学乃至英国文学热衷于天气描写的传统中自成一格。本文试图从作品中充满了"变化"的天气主题切入,探索作品借天气及气候的变化所表现的苏格兰 19 世纪末至 20 世纪 30 年代的社会转型,并在当下的语境中尝试将作品作为"前气候小说"来阅读。

2 天气之变:作为叙事动力的天气

由于北大西洋暖流和西风带的影响,英国属于温带海洋性气候,潮湿多雨的天气也就成了英国文学史中的重要元素。《呼啸山庄》中的暴风是小说精神气质的核心,是凯瑟琳和希斯克利夫强烈到摧毁一切的爱情的具象;同样,作为英国文学重要构成的苏格兰文学中同样从来不乏天气描写。例如,司各特爵士的《海盗》中,设得兰群岛的冬季风暴是故事发生的先决条件;19 世纪"菜园派"的经典作品,J. M. 巴里的小说《旧光田园诗》(*Auld Licht Idylls*)中的"苏格兰薄雾"既在故事开篇点出小镇环境的冷清阴郁,又指一种为下雨天气准备的苏格兰烈酒,它制造了将小镇往日故事娓娓道来的气氛。总之,天气已经成为英国文学及苏格兰文学的"标配",甚至与英国国民性密切相关(黄重凤,2024)。

吉本的《苏格兰人的书》同样描写了大量天气现象,但更注重用天气去表达 20 世纪的时代变局,且有意将其与苏格兰日常生活中流动的现实相联系。同时,多变的天气也是赋予叙事进程形态与方向的"不稳定因素"(Phelan,1989:15),成为作品的叙事动力。譬如,在《落日之歌》第一章的开头:

> 克丽斯·格思里躺着的下边和四周,就是发出嘘嘘叫声的六月的高原沼地,飒飒发响,抖着它们的大氅……在东边,衬着深蓝色的天空,是北海的微微闪光,那么靠近贝维,也许在个把钟头左右,那儿的风就会转向,夹带着来自海上的寒气,你就感觉得到生活的变化和事物的无常。
>
> 但是,多日来,一直刮着南风,它在高原沼地那儿摇曳嬉戏,惹怒了熟睡着的格兰扁,风儿一碰上灯芯草,它就频频点头,在湖边抖颤,可是,风儿只带来热,而不是冷,所有的园苑都干透了,水分都被吸光了,布拉威里的红土大张着嘴,在等着似乎永远不会落下来的雨。这儿的山上,姹紫嫣红,好不热火,可是,打草场上则是干得裂纹毕露,在住屋远处的土豆地上,土豆茎和叶都已枯萎得发红,发锈色了。人们

说自从 1883 年以来,还没有见过这样的干旱……

(吉本,1993:29)

在俯视视角中,微风吹拂下万紫千红的六月高原显现于我们眼前,"嘘嘘"和"飒飒"模拟着风的声音(原文:whispered and rustled and shook),"也许在个把钟头左右,那儿的风就会转向"使用了虚拟语气(would veer),随即点明整部小说的主题"生活的变化与事物的无常",似乎十分轻快而多变。接下来作者却笔锋一转,"多日来,一直刮着南风"(for the days now the wind had been south)开始使用更富沉重质感的过去完成时,引我们面向布拉威里农场所处的严峻现实,即三十年未有之干旱。另外,风的转向也导致空间视角的切换,格兰扁山两边景象不同,气候亦不相通,风之轻盈与农耕生活场景之沉重形成了张力,在轻重的不平衡之间,叙事开始运转。

这段描述无疑带有明显的天气预报意味,叙事者非常清楚风转向的时间和地点。讽刺的是,本应确定的天气预报却被不确定的干旱推翻,因此小说伊始的主旨便是"异常"。相似地,在伍尔夫的小说《幕间》(1940)中,我们也能看到此种表述:

气象专家预报过的微风,风向不定,掀起了黄色的窗帘,投下光亮,然后投下阴影。炉火变暗,然后又亮起来;带乌龟壳花纹的蛱蝶拍打着窗户下层的玻璃;啪,啪,啪,一遍又一遍地说,如果没人来,永远、永远、永远没人来,那些书就会发霉,那炉火就会熄灭,那蛱蝶就会死在窗玻璃上。

(伍尔夫,2013:14)

"气象专家预报过的微风"告诉我们天气预报的存在,但其不确定性同样显著,天气决定着演出是否开始。吉本和伍尔夫的文本其实都指向天气预报所引发的对天气变化新的感知。1861 年,英国皇家海军上将罗伯特·菲茨罗伊(Robert Fitzroy)针对英国东北海岸线发布了全英第一份风暴预告[①](穆尔,2019:366),并于 1862 年在向民众普及气象知识的《天气之书》(*The Weather Book*)中首次提出"预报"(forecast)的概念,却也指出"气象学永远不可能是一门精准的科学"(Sriratana,2010:192)。这门指向未来、又尤其与战争和航海相关的科学并不能给出精确的结果,这无疑为在战争中感到昨日世界之破碎的 20 世纪的人们增添了新的迷茫。于是,在明显作为英国历史隐喻的《幕间》中,微风如同困在房间中的"蛱蝶"般带来窒息感,人们反复问询天气好坏的句子具有时钟的节奏,带有明显的荒诞性。而《苏格兰人的书》却从未提过气象专家的意见,对天气的预测来自集体经验以及克丽丝、牧师等人的个人观察。这或许是因为在缅恩

---

① 注:荷兰气象学家白贝罗(C. H. D. Buys Ballot)提供的风暴预警信号更早,始于 1860 年 6 月 1 日。

斯地区农庄耕作到 16 岁的吉本在实践中就养成了对天气的敏锐感知：他在散文《土地》(The Land)中回忆道："这就是土地，在雨夹雪中、在黑暗中被搅动和撞击着，长长的田埂仰起黏土的面孔迎接冷雨的矛刺。"(Gibbon, 1934:244)吉本认为土地的生命与多变的天气和劳动的人浑然一体，共同组成了流动的风景。另外，吉本随军服役时起初要管理一艘每两周沿底格里斯河往返于巴格达与巴斯拉的补给船(Munro, 1966:32)，这样的工作格外需要对天气的细腻观察。结合切身经验，吉本力图将天气预报的"不准确"现实化，着力书写天气的些微异常在苏格兰农村和城镇生活中造成的巨大"蝴蝶效应"，描绘出伍尔夫等现代主义作家并未触及的苏格兰现实图景。

在接下去的故事中，我们看到历史和集体叙事——"山谷的所有牧师都在为军队和威尔士皇太子的风湿病的祈祷中，挤出点时间来祷告求雨"(31)，与克丽斯家庭的私人叙事——"要是父亲说话有礼貌，赖在埃希特不走，也许会搞得更好些，阿伯丁雨水充足，土地富饶，雨夜以继日地倾倒在巴梅金和富饶的北方土地的法尔山上"(31)交织并行，而干旱的天气成为克丽斯母亲不堪忍受贫困生活和无休止的生育而自杀的诱因，也是克丽斯的梦想从成为一个英格兰女教师到留在苏格兰耕种红土之转变的第一推动力。自然、历史与家庭的故事，就这样通过一阵风串连在一起。整个三部曲第一章的结构贯穿始终——在每一章的开头，喜欢远足的克丽斯不管刮风还是下雨都要爬上住地的高处，沉醉于回忆和冥想，为读者"预报"接下来她要讲的过去几个月的故事。于是，过去与未来、梦幻与现实、微风和流云之轻盈变幻与泥土上的生活之沉重，互相交织，形成了三部曲整饬中富含变化的艺术特色。

《云雾山谷》的题目则体现出气象的科学性：这部小说的四章标题分别为"卷云"、"积云"、"层云"和"雨云"。根据 19 世纪英国气象学家卢克·霍华德提出的云分类法，这四种云的高度逐渐降低(Howard, 1803:3-4)，并与故事的情节形成了对应关系，这样的设置在同时代的小说中显得独一无二。云的自然形态变化与小说每章故事的氛围产生对应关系：在"卷云"一章中，克丽斯与她的牧师丈夫罗伯特刚搬到谢格特镇，这时他们看到的卷云带有新生活的明快气息："一当太阳升起后雾气就清了，只有山顶上还缠绕着羽毛似的缕缕白云，克丽斯问这云的名称，罗伯特说：这叫卷云。有卷云就有好天气，它常停留不动。"(吉本，1993:313)及至"雨云"一章，读者知道小说将以悲剧收尾，整个小镇面临着失业危机所带来的死亡。此时低沉、冰冷的云雾也带来压迫感："十一月末阴雨连绵，她看见戴尔齐尔水汪汪的农庄在冰冷的雾气下好像升高了，移动了，这雾气在蒙斯山山脚下浮游飘动，凯姆斯城堡上的麻鹬不再鸣叫，晚上远处传来低沉的火车声。"(520)云层的一步步下沉制造了小说的节奏感，天气变化内化于小说结构之中，科学性与审美性也达到了统一。

但是，在吉本的笔下，"云"远非"云"，更多指代着云外之物。天气不再停留于苏格兰文学中的自然传统，而是隐喻着苏格兰当代事件对社会的影响。若对文本继续进行抽丝剥茧的分析，我们就可以看到天气及气候的变化与人物的命运及苏格兰社会变化之间的关联。

3 历史之变：灾难性转变的天气隐喻

克丽斯的曲折的个人命运折射出 20 世纪苏格兰社会所面临的多重转型。詹姆斯·詹丹认为 20 世纪 30 年代的英国小说普遍对社会危机作出反应，体现出"末日性转变"(apocalyptic transformation)的特征(Gindin，1992：4)。实际上，《苏格兰人的书》中的天气就是苏格兰社会灾难性转变的隐喻，从而在"气候"(climate)的两重含义——生态意义与政治意义之间建立了关联。

克丽斯无疑享受过苏格兰 19 世纪"黄金时代"的福利，她出身贫寒却有条件去阿伯丁大学读书(尽管她选择了留在乡村)，这和维多利亚时期苏格兰的经济与教育的繁荣局面密不可分，工人阶级只要勤奋努力，就有机会接受高等教育、实现阶层跃升；而与此同时，英格兰却有许多"无名的裘德"仍然受困于出身而未能走入大学的殿堂。19 世纪下半叶至一战前也正是苏格兰作为"世界工厂"的经济繁荣阶段。《落日之歌》的前半段延续了维多利亚时期"菜园派"作家描绘苏格兰乡村的传统，描写克丽斯与尤旺的美好爱情与平静的农耕生活；但战争使这一切化为乌有，尤旺被送往法国前线，因当了逃兵被枪毙；金拉第村的青年不是死于战场就是远走他乡，树林也因军火生产的需要遭到严重的破坏。"后来她想起查伊说过树木都给砍倒以后会发生什么的话，从前这儿到处绿荫遮蔽，可现在山上全是光秃秃的，听任着各种暴风雨的摧残。"(237)尽管村庄从未遭受轰炸，但暴雨充当了战争的显影液。这让我们想到当代哲学家蒂莫西·莫顿(Timothy Morton)笔下包裹着人类、具有不在场性的"超级物"(hyperobject)，它如同伽马射线一样"照亮事物的同时改变了事物"(Morton，2013：39)，当人们体验着暴雨的摧残时，远方的战争就向他们显现出来。尽管这是一个非常容易让人产生环保类联想的句子，但吉本显然无意号召读者来保护树木，而是告诉读者生态事件与政治灾难的同一性。

《云雾山谷》则一方面用前文所述的"云"来表达理想破灭的经过，另一方面通过雨的意象来说明战后苏格兰社会的失序。"雨"是塑造灾后场景的重要元素，烘托出阴郁恐怖的气氛。"战后纪念日"串联起三个故事：首先是纪念日前的"杀猪"事件。屠夫戴特杀猪经过的描写中穿插着战争回忆："他把这个畜生扛起时天已很晚，它的身体还是热的，这使他想起在大战期间一颗炮弹会把有粪土气味的人肉噗的一声甩在你脸上——他很喜欢这种经历；没有别的东西比血和出自恐惧的嚎叫更能使人兴奋了。"(391)我们可以说，戴特已经被战争异化，也成为一个爱杀戮的怪物，而此时，"雨点渐渐沥沥地落在谢格特的土地上，落在整个昏暗的豪乌山谷中，已是深秋，作物已收获，在红土垄上土豆秸滴着雨水"(391)，滴落的雨水在昏暗的光照下宛若血浆，带来恐怖感，同样影射战争场景。第二件事是克丽斯的丈夫罗伯特在停战纪念像处宣布他对谢格特镇排水设施等的改革计划，作者为此提前铺垫了雨后小镇的破败荒凉："雨下了一夜，早晨田里都成了烂泥潭，红色的泥水染红了谢格特，从海岸传来了鸥的尖叫声，假如你那天驱车到谢格特来，你会看到到处都是泥水坑。"(396)"泥水坑"不仅说明小镇的环境一团糟，确实需要改革，也隐喻着战争给小镇带来的伤口，因为镇民们确实付不出修建排水设施的费用。第三是参与过战争的民众在纪念碑下游行："到头来我们得到的是什么呢？不足温饱的工资，英雄们无家可归，资本家还像过去一样紧紧掐着我们的脖子。"(401)作为一战兵工厂而尝到了重工业发展甜头的苏格兰在战后才感到了战争滞后的剥削：两次世界大战期间，黄麻产业面临着需求下滑和海外竞争的双重压力，20世纪30年代初经济大萧条时苏格兰约有一半麻纺工人失业，炼钢业、造船业的衰败更是雪上加霜(迪瓦恩，2021：329)。但是，游行者被另一半镇民视作"低贱的纺织工人"，双方大打出手。通过将这三件事讽刺地同时安排在"停战纪念日"的契机下，读者就知道虽然战争暂停，但战争的影响并未消散。民众的战争创伤仍未愈合，资本家与工人的矛盾仍在激化，甚至普通民众之间也在相互倾轧，整个社会的经济正在走向衰颓。这正是潮湿黏腻的雨试图传递的信息——社会的溃烂将持续良久。

从轻盈之云转化为湿重之雨，苏格兰社会由盛转衰的趋势借由天气显现。如果说牧师的城镇改革计划是将苏格兰社会现代化的理想之缩影，这种理想却是通过宗教话语呈现的："白天可以看到一团圆柱状的云，夜晚可以看到一团圆柱似的火——自从有了人类，它们就高悬在天空，这是上帝放置在那里的，作为人类的行为准则。"(吉本，1993：398)作为宗教浪漫理想隐喻的白云，必然随着冻雨的来临而破碎。克丽斯看到谢格特镇连绵不休的冻雨与经济萧条，想起地质史上苏格兰的冰河期，预感到"冰河正向全世界蔓延，这不是终止黄金时代的冰河时期，而是贫困与恐惧的冰河"(518)。正是这场冻雨让克丽斯最终从苏格兰黄金时代的梦幻中醒来，开始面向现实世界。但是，这句话的提出还标志着小说意识到地球长时段历史中的气候变化，并有意地把它与社会危机相联系，并将苏格兰人的命运和人类共同的命运连接起来。这种联系在当代气候变化书写中也产生了遥远的回声。

4 变化诗学：气候变化中的栖居

在当代"气候小说"研究的浪潮中，20世纪的《苏格兰人的书》中的气候变化书写又有怎样的意义？丹·布鲁姆(Dan Bloom)于2007年在博客中提出的"气候小说"(cli-fi)

概念已成为许多以气候变化为主题的文学作品的总称，对"气候小说"及"人类世小说"（anthropocene fictions）的研究是近年来国内外学术研究的新兴热点。但是，气候小说研究的主要难题之一就在于概念的难以定义，目前学界对气候小说的界定众说纷纭。米尔纳和伯格曼认为气候小说是科幻小说的子集，并且将其源头追溯至古代的洪水叙事（Milner，Burgmann，2018：5）；特雷斯克勒试图消弭学界和政界对于全球变暖抑或气候变化的命名争论，而将这类题材统一称作"人类世小说"（anthropocene fictions）（Trexler，2015：7）；格雷格·安德森等学者认为"定义气候小说的是将人类排放温室气体导致气候变暖这一科学共识作为叙事手段"（Anderson，2020：5），重点在于人类作为主体对气候的影响。最后一种定义也是当下国内学者所接受的主流观点（胡志红、王洵，2023）。

以上关于何为"气候变化小说"的界定争论，焦点往往在于作品中的气候变化是否由人类引发，或者在于"气候变化"是否要精确到"气候变暖"。但是，学界基本形成的共识是任何"气候变化小说"都要处理环境的巨大变化带来的危机感。实际上，"变化"并没有一个古今统一的含义，它与人们的时间观有密切的联系。长期以来，人们更加认同永恒静态的世界观，而"变化"概念则被否认，工业时代的到来及"进化论"的提出才使"线性时间观"即认为时间从过去通向未来的观念取代"循环时间观"而成为主流（托夫勒，2018：106），而即使是 20 世纪，如劳合·摩根提出的"突变进化论"等也在事实上否认绝对的变化存在（引自 Roberts，1937：168－193）；关于变化的速度，克里斯蒂安在《时间地图》（Maps of Time）中提出，20 世纪是一个"加速度"发展的历史时期，技术变迁、消费资本主义的出现等"加快了全球变迁的速度"（克里斯蒂安，2017：476），而人与自然关系的变迁则是其中一个重要的维度。综上所述，"世界在变化"的观念实际上并不是古已有之，甚至今天人类仍然要面对一种新型变化所带来的错愕，即由于气候变化和环境破坏而感到的情感创伤，有学者将其称为"乡痛"（solastalgia）（Albrecht，2019：76）。马丁·邦泽尔认为，不确定性正是我们对气候变化风险的认知现状，它也影响我们对气候变化的决策（Bunzl，2015：11）。

正因如此，吉本在 1935 年的《苏格兰人的书》中对"变化"现象的关注才值得讨论。三部曲中未有一字提及温室气体，因此不能称作严格意义上的"气候小说"。但是，书中多变的天气以及"冰河"所代表的深层气候变化，强调自然与政治气候的骤变给这个苏格兰小镇乃至全世界带来的巨大不确定性，这正是我们在今天面对的心灵危机。实际上，"冰河"隐喻之于 20 世纪，正如"气候变暖"话语之于当下。由于 1816 年的异常寒冷的"无夏之年"、19 世纪初冰川学研究中提出的冰期理论以及 20 世纪核武器的威胁，极寒叙事逐渐占据了 20 世纪至 21 世纪初期人类对气候变化的想象空间，"最有可能的未来气候变化被广泛预测为回到冰河时代"（Milner，Burgmann，2018：11）。无论是 19 世纪最早的科幻小说《弗兰肯斯坦》（1818），还是反映地外威胁引起的寒灾和地球本身的冰期变化的作品如凡·罗恩（Van Lorne）的《地球之冬》（*Winter on the Planet*）（1931），抑或是反映对于"核冬天"的悲观预测的作品，如科马克·麦卡锡的《路》（*The Road*）（2006），都是"寒灾"想象下的叙事作品。英国学者大卫·希金斯指出，冰寒世界是灾难的隐喻，甚至可以通过影响人类的地方感知使人类感到本物种的脆弱性，进而威胁到人类的"栖息"感（Higgins，2017：67）。而《苏格兰人的书》同样包含了20世纪将气候突变与"末日"（apocalypse）相联系的想象，三部曲的脉络仍然因循苏格兰的地方历史，却有由历史推演出人类未来和星球未来的野心。因此，我们就可以将其视作历史题材的"前气候小说"来阅读。

小说整体依托于"变化的诗学"，即贯穿三部曲的核心问题就是"什么是变化？什么是永恒？"。在《落日之歌》中，克丽斯认为"大海，天空……这些都只能持续于瞬息间，是山冈上的一阵雾雨，土地却是永远存在的"（吉本，1993：134），一度将耕耘红土当成毕生使命；在《云雾山谷》中，她的想法变成了"只有天空和四季是永恒的"（303页），相应地，她选择支持理想主义色彩的城镇改革，直至看穿"飞云"的本质；而在《灰色花岗岩》中，克丽斯感到自己的肉体也会消亡，即使是变化本身也在变化，并最终意识到"变化主宰着地球、天空和地下的水……而变化不可能被人的梦幻、爱恋、仇恨、感情或是怜悯所左右"（781），人类力量根本无法与宇宙间无穷的变化力量抗衡。解决这个核心问题的过程推动着整部小说的发展，天气的变化、克丽斯所遭遇的各种日常事件是作品表层的变化，而深层的变化则是布罗代尔所说的"长时段历史"的推进，它既包括苏格兰社会史，也包括环境史。于是，各种层次的变化构成了三部曲中和谐的交响。

我们注意到，这种变化主要通过克丽斯个人的生活和情感体验表达出来，作品展现着她在不同环境中的生存方式。《苏格兰人的书》选择了一种积极的笔调，更加强调女主人公面对宏大历史变化时的日常应对措施。她始终能识别出不同环境的本质，为自己选择不同的生存路径，并努力通过"爬山"这一行为，用肉身去触碰所在地的自然与历史。这让我们想起海德格尔关于"栖居"（dwelling）的表述，"居住是短暂者在大地上的一种方式"（海德格尔，1990：134），人必须在栖息中创造自己的诗意，"短暂者必须永远学会去居住"（145），而克丽斯始终能够在变化的生存环境中为自己寻找栖居之诗意，并拒绝宏大叙事的诱惑。英国历史学者马克·莱文将面对"末日"（或天启）的反应分为两类，一类是"塔纳托斯式"（死神-暴力）反应，一类是"爱洛斯式"（爱神-转变）反应。前者夸大"末日"的灾难性，往往要诉诸国家机器的统一管理，有时必然播撒恐惧和暴力；后者则看到"末日"之后的新世界，强调运用个人的创造性（Levene，2010：59-80）。《苏格兰人的书》则对于末日到来时"个人的创造力"提出了实践模型，即接受"变化的左手是死亡，而右手就是生命"（吉本，1993：781），并始终"栖居"于变化的环境之中。

正如苏格兰战后文学研究者麦克·加德纳所言，回望20世纪20—30年代，便可以看到这个时段对于今日的生态思想影响颇深（Xiang, Gardiner，2023：3），通过对气候主题的集中描摹，《苏格兰人的书》这部"天气之书"将苏格兰性推向更广阔的世界话题，拓宽了"苏格兰文艺复兴"的维度，也将当代气候小说的时间范围提前到了 20 世纪 30 年代，并持续对当下产生启发意义。

参考文献

[1] Brown, Ian. et al. (Eds.)., 2007. *The Edinburgh History of Scottish Literature.* Volume 3. Edinburgh: Edinburgh University Press.

[2] Bunzl, Martin, 2015. *Uncertainty and the Philosophy of Climate Change.* London and New York: Routledge.

[3] Higgins, David, 2017. *British Romanticism, Climate Change, and the Anthropocene: Writing Tambora.* London: Palgrave Macmillan.

[4] Gairn, Louise, 2008. *Ecology and Modern Scottish Literature.* Edinburgh: Edinburgh University Press.

[5] Howard, Luke, 1803. *Essay on the Modification of Clouds.* London: John Churchill & Sons.

[6] Gibbon, Lewis Grassic, 1934. The Land. In Gibbon, Lewis & MacDiarmid, Hugh (Eds.), *Scottish Scene; Or the Intelligent Man's Guide to Albyn.* London and Melbourne: Hutchinson & Co, 242 – 255.

[7] Gindin, James, 1992. *British Fiction in the 1930s: The Dispiriting Decade.* London and Hampshire: The MacMillan Press. New York: St. Martin's Press.

[8] Gregers, Anderson, 2020. *Climate Fiction and Cultural Analysis: A New Perspective on Life in the Anthropocene.* London and New York: Routledge.

[9] Grieve, C. M. (MacDiarmid, Hugh), 1967. *The Company I've Kept.* Berkeley and Los Angeles: University of California Press.

[10] Levene, Mark, 2010. The Apolyptic As Contemporary Dialectic: From Thanatos(Violence) to Eros (Transformation). In S. Skrimshire (Ed.), *Future Ethics: Climate Change and Apocalyptic Imagination.* London and New York: Continuum, 59 – 80.

[11] Milner, Andrews. Burgmann, J. R., 2018. A Short Pre-history of Climate Fiction. *Extrapolation,* 59(1): 1 – 23.

[12] Morton, Timothy, 2013. *Hyperobjects: Philosophy and Ecology After the End of the World.* Minneapolis, London: University of Minnesota Press.

[13] Munro, Ian S., 1966. *Leslie Mitchell: Lewis Grassic Gibbon.* Edinburgh and London: Oliver & Boyd.

[14] Phelan, James, 1989. *Reading People, Reading Plots: Character, Progression, and the Interpretation of Narrative.* Chicago and London: The University of Chicago Press.

[15] Roberts, Leo, 1937. The Meaning of Change in Contemporary Philosophy. *Science and Society,*

1(2): 168 - 193.

[16] Robertson, G., 1810. *A General View of Kincardineshire, Or the Mearns*. London: Board of Agriculture.

[17] Smith, Ali, 2019. 6. 29. Toni Morrison's writing changes my life every time I read it. *The Guardian*. https://www.theguardian.com/books/2019/jun/29/ali-smith-books-that-made-me.

[18] Sriratana, Verita, 2011. 'It was an uncertain spring': Reading the Weather in *The Years*. In K. Czarneck & C. Rohman (Eds), *Virginia Woolf and the Natural World*. Kentucky, Georgetown College: Selected Papers from the 20th Annual International Conference on Virginia Woolf, 191 - 195.

[19] Trexler, Adam, 2015. *Anthropocene Fictions: The Novel in a Time of Climate Change*. Charlottesville: University of Virginia Press.

[20] 阿尔文·托夫勒,2018. 第三次浪潮. 黄明坚,译. 北京:中信出版社.

[21] 艾弗·布朗,1993. 前言. 刘易斯·格拉西克·吉本,1993. 苏格兰人的书. 曹庸,胡瑞生,孙予,译. 上海:上海译文出版社,1 - 8.

[22] 彼得·穆尔,2019. 天气预报:一部科学探险史. 张朋亮,译. 桂林:广西师范大学出版社.

[23] 大卫·克里斯蒂安,2006. 时间地图:大历史导论. 晏可佳,等,译. 上海:上海社会科学院出版社.

[24] T. M. 迪瓦恩,2021. 苏格兰民族:一部近代史. 徐一彤,译. 北京:社会科学文献出版社.

[25] 弗吉尼亚·伍尔夫,2013. 幕间. 谷启楠,译. 北京:人民文学出版社.

[26] 胡志红,王洵,2023. 气候小说:缘起、界定、类型及面临的挑战. 社会科学战线,(7):165 - 173.

[27] 黄重凤,2024 - 04 - 30. 伍尔夫作品中的天气. 澎湃新闻:上海书评. https://www.thepaper.cn/newsDetail_forward_27198425.

[28] 雷蒙·威廉斯,2013. 乡村与城市. 韩子满,刘戈,徐珊珊,译. 北京:商务印书馆.

[29] 刘易斯·格拉西克·吉本,1993. 苏格兰人的书. 曹庸,胡瑞生,孙予,译. 上海:上海译文出版社.

[30] 马丁·海德格尔,1990. 诗·语言·思. 彭富春,译. 北京:文化艺术出版社.

民族志视域下中国少数民族民间文学
选集法译研究[*]

吴天楚^{**}

摘　要: 少数民族文学是中国文学的重要组成部分。近年来,少数民族文学的对外译介越来越引起翻译学界的关注,但既有研究主要集中于英译领域。本文聚焦于中国少数民族民间文学在法国的译介,以文学选集为研究视角,在梳理译介成果的同时选取成功个案,从民族志视角考察其篇目选择、文本采编、翻译策略等方面的共同特质与成功经验,以期为中国少数民族文学"走出去"提供可资借鉴的路径。

关键词: 民族志;少数民族;民间文学;选集;法译

Title: A Study on the French Translation of Anthologies of Chinese Ethnic Minorities' Folk Literature: An Ethnographic Perspective

Abstract: Ethnic minorities' folk literature is an important part of Chinese literature. In recent years, the foreign translation of ethnic minority literature has attracted more and more attention from the field of translation studies, but the existing research mainly focuses on the field of its English translation. This article focuses on the translation of Chinese ethnic minority literature in France, and takes literary anthologies as a research perspective. While counting translated works, it

---

＊ 本文系"中央高校基本科研业务费专项资金资助"(Supported by the Fundamental Research Funds for the Central Universities)"中国外文局对外话语创新研究基地"项目(2023300096)的阶段性成果。

＊＊ 作者简介:吴天楚,南京大学外国语学院准聘副教授,研究方向为比较文学与翻译学。电子邮箱: wutianchu@nju.edu.cn。

selects successful cases and examines from an ethnographic perspective their common characteristics and successful experience in terms of content selection, text collection and editing, and translation strategies, in order to provide reference for the "going out" of Chinese ethnic minority literature.

Key Words: Ethnography; Ethnic Minority; Folk Literature; Anthology; French Translation

1 引言

少数民族文学是中国文学的重要组成部分,具有鲜明的地域性与民族个性,理应成为中国文学"走出去"的题中之义。近年来,少数民族文学的对外译介越发引起翻译学者的关注。纵观目前相关研究,学界的讨论主要集中在英译领域,既有总体研究(王宏印,2016),亦有个案研究(焦鹏帅,2022;梁真惠、陈卫国,2018),并且对"少数民族文学"的界定常以作者的少数民族身份为标准(夏维红,2022;孙国亮、高鸽,2020)。鉴于此,本研究拟聚焦于民间文学这一集中体现少数民族文化特质的文学类别,考察其在法国的译介情况。少数民族民间文学是各族人民在长期的生活实践中创作出的优秀文学作品,涵盖神话、英雄史诗、民间故事等不同体裁。它有别于民族作家文学,往往具有口头文学的性质(赵志忠,1997:1-3),体现出"人民性、民族性、集体性、口头性、变异性、匿名性和传统性"(朱宜初等,2016:3)。这些作品最直观地展现出各少数民族的信仰、社会风俗、伦理观念等内容,有助于让世界更生动地认识"中华民族的多元一体格局"(费孝通,1989:1)。

法国是中国文学在海外的重要接受场域。法国学者不仅精于汉族文学研究,而且对我国少数民族文学亦有多角度的探索,如藏族史诗《格萨尔王》就有多个法译本问世(王艳,2020),不断引起法国学界的关注。然而,除《格萨尔王》一枝独秀外,其余少数民族民间文学却很少走入法国普通读者的视野。事实上,早在 20 世纪 50 年代,中国外文出版社就曾主动向世界介绍中国各民族民间文学,推出了一套多语种"中国民间故事选"丛书,并于 20 世纪 80 年代和 2006 年再版①。但正如夏维红(2022:164)在研究该

---

① 据笔者统计,该丛书在 1958—1963 年间即已出版一套 4 册法译选集,1980—1990 年间陆续重印时增至 10 册,包括《青蛙骑手》(1980)、《水牛斗老虎》(1980)、《宝刀》(1980)、《孔雀姑娘》(1981)、《妈勒带子访太阳》(1984)、《奴隶与龙女》(1985)、《神鸟》(1985)、《七姊妹》(1985)、《斗犀夺珠》(1987)、《牧人和山鹰》(1990)。2006 年,外文出版社再版了这 10 册选集,但在版权信息中隐去了以往的版次信息,均标注为 2006 年第 1 版。

套丛书英译本时所指出，"从整体上来看，大多数译本就只有第一版第一次印刷"，而且"这些印刷出来的译本也并非全部都能顺利通过流通渠道到达读者的手中"。不过我们欣喜地看到，自 20 世纪末至今，法国出版界自发出版了多个面向不同层次读者的中国少数民族民间文学选集，以其兼收并蓄的选文、图文并茂的形式成功引起了法国读者的兴趣。因此，本文拟对法国自发出版的中国少数民族民间文学选集进行考察，在梳理译介成果的同时探究其翻译与传播策略，以期为中国少数民族文学"走出去"提供参照。

2 中国少数民族民间文学选集法译：成果与形态

按照选集收录文本所属的民族，我们可以将目前法国图书市场上的中国少数民族民间文学选集分为两类。第一类是专注于某一民族民间故事的单一型选集。1994 年，法国伽利玛出版社就推出了傈僳族研究专家威廉·德森（William Dessaint，1994）翻译的《云之南：(藏缅)傈僳族山民口述神话与故事集》[*Au sud des nuages. Mythes et contes recueillis oralement chez les montagnards lissou (tibéto-birmans)*]，书中整理翻译了诗歌、谚语、谜语、儿歌等九个类别的傈僳族民间文学作品。21 世纪以来，法国汉学家安妮·居里安（Annie Curien）基于自身多年的研究成果，相继推出了两个侗族文学选集，即 2000 年出版的《神奇的侗族文学》（*Littératures enchantées des Dong*）和 2016 年出版的《侗乡神话故事》（*Dans la palanche：Transmission et légendes au pays des Dongs*），由浅入深地向法国读者介绍侗族民间文学传统。此外，藏族民间故事同样引起关注。2006 年，法国小说家伊芙琳·费雷（Yveline Féray）编选的《西藏祖母的故事》（*Contes d'une grand-mère tibétaine*）在专攻东方文学的毕基埃出版社（Philippe Picquier）出版，收录不同类型民间故事 10 篇。该书同样获得了市场认可，于 2018 年再版。

除单一型选集外，法国近年来还出版了多个汇集不同少数民族民间故事的复合型选集。从再版情况看，此类选集相较于单一型选集而言获得了更广泛的受众。例如法国飞翔法兰西出版社（Flies France）于 2000 年出版、2012 年再版、2015 年推出电子书版的《中国各民族故事》（*Contes des peuples de la Chine*），系该社"世界探源"（Aux origines du monde）丛书中的一本。该分册由法国东亚语言文化专家莫里斯·古瓦约（Maurice Coyaud）编译，收录中国各民族民间故事 95 篇，全面反映了中国多民族的文学和文化样态。此外，较有代表性的复合型选集还有法国青少年文学作家、译者吴佳霖（Guillaume Olive）与中国妻子何洽泓于 2003 年推出的绘本《满洲故事：黑龙江》（*Contes de Mandchourie：Le fleuve du dragon noir*）以及《中国民族故事》（*Contes des peuples de chine*）。前者收录了东北地区各少数民族民间故事 7 篇，后者则将视野投向南方,收录了 6 篇西南少数民族的民间故事。近年来,吴佳霖夫妇相继出版了多个以中国民间故事为题材的绘本,并获得市场认可,如《中国民族故事》就于 2016 年再版。与此同时,该书在法国的成功也引起了中国出版界的关注,于 2019 年被回译成中文出版,也为中国的青少年读者提供了优质读本。

以上选集形态各异,受众群也不尽相同,但也体现出诸多共性,成为其在法国图书市场获得认可的关键。以下我们将选取 4 部具有代表性的选集,即古瓦约所编《中国各民族故事》和吴佳霖所编《中国民族故事》这两部复合型选集,以及居里安编译的两部单一型侗族文学选集,从篇目选择、文本采编、翻译策略等角度考察其共同特质与成功经验。

3 篇目选择:以有限体量勾勒少数民族民间文学的独特轮廓

无论是单一型还是复合型选集,其首要任务都是要从浩繁的文学资源库中择取恰当的篇目,在有限的篇幅内为接受国读者勾勒出某一民族的独特文化轮廓。然而,根据选集形态与受众群的不同、编译者背景的差异,选集篇目的选择既有共性,又体现出差异。

复合型选集力求展现中国多民族的文化样态,编译者往往根据自身经历兴趣或研究专长,选取不同少数民族中具有经典性、代表性的篇目。但受限于形态,各选集在选篇体量上也有较大差异。以《中国民族故事》为例,编者囿于绘本的体量,仅选译了傈僳族的《青蛙王子》、苗族的《星星的来历》、瑶族的《葫芦兄妹》、苗族和瑶族的《葫芦狗》、仫佬族的《依秀和大婆狋》、侗族的《寻找太阳》等 6 篇民间故事,均系相关民族广为流传的代表性民间传说,涉及世界起源、民族起源、民俗来历等内容。虽涵盖面有限,但故事涉及的 6 个少数民族均聚居于中国西南地区,仍体现出编者对文化整体性的考量。

相较于吴佳霖的绘本,古瓦约编译的《中国各民族故事》体量要大得多,所收篇目涉及的民族也更多样。编者曾任法国教育部汉语总督学(1979—1998)、法国国家科学研究中心"口头语言与文明"(LACITO)实验室成员,精通汉、韩、日、蒙等多种亚洲语言。其深厚的汉学和东亚研究背景为该选集的编译提供了宏阔的视野。根据统计,95 篇故事中各民族占比情况如图 1 所示。

从图中可以看到,除汉族外,该选集涵盖了 23 个少数民族的民间故事,占到中国少数民族数量的近半数,不仅涉及藏族、蒙古族、苗族等人口众多的民族,亦涵盖塔塔尔族、高山族、赫哲族等不为西方民众所熟知的民族,为法国读者呈现出丰富多彩的中国少数民族文化景观,同时也展现出译者对中国多元文化的深刻认识。值得一提的是,译者在书中将 95 篇故事分成了"起源故事"(Contes étiologiques)和"传奇与诙谐故事"

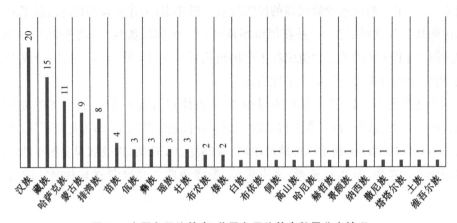

图1 《中国各民族故事》收录各民族故事数量分布情况

(Contes merveilleux et facétieux)两大类，又在"起源故事"下进一步细分出星辰、动物、植物和社会四个小类，试图从人类学视角为法国读者提供一条解读中国少数民族文学的可行路径。

与复合型选集一样，单一型选集的篇目选择同样注重文本的经典性与代表性，但也因形态、体量与目标的不同而有所差异。相较于限制较多的复合型选集，此类文选的篇目选择空间更大，除经典性、代表性外，编译者往往注重篇目选择的全面性与多样性，同时也关注到选文之间的内在逻辑性与整体性，力图全方位展现相应民族独特的地理风貌、社会风俗、宗教信仰等内容。不过，单一型选集显然对编译者提出了更高的要求，需要其对相关民族有深入研究。本文探讨的两个侗族民间文学选集便是其中的代表。编译者安妮·居里安系法国知名汉学家、翻译家，法国国家科研中心近现代中国研究所研究员，曾翻译出版汪曾祺、韩少功等多位中国现当代作家的法译本。近年来，她长期从事侗族文学与文化研究，两部选集的选编思路因而也体现出鲜明的学术性、层次性以及延续性，方便不同层次的读者阅读和进一步探索。

在第一本《神奇的侗族文学》中，居里安坦言"侗族几乎完全没有出现在西方的研究主题中"(Curien，2000：7)。因此，为了给不了解侗族的法国读者勾勒出该民族文学的全貌，她在书中"立足于当代"(Curien，2000：7)，首先选译了侗族当代作家张泽忠和潘年英的6个短篇故事，以便于法国读者逐渐进入侗族口传文学的世界。接着，编者将目光投向"口头传统与口头文学"(Curien，2000：7)，编译了10段极具侗族特色的民间歌谣，包括儿歌、情歌、酒歌、拦路歌、琵琶歌、大歌等不同类型，彰显了侗族歌谣文化的独特魅力。最后，该书还收录了民间传说3篇，即《寻歌的传说》《风雨桥的传说》和《鼓楼的故事》，重点介绍了侗族文化的三个典型象征。在第一本以勾勒全貌为目标的选集的基础上，2016年出版的第二本《侗乡神话故事》则对侗族的民间文学传统进行了更深入的译介，选译了《踩歌堂》《救太阳》《芦笙的故事》《四也挑歌传侗乡》《吴勉》《吴文彩》等

6篇代表性故事，以传达侗族人"对生命的态度、对信仰的虔诚、对大自然的敬畏"（李中迪，2018：14 - 15）。

4 选集编译：民族志视域下中国少数民族民间文学的深度译释

以上我们探讨了当前中国少数民族民间文学选集的法译成果与形态，并对4个代表性选集的篇目选择进行了梳理与分析。事实上，几位编译者不仅在篇目安排上精挑细选，在翻译和编辑环节也精益求精，试图让选集获得更广泛受众的认可。我们发现，4个选集的翻译与编辑均呈现出不同程度的民族志特征。民族志（ethnography）系人类学研究的重要方法，是"民族学（文化人类学）家对于被研究的民族、部落、区域的人之生活（文化）的描述与解释"（杨圣敏、丁宏，2003：1）。近年来，民族志翻译越发引起国内翻译学界的关注，其指涉的是"翻译中借鉴民族志的调查和深入文化描写的方法，主要指'深度翻译'策略，即翻译中的民族志注释"，同时也具有"文化翻译"和"学术翻译"的特征（陈树坤、黄中习，2021：23）。亦有学者根据这一理念，归纳出民族志译者所应扮演的五重角色，即源语研习者、文本制作者、文化收集者、文化解说员和深度翻译者（黄中习，2017：53）。以下我们将从4个选集的文本采编、翻译策略和翻译副文本三个角度，考察三位编译者及其译作中的民族志翻译特质。

4.1 "体验式"的文本采编

作为民族志译者，若要切实扮演好文化收集者、文化解说员和深度翻译者的角色，就必须"深入少数民族地区，通过田野调查、访谈等方法，了解当地人民的生活方式、民俗风情"（王军，2014：164）。我们看到，三位编译者在译介过程中均真正走进了文学发源地，在田野调查的基础上选译最具特色的民间故事。

例如，莫里斯·古瓦约曾于1987年到中国社会科学院民族研究所访问，期间到乌鲁木齐、成都、昆明等地考察，并与新疆、四川、云南等地的民族语文工作者进行了广泛的学术交流（禹岩，1987：53）。而吴佳霖也有相似经历，他在接受访谈时提到，自己与妻子曾于1998年和1999年深入中国少数民族聚居的云南地区，在西双版纳住了近三个月，以实地采风和切身体验为基础，对搜集到的西南少数民族民间故事进行整理、翻译和改编①。

最具民族志译者特征的当数安妮·居里安。2018年居里安第8次来华，她在接受

---

① 参见 CGTV 访谈视频：Émission spéciale "Époque dorée" Guillaume Olive et He Zhihong（2019 - 03 - 26），https://francais.cgtn.com/news/3d3d514d66566a4e79597a6333566d54/p.html。

采访时明确表示自己是"旅行家式的翻译家"(贵阳日报,2018:8)。事实上,早在 20 世纪 90 年代,居里安就曾多次深入侗乡进行田野调查:"1994、1995、1997 和 1999 年在侗族地区的四次旅行令我得以走访那一带的许多地方,既深入山谷又进入城市。"(Curien,2000:6)作为一名民族志译者,居里安深刻认识到,"侗乡的民族文化历史大多保留在他们的语言里,语言没了,传统也就没了",因此她编译两部侗族民间文学选集的目的就在于"通过翻译和书写,像博物馆标本一样保留侗族文化的本质"(郑文丰,2018:7)。

这种"体验式"的民族志翻译实践对于少数民族民间文学的翻译至关重要,美国的中国少数民族文化研究专家、译者马克·本德尔在一次访谈中就强调说:"在翻译少数民族民间文学时,译者一定要亲身去民间体验民族生活和民间活动,以真正了解民族文化内涵,并获得和原诗创作时同样的意境和灵感。"(马晶晶、穆雷,2017:47)正是在与各少数民族文化的亲密接触中,在对其日常生活的切身体验中,几位译者得以把握少数民族民间文学的精髓,进而在翻译实践中贴近其本来面貌。

4.2 保留口语性的翻译策略

与汉族文学不同,少数民族民间文学的对外译介往往存在一个鲜明的语言中介问题,即许多作品的外译往往以汉译本为底本。本研究所探讨的 4 个选集也大抵如此,唯独古瓦约编译的选集稍有不同。他在序言中即给出了译文底本信息:书中绝大多数故事均译自汉语,仅有少数几篇译自排湾语和蒙古语(Coyaud,2000:5)。不过,无论面对的原文是汉语还是少数民族语言,作为"源语研习者"的三位译者均试图在翻译实践中尽可能传达民族民间文学的文本特质,尤其是其口语性特征。

古瓦约在谈及翻译原则时明确指出,"不可译的拟声词被以拼音转写的形式保留。它们为口头故事增色不少,忽略它们会让故事走样",而从原文直接翻译的排湾族故事同样"非常贴近原文",即便会令读者觉得奇怪也要"以此保留其真实性"(Coyaud,2000:6)。译者的这一翻译原则也的确在其译文中得到了贯彻,以哈萨克族故事《猴子裁判员》(Le singe devenu juge)为例:

(1)"哎呀呀,猴大哥! 你怎么也吓唬起我这个可怜的人来了?"
猴子说:"我且问你——上哪儿去?"
[……]
"好啊,"饿狼恶狠狠地张开大嘴,向兔子叫道,"我正饿得发慌,……"(上海文艺出版社编,1980:213 - 214)
译文:—Ah! ya! ya! grand frère singe! tu m'as fait une peur bleue.
—Permets-moi de te demander:où te portent tes pas ?

　　　　　[...]

　　　—Chic！dit-il ouvrant une large gueule．J'avais le ventre creux！［...］
(Coyaud，2000：42)

　　这段文字以对话为主，包含多个拟声词。译者并未机械对应原文，而是采用多种方法重构原文的口语性特征。如拟声词"哎呀呀"以音译的方式被保存，口语称呼"猴大哥"被直译作 grand frère singe，"好啊"同样被译作极口语化的感叹词 chic。从语域(registre de langue)层面看，"吓唬""上哪儿去""饿得发慌"等口语化的表达也被相应处理成了 avoir une peur bleue、porter ses pas 和 avoir le ventre creux 等法语中的俗语(registre familier)表达。此外，原文中具有口语特征的感叹号在译文中也得以保存甚至是强化。

　　倾心于侗族文学的安妮·居里安在翻译中同样致力于传达少数民族文学的口语特征。她在《神奇的侗族文学》的前言中强调说，"这些文本——至少是其中的歌谣和传说——出自口语文化。在翻译中，我力图保存这一特色，没有修改表达方式、措辞和重复的内容"(Curien，2000：10)。以《大歌·金蝉调》为例：

　　(2) 那天我上山听只蝉儿哭，
　　　蝉儿哭妈哭得满山枫叶落。
　　　我听到蝉儿的哭声我的泪水也哗哗，
　　　我哭情郎哭得山冲起泪河。(吴浩、张泽忠，1991：146)
　　译文：Ce jour-là je grimpe dans la montagne j'écoute une cigale pleurer，
　　La cigale pleure maman pleure et partout dans la montagne les feuilles d'érables tombent.

　　J'entends les pleurs de la cigale mes larmes coulent，

　　Je pleure un garçon sentimental pleure et de la montagne surgit une rivière de larmes. (Curien，2000：91)

　　侗族大歌擅长"借物发端"，借景抒情(吴浩、张泽忠，1991：129)。原文以蝉哭起兴，伴之以枫叶落地的借景传情以及泪流成河的夸张手法，生动传达了歌者的悲伤之情。句式上，原文在同一句内包含多个分句而不用标点加以区分，而且动词"哭"在文中反复出现，体现出强烈情绪的喷涌。这一特征尽管不符合法语的表达习惯，但译者仍然将这些口语特征保留下来。因为在她看来，无论是"重复、直接引语、流言或是传说"，这些口语元素都能够"赋予叙述一种独特的色彩"(Curien，2000：10)。

　　最后，致力于儿童绘本创作的吴佳霖并未在其作品中明言自己的翻译策略与翻译原则,而且《中国民族故事》的序言也注明了书中的故事系改编之作。但通过细读法语文本,同时对照 2019 年以该书为蓝本回译成中文的《中国民族传说故事》,我们仍然能够看到吴佳霖对民族民间故事之口语性的尊重。以仫佬族故事《依秀和大婆猕》为例:

> (3) 大婆猕拖着沉重的身体边走边说:"啊!漂亮的小姑娘!我已经在树林里找了很久很久,迫不及待地想要找个人帮我梳头发。可是这么多天过去了,一个人都没找到!我的头实在是太痒了!还好你来了,快过来!否则我就吃掉你!"(吴佳霖,2019:46)
>
> 译文:— Ô jolie jeune fille ! fit-elle en approchant son gros corps lourd, <u>voilà</u> bien longtemps que je cherche partout dans la forêt, que je surveille tous les sentiers de montagne et que j'attends avec impatience que quelqu'un passe. Mais jamais personne ! Enfin, <u>te voilà</u> ! Jeune fille, aide-moi vite à me coiffer, ou je te dévorai ! (Olive & He,2003:39)

此例中,编译者在标点符号及词汇层面以破折号"—"、感叹号以及感叹词"Ô"保留了原文的对话特征,在句法层面则采用了 voilà bien longtemps que 和 te voilà 两个口语化的句式,以及省略形式的否定句 jamais personne 来凸显原文的口语性,为法国小读者塑造出生动且凶猛的大婆猕形象。总之,虽然书籍形态各异、受众群体不同,三位译者都在各自的翻译实践中试图保存原文的"口头性"特征,尽可能呈现出鲜活的中国少数民族民间文学。

4.3 语图并举的翻译副文本

除以上两点,几位译者的法译选集还有一个颇具共性的民族志特征,即在译本中通过添加翻译副文本的方式实现阿皮亚所谓的"深度翻译"(thick translation),试图"将文本置于一个丰富的文化和语言语境中"(引自李红霞、张政,2015:34)。"副文本"概念最早由法国理论家热拉尔·热奈特(Gerard Genette)于 20 世纪 70 年代提出,并于 80 年代初进一步将其范畴明确为"标题、副标题、互联型标题;前言、跋、告读者、前边的话等;插图;请予刊登类插页、磁带、护封以及其他许多附属标志"(热拉尔·热奈特,2009:58)。对于翻译文本而言,丰富的副文本能够"动态调节译本与读者之间的关系和距离,影响读者对文本的阅读和接受,促进作者、出版商、译者和读者之间的互动和交融"(李敏杰、朱薇,2017:133)。据此检视 4 个选集,编译者均在不同程度上借助翻译副文本,帮助法国读者走进中国少数民族的文化世界。

例如,在绘本《中国民族故事》中,尽管篇幅受限,但译者仍旧在书中插入了尽可能丰富的副文本,不仅在开篇撰写前言,为读者介绍中国民族构成的基本情况,而且在收录的 6 篇民间故事前分别撰写相应民族的简介,介绍该民族的分布地域、建筑、语言等,并精心筛选出别具民族特色的民俗内容,在激发法国青少年读者阅读兴趣的同时让他们更加身临其境地领受中国少数民族文化。

而作为东亚语言文化专家,古瓦约的《中国各民族故事》所提供的翻译副文本更加丰富,包括前言、注释、附录和索引,体现出更强的学术性。编译者首先在前言中就原文来源和翻译原则进行说明。其次,在注释中标明每篇故事的原文出处及其所属民族,有时还加入民族简介及相关研究文献,为读者提供进一步了解中国各民族文化的途径。再次,古瓦约撰写了一篇颇具学术含量的附录,对中国民间神话进行历史溯源,并选取典型案例与日、韩、俄等国民间故事展开比较,认为"尽管有一些相似之处,但中国各民族故事一方面与韩国和日本故事没有太多联系,也与印度的故事没有太多联系"(Coyaud,2006:230)。从中可以发现,古瓦约并不刻意强调少数民族文化与汉文化的相异性,而是基于中华民族多元一体的格局,凸显各民族之间的相互渗透与影响。从这个意义上说,古瓦约的选集在编纂理念与学术观点上,都为今后的少数民族文学译介提供了借鉴。

安妮·居里安的两个选集同样包含丰富的翻译副文本。以《神奇的侗族文学》为例,居里安首先为该书撰写了两篇导论,由浅入深地介绍了侗族的语言文化特色及其现状,分析了侗族文化当代传承的成就与困境,体现出译者对侗族文化发展以及人类文化多样性问题的关切。接着,译者在每部分译文前都分别撰写导言,帮助法国读者克服文化隔阂。而在聚焦民间神话的《侗乡神话故事》中,居里安同样精心撰写了前言、参考书目和术语汇编。在近 40 页的前言中,译者从地理环境、建筑特色、语言特征、歌谣传统等方面一步步引导读者深入侗族的神话与精神世界。

除文字副文本外,四个选集的翻译副文本中还有一个突出的共同要素,即以丰富的插图为译本注入新的符号资源,体现出语图结合的"多模态"译介特征,即"在设计一个符号产品或事件时使用的多个符号模态"(吴赟,2021:116)。如古瓦约的《中国各民族故事》在每个故事文本的中间或末尾都配有一幅与故事情节相关的插图。或许是考虑到该选集所涉及的民族众多,书中的插图并没有特意凸显中国的民族特色,而是统一以简单的黑白简笔画展现每个故事的主题。不过插画师在封面上绘制了一只颇具中国特色的"下山虎",传达出中国传统绘画的韵味。

绘本《中国民族故事》更是充分利用插图向法国读者讲述中国的民族故事。插画师一方面为每篇民族简介都绘制了相应民族的服饰画像,另一方面则根据故事内容创作情节插画。在绘画介质的选择上,插画师也匠心独运,选择了与中国文化密切相关的丝绸和米纸进行创作。鲜活的插图与文字彼此互释,使读者更加直观地感受到少数民族文化的多元色彩。

居里安的两本侗族民间文学选集同样图文并茂。在第一本《神奇的侗族文学》中,为了展现原汁原味的侗族文化，居里安特别选取了侗族农民画的代表人物刘克清的多幅作品，以图像重现文字中所描绘的文化景观。此外，该书的插图还包括译者在几次田野调查中拍摄的照片，包括"风雨桥、鼓楼、歌唱场景、靛染制作，以及其他将在故事、传说和歌谣中提及的事物"(Curien，2000：9)。2016 年出版的《侗乡神话故事》更具民族志色彩，译者在 6 篇民间故事的译文前专门插入了长达 30 页的"相册"(Cahier photos)，汇集了译者 2013—2015 年赴侗乡考察时用镜头记录下的侗族影像，包括不同地区侗寨的风景、建筑、节日、壁画、合唱队、宗教崇拜等方方面面的内容。这些资料不仅为理解和阐释侗族民间故事提供了真实的影像参照，也为保护和传播侗族文化提供了鲜活的田野素材。如居里安所言，侗乡"正面临着丧失其传统的危险"，而"该民族的传承者们任务艰巨"(Curien，2016：39 - 40)。在图文交织中，读者感受到的不仅是侗族文化的丰富细节，更是编译者对人类文明多样性的真挚呼唤。

5   结语

自 20 世纪末至今，中国少数民族民间文学以选集的形式逐渐走入法国普通读者的视野，成为中国文学"走出去"的有机组成部分。事实上，文学选集始终是法国读者认识中国文学的有效途径，从 20 世纪初徐仲年选编的《中国诗文选》(*Anthologie de la littérature chinoise. Des origines à nos jours*，1932)到当代法国汉学家班文干(Jacques Pimpaneau)选编的《中国古典文选》(*Anthologie de la littérature chinoise classique*，2004)，各类法译中国文学选集层出不穷，在浓缩的文本中呈现出中国文学的整体面貌。本文分析的四个少数民族民间文学选集亦是如此，它们成功地将中国丰富多彩的少数民族民间文学呈现在法国读者面前，在获得市场认可的同时也为今后此类文学的外译提供了有益启示。首先，编译者应在深入了解少数民族文化的基础上做好选篇工作，选取能够凸显民族特质的典型性和代表性篇目，同时兼顾选集编纂的整体性与逻辑性，以循循善诱的方式引导读者理解少数民族文学文化。其次，译者应具有民族志工作者的自觉，一方面注意在目的语文本中保存少数民族民间文学的特质，另一方面通过丰富的翻译副文本实现"深度翻译"，为读者提供沉浸式的阅读体验，尤其要充分利用图像资源，向世界展现可信、可亲、可爱的中国少数民族形象。最后，译者应当身体力行，做"体验式"译者。我们希望有更多外国译者和研究者参与到少数民族民间文学的译介中，在以脚步丈量中国大地的同时，用他们独到的视角和巧妙的译笔向世界讲述精彩的中国少数民族故事。

参考文献

[1] Coyaud, M., 2000. *Contes des peuples de la Chine*. Paris: Flies France.

[2] Curien, A., Zhang, Z. & Pan, N., 2000. *Littératures enchantées des Dong*. Paris: Bleu de Chine.

[3] Curien, A., 2016. *Dans la palanche: Transmission et légendes au pays des Dongs*. Paris: Éditions You Feng.

[4] Dessaint, W., 1994. *Au sud des nuages. Mythes et contes recueillis oralement chez les montagnards lissou (tibéto-birmans)*. Paris: Gallimard.

[5] Féray, Y., 2006. *Contes d'une grand-mère tibétaine*. Arles: Philippe Picquier.

[6] Olive, G. & He, Z., 2003. *Contes de Mandchourie: Le fleuve du dragon noir*. Paris: L'École des loisirs.

[7] Olive, G. & He, Z., 2003. *Contes des peuples de chine*. Paris: Syros.

[8] 上海文艺出版社,编,1980. 中国动物故事集. 上海:上海文艺出版社.

[9] 陈树坤,黄中习,2021. 我国民族志翻译研究的兴起与发展——基于中国(CNKI)知网的可视化文献综合分析. 民族翻译,(5):17-26.

[10] 费孝通,1989. 中华民族多元一体格局形成的特点. 群言,(3):11-14.

[11] 贵阳日报,2018. 汉学家安妮·居里安、罗季奥诺夫:要更多地译介多彩贵州. 贵阳日报,08-16 (08).

[12] 黄中习,2017. 译介学视角下的民族志译者角色研究——以贺大卫为例. 广西师范学院学报(哲学社会科学版),(6):51-55+68.

[13] 焦鹏帅,2022. "五个在场"模式下彝族史诗翻译研究——以《勒俄特依》跨国合作英译为例. 中国翻译,(1):56-63+188.

[14] 李红霞,张政,2015. "Thick Translation"研究 20 年:回顾与展望. 上海翻译,(2):34-39.

[15] 李敏杰,朱薇,2017. 文本周边——少数民族典籍外译中的"副文本". 贵州民族研究,(6):133-136.

[16] 李中迪,2018. 法国安妮:很喜欢贵州,第八次来贵州. 贵州日报,08-17(14-15).

[17] 梁真惠,陈卫国,2018. "活态"史诗《玛纳斯》的翻译与传播. 中国翻译,(5):36-42.

[18] 马晶晶,穆雷,2017. 中国少数民族民间文学翻译的实践和探索——马克·本德尔教授访谈录. 东方翻译,(5):47-51+67.

[19] 热拉尔·热奈特,2009. 热奈特论文选. 史忠义,译. 开封:河南大学出版社.

[20] 孙国亮,高鸽,2020. 中国少数民族文学在德语国家的译介与接受. 民族文学研究,(3):92-104.

[21] 王宏印,2016. 中华民族典籍翻译研究概论. 大连:大连海事大学出版社.

[22] 王军,2014. 民族志翻译——少数民族典籍外译的有效途径. 贵州民族研究,(11):161-164.

[23] 王艳,2020. 《格萨尔》史诗在海外的翻译与传播. 国际汉学,(4):182-188+204.

[24] 吴浩,张泽忠,1991. 侗族歌谣研究. 南宁:广西人民出版社.

[25] 吴佳霖,2019. 中国民族传说故事精选. 银川:阳光出版社.

[26] 吴赟,2021.媒介转向下的多模态翻译研究.外国语(上海外国语大学学报),(1):115-123.

[27] 夏维红,2022.新中国少数民族文学对外译介效果探研——以外文局下属出版机构推出的英译本为考察对象(1951—2007).中国比较文学,(2):158-177.

[28] 杨圣敏,丁宏,2003.中国民族志.北京:中央民族大学出版社.

[29] 禹岩,1987.法国语言学家莫里斯·古瓦约来华访问.民族语文,(6):53.

[30] 赵志忠,1997.中国少数民族民间文学概论.沈阳:辽宁民族出版社.

[31] 郑文丰,2018.一次既美且对的相遇——第五次汉学家文学翻译国际研讨会黔东南采风行速记.贵阳日报,08-22(07).

[32] 朱宜初,等,2016.少数民族民间文学概论.昆明:云南人民出版社.

"天下"的跨文化翻译：以卫礼贤 1911 年和顾彬 2011 年《道德经》德译本为例

摘　要:"天下"概念蕴含中华民族的思维方式与价值观念,本文以德国汉学家卫礼贤于 1911 年出版以及顾彬于 2011 年出版的《道德经》德译本为研究对象,旨在探讨两部出版时间相差一个世纪的译本中对于"天下"概念的不同阐释。研究结果表明,"天下"在两部译本中的翻译包括直译"unter dem Himmel(在天空之下)",意译"auf Erden(在人世)""die Welt(世界)""das Reich(帝国、王国)"。卫礼贤译本中以"die Welt"居多,顾彬多用"das Reich"翻译,对"天下"的不同翻译选择体现了译者的主体性,与译者的经历、所处时代背景有关,最后本文提出在未来中德跨文化交流中使用音译加括注的模式翻译"天下"概念的可能性。

关键词:《道德经》德译本;卫礼贤;顾彬;天下

Title: Translating *Tianxia* Interculturally: A Comparative Analysis of *Daodejing*-Translations by Richard Wilhelm (1911) and Wolfgang Kubin (2011)

Abstract: This paper examines the diverse interpretations of the term *Tianxia* in the two translations of the *Daodejing* by Richard Wilhelm and Wolfgang Kubin: "unter dem Himmel", "auf Erden", "die Welt" and "das Reich". In Wilhelm's *Tao Te King. Das Buch des Alten vom SINN und LEBEN* (1911), "die Welt" is predominantly used, while Kubin mainly uses "das Reich" in Lao Zi. Der Urtext (2011). The different choices of words in the translation of *Tianxia* reflects the

---

　* **作者简介:**朱星妍,德国哥廷根大学博士生。研究方向:中德跨文化交流。电子邮箱:xingyan. zhu01
@stud. uni-goettingen. de。孔德明,南京大学教授。研究方向:篇章语言学、应用语言学与教学法。电子邮箱:germannj@nju. edu. cn。

translators' understanding and is influenced by their experiences and the historical context in which they lived. Finally, for future intercultural communication between Germany and China, there is the option of translating the term *Tianxia* with transliteration and providing a literal translation in parentheses.

Key Words: *Daodejing*; Richard Wilhelm; Wolfgang Kubin; *Tianxia*

1 引言

"天下"概念蕴含中华民族的思维方式与价值观念，从"溥天之下，莫非王土；率土之滨，莫非王臣"（《诗经·小雅·北山》）中第一次出现"天下"的概念，到春秋时期关于如何治理天下的百家争鸣，"大道之行也，天下为公"（《礼记·礼运》）描绘了儒家大同社会的美好愿景。从源于明末清初思想家顾炎武、后经梁启超概括的"天下兴亡，匹夫有责"，到辛亥革命时孙中山先生的三民主义思想浓缩于"天下为公"四个字中。"天下"概念产生于先秦时期，是古人跨越诸侯列国的界限，把华夏看作整个已知文明世界而提出的哲学思考。进入近代，"天下"逐渐演变为"世界"的含义。如今，在我国积极参与全球治理，推动构建人类命运共同体的背景下，"天下"概念愈发具有重要意义，"天下观"是具有中国特色的哲学政治思想体系。

"天下"概念在《道德经》中留下了浓墨重彩的一笔，在《道德经》通行本中，"天下"一词共出现 60 次，但目前针对《道德经》德译本中"天下"概念翻译的研究还很少见。德国汉学家卫礼贤（Richard Wilhelm）于 1911 年出版了《道德经：老子的意义和生命之书》（*Tao Te King. Das Buch des Alten vom SINN und LEBEN*），整整一个世纪后，顾彬（Wolfgang Kubin）于 2011 年出版了《老子：原文》（*Lao Zi. Der Urtext*）。费乐仁（Pfister，2007：61-63）认为，顾彬继承了卫礼贤将德语研究转化为对中国文学跨学科探索的衣钵，作为跨文化的译者，卫礼贤和顾彬都向中国或欧洲的读者传播了他者的文化形象，在卫礼贤和顾彬之间存在着一种跨时代的联系，这体现在他们作为跨文化译者和传播者关注相似的汉学研究主题。

本文试图对费乐仁的研究有所回应，以卫礼贤和顾彬的《道德经》德译本为研究对象，使用阐释学和译者作为翻译主体的理论探讨两部出版时间相差一个世纪的译本对于"天下"概念的不同阐释。本文将重点讨论以下问题：卫礼贤和顾彬的《道德经》德译本中反映出"天下"概念有哪些德语翻译？"天下"概念的翻译体现了两位译者怎样的翻译策略？"天下"翻译的演变对于当今中德跨文化交流有何启示？

2 理论基础

2.1 阐释学

阐释学是关于理解和解释的学科,施莱尔马赫(Friedrich Schleiermacher)从阐释学角度论述了翻译和理解的关系(谢天振,2018:85－86),他于 1813 年在柏林皇家科学院宣读的论文《论翻译的不同方法》(*Ueber die verschiedenen Methoden des Uebersezens*)指出了分别以作者和读者为中心的两种翻译途径:"译者要么尽可能不打扰作者,让读者向作者靠拢;要么尽可能不打扰读者,让作者向读者靠拢。"(Schleiermacher,2022:29－30)伽达默尔(Gadamer,1990:390)认为"译者的地位与阐释者的地位基本相同",他提出"视域融合"的概念,认为理解的过程可以描述为与待解释的文本进行对话的尝试,即把自己的理解视野、标准和偏见与文本的历史视野联系起来(Wagner,2008:248)。

2.2 译者主体性

自 20 世纪 80 年代以来,解构主义理论被引入了翻译研究,解构学派翻译理论强调译者的中心地位,为当代翻译研究开辟了新思路(谢天振,2018:265)。无独有偶,国内翻译学界同时也关注到译者的定位问题。杨武能(1987:3－6)从阐释学的角度入手,认为文学翻译是"阐释、接受与再创造的循环",译者既是阐释者又是接受者,在译事活动中起到主导作用,理想的文学翻译家既是学者又是作家,这开启了国内关于"翻译主体"的讨论(杨武能,2019:8)。国内对于"翻译主体"的看法主要分以下四类:一是译者是翻译主体;二是作者和译者是翻译主体;三是译者与读者是翻译主体;四是作者、译者、读者是翻译主体(许钧,2003:10)。纵观以上四种分类可以得出,译者位于翻译主体中的中心地位,许钧(同上:11)把译者视为狭义的翻译主体,把作者、译者、读者看作广义的翻译主体。译者主体性的定义为"作为翻译主体的译者在尊重翻译对象的前提下,为实现翻译目的而在翻译活动中表现出的主观能动性,其基本特征是翻译主体自觉的文化意识、人文品格和文化、审美创造性"(查明建、田雨,2003:22)。译者在翻译活动中理解、阐释文本意义,发挥翻译主体性,在翻译的再表达阶段还面临许多选择,如词汇、句式、语气、情感意义等(许钧,2002:68)。

2.3 概念解释

"天"字最早见于甲骨文,像正面站着的"人"形,用方框突出了人的头部(黄鑫宇、魏向清，2020：89）。《说文解字》把"天"解释为"天者。颠也。至高在上，从一大"（许慎，2005：1）。《现代汉语词典》（2002：1242）中"天"的定义是"① 天空。② 位置在顶部的；凌空架设的。③ 一昼夜二十四小时的时间，有时专指白天。④ 一天里的某一段时间。⑤ 季节。⑥ 天气。⑦ 天然的；天生的。⑧ 自然。⑨ 迷信的人指自然界的主宰者。⑩ 迷信的人指神佛仙人所住的地方"。冯友兰（1984）提出"天"的"五义说"，即物质之天、主宰之天、运命之天、自然之天、义理之天；张岱年（1985）提出"天"的"三义说"，分别是最高主宰、广大自然、最高原理（引自潘志锋，2003：226）。

按照《辞源》（2015：948）对"天下"的定义，"旧说地在天之下，故称大地为天下。古籍中以家、国、天下连称，指积家成国，积国成天下，故三代统一诸国，称有天下；由统一而分裂，称失天下。所说天下，指全中国。统一天下，即统一全中国"，"天下"代表中国。《辞海》（2019：4237）为"天下"赋予了新的、更广泛的内涵：① 古多指中国范围内的全部土地、统治权。② 指全世界。③《庄子》篇名，"天下"除了指代"中国"，还有了"世界"的含义。"中华思想文化术语传播工程"①将"天下"定义为：

> 古多指天子统治范围的全部土地及统治权。古人认为，大夫的统治范围是"家"，诸侯的统治范围是"国"，天子的统治范围是"天下"。"天下"字面义是"普天之下"，实质指天子统治或名义之下的"家国"统合体所覆盖的全部疆域，并包括天下所有的人及国家的统治权。后演变指全民族或全世界。

随着"天下"概念外延的扩展，对于"天下"的哲学研究逐渐从边缘位置走向中心地带：赵汀阳（2015：60 - 62）提出了"新天下体系"，认为"天下"包含三层含义："在地理学的意义上，天下指天底下所有的土地，即整个世界。在社会心理学意义上，天下指世界所有人的共同选择，即'民心'。在政治学意义上，天下指世界政治制度。"

3 研究对象

3.1 卫礼贤和《道德经：老子的意义和生命之书》

卫礼贤1899年到胶州（如今青岛）传教后一直致力于中国思想典籍的德译。他根

---

① "中华思想文化术语传播工程"由教育部和国家语委牵头组织，于2014年启动，组织文、史、哲学科及翻译领域专家百余人，经过前期缜密研究，反复论证，遴选、释义、翻译中华思想文化术语。术语库网址：https://www.chinesethought.cn/TermBase.aspx。

据王弼所注的通行本于 1911 年通过迪德里希斯(Diederichs)出版社出版了《道德经:老子的意义和生命之书》,作为十卷本《中国宗教与哲学》(*Religion und Philosophie Chinas*)丛书的第七卷,该卷包括序言、导论、正文(81 章,并附有小标题)、注释、陶渊明著《桃花源记》译文、参考文献(按中、英、法、德排序)、对译文中汉语转写为拉丁字母的说明、本书目录、丛书目录。卫礼贤的《道德经》德译本是最成功的译本之一,截至 2000年至少已经出版发行了 33 次(Grasmück,2004:65 - 66),并被翻译成英语、法语以及荷兰语(谭渊,2011:64)。

根据卫礼贤的日记,他于 1916 年 2 月 11 日至 3 月 9 日对《道德经》德译本进行了重译(徐若楠,2018:86)。卫礼贤的遗孀萨美懿(Salome Wilhelm)于 1957 年根据他的手稿出版了修订本,修订版相比于 1911 年的译本在正文和注释方面均有变动,考虑到目前关于 1911 年译本的研究占据了突出位置,本文将围绕此版展开相关探究。

3.2　顾彬和《老子:原文》

1993 年 10 月在湖北省荆门市郭店村发掘的《老子》郭店楚简版是迄今为止发现的最早的《老子》传抄本。郭店楚简版的大部分语句与通行本相近或相同,不同于通行本划分为《道经》《德经》两部,郭店楚简版《老子》分为三篇,现存 2046 字,篇幅约为通行本的五分之二(荆门市博物馆,1998:1 - 2)。

德国汉学家顾彬根据郭店楚简版于 2011 年出版了《老子:原文》,这是该版本出土后第一次由德国译者翻译成德语。该书是顾彬在赫尔德(Herder)出版社出版的十卷本《中国思想经典》(*Klassiker des chinesischen Denkens*)丛书的第二卷,译本包括序言、正文(共 32 段,每段包含中文原文、拼音、德语译文、译者注释及卫礼贤译本的对应译文)、《太一生水》(包含原文、拼音、德语译文及译者注释)及重要概念索引。目前学界针对顾彬《道德经》德译本的研究尚处于起步阶段。

4　两个《道德经》德译本中的"天下"概念

"天下"作为中华思想文化核心术语之一,在《道德经》中意蕴丰富。由于郭店楚简版《老子》相比于通行本篇幅更短,而本文旨在比较两位译者对于同一语境下"天下"概念的翻译,故整理了郭店楚简版《老子》中含有关键词"天下"的段落。"天下"在 14 句中出现了 19 次,分别被两位译者翻译成 unter dem Himmel(在天空之下)、auf Erden(在人世)、die Welt(世界)、das Reich(帝国、王国),以上 4 种翻译的频率分布如下:

表 1　卫礼贤和顾彬译本均出现的语句中"天下"翻译的频率分布

	卫礼贤(1911)	顾彬(2011)
unter dem Himmel	1 (5.3%)	2 (10.5%)
auf Erden	2 (10.5%)	4 (21.1%)
die Welt	16 (84.2%)	2 (10.5%)
das Reich	0 (0%)	11 (57.9%)

由上表可以看出,卫礼贤使用的最频繁的"天下"的翻译是 die Welt,顾彬把超过半数的"天下"翻译成了 das Reich,而卫礼贤在这 14 句中未使用 das Reich 作为"天下"的翻译。本章将按表格中的顺序依次讨论"天下"的 4 种译法。

4.1　直译 unter dem Himmel(在天空之下)

直译的特点是"在词汇意义及修辞的处理上,不采用转义的手法;在语言形式的处理上,允许适当的变化或转换(如语序转换),以使译文符合目的语词汇句法规范"(熊兵,2013:85)。根据此定义,unter dem Himmel 属于"天下"概念的德语直译,der Himmel 是"天空;天堂"的意思,unter 是介词,表示"在……之下",德语 unter dem Himmel 表示"在天空之下"。

> 天下万物生于有,有生于无。
> Alle Dingeunter dem Himmel entstehen im Sein. Das Sein entsteht im Nichtsein. (卫礼贤,1911:45)
> 天下之物生於有,有生於亡。
> Die Erscheinungenunter dem Himmel entstehen aus dem, was ist, und das, was ist, entsteht aus dem, was nicht ist. (顾彬,2011:70)

例句展示了卫礼贤和顾彬不约而同地使用了 unter dem Himmel 来翻译"天下万物生于有"中的"天下"。根据《德语词源学词典》(Kluge, 1975),Himmel 一词源于古高地德语的 himil 和中古高地德语的 himel,在低地德语中,hæwen 表示自然的天空,Himmel 指《圣经》中的"天"。根据《杜登德语通用词典》(Duden, 2015),Himmel 有"上帝(天使和神明)的住所,与地狱或人间尘世相对"以及"(委婉的)上帝、命运、天意"的含义。

有学者批评在英语翻译中把首字母大写的 Heaven 作为"天"的译名,安乐哲(2009:345)认为将"天"翻译成 Heaven"显然有一个超验的创造者与创造物的潜在区分",西方读者会直接把首字母大写的 Heaven 理解为 God。"无论你愿不愿意,在西方头脑里出现的是超越现世的造物主形象,以及灵魂(soul)、罪孽(sin)、来世(after life)等概念。"(安乐哲,2009:328)张政、胡文潇(2015:93)认为 Heaven 只涵盖了"天"的"三义说"中的"主宰之天",并没有解释出"自然之天"和"义理之天",不符合中国文化中"天"的多重文化内涵。

在关注到"天"被翻译成英语的 Heaven 所存在的问题后,本文认为相关翻译批评归因于现代英语中除了 heaven 还有 sky 同样指"天空"。但在现代标准德语中,只有 Himmel 表示"天"的意思。短语 unter dem Himmel 符合德语语境和习惯,作为"天下"的德语翻译可以用来指代整个世界、所有的人或事物所在的领域。

4.2 意译 auf Erden(在人世)

意译的特点是"在词汇意义及修辞(如比喻)的处理上采用转义的手法,以便较为流畅、地道地再现原文的意义"(熊兵,2013:85)。本章节要讨论的 auf Erden 即为"天下"的意译,die Erde 是"大地;地球"的意思,auf 是介词,表示"在……之上",根据《杜登德语通用词典》(Duden,2015:534)的解释,auf Erden 是 in der irdischen Welt 的书面表达,表示"在人世"。

> 天下皆知美之为美,斯恶已。
>
> Wenn auf Erden alle das Schöne als schön erkennen, so ist dadurch schon das Häßliche gesetzt.(卫礼贤,1911:4)
>
> 天下皆知美之为美也,恶已。
>
> Versteht ein jeder auf Erden das Schöne als schön, so ist das Hässliche mit gegeben.(顾彬,2011:45)

卫礼贤和顾彬均使用了 auf Erden 来阐释"天下皆知美之为美"中的"天下",卫礼贤翻译成 auf Erden alle(在世上的所有人),顾彬翻译成 ein jeder auf Erden(在世上的每个人)。按照《德语词源学词典》,Erde 一词源于古高地德语的 ērda 和中古高地德语的 ērde。短语 auf Erden 也经常出现在德语诗歌中,歌德(2017:127)在《威廉·迈斯特的学习时代》第二部第十三章的歌曲《谁不曾和泪咽过面包》中的最后一句写道:"造孽者都要受现世报应(杨武能译,原文:alle Schuld rächt sich auf Erden)。"海涅(2015:164)在《德国,一个冬天的童话》第一章写道:"我们已经要在大地上/建立起天上的王国。我们要在地上幸福生活,/我们再也不要挨饿(冯至译,原文:Wir wollen hier auf Erden schon/ Das Himmelreich errichten. Wir wollen auf Erden glücklich sein,/ Und wollen nicht mehr darben.)。"

从以上 auf Erden 在德语诗歌中的使用可以看出,短语 auf Erden 通常用于与天

堂或来世进行对比，突出人与现实世界的联系。根据本文在德国圣经协会数据库①
中的检索，auf Erden 在 2017 版路德《圣经》中出现了 277 次，将《道德经》中的"天下"
翻译为 auf Erden，虽然使用了德语中的固定短语，符合德语语言习惯，但是无法避免
德语读者把"天下"理解成含义为"在人世间"的基督教文化中的概念，会导致德语读
者对中国文化中的"天下"概念产生误解。结合伽达默尔的阐释学理论，本文认为此
处两位译者类似的神学背景起到一定作用，卫礼贤在一个多世纪前作为传教士来到
中国，顾彬在本科期间曾经学习神学，在阐释过程中，译者原本的视野和文本的视野
发生融合。

4.3 意译 die Welt(世界)

虽然老子所处时代的"天下"应为"天子统治范围的全部土地"，但两位译者翻译"可
以为天下母"时均把"天下"意译成 die Welt(世界)。从句法的角度考虑，这里的"天下"
为名词，作为"母"的定语。在前文中讨论过的 unter dem Himmel 以及 auf Erden 均为
介宾短语，如果套用以上两种译法翻译"天下母"，则可以译为 Mutter von allen unter
dem Himmel(在天空之下所有人、物的母亲)或者 Mutter von allen auf Erden(在世上
所有人、物的母亲)，两位译者在此处选用 die Welt 的翻译更为简洁。

> 有物混成，先天地生。寂兮寥兮，独立不改，周行而不殆，可以为天下母。
>
> Es gibt ein Ding, das ist unterschiedslos vollendet. Bevor der Himmel und
> die Erde waren, ist es schon da, so still, so einsam. Allein steht es und ändert
> sich nicht. Im Kreis läuft es und gefährdet sich nicht. Man kann es nennen die
> Mutterder Welt. (卫礼贤,1911：27)
>
> 有状混成，先天地生，寂寥独立不改，可以为天下母。
>
> Da ist ein Zustand, der sich im Chaos vollendete, der vor Himmel und Erde
> entstand, er ist still, für sich und unveränderbar, er kannder Welt Mutter sein.
> (顾彬,2011：50)

根据《德语词源学词典》，Welt 一词源于古高地德语的 weralt 和中古高地德语的
wēlt。德语 die Welt 一词在《杜登德语通用词典》中有"地球""全人类""某个群体""生
活范围、领域""宇宙"等义项。本文认为在翻译时如果不对 die Welt 加以解释，介绍为
"由中国文化中的天子统治的世界"，德语读者实际理解的"天下"范围会比原文所指更
宽泛。

---

① 德国圣经协会数据库网址：www.die-bibel.de。

将"天下"与世界联系起来,就始于外国来华传教士的翻译,马礼逊(Robert Morisson)于 1823 年在澳门编纂的英汉汉英对照《华英字典》中的"world"的词条解释为"地球、普天下、通天下、天下、世、世界"(余露,2020:177)。由此,"天下"的话语范围开始了悄然变化,英国驻华使馆参赞威妥玛(Thomas Francis Wade)于 1866 年用汉语写成并向总理衙门呈递的《新议略论》中说"天下各国,分论东西"(同上:178 – 179),此处"天下"亦指世界。本文认为卫礼贤的传教士身份使其接受当时"天下"概念转变的影响,因此他在阐释《道德经》时主要采用 die Welt 作为"天下"的对应翻译,顾彬在这里受到目的语中词类的限制,也把"天下"翻译为 die Welt,并且按照稍早时期的德语语言习惯把 die Welt 作为第二格前置。

4.4 意译 das Reich(帝国、王国)

前文分析了两位译者对于同一语句中的"天下"的相同翻译,以下展示了"天下"在政治语境出现时两位译者的不同翻译,顾彬意译成 das Reich(帝国、王国),这亦是顾彬译本中最常用的"天下"德语翻译(占 57.9%),卫礼贤在此处仍把"天下"翻译成 die Welt,正如卫礼贤译本中其他绝大多数情况(占 84.2%)。

> 是以天下乐推而不厌。以其不争,故天下莫能与之争。
>
> Also auch: Die ganze Welt ist willig, ihn voranzubringen, und wird nicht unwillig. Weil er nicht streitet, kann niemand auf der Welt mit ihm streiten. (卫礼贤,1911:71)
>
> 天下乐进而弗厌。以其不争也,故天下莫能与之争。
>
> Das Reich fördert ihn gern, ohne seiner müde zu werden. Er streitet nicht, daher kann niemand im Reich mit ihm streiten. (顾彬,2011:28)

根据《德语词源学词典》记载,Reich 一词源于古高地德语的 rīhhi 和中古高地德语的 rīch(e)。在《杜登德语通用词典》中,das Reich 的定义为"皇帝或女皇、国王或女王的通常覆盖几个部落或民族的领地",与"天下"的"天子统治范围的全部土地及统治权"的含义相近。

顾彬在译本注释中通过解释"天下"在中国文化中的含义阐述了把"天下"翻译为 das Reich 的原因:"天下的意思是指天底下的一切。但具体来说,这意味着:被中国文化文明化的一切。"(Kubin,2011:29)作为身处和平年代的当代德国汉学家,顾彬将"天下乐进而弗厌……故天下莫能与之争"限制在中国文化内;而在 20 世纪初,面对西方帝国主义国家争夺殖民地的野心,卫礼贤则把"不争"的范围扩展到全世界。罗志田(2007:191 – 192,202)认为,清末士人思考的范围从"天下"转为"世界",他引用梁启超的"吾民之称禹域也，谓之为天下，而不谓之为国"（1989a：66）以及"吾国人称禹域为天下，纯是世界思想"（1989b：39）证明近代以来"天下"一词分成两义，狭义的"天下"指中国，广义的"天下"指世界，这体现出当时"对于地理空间和人类社会认知的转变"。

卫礼贤和顾彬对于同一句中的"天下"的不同阐释体现了在翻译过程中译者的理解视野和文本的历史视野的"视域融合"以及译者在翻译中位于中心地位的论断。译者在翻译中面临着不同选择：顾彬作为当代德国汉学家更加追求文本的历史价值，卫礼贤作为清末来华的传教士恰好处于当时社会对"天下"概念的认知转变之中，他受到当时话语的影响，"将另一个世界的意义关联转换到自己世界"（Gadamer，1974：1061），正如朗宓榭（Lackner，1999：87-88）所说，"卫礼贤的翻译并不是谦虚地试图丰富西方人对中国的了解，而是为了解决世界（或者更具体地说，德国）的问题，他的翻译本身就构成了一个意识形态和哲学方案"。而作为当代汉学家的顾彬在翻译中希望更加准确地传达《道德经》原作的内涵，把读者带向作者。

5　音译加括注：另一种翻译方案

阿克曼（Michael Kahn-Ackermann）认为"天下"是类似于"道"的中国思想文化核心术语，并不能用一个德语概念来翻译，任何试图将其翻译成德语的做法都是一种"误导性的限制或片面的解释"（Zhao，2020：8）。他在翻译赵汀阳的专著时决定将"天下"音译成德文，并在译者前言中解释说"天下"作为中国古典哲学，特别是政治哲学概念，直译为德语是 unterm Himmel，"天"的意思是德语的 Himmel（天空；天堂）或 Tag（天，日；白天），与"受犹太教、基督教影响的 Himmel 的概念差别很大"，阿克曼只有在迫不得已时才采用了直译（同上：7）。

音译是"把一种语言的文字符号用另一种语言中与它发音相同或相近的文字符号表示出来的方法"（熊兵，2013：85）。唐朝时佛经翻译家玄奘提出"五不翻"原则，即佛经从梵文翻译成汉语时的五种情况应采用音译，第一种"为秘密故"，原文中词义微妙、难以揣测的概念；第二种"含多义故"，原文中具有多重含义的词语；第三种"此无故"，原文词语所指在大唐没有；第四"顺古故"，之前已经被翻译且广泛使用的概念；第五"生善故"，音译原文词汇可以令人产生尊重之念（谢天振，2009：279）。

张政、胡文潇（2015：94-95）认为中国文化中"天"的概念应该采取音译，并且提出了音译"天"的五个依据：（1）含义准确性，避免读者产生与基督教有关的联想，从而误读中国文化；（2）哲学差异性，在翻译中掩盖中西文化差异会使中国哲学"成为西方主调的一个低级变调"（安乐哲，2009：335）；（3）译名唯一性，统一译名便于被广泛接受和使用；(4) 历史借鉴性，使用汉语拼音而不是其他的拼写方案；(5) 文化传播性，使用中华民族特有的文化概念促进中华文化的海外传播。而安乐哲(2009：349)认为，对中国哲学术语的意译"解决了含糊性问题"，但"以牺牲多义性与文化特殊性为代价"，而音译"回避问题的实质"，因为就像不借助 logos、phusis、nous、nomos 等词的意译也无法理解古希腊哲学的内涵。

本文认为在目前的中德跨文化传播中，可以使用音译加括注的方式翻译"天下"概念。黄鑫宇、魏向清(2020：91)总结了音译加括注作为中华思想文化术语翻译模式的优点：

> 音译加括注的两者结合既可避免盲目音译的"民粹主义"(黄友义，2018：270)，又可避免单纯格义的"文化简化"(cultural reductionism)；既以异质性符号提示读者术语的特殊性和重要性，又通过现有英文词汇帮助读者快速理解。

纽马克(Newmark，2001：76)也曾提出术语翻译可以使用"翻译对联"(translation couplet)的模式，该方法指翻译术语时使用术语的原文或音译并将符合目的语规范的译文写在括号内，或在译文后括号标注术语的原文或音译[1]。在第四章已经讨论过德国两位汉学家在翻译《道德经》中的"天下"时使用的多种翻译方案，die Welt(世界)和 das Reich(帝国、王国)作为两位译者主要采用的德语翻译，是卫礼贤在面对第一次世界大战前波谲云诡的地缘政治形势和顾彬在面对当代德国汉学界亟需全面了解中国的背景下分别有意作出的选择。本文认为，在未来的中德跨文化交流中采用以上两种意译作为"天下"的德语解释是不合适的。首先，以上两个德语概念均没有体现出我国从古至今对"天下"概念的认知转变。其次，使用以上两个在德语中有确切定义的概念消解了"天下"作为具有中国特色的哲学思想遗产的重要价值。另外，若使用 die Welt(世界)并与诸如"一统天下"的说法联系在一起时，有可能使德语读者误会我国古代就有争夺世界霸权的想法，不符合当代中国作为热爱和平的负责任大国的形象。因此，本文认为"天下"可以通过音译与直译相结合的形式译为 Tianxia (unter dem Himmel)，从而使德语读者能够多层次、多角度地理解"天下"概念。

---

[1] 纽马克认为"翻译对联"最常见的应用是机构名称翻译。假设目的语为英语，如果源语亦使用拉丁字母，即采用原文加括注的方式，否则采用音译加括注的方式。目前国内翻译学界还没有关注到 translation couplet 这一概念，couplet 有"对句，对联"之义，因此本文在这里将这一概念译为"翻译对联"。

6 结论和展望

通过以上对卫礼贤和顾彬在翻译"天下"概念时使用的四种译名的分析，即 unter dem Himmel（在天空之下）、auf Erden（在人世）、die Welt（世界）、das Reich（帝国、王国），证明了费乐仁提出的德国汉学家卫礼贤和顾彬作为跨文化译者和传播者在相似的汉学研究主题中存在跨时代联系的论点，两位译者都致力于中国文化在德国的传播，在翻译"天下"概念时，顾彬主要使用了 das Reich（帝国、王国）的翻译，卫礼贤绝大多数情况下都翻译成 die Welt（世界）。这体现了顾彬作为德国当代汉学家希望能够向德语读者精准传达《道德经》原文的内涵，探索《道德经》这一古代中国文本的学术价值，而卫礼贤在 19 世纪末作为传教士来到中国，受到当时国际形势以及在清末士人阶层中流行的"天下"概念发展转变的影响。本文建议，在未来的中德跨文化交流中通过音译加括注的方式将"天下"翻译为 Tianxia（unter dem Himmel），以便德语读者把握"天下"概念丰富的文化内涵，了解"天下"思想的历史与现实意义，助力构建中国特色翻译话语体系。

参考文献

[1] Duden, 2015. *Deutsches Universalwörterbuch*. 8th, revised and expanded edition. Berlin: Duden.

[2] Gadamer, H.-G., 1990. *Wahrheit und Methode*. Tübingen: Mohr Siebeck.

[3] Gadamer, H.-G., 1974. Hermeneutik. In: J. Ritter (Eds.), *Historisches Wörterbuch der Philosophie*, Vol. 3. Basel: Schwabe, 1061.

[4] Grasmück, O., 2004. *Geschichte und Aktualität der Daoismusrezeption im deutschsprachigen Raum*. Münster: LIT Verlag.

[5] Kluge, F. (Eds.)., 1975. *Etymologisches Wörterbuch der Deutschen Sprache*. 21st unchanged edition. Berlin: Walter de Gruyter.

[6] Kubin, W., 2011. *Lao Zi. Der Urtext*. Freiburg im Breisgau: Herder.

[7] Lackner, M., 1999. Richard Wilhelm, a "sinisized" German translator. In: V. Alleton & M. Lackner (Eds.), *De l'un au multiple: Traduction du chinois vers les langues européennes*. Paris: Éditions de la Maison des sciences de l'homme, 86 – 97.

[8] Newmark, P., 2001. *Approaches to Translation*. Shanghai: Shanghai Foreign Language Education Press.

[9] Pfister, L., 2007. Brothers in the Spirit. In: M. Hermann & C. Schwermann (Eds.), *Zurück zur Freude. Studien zur chinesischen Literatur und Lebenswelt und ihrer Rezeption in Ost und*

West. Festschrift für Wolfgang Kubin. Sankt Augustin: Institut Monumenta Serica, 55 - 82.

[10] Schleiermacher, F., 2022. *Über die verschiedenen Methoden des Übersetzens*. Berlin: Alexander Verlag.

[11] Wagner, A., 2008. Horizontverschmelzung. In: P. Prechtl & F.-P. Burkard (Eds.), *Metzler Lexikon Philosophie: Begriffe und Definitionen*. 3rd edition. Stuttgart: J. B. Metzler, 248.

[12] Wilhelm, R., 1911. *Tao Te King. Das Buch des Alten vom SINN und LEBEN*. Jena: Eugen Diederichs.

[13] Wilhelm, R., 1957. *Tao Te King*. Köln & Düsseldorf: Eugen Diederichs.

[14] Zhao, T., 2020. *Alles unter dem Himmel: Vergangenheit und Zukunft der Weltordnung*. M. Kahn-Ackermann, trans. Berlin: Suhrkamp.

[15] 安乐哲,2009. 和而不同:中西哲学的会通. 温海明,等,译. 北京:北京大学出版社.

[16] 辞海编辑委员会. 辞海. 上海:上海辞书出版社.

[17] 冯友兰,1984. 中国哲学史(上册). 北京:中华书局.

[18] 歌德,2017. 威廉·迈斯特的学习时代. 杨武能,译. 四川:四川文艺出版社.

[19] 海涅,2015. 德国,一个冬天的童话. 冯至,译. 北京:人民文学出版社.

[20] 何九盈,等,编,2015. 辞源(上卷). 北京:商务印书馆.

[21] 黄鑫宇,魏向清,2020. 认知术语学视角下中华思想文化核心术语翻译的概念建构模型——以"天"相关术语为例. 中国翻译,(5):88 - 97.

[22] 黄友义,2018. 对外翻译、话语权与文化自信. "中华思想文化术语传播工程"秘书处. 中华思想文化术语学术论文集(第一辑). 北京:外语教学与研究出版社,267 - 271.

[23] 荆门市博物馆,1998. 郭店楚墓竹简. 北京:文物出版社.

[24] 梁启超,1989. 饮冰室合集文集之三. 北京:中华书局.

[25] 梁启超,1989. 饮冰室合集文集之二十八. 北京:中华书局.

[26] 罗志田,2007. 天下与世界:清末士人关于人类社会认知的转变——侧重梁启超的观念. 中国社会科学,(5):191 - 204,208.

[27] 潘志锋,2003. 近 20 年关于"天人关系"问题的研究. 社会科学战线,(4):226 - 230.

[28] 谭渊,2011.《老子》译介与老子形象在德国的变迁. 德国研究,(2):62 - 68.

[29] 谢天振,编,2009. 中西翻译简史. 北京:外语教学与研究出版社.

[30] 谢天振,编,2018. 当代国外翻译理论导读(第二版). 天津:南开大学出版社.

[31] 熊兵,2013. 翻译研究中的概念混淆——以"翻译方法"和"翻译技巧"为例. 中国翻译,(3):82 - 88.

[32] 徐若楠,2018. 中西经典的会通:卫礼贤翻译思想研究. 上海:上海译文出版社.

[33] 许钧,2002. 论翻译之选择. 外国语,(1):62 - 69.

[34] 许钧,2003. "创造性叛逆"和翻译主体性的确立. 中国翻译,(1):6 - 11.

[35] 许慎,2005. 说文解字(现代版). 北京:社会科学文献出版社.

[36] 杨武能,1987. 阐释、接受与再创造的循环——文学翻译断想. 中国翻译,(6):3 - 6.

[37] 杨武能,2019. 从失学少年到巴蜀译翁——一个文学翻译家的成长和感悟. 中国翻译,(6):7 - 9.

[38] 余露,2020.第三章：虚实互用：洋务时期的"天下""地球"与"世界".桑兵,关晓红.解释一词即作一部文化史.上海：上海人民出版社,176-197.

[39] 查明建,田雨,2003.论译者主体性——从译者文化地位的边缘化谈起.中国翻译,(1):19-24.

[40] 张岱年,1985.中国哲学中的"天人合一"思想剖析.北京大学学报(哲学社会科学版),(1):3-10.

[41] 张政,胡文潇,2015.《论语》中"天"的英译探析——兼论其对中国文化核心关键词英译的启示.中国翻译,(6):92-96.

[42] 赵汀阳,2016.天下的当代性——世界秩序的实践与想象.北京：中信出版社.

[43] 中国社会科学院语言研究所词典编辑室,2002.现代汉语词典(第三版).北京：商务印书馆.

新时代的"东学西渐":国内学术外译研究的知识图谱建构(2012—2024) *

贾 柯 付 满**

摘 要:进入新时代,"东学西渐"的文化潮流促使学界重新审视并深入思考中国学术外译的责任与担当。本文以 2012—2024 年间的国内学术外译研究文献为样本,运用 Citespace 揭示当前学术外译研究的发文动态及期刊、作者和机构分布特征,勾勒学术外译的基本研究范畴,从宏观、中观与微观三个层面爬梳当前学术外译的研究领域与热点问题,通过关键词时区分布和关键词突现性检测分析新时代学术外译研究的发展脉络,并从顶层设计、翻译实践和传播策略维度针对未来学术外译研究走向提出前瞻性建议,对推进国家文化战略实施和外译叙事话语体系构建具有重要意义。

关键词:新时代;学术外译研究;知识图谱;可视化分析

Title: The Westward Spread of Chinese Learning in the New Era: A Knowledge Graph Analysis of Chinese Academic Literature Translation Studies (2012—2024)

Abstract: As the new era unfolds, the westward spread of Chinese learning has spurred the academic sphere to engage in a renewed and profound reflection on the responsibility and commitment of Chinese academic literature translation. This study examines the domestic literature on academic translation from 2012 to 2024 as a sample, utilizing Citespace to uncover the publication trends and the distribution characteristics of journals, authors, and institutions of academic translation studies.

＊ 本文系国家社科基金中华学术外译项目"当代中国的社会分层与阶层和谐"(编号:21WSHB020)和江苏省第六期 333 高层次人才培养工程的阶段性成果。

＊＊ **作者简介:**贾柯,国防科技大学外国语学院硕士研究生。研究方向:翻译学、国别与区域研究。电子邮箱:3280343411@qq.com。通讯作者付满,国防科技大学外国语学院副教授、硕士生导师。研究方向:翻译学、国别与区域研究。电子邮箱:fuman@nudt.edu.cn。

It also delineates the fundamental research scope of academic translation and systematically explores the research fields and hot topics at the macro, meso, and micro levels. Furthermore, it analyzes the development trajectory of academic translation studies in the new era by examining the temporal distribution of keywords and the emergence of new keywords. The study concludes with forward-looking suggestions for the future development in terms of top-level design, translation practice and dissemination strategy, which is of great significance for the implementation of the national cultural strategy and the construction of Chinese narrative discourse system of translation.

Key Words: The New Era; Academic Literature Translation Study; Knowledge Graph; Visualization Analysis

---

1 引言

近代以来，西方文化对东方世界的渗透使"西学东渐"成为学术界的基本取向，中国哲学社会科学的本土特色和创新潜力被长期低估和忽视。但随着世界变局纵深化、国际政治多极化、世界威胁多元化、东升西降显著化趋势的不断演进(付满，2024：106)，中国日益走近世界舞台的中央，新时代赋予了哲学社会科学工作以新的历史使命：既要立足本土、发掘古代与现代的精神思考和实践经验，形成具有中国特色、中国风格和中国气派的世界领先成果，又要着眼世界，创新能够推动国家和人类进步的新知识和新思想，为世界文明发展进程贡献中国智慧与中国方案(刘曙光，2018)。这就要求打通及顺畅作为知识与思想载体的经典学术著作和优秀社科成果的国际传播链路，打破西方"一语独霸"的话语体系，在国际传播中激浊扬清(高彬、吴赟，2023：63；付满、秦颢庭，2022：48)，以东方视角为应对全球性挑战提供中国思想与中国智慧。在此语境下，中国学术话语外译和传播效果的研究就成为新时代中国翻译研究的题中之义，对形成同我国综合国力和国际地位相匹配的国际学术话语权，进而泰然应对世界之变、时代之变、历史之变具有重要战略意义(张汨、张威，2024；张宗波等，2023；秦颢庭等，2023)。

对于学术外译的界定，目前尚无普遍认可的内涵阐释。本研究认为新时代的学术外译是一种以学术著作为翻译对象，以"融通中外""融西立中"为翻译原则，以翻译界、出版界以及传播界为共同参与者，以国外精英知识分子为主要受众，以译介与传播中华文化、中华思想、中华典籍与中华学术为方式，以用外语构建中国特色哲学社会科学学科体系、学术体系及话语体系为旨归的翻译与传播活动，是一种基于文化自信和翻译实践且承载国家意识与国家立场的文化政治行为(付满、贾柯，2025；吴赟、潘柳叶，2024)，具有中华性与世界性的双重属性，对以文明交流超越文明隔阂、以文明互鉴超越文明冲突、以文明共存超越文明优越，推动共建人类命运共同体具有重大战略意义。然而，当前中国的学术外译在国际传播上存在显著"逆差"，还面临着外译目标不明确、传播效能差、研究理论匮乏、人才培养系统不完善、传播渠道不畅等诸多困境(李珍，2022；陶友兰、赵田园，2023；周晶、楚军，2024；祝朝伟、任淑平，2024)。这种局面仅凭民间翻译公司、出版机构以及译者个人努力显然不足以彻底扭转。因此，学界近年来逐渐意识到翻译研究中国家层面顶层设计的引领作用。任东升提出"国家翻译实践"理论，寄希望于发挥国家主体地位，引导中国外译群体正确处理文化间的共性个性，树立文化自信，以平视的姿态、互融的目标、对话的方法融入国际学术场域(任东升，2023)。2010年，作为学术外译领域风向标的国家社会科学基金"中华学术外译项目"创设，为中国文化强国的转型提供了智力支持和学术依托。随着学术成果的不断"走出"，外译实践对学术外译研究需求不断增大，翻译工作者承担的社会期望不断上升，但当前学术外译领域的研究却显得相对滞后，不同学科针对学术外译开展的研究也多存在专业壁垒，导致学界对如何推进学术外译无法达成共识。

基于上述研究背景，本文采用文献计量学方法，爬梳与分析既有研究成果，总结其发文量、期刊分布以及作者与机构分布概况，随后基于关键词共现图谱揭示当前学术外译研究范畴，再利用关键词聚类分析识别出具体研究领域和研究热点，并通过关键词时区分布和突变图谱洞察研究重点的历时演变，有针对性地提出促进学术外译质效提升的因应之策，以期为国内学术外译话语体系建设和学术外译研究方向提供参考，更好地传播中国学术声音、讲好中国学术故事。

2 研究设计

2.1 研究问题

为推动学术外译研究系统化发展，充分发挥其跨学科优势反哺学术成果"走出去"政策实践，本研究将围绕以下研究问题，对学术外译研究进行宏观把握和深入探讨。

(1) 现有研究成果的发表情况呈现出什么整体趋势，相关期刊展现出怎样的学科特性，以及研究学者和机构的发文情况具备哪些特征？

(2) 当前学术外译的研究领域、研究热点与研究脉络是什么？

(3) 当前学术外译研究对未来的研究趋势有何启示？

2.2　数据采集

本研究的数据采集自中国知网（CNKI）数据库，涵盖了以"学术外译"为主题词的各类文献资源。鉴于进入新时代以来外译工作在服务国家治理需求，翻译中国、传播中国、提升中国国际形象与国际学术话语权中扮演的关键角色，数据收集从 2012 年开始，以确保全面反映新时代学术外译研究的发展情况。初步检索得到 2012 年 1 月 1 日至 2024 年 6 月 26 日的论文、综述和资讯类文献共计 393 篇。为确保研究质量，人工筛选排除了资讯文本、学位论文以及重复样本，最终纳入分析的研究论文文献数量为 223 篇。

2.3　研究方法

本研究借助 Citespace(5.7.R5)对国内学术外译相关研究的发文量、刊载期刊、主要作者和机构网络进行了梳理和分析。运用聚类方式对高频关键词和时间序列进行处理，从而得到关键词词频和共现网络、关键词时区图以及关键词突变图谱等可视化数据，借此探析国内学术外译的研究范畴、热点以及演进脉络，构建学术外译的知识图谱。同时辅助人工识别，定量加定性的研究方法，以期更全面准确地理解学术外译研究成果及其内在逻辑，挖掘并展示能够激发新思路、推动学术界深入探讨的观点和洞见。

3　研究结果与讨论

3.1　国内学术外译的文献计量统计

3.1.1　发文量

本研究首先对知网上收录的学术外译相关研究成果进行了历时性统计。如图 1 所示，2012 年至 2013 年研究进展相对迟缓，2014 年学界对这一领域的关注度突增，发文量显著上升。尽管随后出现一定程度的波动，但自 2017 年起学术外译相关研究数量稳步增长，总体上呈现出向更高研究层次的跃迁态势。尽管在此期间有小幅波动，但发文量基本保持在 25 篇左右，反映出当前学术外译研究的高活跃度和日益增长的关注度。2024 年发文量截至 6 月 26 日仅有 16 篇，但可以预测该年度发文量将继续维持在这一平台期内的水平，为学术外译研究的未来发展和下一次飞跃积蓄动力。

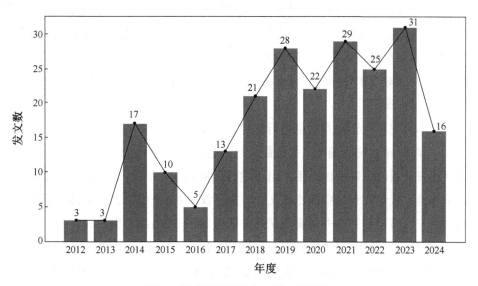

图 1　学术外译研究年度发文量趋势

3.1.2　期刊分布

通过对学术外译相关研究的期刊来源进行统计与人工分类后，可以发现（见图 2），除相关度较低的医学、民族学、法学、历史学等其他类刊物外，外语综合类刊物发文量位居榜首，翻译类、文科综合类、出版编辑类刊物次之，且这四类刊物中翻译类在期刊数量

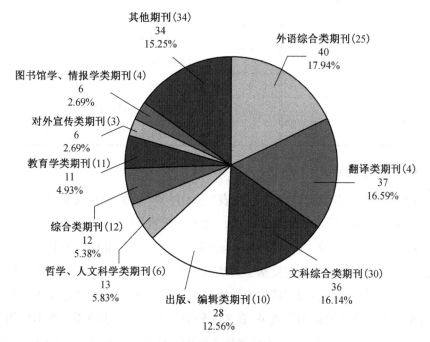

图 2　学术外译研究在不同类型刊物的分布情况

显著少于其他几种刊物类别的情况下，载文量几乎等同于外语综合类刊物，这可能归因于翻译学是外国语言文学下设的二级学科，研究范围更聚焦，专业化更高，因而在学术外译领域的研究贡献显得尤为突出。此外，图2还揭示了综合类、教育学类、外宣类以及图情类期刊也对学术外译这一主题有所关注，学术外译的广泛学术影响力和跨学科研究趋势可见一斑。

同时，本研究对各刊物发文量进行排序后得到各期刊发文量汇总表（见表1）。结果显示，《上海翻译》《民族翻译》《中国翻译》三家翻译学期刊以显著的发文量位居前三名。其后的《出版广角》《中国出版》《出版发行研究》《出版科学》《科技与出版》《出版参考》属于编辑出版学期刊；《中国比较文学》《国际汉学》属于哲学和人文科学类期刊；《对外传播》属于传播学期刊；《外语研究》《外文研究》属于外语综合类期刊；《西南民族大学学报》（人文社会科学版）属于文科综合类期刊。以上涉及的六类期刊与上文发文量排名前六的期刊类型重合，说明这六类期刊是"学术外译"研究论文的主要发表阵地，对促进学术外译研究发展作出了显著贡献。

表 1　各期刊发文量汇总表

期刊	发文量	期刊	发文量
《上海翻译》	15	《国际汉学》	4
《民族翻译》	9	《对外传播》	3
《中国翻译》	9	《出版科学》	3
《出版广角》	6	《科技与出版》	3
《中国出版》	5	《出版参考》	3
《中国比较文学》	5	《外文研究》	3
《出版发行研究》	4	《西南民族大学学报》（人文社会科学版）	3
《东方翻译》	4	《外语研究》	2

3.1.3　作者与机构分布

本研究统计发现共有230名作者发表"学术外译"相关研究成果，超90%的作者（209名）仅发表1篇，16名作者发表2篇。如表2所示，河北师范大学李正栓发文量最多，为4篇，主要研究领域为民族典籍翻译研究。吴碧宇、周鹤和李跃平三位学者发表量次之，上海理工大学吴碧宇主要基于其戏剧电影与电视艺术的文化背景进行中国影视类学术著作的外译研究，湖南科技大学周鹤主要关注少数民族文化外译和农学典籍外译，与李正栓曾合作发表相关成果（表2中分别计入2人发表成果），西南民族大学李跃平的主要发文内容是围绕中国少数民族文库的外译研究会议进行的综述。中国少数民族文库外译学术研讨会自2013年开办以来，围绕少数民族文库"走出去"战略机遇与挑战、文库译介史研究、少数民族文化域外接受等议题展开探讨,在 2021 年以"铸牢中华民族共同体意识与少数民族文库外译"为主题从构建中华民族多元一体格局的国家形象角度出发,为少数民族学术外译研究贡献了宝贵的集体智慧。作者们的研究兴趣专长以及学者间的学术对话从不同角度丰富了学术外译的研究视野。

表 2 发文量前列作者及其成果概览

序号	作者	发文量	机构	论文题名	论文来源	刊载年份
1	李正栓	4	河北师范大学	藏族文化外译与藏学发展研究	《民族翻译》	2023
				躬行实践、研究实践、整理译史:促进少数民族文化外译事业的三项任务——李正栓教授访谈录	《民族翻译》	2022
				民族典籍翻译 70 年	《民族翻译》	2019
				《萨迦格言》外译史考察——以捷译史为例	《民族翻译》	2018
2	吴碧宇	3	上海理工大学	中国影视类学术著作走出去推介策略探析	《对外传播》	2020
				中华文化"走出去"的有益探索——基于中华学术外译项目的国家实践(2010—2019 年)	《文化软实力研究》	2019
				《中国少数民族电影史》英文版述评	《世界电影》	2018
3	周鹤	3	湖南科技大学	藏族文化外译与藏学发展研究	《民族翻译》	2023
				躬行实践、研究实践、整理译史:促进少数民族文化外译事业的三项任务——李正栓教授访谈录	《民族翻译》	2022
				中国学术"走出去"的翻译之道——以农史学家石声汉的学术外译为例	《上海翻译》	2021
4	李跃平	3	西南民族大学	更新理念 高扬其声——2014 中国少数民族文库外译学术研讨会综述	《西南民族大学学报》(人文社会科学版)	2015
				首届中国少数民族文库外译学术研讨会	《上海翻译》	2014
				借帆出海,自扬其声——2013 中国少数民族文库外译学术研讨会综述	《西南民族大学学报》(人文社会科学版)	2014

从机构层面来看，共有 210 所机构参与学术外译研究，表 3 为发文量达到或超过 3 篇的机构排名情况。表 3 数据显示，前 3 名发文量领先机构均为外语类院校，发表量仅次于其的院校均为师范类院校，这表明外语类院校和师范类院校是学术外译研究的重要贡献来源，其研究内容和侧重点上的差异值得进一步探究。

表 3　机构发文量分布情况

序号	机构	发文量	序号	机构	发文量
1	上海外国语大学	9	4	华东师范大学	4
2	北京外国语大学	7	5	陕西师范大学	4
3	天津外国语大学	5	6	湖南师范大学	4

3.2　关键词共现分析

本文借助知识图谱以及复现频次和中心性数据对关键词共现情况进行可视化分析，并从学术外译承担的使命、翻译内容、参与主体三个方面对当前学术外译研究的范畴进行概括。

关键词反映文章的核心主题和主要内容，当两个或两个以上的关键词在同篇文献中出现时被称为关键词共现。通过共词分析，能够掌握该研究领域的热点内容、主题分布和学科结构等重要信息（李杰、陈超美，2016:103），对于界定学术外译的研究范畴尤为关键。在图 3 中，节点大小通常表示关键词的出现频率，即节点越大，关键词出现频率越高，可被视为研究主体；节点间连线越多则中心度越高，即该词与其他词共现次数越多，可被看作研究热点。表 4 是图 3 数据化的呈现，观察可发现部分关键词频次和中心性都较高，如"外译""中华学术外译""中华学术外译项目""学术外译""国际传播"等，这表明围绕"中华学术外译项目"展开的有关国际传播的研究是目前中国学界学术外译研究的主体和热点。而"文化走出去""中国文学""一带一路"和"文化传播"尽管频次相对较低，但其对研究的构架和思路也产生很大影响，也是该领域讨论的热点话题。其他重现频次较高的关键词，如"典籍外译""翻译""学术出版"也是研究的主体部分。因此，综合上述观察可以对学术外译研究范畴进行初步界定，即目前学术外译研究焦点主要集中在响应"一带一路"倡议和"文化走出去"战略需要上，研究对象主要是"中华学术外译项目"，主要涵盖中国文学和典籍翻译工作，主要参与者囊括了翻译实践、学术出版以及国际传播过程中的专业人员。因此不难理解"学术外译"一词与"文化外译""典籍外译""中华学术外译项目"的交叉使用和高频共现。

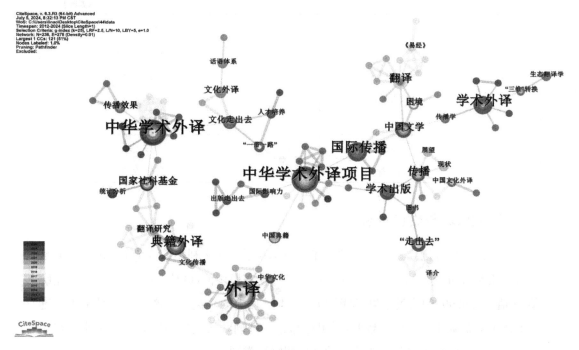

图 3   学术外译研究关键词共现分析知识图谱

但当前的学术外译研究与学术外译实践之间还存在差距。当前研究的外译范围主要是"中华学术外译项目"的推荐选题,集中在阐释中国当代政治思想、全球倡议、"五位一体"总体布局的历史性成就、中华优秀传统文化的传承发展以及中国理论和学术范式的创新发展等方面(全国哲学社会科学工作办公室,2023),多选取专著形式呈现,学术期刊在中华学术外译项目中的占比较小,研究报告和普及性学术读物的译介则相对欠缺。此外,当前外译研究中的受众不够明确,对普通外国民众、专业学者和国外汉学专家缺少有针对性、差异化的关注。还有值得注意的是,虽然文学作品在当前学术外译研究中频繁出现,但并非所有文学作品的翻译都可简单归类于"学术外译"。只有那些深刻反映中华文明哲学思想、人文精神和道德理念的文学作品,才真正达到"学术"的层次,可以被纳入学术外译的研究范畴。但无论是从概念出发还是研究现状出发,学术外译都离不开对翻译目的、翻译内容以及传播效果的关注。

表 4   高频关键词和中心性列表

重现频次	关键词	中心度	关键词
18	外译	0.25	中华学术外译项目
14	中华学术外译	0.2	外译
13	中华学术外译项目	0.18	国际传播

（续表）

重现频次	关键词	中心度	关键词
8	学术外译	0.13	中华学术外译
8	国际传播	0.12	文化走出去
7	典籍外译	0.09	中国文学
5	翻译	0.08	学术外译
5	学术出版	0.08	"一带一路"
5	传播	0.08	文化传播

3.3　研究领域与热点问题

为了深入探究国内学术外译研究的领域及热点，本文利用 CiteSpace 软件对关键词进行聚类分析，通过 LLR 算法计算得到具有较高模块值（Q 值＝0.8951）和平均轮廓值（S 值＝0.9699）的聚类结果（见图 4）。聚类过程中的聚类数字断裂通常是由于关键词共现关系的缺少或弱化导致的，说明这部分关键词和研究主体联系并不紧密。在剔除掉这部分关键词后得到更为集中的共现网络聚类图。

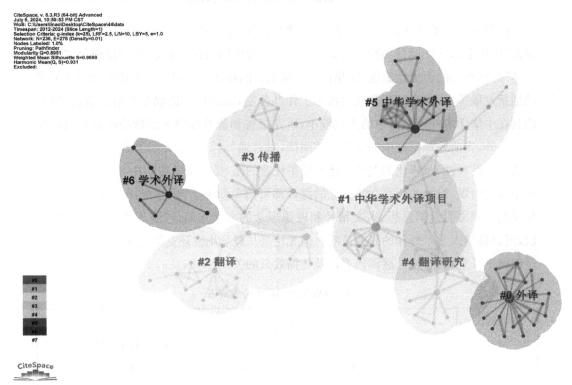

图 4　关键词共现网络聚类

　　然而,仅凭聚类名称难以准确判断其具体内容和研究领域,因此需要结合各聚类所包含关键词(见表5)来掌握各领域内涵。基于此,学术外译研究的研究领域大致可分为三类。

表5　关键词共现网络聚类信息

聚类号	聚类名称	聚类核心成员
0	外译	文化术语;民族文化;典籍外译
1	中华学术外译项目	文化走出去;话语权;"一带一路";话语体系;政策
2	翻译	中国文学;政治术语;文论
3	传播	翻译符号学;传播共同体;传播学
4	翻译研究	译介学;理论;语言研究
5	中华学术外译	编辑路径;课程;图书出版;读者接受;编辑
6	学术外译	三层主体;能力培养;翻译实践
10	价值与瓶颈	国际影响力;工程项目;出版走出去

　　宏观层面的整体规划是学术外译研究的首要领域,涵盖了"中华学术外译项目""翻译研究"以及"价值与瓶颈"等关键聚类,研究集中于明确学术外译的目标设定、政策规划和学科框架构建。首先,中国学术话语权正面临着新时代的挑战和要求。随着国际化进程中学术语言英语化趋势日益严重,非英语国家的学术话语权式微(赵世举、周璇,2024),西方强势文化对中国民族形象的曲解和误读严重影响国家文化安全(梁艳君,2023),同时中国特色传统文化在国际传播中仍存在话语体系不完善的问题(焦丹,2021)。因此需要通过学术外译研究,不断构建和完善中国特色学术话语体系,增强中国学术话语在全球范围的传播力和影响力,塑造真实、立体、全面的中国国家形象,并为全球知识体系贡献独特的中国元素,为解决国际问题提供中国视角和中国智慧。其次,新时代背景下的学术外译是"翻译政策规划和引导下的产物,受到翻译政策的调节、指导、干预与约束"(吴赟、潘柳叶,2024)。中华学术外译项目、中国图书对外推广计划、"丝路书香"工程等国家重点翻译资助项目都是国家政策的重点推进方向(李欣,2022)。目前学界不乏对国家翻译项目现状及未来发展方向的探讨(陶友兰、赵田园,2023;任文京,2018;尹洪山,2018),这类研究不仅分析了当前学术外译的优势和不足,还对如何优化政策支持、提高翻译质量和效果提出了建设性建议。此外,学术外译作为融合外语学科与传播学的交叉领域,其研究架构呈现出显著的跨学科特征。吴赟(2022)认为学术外译研究需要融通翻译与传播学,实现跨学科的学理基础。周晶和楚军(2024)强调,未来的学术外译研究需要构建综合的理论架构和方法论体系,既要涵盖语言学、翻译学、传播学以及人种志学等人文社会科学领域,还要充分利用现代信息技术,如语料库、大数据和生成式人工智能,以强化语言数据科学的支撑。

学术外译研究的中观层面包括翻译研究、中华学术外译、学术外译三个聚类，倡导从国际传播要素框架出发，构建由除文本外的其他影响因素组成的学术外译传播共同体（李珍，2023）。这类研究强调"以人为本"，凸显学术外译中人的主体性，研究对象涵盖社会资本、出版行业、编辑群体、受众和翻译人员。学术外译作为本土学术知识和思想实现全球流通的重要媒介，在资源整合、关系互动和意义构建上发挥着关键作用，因此学界非常关注不同出版主体在选题、译介、策划等环节的积极介入，力图构建具有中国特色的编辑出版学学术体系（陆朦朦、隗静秋，2023），并通过汇聚多元化的社会资本，构建和优化合作网络的结构与模式以增强中国学术出版物走出去的合作效能（姜春洁，2021）。也有不少学者从现有翻译案例中反思提炼外译著作的编辑范式，以提升外译图书的传播效果（李珍，2022；江帆，2014）。也有学者对读者反馈进行追踪调查，从读者接受视角提升中介过程中被忽视的要素，包括文体适应性、意见领袖及营销模式等（李书影、王宏俐，2022）。在译者培养环节，王倩（2018）强调译者应成为外译过程的主体，充分发挥主动性，立足于本民族的主体身份向外展现民族的文化自觉与自信。此外，为了充实学术外译事业的人才储备，诸多学者已就"外译学"学科的课程设置、知识体系构建以及人才培养策略进行了深入探讨（赵永峰等，2024；林元彪，2023；黄忠廉、孙敏庆，2021）。

微观层面则主要聚焦于翻译实践的具体问题，如译介文本的选择和翻译策略的取舍，涵括外译和翻译两个聚类，关键词归纳为典籍、文学、民族文化、文论、术语等。出于文化交流、知识传播和学术发展的需要，学界在翻译对象的选取上进行了横向拓展，既有对民族文化信息和文学经典外译的研究，又有对中文社科文献外译的探讨，还在武学、医学等非社科领域进行了拓展。从纵向上来看，翻译的关注点从语言转换发展成为文本所蕴含的价值理念的输出（吴志攀，2013）。翻译策略的研究通常结合国内外译学理论、史学考辨、学理反思及译者访谈等方法。研究重点已从单一的译内策略，扩展至"走出去"宏观战略对策。备受关注的术语翻译和管理策略研究的研究路径也基本符合这一特征，多以具体的翻译实践活动为例，探析文本术语管理的译前、译中、译后三个具体环节（吴丽环，2023）；或探究中国非遗项目的翻译传播成功案例，总结非遗学术语翻译传播的有效途径（冯雪红等，2023）；或融合语言学、诠释学和权力话语理论视角，探索中医药术语翻译标准化实践路径（蒋继彪、祁兴华，2023）。

3.4　发展阶段与重点变迁

综合运用关键词时区分布（见图5）、关键词突现性检测（见图6）、政策导向分析等方法有助于了解在某段时间节点内的研究趋势、发展动因、前沿动态等的发展变化情况，全面把握学术外译研究的发展脉络。通过分析可将学术外译研究的发展划分为三个主要阶段：起步探索阶段、系统化专业化阶段以及国际化创新化阶段。

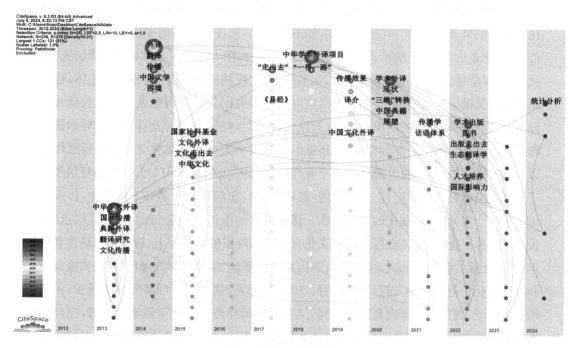

图 5　关键词分布时区图

Top 20 Keywords with the Strongest Citation Bursts

Keywords	Year	Strength	Begin	End	2012 - 2024
翻译研究	2013	1.46	2013	2016	
外译	2014	2.35	2014	2018	
翻译	2014	1.41	2014	2015	
外译主体	2017	1.06	2017	2018	
中华学术外译项目	2018	1.27	2018	2021	
出版	2018	1.25	2018	2018	
译介	2019	1.16	2019	2019	
翻译文学	2019	1.16	2019	2019	
英译	2019	1.16	2019	2019	
中国典籍	2020	1.21	2020	2020	
现状	2020	1.21	2020	2020	
展望	2020	1.21	2020	2020	
话语体系	2021	1.19	2021	2021	
文化外译	2015	1.09	2021	2021	
学术出版	2022	2.26	2022	2024	
国际传播	2013	2.23	2022	2024	
学术外译	2020	2.23	2022	2024	
生态翻译学	2022	1.14	2022	2022	
文化走出去	2015	1.01	2022	2022	
中华学术外译	2013	1.01	2023	2024	

图 6　学术外译关键词突现图谱

在起步探索阶段，即 2012 年至 2017 年，学术外译研究的核心焦点是如何将中华文化和学术成果有效传播。在这一时期，如图 5 所示，关注度较高的关键词涵盖了文学、传播、文化走出去、中华学术外译项目等层面。同时，图 6 中突现关键词如翻译研究、文化传播、汉学家、学术著作、世界文学、学术图书、工匠精神、外译出版和外译主体，也与图 5 中的关键词相辅相成，共同勾勒出该时期的研究图景。其研究重点不仅包括对翻译理论、翻译策略和方法的深入探讨（刘汝荣，2014），特别是如何处理文化差异和语言障碍以确保翻译的准确性和流畅性，还提倡发挥汉学家在中外文化交流中的桥梁作用以及工匠精神的引领，提升翻译工作专业性和精细化（赵雅茹，2017）。研究还特别关注了学术图书的外译出版流程，包括选题、翻译、编辑、出版和发行等环节的优化，以及如何构建一个多元化、专业化的外译团队。译本选取的重点放在能与世界有"共鸣点"的民族经典作品上，强调要在保持民族文化完整性和特质性的基础上，兼顾目标语读者的期待（刘汝荣，2014）。同时，也有学者对国家社科基金"中华学术外译项目"的实施反响和社会文化价值进行深入探讨（杨庆存，2014）。可见，这一阶段的研究数量虽少，但范围十分广泛，既有对翻译内要素的研究，又有对翻译外传播和政策因素的思考，已经开始探索和构建符合中国文化特色的翻译和传播模式，为学术外译研究的后续发展奠定了坚实的基础。

随着国家政策的引导和研究的不断深入，学术外译研究在 2018 年至 2021 年逐渐向系统化专业化方向发展，进入学术话语体系构建阶段。2019 年"六卓越一拔尖"计划 2.0 正式启动后，各学科重新审视新时代国家哲学社会科学发展的新要求，开始积极开展新文科理论研究和实践探索。在这一背景下，翻译学科与传统外语学科的关系发生变化，促使翻译学朝着"立足中国特色，对接国家需求，打破学科壁垒"（孙美娟，2023）方向发展，借助新技术、新手段开辟外译发展的新视野和新领域。学术外译研究不再局限于传统的翻译学框架，吸纳了如知识生产与传播等问题（傅敬民、孙晓蓉，2024），逐渐融入更包容开放的跨学科体系。如图 5 所示，"传播效果"和"传播学"成为这一时期的关键词，学术外译研究的交叉学科性质逐渐凸显。学者们从传播学的角度，对传播效果和能力进行研究，并特别关注出版和编辑等传播要素（张艳、何丽云，2018）。同时"中华学术外译项目"自 2019 年经历重大调整后，其申报政策的选题范围从"立足中国主题"转变为"关注世界话题、贡献中国价值"的双重叙事路径（吴赟、潘柳叶，2024），标志着该项目以立足中国、放眼世界的全新视角推动中国优秀学术成果走向国际主流传播渠道，通过图 6 中"中华学术外译项目"一词的突变可以体现。学者们开始广泛关注中华学术外译项目的立项情况，并运用统计分析全面了解其发展动向（张琦，2019；尹洪山，2018；马玉梅，2019），为构建学术外译的跨学科学术话语体系积累丰厚经验和深入洞悉。

近年来学术外译研究步入国际化与创新化的新纪元，对提升中国文化国际影响力的重视程度日益加深，译学理论不断创新，人才培养模式持续优化，研究目标从提升翻译质量和传播效果,扩展到从国家文化安全战略的高度增强翻译作品的国际影响力和学术话语权。习近平主席强调(2022),要用"融通中外的语言、优秀的翻译作品讲好中国故事,引导更多外国读者读懂中国,为促进中国和世界各国交流沟通、推动构建人类命运共同体作出新贡献"。在这样的时代背景下,学者们就如何提升中国的学术话语权和话语影响力展开深入研究。赵世举和周璇(2024)提议通过优化学术外译机制和支持双语期刊建设等措施增强中文的学术功能,推动学术国际化;陈琳和胡燕(2022)则主张构建以国际传播为导向的学术外译立体化策略,通过选题策划、传播性译写策略和国际传播媒介平台提高国际传播效能。可见,国家层面确立的输出型翻译政策和直接影响译介实践的翻译策略均致力于增强国际影响力和学术话语权,确立了学术外译的根本战略目标。同时,编辑出版领域也呈现出同样的发展趋势。2021 年年底,国家新闻出版署发布的《出版业"十四五"时期发展规划》,明确出版业要提升服务大局的能力水平,提高主题出版的传播力、引导力、影响力,为学术外译出版体系的建设提供了蓝图和方向(陈秀,2022)。从图 6 中可以发现"学术出版"一词在 2022 年突现,说明学界敏锐捕捉到这一转折点,并针对出版走出去进行了价值整合和拓展研究。此外,学界针对中国特色译学理论的创新和发展进行了反思和展望。诸多学者(何绍斌、李芳,2023;江帆,2022,2023)对译介学外译理论的适用范围、研究路径、现存问题和提升空间进行了深入探讨。生态翻译学、权力话语理论等交叉学科理论也被广泛应用于学术外译研究中。在人才培养方面,教学和培养体系正在适应学科交叉融合的新趋势,着力打造"思政铸魂、学科交叉、创新引领"的外译人才培养体系,培养服务于国家文化安全和走出去战略的高端复合型外译人才(赵永峰等,2024;祝朝伟、任淑平,2024)。

4 研究启示

综合来看,学术外译研究的发展总体处于螺旋式上升状态,研究的关键词呈现从分散到集中再到分散的趋势,预示着学术外译研究的学术话语体系尚在构建之中。政策制定、翻译实践和传播策略等多维度的协同努力,对推动学术外译研究的深化至关重要。只有通过不断的研究积累和创新,学术外译研究才能走向成熟,更好地发挥其促进文明互鉴的作用。

从学术外译的顶层设计层面看,推动学术外译研究的智库转向尤为关键,这要求对学术外译研究服务国家战略的功能进行整体观照。具体实施可以通过三种途径:一是结合叙事学理论,分析现有学术话语中的显性与隐性叙事,并在此基础上构建中国学术外译叙事体系。当前中国当代实践产生的哲社科成果在国际传播中常被视为"意识形态输出",常常招致反感、引发抵触。因此,中国外译叙事的关键在于如何通过外译叙事框架实现价值观的内化,使其在诠释学术与守护意义的同时,润物无声地传达"精意"与"善美"(李德俊,2024)。已有学者就数字媒介语境下中国叙事体系构建展开研究,主张从"文体"意义上的叙事形式、"语言"意义上的叙事语法以及"体系"意义上的叙事实践三个维度切入构建中国叙事体系(刘涛、刘倩欣,2022)。借鉴这一研究范式,可以通过整合文体、语言和体系三个层面的要素,构建具有中国特色、中国风格、中国气派,同时能引发受众共鸣和心理认可的学术外译叙事体系。二是通过国家翻译实践讲好中国学术故事,以外语书写中国式现代化的学术篇章。国家层面应继续发挥学术外译传播中国学术声音的功效,并不断完善外译政策,使其成为中国学术现代化的发展方针。吴赟和潘柳叶(2024)曾对如何增强未来国家翻译政策制定的前瞻性、科学性与针对性进行过相关探讨,认为项目申报政策应更加灵活而有度,外译应侧重宣传推广能力的提升,国家应加大对外译成果接受的调研和评估,并关注翻译政策间的交叉性和相关性,进而实现政策执行的精准对接。对于翻译政策的完善和效果评估也是未来研究可以持续跟踪的话题,对于深化国家翻译实践具有重要学术意义。三是推动学术外译制度创新,实现向"多主体共生"传播主体的转变(李颖、尹飞舟,2024),引入更多官方色彩较淡的行为主体和社会团体,充分调动社会力量,形成产学研良性互动,拓宽学术外译参与面的同时,促进学术成果的多元化传播。具体而言,应鼓励和支持各类社会团体,如孔子学院、学术社团、翻译、出版与文化机构等,自发形成合理的外译推动机制,注重学术外译的质量和效率,兼顾文化多样性和国际传播的需求。通过这种方式,社会团体不仅可以为学术外译提供丰富的资源和平台,还能增强学术外译的社会认可度和国际影响力。

从学术外译的翻译实践角度来看,学术外译人才的培养无疑是提升我国国际话语表达能力的关键。但目前高校对学术外译人才的培养缺乏系统完备的教学体系,教学内容零散且缺乏针对性,所以收效甚微。北京外国语大学高级翻译学院与国际新闻传播学院的联合培养模式,为未来学术外译人才的培养提供了新的思路,通过采用"四合"模式,即兼顾文化自信与国家视野的思想引领、交叉知识统合、技能教学创新和产教、师资资源整合,为培养高质量的"翻译与国际传播"复合型人才提供了实践参考①。这一培养模式或将成为"新时代"学术外译人才培养的开端,值得更多高校教育者探索和实践。其次,在学术外译胜任力测评方面,缺乏针对学术外译能力的测量与评估体系,可通过研发学术外译胜任力量表,建立科学的评价手段,助力学术外译人才选拔体系构建。同时可以通过实验方式对人才选拔与测评的全过程进行历史追踪,结合全流程评价、形成性评价以及终结性评价,全面评估外译实践的质效。再则,在区隔化翻译实践方面,可以鼓励高校师生强化国际交流,丰富目的语国家在地经验,不断在翻译实践过

---

① 内容来源于北京外国语大学任文教授 2024 年 6 月 30 日在中国英汉语比较研究会应用翻译研究专业委员会成立大会发表的题为"学科融合视阈下'翻译+国际传播'人才培养模式的实证研究"的主旨演讲。

程中了解受众需求、完善术语标准、提炼翻译策略、总结协作经验,根据受众的对华态度和认知特征进行区隔化的翻译实践(任文、赵田园,2023),准确、清晰、灵活地传递中国学术思想,促进我国学术成果国际化向好向快发展。

从学术外译传播策略的维度思考,首先要明确外译的目的是通过学术外译自塑并传播中国学术的正面形象。通过深入剖析成功译作中的中国国家形象(包括古代中国形象,尤其是当代中国形象),洞察如何构建一个既根植于中国土壤又符合国际语境的学术中国形象。其次,应当开拓和丰富学术外译的传播渠道与方式。跨学科融合为这一目标达成提供了无限可能,通过结合语言大模型和语料库等前沿技术,开发多样化多模态的传播渠道。此外,社交媒体和在线平台的运用将进一步扩大学术外译作品的受众基础,增强外译作品的互动性和影响力。这需要更多的外译从业者,特别是出版、宣传领域的工作者持开放的心态不断探索和积极创新传播渠道,将中国学术故事和学术成果以更加生动和多元的方式呈现给全球受众。最后,建立一个科学的学术外译受众反馈和传播效果评估体系至关重要。这不仅涉及制定评估量表和反馈机制,还需要对外译传播的全过程进行细致的监控和评估,以便不断优化传播策略,确保学术外译作品能够有效地触及目标受众(聂新艳,2023;杨明星、刘林君,2023)。

5 结语

本文立足于新时代"东学西渐"亟需提升学术外译质效的现实需求,对目前学界针对"学术外译"展开的研究进行计量分析以构建知识图谱。研究发现,当前学术外译研究整体呈现积极发展态势,期刊分布的跨学科特征明显,研究者兴趣点逐渐凝聚,外语类、师范类院校研究优势凸显。当前学术外译的研究范畴主要围绕战略需求导向的研究目标,然而在选题广度、呈现形式以及研究深度等方面,仍然与理想的学术外译研究存在差距。具体而言,当前学术外译研究主要集中于宏观层面的整体规划建构、中观层面的国际传播策略以及微观层面的翻译实践问题这三大领域。学术外译研究的发展历程经历了起步探索阶段、系统化专业化阶段以及国际化创新化阶段,研究重点从"中华文化和学术成果有效传播"到"构建学术外译跨学科话语体系",再到"提升中国文化国际影响力和学术话语权"不断演进。其间,学术外译研究站位的不断提升,既是对国家战略的积极响应,也是外译研究学者持续追求的目标。

未来研究应从顶层设计、翻译实践和传播策略等多维度进行深入探索。首先应倡导学术外译研究的智库转向,以服务国家战略为核心,构建具有广泛国际吸引力的中国外译叙事体系,提升学术成果的全球接受度。其次应注重跨学科学术外译人才培养研究,创新教育模式,并建立科学的外译质量与接受效果评价体系。此外,拓展学术外译传播渠道研究,构建有效的受众反馈和传播效果评估体系,不断优化传播策略,为学术外译助力跨越文明冲突、走向文明互鉴贡献力量。

参考文献

[1] 陈琳,胡燕,2022.学术话语对外翻译传播的逻辑、问题与策略.上海翻译,(5):58-64.

[2] 傅敬民,孙晓蓉,2024.翻译与中国学科发展.中国外语,(2):16-22.

[3] 付满,2024.欧洲视野下跨大西洋伙伴关系的竞合共存之道——基于《慕尼黑安全报告》的解读.外语学刊,(1):105-111.

[4] 付满,贾柯,2025.中国武侠小说风格传译的译者行为批评探赜——以《神雕侠侣(卷一)》张菁英译本为例.上海翻译,(1):77-83.

[5] 付满,秦颢庭,2022.澳大利亚智库对"数字丝绸之路"倡议的认知评析.情报杂志,(7):41-48.

[6] 冯雪红,魏向清,刘润泽,2023.中国非遗术语外译的译者规范化实践模式构建.外语研究,(5):95-99,111.

[7] 高彬,吴赟,2023.基于《求是》英文版的国家政治话语译介模式研究.外语研究,(1):63-67,99.

[8] 何绍斌,李芳,2023.论译出行为——译介学视域下的中国文化外译.上海翻译,(3):58-63,82.

[9] 黄忠廉,孙敏庆,2021.外译学管论与外译详解.中国外语,(1):91-97.

[10] 贾洪伟,2019.中国文化外译作品的出版与传播效应.外语学刊,(6):113-116.

[11] 姜春洁,2021.中华学术外译的社会资本分析(2010—2019).外语研究,(1):85-90.

[12] 江帆,2014.文学外译的助力/阻力:外文社《红楼梦》英译本编辑行为反思.中国比较文学,(1):50-65.

[13] 江帆,2022.追溯译介学理论形成与发展的轨迹——谢天振教授遗著《译介学思想:从问题意识到理论建构》述评.上海翻译,(6):90-93.

[14] 江帆,2023.基于中国问题,推动国际译学"描述/系统"范式的新发展——译介学外译理论评述与再思.外国语(上海外国语大学学报),(1):63-76.

[15] 蒋继彪,祁兴华,2023.中医药术语翻译标准化实践路径探析.外语研究,(5):89-94.

[16] 焦丹,2021.中国武术外译话语体系构建探蹞:概念、范畴、表达.上海翻译,(4):30-35.

[17] 李德俊,2024."诠释的循环"与意义的守护——兼论典籍翻译中译者的身份政治.中国翻译,(5):89-98.

[18] 李杰,陈超美,2016.CiteSpace:科技文本挖掘及可视化.北京:首都经济贸易大学出版社.

[19] 李书影,王宏俐,2022.基于读者接受的中华文化典籍外译研究——以《孙子兵法》为例.出版发行研究,(6):92-97.

[20] 李欣,2022.出版走出去工程项目的价值、瓶颈及对策.出版发行研究,(6):84-91.

[21] 李颖,尹飞舟,2024.共生外译传播:人类命运共同体视阈下中国文化走出去的新思路.湖南大学学报(社会科学版),(3):83-88.

[22] 李珍,2022.学术外译传播与编辑路径提升.中国出版,(14):61-64.

[23] 李珍,2023.大学出版人引领构建学术外译传播共同体:社会资本与实践进路.科技与出版,(6): 156-160.

[24] 梁艳君,2023.民族典籍外译与国家文化安全.广西民族研究,(4):159-165.

[25] 林元彪,2023."翻译中国"视角下典籍外译课程的知识架构与能力培养.中国外语,(4):4-10.

[26] 刘曙光,2018.新时代人文社科期刊的特色化发展之路——兼论中国特色哲学社会科学构建中期刊的作用.求索,(5):4-13.

[27] 刘汝荣,2014.中国少数民族文化对外传播与翻译的多维思考.广西民族研究,(2):123-128.

[28] 刘涛,刘倩欣,2022.新文本新语言新生态"讲好中国故事"的数字叙事体系构建.新闻与写作, (10):54-64.

[29] 陆朦朦,隗静秋,2023.学术外译中的出版角色与行为体系研究.出版广角,(14):37-42.

[30] 马玉梅,2019.中国学术著作海外传播现状与提升策略研究——以国家社科基金中华学术外译项目为例.上海翻译,(5):64-67.

[31] 聂新艳,2023."中非命运共同体"话语中的概念隐喻及其翻译策略研究——以《新时代的中非合作》白皮书为例.外国语文研究(集刊),(2):270-285.

[32] 秦颢庭,何韵潇,付满,2023.澳大利亚国立大学战略与防务研究中心建设发展及对中国高校智库建设的启示.江苏第二师范学院学报,(6):88-94.

[33] 全国哲学社会科学工作办公室,2023.2023年度国家社科基金中华学术外译项目申报公告, http://www.nopss.gov.cn/n1/2023/1201/c431031-40130009.html.

[34] 任东升,2023.关于国家翻译实践研究的几点思考.外语研究,(1):52-56,112.

[35] 任文,赵田园,2023.国家对外翻译传播能力研究:理论建构与实践应用.上海翻译,(2):1-7,95.

[36] 任文京,2018."一带一路"视域下中华学术外译项目现状与推进路径.中国出版,(15):63-66.

[37] 孙美娟,2023.在新文科视域下推动外语学科高质量发展,2023-03-24.引自 https://www.cssn.cn/skgz/bwyc/202303/t20230324_5615528.shtml.

[38] 陶友兰,赵田园,2023.中国文化外译实践与研究的现状、挑战与发展趋势——陶友兰教授访谈录.山东外语教学,(2):1-6.

[39] 王倩,2018.中国文化外译传播中的译者身份建构.社会科学战线,(9):266-270.

[40] 吴丽环,2023.中华学术外译翻译项目中的术语管理研究——以《新疆史前晚期社会的考古学研究》为例.上海翻译,(2):32-36.

[41] 吴赟,2022.国际传播能力建设与翻译学发展的未来向度.上海交通大学学报(哲学社会科学版),(1):12-21.

[42] 吴赟,潘柳叶,2024.基于"中华学术外译项目"(2010—2022)的国家翻译政策研究.上海翻译, (1):21-29,95.

[43] 吴志攀,2013.当代中国法律领域价值理念的国际传播问题浅析.中国高校社会科学,(6):133-140,158-159.

[44] 习近平,2022.习近平回信勉励外文出版社的外国专家:为促进中国和世界各国交流沟通,推动构建人类命运共同体作出新贡献,2022-08-26.引自 http://cpc.people.com.cn/n1/2022/

0826/c64094 – 32512608. html.

[45] 杨明星,刘林君,2023.外交笔谈:汉字文化圈国家外交话语叙事模式的历史考证与当代价值.外国语文研究(集刊),(2):242 – 256.

[46] 杨庆存,2014.中国文化"走出去"的起步与探索——国家社科基金"中华学术外译项目"浅谈.中国翻译,(4):5 – 7.

[47] 尹洪山,2018.国家社会科学基金中华学术外译项目的调查分析.出版科学,(4):64 – 68.

[48] 张汨,张威,2024.中国政治话语译介效果的译者期待与读者反馈双重检验研究——以《习近平谈治国理政》核心概念"自我革命"英译修订为例.外语研究,(4):82 – 87.

[49] 张琦,2019.新时期的"中学西渐"——基于"中华学术外译项目"(2014—2018)的统计分析.出版广角,(6):58 – 61.

[50] 张艳,何丽云,2018.中国学术著作外译与传播能力提升策略——以国家社科基金"中华学术外译项目"为例.科技与出版,(7):16 – 22.

[51] 张宗波,陈春华,易绵竹,等,2023.语料库元信息视角下的中国学术界在"中国崛起"研究领域的国际学术话语权分析.外语研究,(5):50 – 57.

[52] 赵世举,周璇,2024.国际化进程中学术语言英语化问题及应对策略:日本的启示.外语界,(1):6 – 13,91.

[53] 赵雅茹,2017.试论外译出版工作中的工匠精神——以《中国历代政治得失》的英译为例.中国编辑,(6):31 – 34.

[54] 赵永峰,文旭,王欣,等,2024.西部高校外语研究生培养新探索和新实践:院长笔谈.外国语文,(2):158 – 173.

[55] 周晶,楚军,2024.译介传播当代中国研究的跨学科学术话语体系探索.上海翻译,(3):15 – 19.

[56] 祝朝伟,任淑平,2024.新时代"翻译+国际传播"融合型文学翻译人才培养研究:概念、内涵与路径.外语研究,(3):51 – 56,82.

让·列维《孙子兵法》法译本的深度翻译

胡艺姝*

摘　要:《孙子兵法》是中国乃至世界上现存最古老的军事典籍,被誉为"兵学圣典"。法国著名汉学家、翻译家让·列维翻译的《孙子兵法》是法国学者及读者公认的权威译本。该译本采用了文本内和文本外两种深度翻译策略,前者包括篇章尾注和段后评注,后者包括"告读者"、介绍、索引和参考文献。本文分析指出,深度翻译是成功再现《孙子兵法》内涵与价值的关键,有助于中国典籍的译介与传播。

关键词:让·列维;《孙子兵法》;法译本;深度翻译

Title: On the Thick Translation of Jean Lévi's French Version of *The Art of War*

Abstract: *The Art of War* is the oldest surviving military text in China and even in the world, and is regarded as the "Sacred Text of military science". The translation of *The Art of War* by Jean Lévi, a famous French sinologist and translator, is an authoritative translation recognized by French scholars and readers. This paper finds that the translator adopts two thick translation strategies: in-text and out-of-text, the former including chapter endnotes and post-paragraph commentaries, while the latter including "notice to readers", introduction, index and bibliography. After analyzing them in turn, we find that thick translation is the key to successfully reproduce the connotations and values of *The Art of War*, and thick translation can provide reference and inspiration for the translation and dissemination of Chinese classics.

Key Words: Jean Lévi; *The Art of War*; French Version; Thick Translation

＊　**作者简介:**胡艺姝,南京大学外国语学院博士生。研究方向:翻译理论与实践。电子邮箱:2550148406@qq. com。

1 引言

诞生于 5 世纪的《孙子兵法》是中国乃至世界现存最古老且最有价值的军事典籍，被誉为"兵学圣典"和"世界古代第一兵书"，在中国兵学史和文学史上具有重要影响，其海外译介与传播亦十分广泛。在众多西方国家中，法国开创了《孙子兵法》西译先河。1772 年，法国耶稣会士约瑟夫-玛丽·阿米奥（Josephe-Marie Amiot，中文名钱德明）根据满文版《武经七书》手抄本翻译出版的《孙子十三篇》（*Les treize articles de Sun-Tzu*）"成为《孙子兵法》在法国的第一个法文译本，也是整个西方世界的第一个外文译本"（高振明，2014：67）。迄今为止，《孙子兵法》法译已历经两个多世纪，现存法译本有二十多种，其中个别译本具有一定代表性，例如，弗朗西斯·王（Francis Wang）将塞缪尔·格里菲思的《孙子兵法》英译本转译成法语，后者为其撰写了《序言》和《导论》，已在法国再版多次；汉学家瓦莱丽·妮凯（Valérie Niquet）首次依据汉语文言文原文翻译了《孙子兵法》，为法国读者提供了更加严谨的法文译本；唐家龙的《孙子兵法及孙膑兵法》（汉法对照）成为首个中国译者翻译的版本，法国海岸出版社以口袋书形式将其再版。众多的译本数量很大程度上促进了《孙子兵法》在法国的传播，然而正如法国孙子研究专家雅纳·库代尔（Yann Couderc）所说，"在现今多达二十余种的法译本中，真正值得参考的译本也就两三个"（高振明，2014：71）。这是因为：一方面，其中一些译本并非译自汉语原文，而是从英语、西班牙语等其他语种转译而来，如果旧译本先天不足，就很可能造成新译本"以讹传讹"，从而使原作失真；另一方面，汉语文言文一词多义、言简义丰等特征给译者的理解造成极大困难，倘若没有扎实的双语功底、深厚的文化素养、适当的翻译策略，译文质量和接受效果就难以得到保证。在"值得参考的两三个译本"中，法国著名汉学家和翻译家让·列维翻译的《孙子兵法》不但受到了法国学术界的认同，也获得了普通读者的一致好评。他曾担任法国国家科学研究中心（CNRS）主任，终生致力于汉语和中国古代哲学思想的研究与翻译。2000 年，他翻译的《孙子兵法》由 Hachette 出版社出版，2015 年 Pluriel 出版社将其再版。法国当代著名评论家、思想家菲利普·索莱尔斯（Philippe Sollers）评论道："让·列维学识渊博，翻译细致入微……该译本辅以大量专业用语汇编，是名副其实的编辑活动，将很快成为经典。"①亚马逊官网也显示，该译本十分畅销，受到了读者的广泛好评。究其原因，深度翻译策略的运用是其成功再现《孙子兵法》内涵与价值的关键。《孙子兵法》原文只有六千多字，列维译本却长达三

---

① "Sur des œuvres de tires"，http://www.pileface.com/sollers/spip.php? article768. [2008-12-3]，查询日期：2023-09-28。

百二十多页,介绍、脚注、注释、评论、文献等占据译文大部分,呈现出典型的深度翻译特征,探究该译本的深度翻译有利于为中国典籍的译介与传播提供参考和借鉴。

2 《孙子兵法》深度翻译的必要性

《孙子兵法》诞生于春秋末期,用文言文撰写而成,不仅是一部军事典籍,也是一部哲学著作,这就使得其译介过程面临着历史背景、语言习惯、文化传统、思维方式等方方面面的差异。翻译因"异"而起,"翻译的根本任务实际上同样在于一个'异'字,也就是说,它一方面要克服'异'造成的各种障碍,以使交流成为可能,另一方面要促使不同民族的'异'之间在碰撞中融合、在融合中相互渗透,从而实现彼此丰富、共同发展的目标"(刘云虹,2021:73)。深度翻译(Thick Translation)源于人类学的"深度描写"(Thick Description),由非裔美籍哲学家阿皮亚(Kwame Anthony Appiah)于 1993 年首次提出:"但我考虑过一种不同的文学翻译概念,即一种其意在文学教学中有用的翻译观。而今天我似乎认为,这样的'学术'翻译,即以评注或附注的方式力图把译文置于深厚的语言和文化背景中的翻译,显然有实行的价值。我一向把这种翻译称为'深度翻译'"(Appiah,1993:808)。英国翻译理论家赫斯曼(Theo Hermans)进一步深化和拓宽了深度翻译的内涵,认为"深度翻译中的注释材料是为了让读者去比较,发现译文中他者文化与自身文化的相似和区别,这些相同点和不同点共同帮助他们理解他者文化"(Hermans,2003:384)。深度翻译作为一种翻译策略,根本目的就在于克服两种语言之"异",从而促进两种思想的交融汇通、两种文化的交流互补。具体而言,其必要性主要体现在以下几个方面。

首先,从基本概念我们可以得知,深度翻译注重特定的语境,"小者而言是上下文语境,中者是话语所在的语篇语境,大者而言是特定时代语言文化的大环境"(黄小芃,2014:74)。《孙子兵法》成书久远,"当下的异域读者早已远离古典名著诞生时的社会历史环境,而语言文化隔阂又使期待视野与作品间的距离被再度强化,这必然给文学接受造成巨大的困难"(刘云虹、胡陈尧,2019:4)。鉴于此,列维在前言中对《孙子兵法》的作者、写作背景以及所使用的底本做了深入细致的考察和分析,将译文置于特定的历史文化环境中,为读者理解文本内容创造了前提条件。

其次,《孙子兵法》属于中国古代典籍,用文言文写成,与白话文有着较大差异。很多学者都认为,典籍译介过程是"一个二度翻译过程,包括语内翻译和语际翻译两个阶段"(方梦之,2011:122)。因此,译者在实现"语际转换"前不得不先进行"语内转换",例如,列维对原文多次出现的"形""势""计"等术语进行语音、语义和语用等方面的阐释,在一定程度上,既可以"抑制翻译研究术语的单调和稀缺"并"发展更加丰富和多样的词汇"(Hermans,2003:387),也能够消除读者理解语段和篇章的困难或障碍,同时"避免因语言的转换而将原文纳入本土文化的思维定式和文化预设中产生误读或曲解"(王雪明、杨子,2012:108)。

再次,《孙子兵法》是一部军事典籍,同样是融合中国传统儒道思想的哲学著作,书中"道""法""德""阴阳"等观念与孔子和老子的思想存在较大暗合之处,这就为西方读者理解《孙子兵法》的主旨思想带来很大障碍。作为一种"学术性"翻译,深度翻译"适合涵纳丰富文化信息的文化典籍、学术作品和少数文学作品,其接受对象也是对原文及其背后的文化感兴趣的异域读者和研究人员"(王雪明、杨子,2012:103)。为了降低译语读者对中国哲学思想的陌生感,列维在译介过程中多次引用相关著作对其进行阐释和拓展,从而将原作所蕴含的历史价值、思想内涵、哲学观念和人文精神凸显出来,有助于加深译语读者对原文的理解。而且,该书涉及的众多文化信息和文化现象对于译语读者而言十分艰深晦涩,译者通过增加注解和评注的方式,在译文中充分再现了源语"意义网"中丰富的语境内涵和深厚的文化底蕴,借以促进译语读者对他者文化的理解和尊重。

最后,典籍同样属于文学作品,具有一定的艺术性,典籍翻译可以称得上"是一种艺术创造,译者不应当是原作者的附庸,译作按照本雅明的理想应该是原作的后起生命。一个优秀的译者,应该增强自己的主体意识,建构起自己的文化身份"(姚望、姚君伟,2013:75)。有学者认为,译者在翻译过程中具有多重身份:"一是以读者的身份研究原作;二是以作者的身份再现原作;三是以创造者的身份传达原作;四是以研究者的身份理解原作"(张卓亚、田德蓓,2016:124)。深度翻译能够兼顾翻译和学术研究这两种任务,有利于译者充分发挥主体作用,拓展话语空间,建构"研究者＋翻译者"的双重身份。《孙子兵法》原文只有六七十页,译文却多达三百多页,这种厚重感能使读者意识到译本的可靠性以及译者的"创造性",从而使译者得以摆脱传统译论赋予的"仆人"和"隐形人"的身份,彰显译者作为"作者"和"创造者"的身份,同时,有助于建立起读者与译者之间的信任,增强读者对这一"创造性"成果的尊重和认同。

3 《孙子兵法》深度翻译的具体表征

阿皮亚曾用"评注"来描述深度翻译,但随着翻译活动日趋复杂以及翻译研究不断深入,深度翻译已经超越译注这种单一的模式。目前,国内学界一般认为深度翻译在译本上的表现形式可具体分为"脚注、尾注、夹注、双行小注、文内隐注以及序、跋、献词、后记、附录、术语表、致谢等几类"(周领顺、强卉,2016:103),这与法国文艺理论家杰拉德•热内特提出的"副文本"理论存在很多契合之处,他指出副文本是"在正文本和读者之间起着协调作用的、用于展示作品的一切言语和非言语的材料"(Genette,1997),并进一步将其划分为内副文本和外副文本,包括前言、译序、注释、附录等,这些副文本形式也是列维深度翻译《孙子兵法》的形式。在下文中,我们将深度翻译分为文本外深度翻译和文本内深度翻译,前者包括"告读者"、介绍、索引和参考文献,后者包括段后评注和篇章尾注,以便从文本层面揭示列维译本成功的关键所在。

3.1　文本外深度翻译

3.1.1　"告读者"(Avertissment)

"告读者"是一种简短的前言,列维首先指出《孙子兵法》在世界各国的译介情况,法国目前有"三个译本,值得尊敬",但是"这种相对丰富的数量具有误导性"(Jean Lévi,2015:1):最早的阿米奥译本具有参考文献的价值;弗朗西斯·王(Francis Wang)的译本在法国传播最广,阅读量最高,但是从英译本转译而来;瓦莱丽·妮凯(Valérie Niquet)的译本虽以汉语原文为底本,但未采纳中国人对《孙子兵法》的评注,未参考近年来的考古发现,尤其只注重文学性,抹杀了原作的特殊性。接着,他指出自己翻译《孙子兵法》的目的既是文学的,也是历史的。前者在于呈现原作的简洁与力量,后者在于将孙子置于他所处的历史语境中,使其与其他中国思想家产生共鸣,以便展现他在外交、贸易、政治等众多领域产生的全面而持久的影响。然后,他介绍了自己的译本,主要分为两部分:第一部分是不含任何注释和评论的纯译文,以便读者能够直接阅读,不会被解释性的线索所打断;第二部分将译文的每一章都分成小段落,并附上传统评注和译者评述,将原作置于原来的环境中,有助于发现其隐藏价值及其历经的变化。他同时强调,传统评论部分是按照五个顺序展开的:一是对于文本本身的评论和诠释;二是相关哲学或战略文本的选用;三是文学说明;四是语文学评论、有趣的译本和不同的阐释(尾注形式);五是更全面、更现代的评论。最后,他强调自己采用了法国远东学院(EFEO)改进后的拼音规则来译介书中的人名及地名,因为修改后的拼音不仅更加协调、更适合古文,而且能够为读者扫清阅读障碍。

作品总是为读者而创作,译本同样是为读者而翻译。译语读者会受"自身阅读习惯、评价方式、文化背景等因素的限制和影响,在理解中国文字作品方面往往存在一定的困难"(周晓梅,2018:122),所以译者要有高度的读者意识,将译语读者的阅读习惯、审美倾向和接受能力考虑在内。列维通过序言现身说法,指出《孙子兵法》前译本的不足之处,不仅有利于读者了解译者的翻译目的及翻译策略,也有助于了解该译本的全貌,增强读者的阅读兴趣和阅读信心。正如有学者所言,序言不仅是"对原作和之前译本的一个交代",也是"读者与译者直接交流的平台"(徐炜,2005:48)。纵观整个译本,可以发现,强烈的读者意识和服务意识贯穿其中,一方面,列维具有明确的目标读者,亚马逊官网的译本简介显示"该译本面向所有好奇的和博学的读者"①,即"普通读者"和"专业读者";另一方面,为满足不同层次读者的阅读需求,列维将译本分成纯译文和附有评注的译文,引导上述两类读者各取所需地阅读,从而保证了译本的可读性和可接受性。

3.1.2 介绍(Présentation)

列维译本的介绍长达23页,分为两大部分:第一部分详细介绍了《孙子兵法》产生的背景,包括孙子本人的生平,特别是他参考1972年山东临沂银雀山的考古发现,为法国读者解开了历史上孙子和孙膑是否为一人、其兵书是一部还是两部的千古之谜。他接着指出《孙子兵法》诞生的历史背景,在古代中国,5世纪,战争无处不在,他以马陵之战、宜阳之战和巨鹿之战为例,揭示战争取得胜利的关键因素是"战略",因此战略思想开始形成。他进一步对中国"不战而胜"的军事理论进行了介绍,他认为"不战而胜"主要依靠四种方法——"言辞"、"品德"、"秩序"以及"战略",而《孙子兵法》是"战略"思想的产物。第二部分主要概述了《孙子兵法》的影响。他指出,自二战以来,全球掀起的"孙子热"使中国战争理论的价值得到高度认可,《孙子兵法》同《道德经》一样具有非常大的影响力。他以1995年《日内瓦日报》发起的一个网络虚拟采访为例,采访结果显示,《孙子兵法》是对瑞士社会各阶层读者影响最大的书籍,法国《世界报》对此专门撰文回应,称孙子是与克劳塞维茨、孟德斯鸠和托克维尔齐名的大师(Jean Lévi,2015:13 - 36)。

对于《孙子兵法》历史背景和现今影响的介绍,既体现出译者的历史观念和当代视野,同时构成读者对译文的前理解,能够引导读者进行辩证性思考,为进一步深入领悟原作的历史底蕴、思想内涵和文学价值做好铺垫。正如学者所言,"同一文明的古今对话,尚需将主体定位在历史场域中,才能感同身受。不同文明间的交流,更有赖于语境化的深度描写,营造出重回历史现场的阅读体验,从而有效缓解文明的冲突,在共情的基础上尊重他者文化"(谭素琴,2022:128)。

3.1.3 索引

考虑到法国读者对中国历史人物、文学典故、军事术语、典章制度及学术著作的陌生,列维在译本最后,提供了专有名词的索引,长达25页,按照字母排序,彰显出译本浓重的学术性。正如上文所提到的,列维对文中涉及的专有名词仍然采用拼音音译规则,但是汉语中同音异义的词居多,采用相同的拼音译介不同的专有名词会给读者造成误导,译者也注意到了这一点,因此遇到发音相同或相似的词语时,他会采取警示性音译

---

① "Amazon. fr - L'art de la guerre: Traduit et commenté du chinois par Jean Lévi -Inédit-Sun Tzu-Livres", https://www. amazon. fr/Lart-guerre-Traduit-commenté du chinois par Jean Lévi,2015 年 9 月 30 日,查询日期:2023 年 10 月 8 日。

及补充性增译的策略。如"晋"和"秦"发音相近,他先将字母全部大写,分别译为 TSIN (晋国)和 TS'IN(秦国),提示读者首先注意两个专有名词读音上的区别,其次他从起始时间、地理位置和历史结局对两个国家进行了详细的介绍,从而帮助读者准确地了解中国的历史。此外,春秋战国时期,出现的两个"魏国",以及"陈国"和"程国",他都采用同样的方法,帮助读者区分,可见译者的精益求精和良苦用心。值得一提的是,对于所涉历史人物,译者除了介绍其生卒时间、身份地位、历史贡献之外,还会补充相关轶事典故,如商朝的政治家伊尹,译者不仅介绍了他辅佐成汤打败夏桀、建立商朝的功绩,还补充了"伊尹生空桑"的历史典故:相传,他的母亲在他出生的时候变成了一棵空心桑树,所以他被莘国的厨师抚养长大。汤迎娶了莘国的公主,他听闻伊尹的智慧,便让侍奉妻子的厨师带来了伊尹。

索引不仅有利于帮助读者减少查找的盲目性,从而更有效地阅读和理解译本的内容,而且有助于学者研究译本中关键词的细微差异,进而深入地分析和理解文本的主题。此外,"伊尹生空桑"这类补充性的注解,能够满足译语读者猎奇的文学心理,从而增强其阅读体验。

3.1.4 参考文献

列维译本的参考文献涉及多部中国古代兵学著作和哲学著作,突显出译本的严谨和厚重。参考文献主要分为两类:第一类是与《孙子兵法》内容相关的参考资料,包括为《孙子兵法》作注的评论家如曹操、杜佑、杜牧、张预、梅尧臣、李荃、何氏、孟氏、陈皞等人的介绍,还有中国古代著名兵学著作如《武子》《孙膑兵法》《六韬》《尉缭子》《司马法》《三略》《李卫公问对》《三国志》,以及与《孙子兵法》内容相关的哲学著作如《国语》《管子》《墨子》《老子》《庄子》《列子》《孟子》《商君书》《易经》《吕氏春秋》《荀子》《韩非子》《鬼谷子》《黄帝四经》《淮南子》《鹖冠子》《盐铁论》。第二类是与孙子及《孙子兵法》相关的最新著作[①],包括《孙子评论两篇》(*Deux Commentaires du Sunzi*,1996)、《孙膑兵法》(Sun Bin, Le traité militaire, 1996)、《孙子兵法:第一个融合银雀山竹简的英译本》(Sun tzu:*The Art of Warfare:a New translation incorporating the Recently Discovered Yin-ch'ieh-shan Texts*,1993)以及从法语译介成英文的《武经七注》(*The Seven Military Classics of Ancient China*, 1993),等等。

参考文献不仅能够服务普通读者,帮助他们更深入地理解原文丰富的思想内涵,还可为专业读者和研究者提供有价值的参考资料,有利于其按图索骥,进一步挖掘译本内部价值,对译本产生较深的同感和共鸣,而且能够有效增加译文的深度,大大拓宽译本可深入研究的范畴,为法国孙子研究者和爱好者提供丰富翔实的文献资料和参考路径,

---

① 此处的"最新著作"是相对于该译本出版时间而言。

帮助他们更加全面深入地理解中国军事理论,客观地看待中西战略思想的差异。

3.2 文本内深度翻译

"译注是译文内深度翻译的集中体现,同时也是深度翻译最直观的体现"(文军、王斌,2016:113)。列维译本的译注包括篇章尾注和段后评注,所占篇幅几乎是全书的二分之一。《孙子兵法》成书久远,言简义丰,具有鲜明的语言特点和文化特色,要准确地阐释原文的意义,满足读者的阅读期待,唯有"汇集前人注疏,对原文潜在含义及学术问题做深入阐释和探究"(张存玉、陈锋,2022:50)。因此,在翻译过程中,列维通过添加尾注对关键词进行表层解读,并援引文史资料进行特别说明。同时,在每一段译文后,他都以多倍篇幅附加传统评论,援引中国古代哲学家、战略家关于孙子及其著作的观点和文学名著中相关的军事思想等,并结合原文主旨以及自身感悟对每个章节的内容进行总体概括和评述,不断推研,求证真义。

首先,以关键词为切入点进行表层解读。"道"在中国传统思想和文化中具有丰富的内涵和深厚的蕴意,在《孙子兵法》中也多次出现,是孙子战略思想的重要概念。以《形篇》中的"善用兵者,修道而保法,故能为胜败之政"一句为例。在该句中,"'道'已越过一般政治领域的讲解,深入到复杂多变的用兵领域,涵盖了战争事务的'道理法度'与本质规律,堪称'用兵之本'……那么'修道而保法'的'道'与《老子》的'道'便有相通之处,虽然还未到达《老子》'道'的哲学高度,但毕竟显示了《孙子》对军事斗争规律与原则的某种概括或揭示"(陈曦,2016:57),因此对"道"的准确翻译是帮助读者理解其丰富内涵的关键。列维也注意到这一点,所以他将"道"译介为 le Principe。同时,他意识到该句中的"法"与"道"一样也是重要的战略概念,对此他专门添加尾注对两者进行进一步阐释,"对于'道'和'法'这两个中文词,有几种解释方法。一方面,我们认为这两个词指的是上文提到的军事学,'道'指的是道德因素,'法'指的是组织制度,关于'道'的定义已在第一章①中给出;另一方面,它们具有更广泛的含义,指的是王家之'道',即为政之道和法律规范,是一种确保统治秩序和人民和谐的制度体系"(Jean Lévi,2015:136 - 137)。通过对关键词"道"添加尾注,既再现了原文的简单句型,保证了阅读的流畅性,更彰显了原文丰富的内涵,有助于读者更加深入地理解"道"的要义,并引导读者形成自己的判断和思考。

其次,以文史资料为依据进行特别说明。以"不可胜者,守也;可胜者,攻也。守则不足,攻则有余"一句为例。孙子在《形篇》中提出,战争最基本的概念是"守"与"攻"。

---

① 《孙子兵法》开篇第一句"兵者,国之大事,死生之地,存亡之道,不可不察也"中的"道",让·列维同样通过添加尾注将其解释为:"道"应按照孟德斯鸠的观点来理解,即一个国家的习俗和制度所赋予它的道德力量。

"守则不足,攻则有余"是重要的战略原理,指"采取防御是因为实力不足,采取进攻是因为实力强大"。列维将该句译为"Faute de forces suffisantes, on se défend pour n'attaquer que lorsqu'elles sont en excédent",并添加了尾注。第一,他援引安乐哲(Roger T. Ames)和拉尔夫·索耶尔(R. D. Sawyers)对于该句的翻译以供读者参考,前者的译文为"quand l'ennemi manque de moyens, on l'attaque ; quand il en a en abondance, on se défend"(敌人力量不足,我们就进攻;敌人力量强大,我们就防守);后者的译文为"car des forces suffisantes pour la défense, ne le sont pas pour l'offensive"(部队力量足以防御,但不足以进攻)。第二,他指出,"银雀山出土的手稿原文正好相反:守则有余,攻则不足",并借用西汉名将赵充国的原话进行了佐证和拓展,"《汉书·赵充国传》:'臣闻兵法:守则有余,攻则不足','军队数量不足以确保其防御,如果要派他们去攻击敌人,就会失去把敌人引向我方的战术优势,以落入被敌人引诱的陷阱,依我看,这是自杀性的策略'"(Jean Lévi, 2015:133)。译者在此利用文本外素材对该句的内容进行了特别说明,能够引导读者深入探索原句的内涵。这种追本清源、寻求理据的方式,极大地丰富了原文的语境,有效增加了译文的深度,"为译本营造了历史文化维度上的纵深感"(蒋辰雪,2019:117)。

最后,以哲学观为参照进行深层剖析。列维在《形篇》的译文后附加了长篇评注,主要围绕三个方面展开。第一,他指出"形"(Hsing)在中国战略理论中的重要性及其给翻译造成的困难,因为无法从法语中找到完全对应的概念,所以不得不根据上下文使用不同的术语来呈现。他对此进行了解释:"形"首先是物体和存在呈现自己的所有形式……指受制于支配法则的物理世界;"形"也指 la topographie(地形),la configuration spatiale(宇宙形态)以及 par extension toute situation(任何情形);此外,"形"还可指军队根据空间位置或地理形态所采取的 les formations(阵型)和 les dispositions(部署)。借助第三种释义,列维强调,"形"与下一章的"势"关系密切,后者的含义仍根据上下文意译。第二,他认为,"形"可以衍生出一种包括 l'ayant-forme(yeou hsing,有形)和 le sans-forme(wou hsing,无形)的辩证法,而兵法的终极目的就是使'形'消失,而主宰"形"的就是 Tao(道),即 Sans forme(无为),他认为这部分可以被看作孙子对《道德经》第十七章《太上》或第二十章《唯之与阿》内容的应用。第三,列维指出,有很多西方汉学家认为孙子的"形"(不战而胜)理论与"若胜利无牺牲,则凯旋无荣光"(À vaincre sans péril on triomphe sans gloire)这一西方战争理念形成了巨大反差,对此他借用道家和法家思想进行了深层剖析。他强调,在春秋时期,战争成为战略家操纵无名士卒的事业,战争的实际作用被完全掩盖。将领应对一切意外事件的强大力量,恰恰在于他懂得如何保持"无形",即保持隐蔽,不暴露自己,因此没有人能够洞悉他的行动方式。正如"道"不必依靠外力来完成一切一样,战争领导者会通过自身行动而非他人帮助来获取胜利,这也符合法家建立绝对秩序的观念,这种秩序不是建立在外部因素（如臣民的爱戴或奉献）的基础上，而是建立在维持秩序的技巧上。这是中国独特的兵法原则，掌握了战争艺术的这一原则，就有可能不战而胜、百战百胜（Jean Lévi，2015：133 - 135）。

综上所述，列维以关键词为切入点进行表层解读，以文史资料为依据进行特别说明，以哲学观为参照进行深层剖析，这种循序渐进、旁求博考的评述方式有助于法国读者深入理解《孙子兵法》，并更准确地认识中西思想文化之间的差异。

4　结语

本文对让·列维《孙子兵法》法译本的深度翻译进行了全面而集中的研究。研究发现，在文本内深度翻译中，译者通过添加详细尾注和长篇评注，从理论上践行了深度翻译"将翻译文本置于源语深厚的语言和文化语境中的主张"（朱健平、刘松，2019：103），从实践上深刻阐释了《孙子兵法》的思想内涵、历史价值与哲学观念；在文本外深度翻译中，"告读者"、介绍、索引和参考文献等"编辑活动"，使译文沉博绝丽，体例独特甄善，资料精密翔实，提升了译本的可理解性和可接受性，不仅服务了普通读者，也为专业读者和研究者提供了更有价值的参考资料，进一步拓展了《孙子兵法》可深入研究的范畴，促进了原著在法国的广泛接受。总而言之，这种将翻译活动与学术研究结合起来的翻译方式，既有深度，又有广度，是典型的"学术性"翻译，这种学术性的深度翻译能够有效阐释和传递中华传统文化的精髓，有助于中国典籍的对外译介与传播。

参考文献

[1] Appiah, K. A, 1993. *Thick translation*. Callaloo.

[2] Genette, G, 1997. *Paratexts-Thresholds of Interpretation*. Cambridge: *Cambridge University Press*.

[3] Hermans, Theo. *Cross-Cultural Translation Studies as Thick Translation*. Bulletin of the School of Oriental & African Studies, 2003, 66(3): 380 - 389.

[4] Jean Lévi, 2015. *L'Art de la Guerre*. Librairie Arthème Fayard/Pluriel.

[5] 陈曦，骈宇骞，译注，2016. 孙子兵法. 北京：中华书局.

[6] 方梦之，2011. 中国译学大辞典. 上海：上海外语教育出版社.

[7] 高振明，2014.《孙子兵法》在法国的译介与研究. 滨州学院学报，30(5)：67 - 72.

[8] 黄小芃，2014. 再论深度翻译的理论和方法. 外语研究，(2)：72 - 76.

[9] 蒋辰雪，2019. 文树德《黄帝内经》英译本的"深度翻译"探究. 中国翻译，40(5)：112 - 120＋190.

［10］刘云虹,2021.再论异质性与翻译立场.西北工业大学学报(社会科学版),(3):72-80.

［11］刘云虹,胡陈尧,2019.论中国古典文学名著外译的生成性接受.外语教学理论与实践,(2):1-7.

［12］谭素琴,2022.深度翻译视角下汤若杰《寻乌调查》英译本的内副文本研究.中国翻译,43(3):125-130.

［13］王雪明,杨子,2012.典籍英译中深度翻译的类型与功能"厚译"——以《中国翻译话语英译选集》(上)为例.中国翻译,(3):103;108.

［14］文军,王斌,2016.《芬尼根的守灵夜》深度翻译研究.外国语文,(1):110-116.

［15］姚望,姚君伟,2013.译注何为——论译注的多元功能.外语研究,(3):73-75.

［16］岳曼曼,刘正光,2023.交互主体性、对话性与深度翻译的双向阐释功能——以宇文所安的 *Readings in Chinese Literary Thought* 为例.外国语(上海外国语大学学报),46(3):92-101.

［17］徐炜,2005.译序的作用.江苏外语教学研究,(2):47-51.

［18］张存玉,陈锋,吴青,2022.刘国辉《伤寒论》英译本的深度翻译研究.中国科技翻译,35(1):50.

［19］张卓亚,田德蓓,2016.汉学家的译者身份——金介甫译沈从文小说研究.合肥工业大学学报(社会科学版),30(1):124.

［20］周领顺,强卉,2016."厚译"究竟有多厚?——西方翻译理论批评与反思之一.外语与外语教学,(6):103-112+150.

［21］周晓梅,2018.中国文学外译中的读者意识问题.小说评论,(3):122.

［22］朱峰,2019.深度翻译中的译者角色与翻译策略——以金安平《论语》英译本为例.中国文化研究,(4):150.

［23］朱健平,刘松,2019.艾乔恩企鹅版《墨子》英译中深度翻译策略研究.外语教学,40(2):99-103.

考辨法国释意派译论的"意义"观[*]

王菲菲[**]

摘　要: "意义"是法国释意派译论的基本假设和核心内容。本文尝试分析意义和话语意图、意义和意图的联系与区别,探讨意义的内涵,论述意义概念的主要特点,揭示释意派译论意义概念与同时代语言学概念的分离。通过该研究,一方面帮助我们理解翻译的对象是意义这一主要观点,另一方面更深入地把握释意派译论的核心思想,更好地理解释意派译论在翻译理论研究和翻译实践指导中的历史贡献。

关键词: 释意理论;意义;话语意图;意图

Title: Examining the Concept of "Sense" in the French Interpretive Theory of Translation

Abstract: "Sense" is the fundamental assumption and core content in the French Interpretive Theory of Translation (ITT). This paper attempts to analyze the relationship and distinctions among sense, discourse intent and intent. It delves into the connotation of sense, discusses the main features of the concept, and elucidates the differentiation of the concept of sense in ITT from contemporary linguistic concepts. Through this study, it not only aids in understanding that the object of translation is sense, but also facilitates a deeper grasp of the core ideas of ITT, thereby enhancing comprehension of its historical contribution to both translation theory research and guidance in translation practice.

Key Words: Interpretive Theory of Translation (ITT); Sense; Discourse Intent; Intent

---

[*] 本成果受北京语言大学校级项目资助(中央高校基本科研业务费专项资金)(项目批准号:18YBB12)。

[**] **作者简介:** 王菲菲,北京语言大学讲师。研究方向为翻译理论与实践。电子邮箱:wff0328@163.com。

1 引言

意义是翻译理论的核心问题，对于法国释意派译论也是如此。释意派译论是从实践出发形成的口笔译翻译理论，对翻译实践和翻译教学具有重要指导价值。该理论的核心观点在于，翻译的对象并不是语言或词语，而是信息和意义。该理论首先提出一个假设，给予意义以优先性，随后又提出关于翻译过程的假设，将意义置于理解和表达的中心。意义始终是释意派译论论述的核心问题。关于这一点我们从该理论的命名也可以看出，因为在被正式命名为"释意理论"之前，其也被称作"意义理论"。对于意义概念的诠释，也是释意派译论与其他语言学翻译理论的主要区别。

意义（sense）、话语意图（vouloir-dire）、意图（intention）是释意派译论意义观的三个主要概念，它们之间有哪些联系和区别？翻译的对象是意义、话语意图还是意图？意义概念的基本内涵和主要特性是什么？释意派译论所提出的意义概念和同时代语言学翻译理论中的相关概念有什么区别？我们将尝试在本论文中予以论述。

2 意义、话语意图和意图

2.1 话语意图和意义

我们首先对释意理论中话语意图及其与意义的关系给予简单的论述。

第一，话语意图和意义分别属于讲话人/作者和听众/读者交际行为的两端，共同处于言说和理解的交际活动之中。塞莱斯科维奇曾经说过："对于自发表达的讲话人，并没有'言说'，而仅仅只有'话语意图'；对于听众，并没有'所言'，而仅仅只有所理解的内容。"（Seleskovitch，1975：143）这里"所理解的内容"就是我们所说的意义。话语意图体现了讲话人的冲动，它让讲话主体进入话语行为，而产生的话语是意义的载体，听众正是从其话语中捕获意义，如同读者从文本中把握作者想要表达的内容，缺少任何一方，都会导致交际链的断裂。

第二，话语意图和意义都与话语相联系，两者通过话语篇章相连接，都超越了表达它们所使用的词语。

第三，在一切话语行为中，话语意图是讲话主体所具有的表达的意识状态，它先于讲话的内容，意义同它一样具有非语言性。"意义是与话语意图相对应的；话语意图是先语言的，意义是脱离语言外壳的。"（Seleskovitch & Lederer，1989：261）

第四，话语意图在语言—思想关系中具有重要作用，它与思想有所区别。塞莱斯科维奇曾经这样描述："在多年研究话语篇章和其在不同语言中的解释之后，我们能够观察到思想是一种模糊不清的思维的内容，它与语言的单位之间并不存在一对一的关系。思想一直都被认为不可接近，是一种复杂的无尽的整体，而思想的话语篇章，仅仅只显示了一部分，这一部分想要通过话语篇章被听见，它就是话语意图。话语意图对于具有必要的认知补充的人而言是单义的，它远远不是讲话人思想的整体。"(Seleskovitch & Lederer，1989：260)在此，释意理论承认思想具有无尽的复杂性；然而，在话语意图之外，还可能包括讲话人讲话或者作者写作的动机、意图等其他意识状态，它们并不似话语意图直接参与到话语行为当中。话语行为的主要动力还是话语意图，它仅仅只是思想的一部分，并没有超出讲话人想要外化的那一部分内容，然而正是这一部分的思想表现在了话语篇章之中。因而，话语篇章其实是抽象的、非语言的信息，是话语意图具体的、语言的、声音的体现。区别话语意图与思想的重要意义在于，翻译学的研究学者可以因此而明确其研究对象，这一对象应该是话语篇章中与话语意图相吻合的意义。

第五，翻译所传递的意义与作者的话语意图相吻合。勒代雷曾经说过："翻译的美感和好处在于，它是作者的话语意图和读者想要理解的愿望的连接点。"(Lederer，2001：19)在翻译活动中，作为特殊听众/特殊读者的译者要尽其所能，调动其语言和认知知识对文本进行解释，其理解的内容应该符合讲话人/作者的话语意图。这也是于塔多·阿尔比所论述的翻译忠实概念的第一层关系："作为接受者，译者的目的就是要处于理想的交际条件中，其中第一个一致性就应当建立在译者（或译员）所理解的意义和作者（或讲话人）的话语意图之间。"(Hurtado Albir，1990：90)理想的译文对意义的忠实，首先体现在对原文话语意图的忠实。

通过以上分析，我们可以看出话语意图和意义的关系，翻译的对象是文本所要传递的意义。

2.2　意图和意义的再表达

在释意理论中，塞莱斯科维奇严格限定了话语篇章的意义，说明它既不属于语言范畴，也不属于注解范畴，并且将这种对于意义的态度推广至对整个翻译学的定位。"对于交替传译和同声传译的仔细研究，使得我明确了意义的界限，一方面相较于语言的语义内容，另一方面相较于一切语言交际所包括的暗喻、推论和言下之意，它们是意义的添加，却没有被表达。因此，翻译将其领域置于语义学和注解的范围之间，它既不是语言的彻底改变，也不是注释。"(Seleskovitch，1980：405)这段话中所提到的暗喻、言下之意、注解、注释，都指向我们此处讨论的意图。一方面，我们不应该否认意图可能对于意义的积极补充作用，然而另一方面，意图并不属于意义本身，意义也并不是我们所想要关联的一切内容。"一个句子的意义是一位作者想要表达的，不是他说话的原因，也不是他所说内容的理由或结果。意义不能和动机或意图相混淆。把自己当作注解人的笔译作者,或者将自己当作阐释者的口译员都是违反了他自己功能的界限。"(Seleskovitch,2014:364)这里提到的说话的原因、所说内容的理由、可能引发的结果恰恰都属于意图的范畴。如果对意图进行再表达,那么翻译活动就超出其界限,走向了注释或注解。

提到注解或者注释,我们会想到阐释学家工作的一部分。然而,对于译者的任务,释意理论很难与施莱尔马赫的观点相一致。施莱尔马赫把文本的意义等同于作者的意向或思想,而理解和解释就成为重新表述或重构作者的意图或思想。除了运用语言知识的客观重构之外,还有主观的重构,要让自己从思想、心理和实践上设身处地体验作者原来的意愿和思想。因而,阐释者可以比作者更好地理解作者。在翻译学视角之下,我们并不赞同这种超出文本本身,考虑文本外部力量,直接走向对作者的心理和精神方面的写作动机和意图的推测的态度。或许它们可以促进作者的表达,可以帮助译者增进对文本的理解,却不属于所要传递的内容。因而,勒代雷在借用艾柯的"作者意图"概念的时候,甚至都提问:是不是此处翻译成作者的话语意图更加恰当?(Lederer,2009:283)在此我们暂且不谈艾柯对于作者/文本/读者意图概念的讨论。

我们同意塞莱斯科维奇回答中所说的,谈论意义并不是谈论意图,翻译在于对意义进行再表达,而不在于明示假设的意图。

3 意义的特性

释意理论对于意义的定义在 20 世纪 90 年代初趋于成熟,主要标志是《口译推理教学法》和《当代翻译——阐释模式》两本著作的出版,以及同一时期发表的相关成果。在这一阶段,以意义概念为中心,释意理论所涵盖的所有基本概念都已经有较明确的定义,关于翻译过程研究的解释模式也已得到较为充分的阐述,并且这一解释模式也从口译领域拓展至笔译领域。在这一时期,释意理论还有一个明显的特点,就是形成了一套特有的相对固定的术语,并编制了术语表。在术语表中,我们看到对于意义是这样定义的:"这是释意理论的关键词。对于译者而言:它是文本或话语篇章片段内容的语言学意思和相关认知补充相结合的产物。意义是对话音(或者文字)序列进行脱离原语言外壳后的结果,它在语言知识和认知补充进行融合的时候完成。意义相当于一种意识状态。它既是认知的,又是情感的。"(Lederer,2006:182)在这个定义里有一点值得我们注意:有批评意见认为释意理论常常选取实用文本的例子,只考虑意义的纯概念方面,而忽略注重美学的诸如文学文本。针对这一批评,释意理论不断完善意义概念,提到了意义的情感方面。勒代雷肯定道:"的确我们的研究重点关注了话语篇章或者实用性文本,我们稍晚才提出意义不仅有概念方面还包括情感/美学的特点,这些特点同样出现在文本或者话语篇章中。"(Lederer,2016:72)那么,释意理论所谈论的意义有哪些主要特征? 下面我们将进行具体论述。

3.1 意义的非语言特性

意义具有非语言特性。意义是讲话人/作者的话语意图,译员是将讲话人/作者的同一个思想,用不同的语言形式表达出来。译员的翻译活动证明了一切言语的表达都来自一个非语言的意识状态。话的声音/文字序列从讲话人/作者传递到译员,它是意义唯一的物质形式,这一声音/文字序列在即时记忆中存在的时间十分有限,伴随着意义单位的产生,声音/文字形式便会在即时记忆中消失。因而意义理解发生的瞬间,即是语言形式消失的时刻,话语篇章中的语音和语法结构仅仅是获取意义的"跳板"。"对于意义的传递,必须将非词语的意义与符号学指示相联系(话语或姿势,不管其载体以何种可感知的方式表现),对于意义的接收,要求感知主体有意识的行为。在这一视角下,我们在词语排列中看到的仅仅是迹象,它在所分享的知识中被对话者汲取,因而被听众所识别,但是仅仅首先被用于思想的标识,其次被用于听众想要构建的意义的跳板。"(Seleskovitch,2001:72)

3.2 意义和记忆紧密相连

意义的形成与记忆、知识的概念紧密相连。在这一阶段,释意理论谈到了认知记忆,将它划分为"中期认知记忆"和"长期认知记忆",它们参与意义的形成。此外,释意理论从神经心理学家巴尔比泽的研究中引入了"阈限"的概念。例如,在分析弗洛伊德翻译方法的时候,谈到他为了与表达方式保持一定的距离,采取的方式是阅读一段文字,关闭书本,再重新起草译文。如果他停留在一句一句的文字,"就可能处于形式记忆的阈限内(我们也将其称为即时记忆或者极短时记忆),它仅包括 7~8 个符号"(Seleskovitch,2001:85)。又如,在同声传译中,译员的译文一般会落后于原文,与原文保持一定的距离,可以认为他是在将所调动的语言知识与其之前所有的知识相融合,对讲话内容的陈述就犹如知识的表达。"我们发现,其翻译处于即时记忆的阈限之外,它不仅仅是代码转移,而是对所融合的概念的重组。"(Lederer,1981:149)这种即时记忆能够包含在 2~3 秒内出现的 7~8 个语言声音/文字符号的能力被称为"记忆阈限"。"正是在这短暂的时刻,在即时记忆阈限中,有认知联结的参与,它区别于直接和词语联系的联结,并且句子的意义在瞬间出现。"(同上:6)

3.3 意义的活跃性

意义具有活跃性。"听众领会意义并不像容器接收内容;听众构建意义是在他所具有的知识的基础上,通过内容的辨别,通过将新内容和预先留存的记忆留存的知识进行比较等。"(Seleskovitch,1975:85)这些记忆中预先留存的知识,有被声音/文字序列语音和句法激发的语言知识;也有留存在长期记忆中的语言外知识,这些语言外知识由于个体生活经验的不同而不同;同时还有随着讲话篇章的进行而新近获得的认知环境。这一切共同构成意义产生所必需的认知补充。意义的理解过程,就是把交际过程中的信息内容纳入这些知识和经验中的过程。意义是一种动态的存在,这主要是说"随着话语的展开,在话语本身先前提供的信息的基础上,语言的意义被越来越多地理解,意义单位形成"(Lederer,1981:139)。在谈论意义的活跃性时,还有一点值得注意,那就是对于意义的理解打破了原有的线性模式,理解的过程不再遵循首先对音素进行辨识,在此基础上形成词语的意思,再进一步根据语法和句法构建句子,等等;而是首先实现对意义的综合,再进一步构思语言的贡献。正如心理学家格式塔所描述的,当我们理解了整体,才能对整体的因素或部分进行感知。也就是说,意义还具有话语行为的整体特性。

3.4 意义的主观性及其客观化

意义具有主观性,然而在翻译活动中又需要客观化。正是由于意义活跃的特性,它在翻译主体的意识中不断地被构建,因此释意理论能够谈论意义的主观性。意义自身或许并不存在,它是在主体的活动中形成的。"对信息的理解等同于信息的意义,一切理解都是解释,应该可以得出结论,意义具有潜在的主观性。""一切对意义的理解都是主观的,这也同样正常。"(Seleskovitch,1975:174)

首先,我们可以从意义的表达方面来看。第一,意义的表达主体具有他特有的生活经验和认知知识库,处于既定的社会历史、文化以及意识形态之中,他所表达的作者意图必定有意识或无意识地受到这些因素影响。第二,作者意图在形成表达主体的话语意图的过程中,可能为显示话语篇章的特性,而采取主动的方式对某些意义进行暗含的表达。第三,作者意图在形成话语篇章的时刻,作者必定会对听众/读者的认知知识进行预测,通过他所预测的与听众/读者共同分享的认知知识和主题知识,决定其篇章话语的暗示的程度,因为文本所包含的意义并不总是以明显的方式出现在表面。可以说不管是开放性文本还是封闭文本,其意义的表达都是主观的介入。

其次,我们再从对意义的领会方面来看。"事实上,一切由对话者所拼凑的内容,如果没有解释主体的参与,都是没有生命的字符。意义,就其本身,需要读者与文本建立联系而得以确立,换言之,也就是个体意识的媒介过程。"(Israël,2006:14)读者通过语言知识和语言外知识的综合,试图对文本进行解释。然而,除此以外,还有"读者意图",又被称为"诠释者意图"的参与。"诠释者的作用仅仅是'将文本捶打成符合自己目的的形状'。"(艾柯,2005:26)在这个意义上,读者对文本的贡献,是最可能导致意义的主观性的。

以上所论述的意义的主观性主要存在于表达主体或理解主体的活动中,然而并不能因此而得出结论,认为意义作为一个实体完全是个人特性,因而具有不可交际性。第一,"事实上,如果意义在其根源和显现时是主观的,那么就其本质而言则是客观的"(Laplace,1994:210)。"翻译学的目的是从对其发出的话语或者为其准备的文本中,提取出所理解的内容,这一内容就是话语或者文本的意义,也是翻译者的对象,它既不是语言,也不是作者的意图,而是其讲话想要表达的内容。"(Seleskovitch,2001:264)解释具有有限性,超过了话语意图和理解内容的解释活动,就滑向了注解,而超出了翻译学的范畴。第二,对于意义的获取,是译者与文本的联系,更倾向于艾柯"文本的意图"概念。从文本交际的角度来看,有众多的因素,诸如语言、情境、推论因素约束着意义,使其不偏离本质;对于解释的主体而言,既具有期待的空间,又有阐释的限制。第三,译者不同于普通的听众/读者,他要求具备获取意义必需的知识,对于意义的理解也是有意识的过程,他所提取的意义具有客观性。译者的创造性只是在对陈述的表达之中,而不是在对意义的处理中体现。"即使在这一范围,其自由也不是完全的,因为他要尊重意义和形式、概念和情感的最初的关系。"(Israël,2006:17)

对此,玛利亚诺·加西亚·兰达曾借用艾米利·邦弗尼斯特的概念,邦弗尼斯特认为话语意图具有一定的主观性意愿,然而它却朝向外部的某样东西,这就是意愿。"意义既是意愿的意义,理解的意义,也是所假设的两者的一致性。"(Garcia-Landa,1981:125)因而,把意义视作话语行为主体间性的结果,这是言语行为的根本现象。

4 释意理论"意义"概念与语言学相关概念的分离

我们分析了意义所具有的主要特征,与此同时我们也发现,意义概念的形成过程也标志着作为解释性的翻译理论与当时语言学的翻译研究逐步分离的过程。那么,这一分离过程是如何进行的呢?

在意义概念构想阶段,塞莱斯科维奇已经清楚地意识到意义不存在于语言层次,她通过区分意义和词义,试图与当时语言学中的比较翻译方法划清界限。然而,在构建理论的时候,她的许多概念和说明都还在借鉴传统语言学的表述方式。前文所述的对于意义的"领会"就是一个例子。下面我们再来看另一个例子。她如此描述翻译步骤:"交替传译和同声传译一样,基本可以分解为三个步骤:(1) 听取承载意义的语言的能指;通过分析和解释领会(语言的范围)并理解(思维和交际的范围)信息。(2) 立即并自觉地遗忘语言的能指,从而仅仅记住所指的思维图像(概念、思想等)。(3) 在另一种语言中产生新的语言的能指,这一过程应符合双重要求:表达原来所有的内容,并且适合听众。"(Seleskovitch，1968：35)在此，塞莱斯科维奇直接借用索绪尔语言学的"能指"概念，然而指示却不够清楚。"听取语言的能指"，让人觉得她是在指示意义的声音载体；在另一种语言中所产生的"新的语言的能指"，此处又是指语言的外形。另外，"意义"和"所指"的关系也容易让人产生疑惑。"记住所指的思维图像"，似乎又让人觉得意义是所指的一部分。可以说，此时表述翻译过程的三步骤是不太严格的。

从概念初步构想阶段到20世纪70年代，释意理论区分了语言和话语的对象，之后更清楚地区分了话语事实和语言事实。"索绪尔定义了语言的能指/所指，它们不可分离，就如同一张纸的正反面，却将语言定义为言语，而不是话语。对于研究话语的人来说，很清楚的一点是对言语的理解是通过声音和词义的分离。在口译过程中我们发现的语义场的互相干扰表明词义特征具有从语言形式中解放出来的能力。"(Lederer，1981：160)释意理论这时已意识到索绪尔所代表的结构语言学的不足，这种不足在于将语言置于话语之前，并且看到，结构语言学与语言—外部世界、语言—集体思想始终保持着距离，他们的研究主要是集中在语言间关系以及语言系统的运作，也就是音素在这一系统中互相对立，词语相较于其他词语在这一系统中被定义。由此，释意理论开始提出话语篇章的概念，认为翻译是在话语篇章层次的活动，从而避免使用索绪尔的语言/话语概念。

从20世纪80年代起，释意理论已经明确表示放弃索绪尔的能指/所指概念。"在索绪尔的著名论断中，语言的能指和所指如同一张纸的正反面一样不可分离，这一论断不适用于言语的活动。"(Seleskovitch，1984：1791)"我从此将放弃索绪尔创造的能指概念，将语义内容留给语义学领域，而坚持使用语言学词义或者语言学概念；这些术语似乎可以更加清晰地指示与语言声音所联系的抽象方面，这些术语与意义、与思想相对立，意义和思想与话语的声音，与通过这些声音所表达的思想相联系。"(Seleskovitch，1985：182)由此，释意理论将意义概念和语言学相关概念进行了区别。语言学概念与语言符号物质方面的联系是持久的，而意义和思想与之的联系则是短暂的，它们需要被理解。语言学概念属于知识的对象，而话语的意义属于理解的方面。

此外，释意理论对话语篇章概念的使用也有清楚的认识，"我们使用话语篇章这一术语，用以避免和不同语言学流派所标识的术语引起混淆，比如话语、话语行为、句子、陈述、(语言)分析、话语篇章分析，等等"(Seleskovitch & Lederer，1989：244)。在此基础上，随着意义概念的形成和成熟，释意理论对当代不同语言学流派都进行了评论：索绪尔的结构语言学没有放弃符号理论，也没有对语言作为一个系统进行超越；在美国，从布龙菲尔德开始，不仅是意义，甚至于语言意思都长时间地被排除在语言学研究领域之外；乔姆斯基的生成语法将心理方面纳入言语研究中，然而生成语法的研究仅限于人造句子的分析，并且相较于交际中的话语的使用，他更注重语言能力，因而这种心理方面仅仅是回复到"思维"，却没有超出语义场的范畴，也未能最终走向意义

(Lederer，2006：71 - 75)。由此我们可以看到,释意理论通过将其意义概念和当时语言学相关概念的分离,建立了自己的理论基础和理论核心,提出了与当时语言学流派不一样的翻译研究路径。

5　结论

正如理论创始人之一勒代雷所说,"释意理论就是需要进行解释性翻译的理论,'会议口译'和'解释'(在法文里)这两个词是双关语,而解释就是寻找意义的行为"(Lederer，2016：7)。可以说"意义"是这一解释性翻译理论模式的核心。辨析意义与相近概念的关系,明晰意义的内涵和特点,梳理意义概念与同时代语言学理论研究的区别,一方面可以帮助我们更好地理解翻译的对象是意义这一主要观点,另一方面使我们更深入地把握释意派译论的核心思想,更好地理解释意派译论对翻译理论研究、翻译实践和翻译教学的指导价值。

参考文献

[1] 艾柯,等,著,2005.诠释与过度诠释.王宇根,译.北京:生活·读书·新知三联书店.

[2] Garcia-Landa, M., 1981. La « théorie du sens», théorie de la traduction et base de son enseignement. In Jean Delisle (eds.), *L'enseignement de l'interprétation et de la traduction: de la théorie à la pédagogie*. Ottawa: Edition de l'Université d'Ottawa, 113 - 132.

[3] Hurtado Albir, A., 1990. *La notion de fidélité en traduction*. Paris: Didier Erudition.

[4] Israël, F., 2006. Souvent sens varie le traducteur face à «l'instabilité» du sens. In Marianne Lederer (ed.), *Le sens en traduction Traduction*. Caen: Lettres modernes minard, 11 - 20.

[5] Laplace, C., 1994. *Théorie du langage et théorie de la traduction: Les concepts-clefs de trois auteurs Kade (Leipzig), Coseriu (Tübingen), Seleskovitch (Paris)*. Paris: Didier érudition. Lederer, M., 1981. La Traduction simultanée-expérience et théorie. Paris: Minard Lettres Modernes.

[6] Lederer, M., 2001. Transcoder ou réexprimer. In D. Seleskovitch & M. Lederer, *Interpréter pour traduire*. Paris: Didier érudition. 15 - 36.

[7] Lederer, M., 2006. *La Traduction aujourd'hui-le modèle interprétatif*. Caen: Minard Lettres Modernes.

[8] Lederer, M., 2009. Le sens sens dessus dessous: herméneutique et traduction. In L. Cercel (Hg./éd.), *Traduction et Herméneutique*. Zeta Books. 267 - 292.

[9] Lederer, M., 2016. Interpréter pour traduire-La Théorie Interpréative de la Traduction (TIT).

Équivalences, 43ᵉ année-n°1 - 2: 5 - 30.

[10] Lederer, M. , 2016. Pourquoi une cinquième édition d'Interpréter pour traduire de Danica Seleskovitch et Marianne Lederer? *Forum,* 14:1, 64 - 78.

[11] Seleskovitch, D. , 1968. *L'interprète dans les conférences internationales, problèmes de langage et de communication.* Paris: Lettres modernes.

[12] Seleskovitch, D. , 1975. *Langage, langues et mémoire, étude de la prise de notes en interprétation consécutive.* Paris: Lettres modernes.

[13] Seleskovitch, D. , 1980. Pour une théorie de la traduction inspirée de sa pratique. *Meta: journal des traducteurs*, Vol. 25, No. 4: 401 - 408.

[14] Seleskovitch, D. , 1984. De la possibilité de traduire. In Jos Nivette, Didier Govyaerts, Pete Van de Craen (eds.), *Aila Brussels 84 Proceedings, volume 5: plenary papers.* Bruxelles, 1785 - 1791.

[15] Seleskovitch, D. , 1985. Les notions de signifiant/signifié, de concept et de sens en interprétation. In Hildegund Bühler (ed.), *Actes du 10ᵉ Congrès Mondial de la FIT.* Vienne: Wilhelm Braumüller, 178 - 186.

[16] Seleskovitch, D. & Lederer, M. , 1989. *Pédagogie raisonnée de l'interprétation.* Bruxelles-Luxembourg: Didier érudition.

[17] Seleskovitch, Danica, 2001. De l'expérience aux concepts. In Danica Seleskovitch, Marianne Lederer, *Interpréter pour traduire.* Paris: Didier érudition, 72 - 103.

[18] Seleskovitch, Danica, 2001. La traductologie entre l'exégèse et le linguistique. In Danica Seleskovitch, Marianne Lederer, *Interpréter pour traduire.* Paris: Didier érudition, 264 - 272.

[19] Seleskovitch, D. , 2014. La traductologie entre l'exégèse et le linguistique. In D. Seleskovitch & M. Lederer, *Interpréter pour traduire.* Paris: Les Belles Lettres. 357 -368.

[20] Seleskovitch, D. & Lederer, M. , 2014. *Interpréter pour traduire.* Paris: Les Belles Lettres.

《复杂交流中的论辩：多元会话中的分歧管控》述评

秦亚勋　肖　泳 *

20 世纪下半叶以来，随着西方修辞学的复兴和语用学的崛起，论辩研究呈现出融贯修辞与语用理论资源的趋势，一个力证就是语用—辩证理论（pragma-dialectics，PD）的成形与风靡。与该理论至今热度不减相伴相生的一个态势，则是国际论辩学界针对其观念基础、总体设计以及深层结构所存在问题早已展开的批判性讨论，这些讨论有效促成了语用—辩证理论"拓展版"的问世，并在事实上悄然开启了向"语用—修辞"理论范式的转换（刘亚猛，2020）。辩证只是修辞众多分支视角中的一个，从"辩证"到"修辞"的跨越故而意义重大。由剑桥大学出版社出版的《复杂交际中的论辩：多元会话中的分歧管控》（*Argumentation in Complex Communication*：*Managing Disagreement in a Polylogue*）一书认为，辩证作为论辩这一西方修辞学核心部门的早期形态，虽然是后世论辩研究的重要灵感来源，然而在人类交流互动空前密集复杂的数字化时代，其理论弹性和阐释力已然变得可疑。该书两位作者浸淫论辩研究多年，此次廿年磨一剑，整合并深化众多极具分量的前期成果，正式推出多元会话框架（polylogue framework，PF），试图突破以 PD 为代表的主流论辩研究范式对辩证观的深度倚赖，朝着"语用—修辞"理论体系的建构迈出了更为坚实的一步。本文首先介绍该书各章节主要内容，然后辨析 PF 基于 PD 进行的宏观理念更新和微观理论调适，并简要评价 PF 在参与描绘"语用—修辞"这一理论范式新愿景中的得与失。

---

* **作者简介**：秦亚勋，长安大学外国语学院副教授。研究方向：西方修辞学、论辩理论、语用学。电子邮箱：qinyaxun@126.com。肖泳，长安大学外国语学院硕士研究生。研究方向：西方修辞学。电子邮箱：2131493375@qq.com。

1 内容简介

该书分两大部分，各含四个章节。第一部分从理论观念和现实需求两个方面阐明了 PF 的必要性，并对 PF 进行初步构建。

第一章指出，现今论辩学界将正反双方"一对一"的辩证式互动作为默认互动模式，是一种二元简约（dyadic reduction）错误。早在西方古典时期，发生于公共话语领域的审议修辞已经充分表明"多对多"交流模式的盛行。事实上，不论是在各个历史时期还是在交流媒介已然经历重大变迁的当今数字化时代，人类交流活动的常态都是多方参与者（players）同时在多个场域（places）寻证多种立场（positions）的多元会话模式。这些复杂多元的因素汇聚为集体动能，致使个体的理性和意愿无法确保作为群体互动的交流活动朝着某一方的预期推进，以致难获理性成效。如要切实应对上述困境，亟需论辩研究的多元会话转向。

第二章聚焦二元简约的缘起，指出自古典时期以来，古老的辩证学和当前的言语行为理论、会话分析、论辩理论皆陷入一个认知误区，以为交流的基本样态是两人间的面对面对话，论辩理论甚至因此存在刻意拒斥、消解会话多元属性的倾向。作者提出巧合论（the serendipity thesis），阐明二元简约只是论辩领域为了迁就古典时期以来的二元逻辑体系而造成的异质同构。以 PD 为代表的众多论辩理论其实犯了"范畴错误"，将会话交流的描写性特征与逻辑论证的规范性特征混为一谈，误将理想化的理性二元对谈这一规范性要求或期待作为对现实当中（非）理性多元会话进行观察、描写和分析的基本框架。

第三章借助语用基构（pragmatic infrastructure）这一原创概念，对 PF 作了大体勾勒。语用基构主要包括交流者的认知技能以及共享意向性的理据（如合作性动机、共识点、共有关注点、递归推理），它立足人类的社会属性，是人们在多元会话过程中通过社会语言实践不断发明和定型而来的。鉴于人们论理时普遍存在宽以律己而严以待人的心理倾向，多元会话难以得到稳健的理性规约，论辩的演进方向因此存在诸多可能。这些可能性肇起于多元会话中随机增减的参与者、复杂多变的立场、参与者因试图掌控论辩议程和方向而选择或营构的场域。这里的场域不再局限于一时一地的物理环境，而是涵盖时空、技术和机构等多重属性，能够驱动社会语言实践的现象学实体生态。PF 因此属于借助语用基构管控分歧空间的社会本体论。

第四章首先剖析了诸多学科对 polylogue 理解的局限。如传统语用学、会话分析、跨文化交际与教育学理解的其实是多人会话，侧重描写性；哲学则基于人类的理性本质，就多人互动的规范性有着详细阐发；文学领域探讨的则是多元观点共生意义上的复调。这些探索均不够系统。然后,作者梳理了被二元简约观遮蔽的多种多元会话事实,如不同身份参与者诱发的复杂性、一问一答固定程序的打破、因应多受众的施事言语行为多元性(illocutionary pluralism)、会话者共有基础的动态性和不确定性、不同参与者之间的临时结盟,等等,继而颠覆惯常认识,赋予场域以形塑会话程序、影响会话结果的规划(design)功能。

该书第二部分立足第一部分构建的 PF,从描写性、规范性和规定性三方面全方位解析 PF 之于论辩实践的理论与实践价值。

第五章借助实例首先阐明论辩重构和分析如果受制于二元简约,会产生何种描写性不当后果;接着切换至 PF,对实例中涉及的多重参与者、立场以及场域加以细致辨析;然后引入分歧空间(disagreement space)概念,倡导从多元会话中的分歧管控与规划这一视角进行论辩重构,指出论辩的争议点可以是立场,也可以是参与者和场域;最后着重阐述了基构反置(infrastructural inversion)策略,即参与者通过技术运用、程序调整、事件重释等手段(也就是场域的置换),达到更新或者发明语境进而拓展分歧空间、规划论辩策略的目的。

第六章首先指出多元会话赖以推进的规范性条件是各参与者均有资格站在自身立场,通过各种论辩策略,对分歧空间进行具有关联性的扩展(这里的关联性分为适度、严苛、极度三个并不构成等级关系的类别)。继而以此为前提,针对多元会话提出一条规范性的理性原则:在具体语境下合理对比不同立场所依据的不同理由。根据这一原则,为某个立场辩护,就必然意味着对其他与之不兼容立场的驳斥,论辩者需要承担的规范性责任在于论证己方立场是相较最佳的那一个。本章最后针对论辩研究传统上对个体理性的推崇特别指出,在多元会话中个体理性并不必然带来群体理性,这一现实既是对各参与者的制衡,也为他们提供了规划论辩进程的契机。

第七章从如何规划多元会话的内容、路径和结果切入,赋予规定性新的内涵。在技艺(techne)日益被赋予主体性的数媒时代,媒介平台成为形塑、推动、规范论辩进而生产知识和诱发行动的重要手段。在此背景下,多元会话的规划不应局限于如何围绕参与者、立场和场域思考论证的问题,而应紧扣"可能产生何种分歧"这一基本问题,立足现实语境之下的语用基构要素,充分发挥"交流想象力",从可能、可行、有利等维度进行批判性探索,涉及的规划路径和方案包括工具性、推断性和对抗性三种。对多元会话的规划意味着论辩理论的关注重心从论据的发明转变为论辩进程中分歧空间的管控。

第八章概括了该书的主要创新观念,并展望了未来研究的可能方向。

2 简评

出于对 PD 以完备自足的理论系统自许却又在外界批评的压力之下不得不自我修正这一尴尬境遇的警惕，PF 明确将自身界定为一个松散开放的研究框架，极大地突破了 PD 在从修辞理论资源寻求借鉴的同时却又拘囿于辩证这一单一视角的局限，其宏观理念更新和微观理论调适并举的大胆尝试可望引领国际论辩研究步入一片新天地。

首先，从宏观理念层面来看，PF 认为人类交流活动的核心驱动力就是论辩，即便是没有先定目的的言说，也照样是论辩。鉴于人类活动的社会性，人们日常交流真正的常态并非事先携带言说意图的"一对多"的修辞性说服，也不是 PD 正反双方"一对一"的二元诘辩，而是将此两者视为特例的"多对多"式多元会话。二元性只是源于形式逻辑的规范性范畴，恰切描述会话现实的是多元性，PD 未能认识到规范性期许同描写性实况之间的刚性区别。PF 则敏锐因应当前数字化生存格局，借鉴万物互联观提出，所谓多元不只是参与者的多元，更是相关立场和发生场域的多元。例如，部分由于传播媒介、平台、内容和技术的全方位迭代更新，我们已置身难管理、去中心、弱把关的非线性群聚传播媒介环境（隋岩、唐忠敏，2020）。话题引爆点的高随机性成为当前舆论生态的鲜明特征。一个小事件可以迅速发酵，病毒式传播，引发多层级媒体与高异质网民的关注和介入；其走向因多元参与者当中动态涌现的多元立场而难以预判；其发生场域同样多元复杂，既可以是面对面的物理环境，也可以是打破时空桎梏的数媒虚拟场景，更可以是参与者因势而为的修辞构筑和机变（如可将正式的会谈临时定性为非正式的通气），为论辩的产生、推进和终结提供了丰富的可供性。

基于交流的多元属性，作者进一步认为应将数媒技术和平台企业具有的可供性转化为论辩主体管控论辩话语分歧空间的即时性规划，辩证式互动的"一问一答"僵化模式既无可能，更不必要。较之 PD 牵强整合辩证"合理性"与修辞"有效性"的尝试，PF 立足经典的修辞主体性观念并为其注入时代意涵，试图超越当下风头正健的消解人类主体性的后人文主义思潮，在事实上树立了数字化生存语境下"有效即合理"的人类学导向（anthropological）的论辩评估理念，论辩主体因而获得了极大的修辞机变空间。迥异于二元简约的辩证，多元会话框架下的言语行为在言者规划和听者阐释上具有双重多元性。譬如，同样是赞扬某篇论文在所有稿件中最为出色的一句话，是仅当着当事人的面说出，还是另有其他投稿人在场，言者往往有其预先的规划，当事人和其他在场者的解读也因此必然不同。

宏观理念的更新必然引发微观理论层面的相应调适。预设着正反双方"一对一"互动程序的辩证，旨在取得"超越具体语境的一般性结论"（刘亚猛，2018b：61）。这一目标强烈的普世性哲学色彩，标示着辩证与高度语境化的多元交流实践之间方枘圆凿的根本不洽。这也是 PD 虽然力图逐步摆脱理想主义的一厢情愿，进行自我改造，以胜任对现实生活中真实论辩实践的分析，却始终力不从心而且也难以真正成功的根本原因。PF 正是出于对交流实践高度语境化这一基本属性的体认，大力倡导通过基构反置等规定性规划策略，合理调用高度语境化的语用基构要素，灵活管控分歧空间。语用基构作为即时性的语境可供性，既切实保障了论辩发展方向的多元化，又不至于让分歧空间盲目扩展，以致论辩失序失控、离奇终结。这是因为，不同于 PD 所服膺的批判理性主义，PF 遵循的多元会话理性认为论辩所涉的不同立场并非无穷无尽，语用基构已经将其限制在一定数量的对比组（contrast class）内；论证某个立场便意味着反驳与之不兼容的其他立场，既然目的并非获得哲思式的普适性结论，那么只要能为某立场的相对最优性进行辩护，将论辩的进程和结果始终控制在合乎理性的限度之内就可以了。

当然，PF 尚处于初创期，在理论基础上略显粗疏和单薄，甚至不无视野的局限。例如，作者显然主要是受到当代语用学的启发，在 PF 的理论建构中反复明确使用语用概念，却并未深刻意识到语用学的诞生其实是发生于语言学领域的修辞转向所致。也正因如此，PF 虽然对修辞思想和理论多有借鉴，但其朝向修辞的靠拢在很大程度上仍属"无心之举"，未能站在跨学科的鲜明视角从后者当中予取予求，搭建富有前瞻性的"语用—修辞"理论体系。另外，新近涌现的后辩证视角（post-dialectics）针对 PD 对非理性因素的忽略有不俗创见，同样值得参考（Paliewicz & McHendry，2020）。这样既能借鉴诸多既有修辞批评范式对修辞实践的多维度观察和描述，完善其描写性和规范性的理论表达，也有助于规定性的论辩规划对多元会话谬误的认定与规避。又如，PD 未能有效实现描写性、规范性和规定性统一的部分原因在于其理想主义修辞伦理观的掣肘，而 PF 之所以能较好地兼容三者，同其对伦理考量的淡化不无关系。论辩的规划不能只关心言者如何以言成事的能力，亦应认真考虑论辩方向及内容的伦理属性，以求最终在听者身上实现"合理性说服"的言后效力（秦亚勋、陈新仁，2022）。再如，作者关于多元会话模式作为人类交流活动常态的判断虽然令人耳目一新，但依然存在可商榷的细节问题：如参与者能否随意介入正在进行中的论辩其实预设着正式和非正式论辩类型的区分，作者于此并未详辨；如何平衡或者调和参与者的多元立场以保障论辩的顺利开展？偷听者与无意听到的人对言者的论辩规划有无影响以及如何影响？这些都是 PF 未来自我修正时应当认真对待的重要命题。

理论建构之不易，由修辞学界迄今尚未深入思考社交媒体时代的到来对传统修辞理论提出了何种挑战可见一斑（刘亚猛，2018a）。PF 作为数十年来论辩研究为数寥寥的原创性理论路径之一，正待学界同人进一步的审视、拓展与完善。

参考文献

[1] Paliewicz, Nicholas S., & George F. (Guy) McHendry, Jr., 2020. Post-dialectics and fascistic argumentation in the global climate change debate. *Argumentation and Advocacy* 56 (3): 137 – 154.

[2] 刘亚猛,2018.西方修辞学史.北京:外语教学与研究出版社.

[3] 刘亚猛,2018.数字化时代的话语转型对修辞理论提出的挑战.天津外国语大学学报,(5): 128 – 130.

[4] 刘亚猛,2020.批判性讨论与语用—辩证论辩理论的引进.当代修辞学,(4):1 – 14.

[5] 秦亚勋,陈新仁,2022.普遍语用学和语用—辩证理论的学理渊源及观念误植.外语教学与研究, (6):841 – 851.

[6] 隋岩,唐忠敏,2020.网络叙事的生成机制及其群体传播的互文性.中国社会科学,(10): 167 – 182.

《隐喻性空间关系构式的认知研究》述评[*]
——现实、人和语言的互动

王晓伟^{**}

1　引言

　　《隐喻性空间关系构式的认知研究》2023 年由商务印书馆出版,系中国认知语言学前沿丛书之一。作者张克定教授长期专注于空间关系研究,是继其《空间关系构式的认知研究》(2016)之后的又一力作。作为一部融理论性、思辨性、解释性、创新性、严谨性和可信性于一炉的佳作(王文斌,序言:vii - viii),作者从观察人类现实和基本经验入手,逐层引入隐喻性空间关系构式概念和分类。聚焦其认知机制和限制条件,并从现实、人和语言的互动性视角分析,终以哲学思辨作为全书的总结。全书包括绪论,理论基础,位移事件的客观性和主观性,虚构性空间位移关系构式,抽象性空间方位关系构式,抽象性空间位移关系构式,隐喻性空间关系构式中现实、人和语言的相互关系以及结束语八个章节。现就该书各章节核心观点加以介绍和简要评述。

2　内容简介

　　第一章为绪论。该部分主要就隐喻性空间关系以及此类关系的构式加以界定并提

　　* 本文系 2022 年国家社科基金中华学术外译项目"文明以止:上古的天文、思想与制度"(22WKGB005)阶段性成果及 2025 年度河南省国际中文教育研究与实践课题重点项目"学术中文的科学语篇特征分析与能力培养"阶段性成果。
　　** 作者简介:王晓伟,博士,河南大学副教授,中美富布莱特访问学者,中国体认语言学专委会常务理事。研究方向为语用学、认知语言学。电子邮箱:hedawxw@163.com。

出研究对象和研究问题。作者认为隐喻性空间关系是认知主体运用某种隐喻机制所构想出的非具体空间关系，包括两类四种：一类是虚构性空间关系，另一类是抽象性空间关系。前者是动态的，仅有一种，即虚构性空间位移关系。后者是抽象性空间关系，此种关系可以是静态的，也可以是动态的。这样，抽象性空间关系又有两类三种：一类是静态的抽象性空间关系，仅有一种，即抽象性空间方位关系；另一类是动态的抽象性空间关系，有两种，即位移主体为抽象实体的抽象性空间位移关系和参照实体为抽象实体的抽象性空间位移关系。四种关系的具体例证如下：

(1) The road **went** straight **up** the mountain. [1]

(2) Beth is **out of** trouble.

(3) **This better idea** comes not from Detroit，but from Japan.

(4) Mrs. Rhee flew into **a rage**.

分类明晰后，作者提出研究问题，涵盖隐喻性与现实性空间位移事件的性质差异和分类，认知机制和限制条件，抽象性空间方位关系的研究，隐喻性空间关系构式的分类、构成方式和限制条件，以及此类构式所体现的现实、人和语言三者之间的关系等问题。

第二章为理论基础。该部分作为隐喻性空间关系构式认知研究的理论基础，着重介绍了认知语言学理论体系内的空间参照框架理论、图形-背景关系理论、识解理论、概念隐喻理论、构式观。在此基础上落笔于隐喻性空间关系构式分析。认为该类构式具有隐喻性、完句性和部分组构性特质(P. 88)。完句性指英语和汉语在表达由某种认知机制促动的隐喻性空间关系时，使用的都是含有一套完整主谓结构的小句性构式，而不是低于小句层面的短语、词或语素。部分组构性指隐喻性空间关系构式的意义不能从其组成成分的意义直接相加而来。也就是说，隐喻性空间关系构式作为 $1+1>2$ 的增效果构式，其意义不仅要包括其构式成分的意义和构式成分的组合方式，而且还要包括认知主体对情景的感知、体验、识解、认知加工、凸显、概念化、语境信息等许多语言之外的资源信息(P. 92)。

第三章讨论位移事件，核心是其客观性和主观性特征。位移事件是指一事物以另一事物为参照从一个空间位置移动到另一空间位置，即从起点位置移动到终点位置的过程，既可以是现实位移，也可以是隐喻性位移，而后者是认知主体基于对客观世界中现实位移的感知和体验，运用认知想象能力所构想出的视觉上或心理上的位移。由此可以看出，位移事件具有一定的客观性和主观性，且两者之间并非一种绝对关系，而是一种相对关系。为此，作者提出主-客观性相对关系连续体概念(P. 107 图 3-1)，以说

---

[1]　黑体为笔者加注，以便于读者理解。下同。

明认知主体对客观现实的构想和描述必定要基于客观现实,也必定涉及其观察视角和识解方式。在实例分析基础之上,作者认为现实位移事件偏向连续体客观一端,客观性大于主观性,而隐喻性位移事件偏向主观一端,主观性大于客观性(P. 116 图 3 - 2)。

第四章关注虚构性空间位移关系构式。作者首先指出虚构性位移事件的认知机制是不可动实体的动态化机制,即认知主体依据对客观世界中物质实体的感知和体验,把可动实体的可动性特征投射到不可动实体之上的认知机制。该认知机制的实现条件在于不可动实体本身的形状,具体讲就是不可动实体空间上的可延伸性条件:只有具有相当长度的线性不可动实体,才能够在该机制作用下被赋予可动性特征,被构想为可动实体。例如:

(5) **The table** goes from the kitchen wall to the sliding glass door.

(6) **The fish pond** runs along the back fence.

在上述用例中,无论是"桌子"还是"鱼塘"都应该是一个狭长的形状,继而可以将其描述为一个位移事件中的位移主体(mover)。

从隐喻机制看,不可动实体的动态化过程中体现了局部性特征,即认知主体只是把可动实体的可动性特征赋予不可动实体,而不是把可动实体的所有特征全部投射到不可动实体之上。另外也具有隐含性特征,即在虚构性位移事件中,作为目标域的不可动实体必须是一个确定而具体的实体,作为源域的可动实体则是存在于认知主体心智中的整个可动实体范畴,而不是任何一个具体的可动实体。

虚构性空间位移关系构式就是一种由认知主体采用以动述静的方式、把一个不可动实体描述为以另一实体为参照在视觉上发生空间位置变化的形-义配对体。从结构上讲,该构式必须包括施事、谓词和处所三个必备成分,即 XV_MY。施事 X 就是被构想为可动的不可动实体,谓词 V_M 表示位置变化的位移动词,处所 Y 表示不可动实体之位移的参照实体。就限制条件讲,该构式需满足 X 所指实体空间上的可延伸性条件,谓词 V_M 的持续线性位移条件和处所 Y 所指实体的必备性条件,这些限制条件必须同时满足。

另外,根据图形-背景关系以及"起点-路径-终点"意象图式,虚拟性空间位移关系构式又可以区分为三种,即背景为起点、背景为终点和背景为整个路径的虚拟性空间位移关系构式。例如:

(7) The road comes **out of the hills.**

(8) The road went **to a phone booth.**

(9) The highway races **through the city.**

至于为何有上述差异，作者以注意力视窗化理论为依据，认为在对虚构性位移事件中的意象图式编码时，认知主体可以采用最大视窗化方式，也可采用局部视窗化方式。当采用前者时，所凸显的就是位移主体和整个路径之间的动态空间位移关系；当采用后者时，所凸显的则是位移主体与局部路径（即起点和终点）之间的动态空间位移关系。

第五章聚焦抽象性空间方位关系构式。首先，抽象性空间方位关系是一个物质实体和一个抽象实体在抽象空间中的隐喻性空间方位关系。在此类关系中，作为参照物的抽象实体没有任何空间特征。为此，认知主体需要借助抽象实体的空间化机制，即认知主体依据对客观世界中空间性具体实体的观察、感知、体验和认知加工，把空间性具体实体的空间特征投射到抽象实体之上，从而使其获得某种空间特征的认知机制。当此类空间方位关系经概念表征为语言表达式后，就成为一类形-义配对体构式。该构式必须包括三个必备成分，即客事（THEME）、谓词和处所，且缺一不可。能够被赋予空间特征的抽象实体往往是那些表示人的情感、情绪或生活状态的概念范畴。从图形-背景关系看，此类构式本质上是不对称的。也就是说，所涉及的具体实体和抽象实体不能同时既充当图形又充当背景，具体实体总是充当图形，抽象实体总是充当背景。

第六章讨论抽象性空间位移关系构式。作者从位移事件谈起，认为抽象性位移事件是一个抽象实体以一个具体/抽象实体为参照所发生的心理上的空间位置变化，或者是一个具体实体以一个抽象实体为参照所发生的心理上的空间位置变化。作者将前者称为甲型抽象性位移事件，后者为乙型抽象性位移事件。具体例证如下：

（10）**This idea** comes from the Clinton administration.

（11）Martin ran into **trouble**.

甲型抽象性位移事件的认知理据是抽象实体的具体化和可动化机制，也就是将现实实体的具体性和可动性赋予抽象实体，而能够被赋予具体性和可动性的抽象实体通常是"想法类"和"消息类"抽象实体。当参照实体也是抽象实体时，认知主体还需运用抽象实体的空间化机制赋予参照实体一定的空间性特征。

乙型抽象性位移事件的认知理据是抽象实体的三维空间化机制，其本质是以容器类具体实体来感知、体验和理解抽象实体的一种隐喻机制。当认知主体在运用抽象实体的三维空间化机制时，只有那些表示人们的情感状态、心理状态或生活状态的抽象实体，才可能被赋予三维空间特征，才能被识解为具有内/外特征的有界空间域。

两类位移事件通过语言表征为相应的构式，在汉英语言中又有不同的具体表达形式。甲型抽象性空间关系位移构式首先要求其完句性，其次英语表达中要求进入其编码路径的介词必须是表示移动方向的动态空间介词，而汉语通常使用趋向动词来编码路径，且必须是简单趋向动词。乙型抽象性空间关系构式的限制条件与甲型有诸多类似,但就汉语表达而言趋向动词要求"从外到里"和"从里到外"之义,而路径可以由位移动词"入"编码,且方位短语为构成处所的空间后置词。

就路径凸显而言,甲型抽象性空间关系构式可选择最大视窗化或者局部视窗化方式,而乙型抽象性空间关系构式仅采取局部视窗化方式。就隐喻机制而言,两者都具有单向性、局部性和隐含性特征。

第七章探讨隐喻性空间关系构式中现实、人和语言的相互关系。该章首先从刘勰《文心雕龙》中"惟人参之"为出发点,通过对"参"的考据论证,认为不同于西方的主客对立,中国式的"主客交融"是互摄式的"同声相应,同气相求"。人以此种方式参与世界活动,与世界合一,体现了人的主体性与天地的互动性。无独有偶,西方"人是万物的尺度"同样凸显了人在观察和认识世界过程中的主体性作用。因此,空间关系也是人之尺度、人之所为,而隐喻性空间关系则源自人这一主体的认知机制差异。随着语言因素的添加,人作为主体的相对性显现。人不能随意使用语言来表达现实,而是要受到来自现实和语言的限制和制约。所以,现实、人和语言之间是一种相互作用、相互制约的互动关系(P. 240 图 7 - 1)。

第八章为结束语。该章主要是对全书主要内容和观点的总结。在此基础之上,作者诚恳指出了该著作在研究方法上的美中不足,即未能进行语料数据和心理实验研究的分析与探讨。

3 简要评述

空间问题作为认知语言学的核心话题(Coventry,2019),乃至是认知语言学理论思辨的发端(Langacker,1982),国际认知语言学知名学者莱文森(Levinson,2003)曾从语言类型学角度就人类对现实空间的概念表征做出过详尽描写和颇具说服力的理论构建,但就隐喻性空间关系构式而言,以往认知语言学研究者并未进行过系统的探讨。张克定教授专注于空间关系构式的认知研究多年,此次以"隐喻性"为切入点进一步具化研究对象,是对以往研究的深入和细化。全书展现了作者深厚的学术积淀和对认知语言学事业的倾注。所附外汉人名对照表和术语对照表彰显了作者的学术态度,更便于后辈学人了解认知语言学的关键概念,辨识该学派的关键人物,融通其发展脉络。整体看,该著作呈现出以下特点:

(1) 认知语言学理论的融合和贯通

该著作认知语言学理论运用娴熟,将认知语言学的基本思辨逻辑完美呈现。从现实—认知—语言的系统性分析入手来分析语言事实。遵循认知语言学的体验哲学观,从现实世界的空间关系出发,借助空间参照框架理论为理论起点,运用图形-背景和视窗化理论分析位移事件,并坚持人的主体性,使用识解观来阐释人、语言和现实的关系,在概念隐喻理论指导下统一解释隐喻性空间关系构式的隐喻机制,并采纳构式观来分析隐喻性空间关系构式的组构特征和限制条件。就隐喻性空间关系构式自身而言,作者以位移事件概念界定为出发点,把握"虚构性"和"抽象性"特征界定隐喻性空间关系,以"连续体"理念来区分现实性和隐喻性位移事件,并提出了后者的各类认知机制。正是在上述充分的语言观察和理论洞见之下,遵循认知语言学研究范式,作者首先分析隐喻性位移事件和方位关系的认知机制和限制条件,坚持了认知语言学的体验观和识解观。此后,在认知语言学体系内,采纳多个成熟理论就隐喻性空间关系构式的组构特征、认知机制和限制条件给出具有说服力和解释力的说明,并将所有类型的隐喻性空间关系构式采用统一的概念隐喻理论加以阐述。

对比张克定教授 2016 年的著作,隐喻性空间关系构式的研究使得空间关系构式研究从整体性和学理性看也达成了一个连续体。空间关系构式研究的理论框架设计也渐趋成熟,其概念界定、分类和分析可作为此类构式研究的一种范式。详读两本专著,读者在作者的指引下将会融会贯通认知语言学丰富的理论内容,提升自身的语言学理论修养和语言实例的分析能力,并能详尽了解、理解和分析英汉语言中的空间关系构式。

(2) 英汉语言的对比思维和分析方法

如序言所讲,该著作"书名中虽未明确使用'对比'或'英汉对比'的字眼,但对比研究贯穿全书"(王文斌 序言:vii)。不仅如此,对比的思维也存在于著作的框架性思辨之中。作者不止一次提到,如果要研究隐喻性空间关系构式,就必须从现实性空间关系构式出发,并加以对比。英汉对比思维则集中体现于作者对抽象性空间方位和位移关系构式的研究。就研究方法而言,作者在分析隐喻空间关系构式的组构特征中,引用英汉语学界的研究成果,集中对比了英汉语空间方位关系表征中空间介词与空间后置语的不同,空间位移关系表征中路径动词的差异。所呈现的语言实例丰富翔实,数据和论证组织清晰,条例得当。读者通过详读和对比上述英汉语的语言差异,能够在认知语言学普遍性承诺的理论关照下感受到语言的多样性差异。遵循此种研究思路来体会英汉对比研究的基础范式思维,即"英汉语之间的个性差异分析,需要以其结构差异为突破口,探寻潜藏于结构差异背后的语义差异,进而挖掘其基底的英汉民族概念化方式差异,透视其思维模式的不同"(王文斌,2023:173)。从事语言学研究,要时刻将母语与外语的差异牢记心头,通过结构差异的对比观察不同民族的概念化方式以及思维模式,进而反思语言的普遍性与相对性等语言学基本和核心问题。

(3) 现实、语言和人之间关系的哲学思辨

全书体现了作者深厚的哲学思辨意图和功底。每个章节都有作者精心挑选的哲理性箴言,既有中国典籍,也有哲学论著,更有名家诗词。这些箴言不仅直观呈现了语言表述中的隐喻性空间关系,更体现出了人在隐喻性空间关系表达中的认知主动性和主体性。

全书在空间关系构式分析基础之上,遵循认知语言学的体认原则(张克定,2019),将现实、人和语言的关系概括为互动性,符合体验哲学所坚持的心智的体验性和思维的隐喻性(Lakoff & Johonson,1999:3)基本原则。王寅先生(2014:485 – 488)指出中国后语言哲学要坚持的四个原则:创新为基础,分析为方法,多样为进路,古今打通。隐喻性空间关系构式的认知研究正是以具体语言用例为分析对象,以多样和丰富的认知语言学理论为理论基础,中外和古今哲学思辨融通,进而得出了具有说服力和创新性的结论。

上述特点是作者多年研究范式和理论选择的呈现,对于从事认知语言学特别是对空间关系和隐喻性表达感兴趣的读者将具有很高的理论指导价值。就该书的不足而言,作者已经明确指出。语料数据的量化统计和分析是当前认知语言学研究重要方法之一,特别是在历时构式语法研究范式(Hilpert,2013)中;而心理实验研究也是进一步佐证和验证理论观点的重要依据。相信对于隐喻性空间关系构式研究有兴趣的学者如若能够在现有基础之上将作者指出的不足加以弥补,将会找到更多有趣的用例和有实证价值的结论。整体而言,该书作为目前国内就隐喻性空间关系构式最为全面和深刻的专著,其理论性、创新性、思辨性、严谨性和科学性一定能够积极推动国内认知语言学事业的发展。

参考文献

[1] Coventry R. Kenny, 2019. Space. In Dabrowska Ewa & Dagmar Divjak (Eds), *Cognitive Linguistics Key Topics*. Berlin/New York: Walter de Gruyter Gmb H & Co. KG, 44 – 65.

[2] Hilpert Martin, 2013. *Constructional Change in English: Development in Allomorphy, Word Formation, and Syntax*. Cambridge: CUP.

[3] Langacker, R. W., 1982. Space grammar, analyzability, and the English passive. *Language*, 58 (1): 22 – 80.

[4] Lakoff, G & M. Johnson, 1999. *Philosophy in the Flesh: The Embodied Mind and its Challenge to Western Thought*. New York: Basic Books.

[5] Levinson, S. C., 2003. *Space in Language and Cognition: Exploration in Cognitive Diversity*. Cambridge: CUP.

[6] 王文斌,2023.英汉对比研究的三大问题.外语教学与研究,(2):163 – 175.

[7] 王晓伟,2016.《空间关系构式的认知研究》评价.外国语文研究,(1):191 – 198.

[8] 王寅,2014.语言哲学研究 21 世纪中国后语言哲学沉思录(上/下卷).北京:北京大学出版社.

[9] 张克定,2016.空间关系构式的认知研究.北京:高等教育出版社.

[10] 张克定,2019.体认原则及体认者、现实和语言的相互关系.解放军外国语学院学报,(6): 71 – 80.

[11] 张克定,2023.隐喻性空间关系构式的认知研究.北京:商务印书馆.

《批评话语分析/批评话语研究及扩展》述评

谢翠平 *

1 引言

  "语言"作为人类交流的媒介,一直以来是现代语言学研究的核心议题,自泽利格·哈里斯(Zellig Harris, 1952)提出"话语分析"(DA/DS)概念后,学者们的焦点逐渐转向了"话语"研究,受后现代主义、后结构主义思潮影响,对语言/话语的理解逐渐从结构层面转向社会、文化和意识形态层面。1979 年,福勒(Fowler)、克雷斯(Kress)等人开创了批评语言学这一领域后,费尔克拉夫(Fairclough)在 1989 年提出批评话语分析(CDA)框架,为 CDA 的学科形成奠定了基础。20 世纪 90 年代后,CDA 得到显著发展,21 世纪 10 年代则进入批评话语研究(CDS)的新阶段。2019—2020 年全球新冠疫情的暴发、社会问题的凸显、新技术与新领域的涌现使得以解决社会问题为导向的批评话语分析/研究(CDA/S)面临着新的发展方向和挑战。这一背景下,特丽萨·卡塔拉诺(Theresa Catalano)和琳达·R. 沃(Linda R. Waugh)合著的《批评话语分析/批评话语研究及扩展》(*Critical Discourse Analysis, Critical Discourse Studies and Beyond*)(2020)为我们提供了宝贵的启示和指引。该书作为 Springer 出版公司的重要出版物,汇聚了 CDA/S 领域的先驱人物及后起之秀的理论成果和实践经验,为 CDA/S 的发展提供了丰富的理论资源和实践指导。该书不仅具有历时性,更展现了 CDA/S 的前沿性和前瞻性,对于从事或关注 CDA/S 研究的学者来说,无疑是一部不可或缺的参考书。

---

  * 谢翠平,四川师范大学外国语学院副教授、硕士生导师,英语语言文学博士。研究方向:功能语言学,学科教学。电子邮箱:360497450@qq.com。

2 内容简介

全书由前言、序文、七个主要章节及后记组成。在开篇部分,作者首先阐述了成书缘由及目的,随后由 CDA/S 领域的权威人物露丝·沃达克(Ruth Wodak)作序,对当前 CDA/S 领域所面临的重大挑战如"霸权话语控制、歧视与孤立问题以及反话语建构"等进行简要剖析,明确了话语分析、CDA/S、语篇与话语、意识形态、视角等核心概念的内涵,确立了学术研究的立场,即遵循多元民主、人权、宪法所规定的可接受原则,摈弃道德说教的姿态。

第一章,导论。本章首先界定了 CDA/S 的多维性质,即它不仅是一项以问题为导向的跨学科研究运动,还是一个学派和一个研究领域。本章强调了研究方法的多元化,特别是跨学科/超学科研究范式的运用,关注交际互动中不同模态和语体中隐藏的、不透明的具有支配性、歧视性、权力控制性的话语结构,旨在揭示语言、意识形态、权力和社会结构之间的内在关系。通过权威期刊在 2018 年发表的三篇代表性文章,本章展现了 CDA/S 的研究主题、发展趋势及其社会作用。最后,作者对本书内容做了简要概述。

第二章,CDA 先驱人物及其重要概念。本章首先追溯了批评语言学的起源与发展,阐述了它与社会符号学、CDA 的密切联系。作者首先概述了伦敦学派和悉尼学派的重要理论及基本概念,特别是系统功能语言学作为批评语言学的理论基石,为文本/语篇分析和批评提供了独特的视角和方法。在批判主义、马克思主义盛行的背景下,人文和社会科学学者对语言学意义的关注促成了批评语言学的奠基之作《语言与控制》和《作为意识形态的语言》,标志着 CDA 的萌芽。其次,本章着重综述了以系统功能语言学为主要理论基础的批评语言学的方法论发展及其语篇(话语)分析实践,特别提到了克雷斯(Kress)、霍奇(Hodge)、范·利文(van Leeuwen)、沃达克(Wodak)等学者关于语言作为社会符号的论述,如"社会文化实践、语言过程、社会过程、视觉语法、多模态话语分析、多模态批评话语分析"等重要概念,为 CDA 提供了重要的理论基础和方法论指导。

第三章,阿姆斯特丹研讨会与 CDA 的学科形成及其奠基者贡献。本章详细剖析了 1991 年阿姆斯特丹研讨会在 CDA 学科形成中的核心作用,并清晰界定了 CDA 的研究范畴、方法论框架及其所肩负的社会责任。自 20 世纪 90 年代起,国际期刊《话语与社会》的创刊及 CDA 奠基者的学术著作出版标志着 CDA 进入了一个全新发展阶段,至 2009 年,CDA 已发展成一门成熟的跨学科领域。紧接着,本章进一步聚焦五位奠基者——克雷斯(Kress)、费尔克拉夫(Fairclough)、范·戴克(Van Dijk)、沃达克

（Wodak）、范·利文（van Leeuwen），深入分析其早期代表作及学术活动对 CDA 的深远影响。克雷斯的视觉语法理论为多模态学习和教育、多模态文本分析等领域提供了重要的理论支撑，促进了 CDA 与艺术学、设计学、传播学等学科的交融。费尔克拉夫的《语言与权力》揭示了语言、意识形态与权力的内在关联，为 CDA 提供了一个系统的分析框架"文本—话语实践—社会实践"三维分析法。范·戴克等人对 CritLing 和 DA 的深入研究为 CDA 奠定了坚实的基础，其"社会—认知—话语"三角论分析法推动了 CDA 的理论创新、方法论扩展及其实践应用。Wodak 作为 CDA 的积极推动者和传播者，见证了 CDA 的发展历程，其"话语社会语言学"分析法和"话语—历史"方法的提出，对 CDA 的推广和演进起到了重要作用。范·利文作为编剧和电影制片人，与克雷斯（Kress）共同在多模态话语分析领域开创了新的研究方向，为视觉交际符号学、社会符号学等领域的研究作出了杰出贡献。

第四章，CDA/S 的主要研究方法。本章首先简要概述了 CDA 与 CDS 的内涵、两者之间的关系，以及主要研究方法的选择依据。鉴于 CDA/S 在学术领域中的紧密关联，为避免学术分歧，作者将 CDA 和 CDS 统一称为 CDA/S 以同指该研究领域。接着，本章详细阐述了目前 CDA/S 领域广泛应用的七种研究方法及其代表作，包括辩证关系法（DRA）、社会认知法（SCA）、话语—历史方法（DHA）、社会符号学与多模态方法（MCDA）、处置分析法（DPA）、语料库语言学方法（CorpLingA）以及认知语言学方法（CogLingA）。每种方法都有其独特的理论背景和优势，且在实际应用中不断得到更新和发展。本章通过对比和对话不同方法，旨在揭示其互补性和优势，鼓励学者在研究中借鉴和融合多种方法。

第五章，CDA/S 的批评与回应。本章集中探讨了威多森（Widdowson）等学者对 CDA 的早期批判与质疑，以及 Fairclough、Wodak 等 CDA/S 学者的回应与调整。批评与质疑主要集中在 CDA/S 的"话语"与"文本"区分、观察者主观性、自反性缺失、语境与语言现象循环论证、文化因素缺失、社会效果产生机制以及方法论认识论上的缺陷等方面。为回应这些质疑，CDA/S 学者开始进行自我反思和批判，并提出通过结合语料库语言学、话语历史观、民族志等方法来弥补社会效应和语境的缺失。同时，CDA/S 学者还积极借鉴其他学科如社会学、历史学、心理学、政治学等领域的理论和方法，形成了多学科、跨学科的研究范式。针对 CDA 消极性解构的批判回应，PDA（Positive Discourse Analysis）作为一种以"平等、幸福"为指向的批评话语分析模式，为 CDA 带来新的生成性批判视角，并指出朝向解决问题的"修复性话语"以及文化因素研究将是 CDA/S 发展的重要方向。

第六章，CDA/S 及其跨学科联系。本章深入探讨了 CDA/S 的跨学科特性，详细梳理了 CDA/S 与批评应用语言学、教育与媒体研究、社会语言学、人类学/民族志、文化研究、性别研究、酷儿语言学、语用学及生态语言学等领域交叉融合的相关概念、研究内容以及学者观点，从而全面揭示CDA/S跨学科联系的广泛性和深刻性。在批评应用语言学领域，CDA/S与应用语言学的结合体现在多种批评视角的应用上，重点关注"教育、管理制度以及权力分配中的语言使用"，揭示语言构建的不平等现实，并重塑一定社会政治背景下的权力关系。在教育领域，CDA/S作为分析工具被广泛应用于大、中、小学教育中，探讨了教育理念与政策、教育手段和方式、新自由主义、教育私有化、媒体话语等所引发的社会问题等。CDA/S与社会语言学互为补充，结合批评和社会语境视角，对种族、民族、阶级/社会经济地位、移民地位、宗教、性别、性取向等议题做了简要概述，同时特别强调了人类学家、社会学家戴尔·海姆斯（Dell Hymes）的卓越贡献。CDA/S与人类学/民族志的结合，提出了批评人类学方法，极大地丰富了CDA/S的研究内容和应用领域。将文化纳入CDA/S的研究范畴，是对CDA/S忽视文化因素及特定语言特性的一种批评回应。本小节详细论述了学者们在文化领域的拓展及相关期刊的创办，话题包括文化理论研究、文化话语研究、文化批评话语研究（CCDS）等，旨在揭示话语中的文化密码，推动文化平等和繁荣，打破以英语为主导、欧洲文化为中心的局面。性别研究的兴起，既是社会变革和社会正义需要的产物，也是对CDA忽视性别领域的一种批评回应。特别是女性主义批评话语分析及其研究方法，为CDA/S提供了新的研究领域和理论方法。酷儿语言学将性视为一种社会话语结构，从酷儿视角研究所有跟性相关的话语形式，试图解构围绕人类性行为的社会意义构建体系。语用学与CDA/S的互鉴融合，推动了CDA/S社会变革的目标与语用学主题分析的深度结合。最后，生态语言学对CDA/S的影响和发展，不仅拓展了CDA/S的研究范围和内容，还为其提供了生态性分析工具和生态哲学观指导。

第七章，CDA/S学者如何影响世界。本章汇集了全球21位学者（包括沃达克、范·戴克、穆索尔夫、梅钦、范·利文、罗杰斯等）的见解和行动，他们分享了如何运用CDA/S知识为世界做好事的故事，涵盖了个人自传、自述、访谈记录、邮件往来讨论、学术成果及应用等多个方面，全面展示了学者们的学术背景、研究领域以及他们为社会变革和正义所作的努力和贡献。这些努力包括读写扫盲、博客创建、专家证人服务、活动组织和反种族主义协会咨询、法律文本顾问、政治话语专栏写作以及非政府组织咨询等。本章不仅是对CDA/S批评的回应，更是对CDA/S学者为社会各个领域变革所作出努力的肯定，同时也鼓励学者们反思CDA/S的工作目的、作用机制以及应对高压政权等霸权行为的能力。本书后记再次强调了CDA/S的社会影响力，并呼吁本领域学者运用CDA/S知识积极投身社会变革。

3　简评

　　本书基于一手文献的详尽评述,精心绘制 CDA/S 领域学科发展的历史脉络与未来蓝图,其内容结构清晰,是批评话语分析/研究领域的全面概览,凸显了 CDA/S 领域的跨学科理论融合与创新。该书特点如下:

　　首先,该书体现了前沿引领性。本书试图通过理论与实证的深度融合,为语言学、教育学、社会学、政治学、传播学等领域提供前沿的理论框架和先进的分析工具,以此推动学科的交叉融合与创新发展。开篇以"国家政治媒体话语构建""教材思潮话语体现"以及"社交媒体多模态话语"三个核心议题来展示 CDA/S 的跨学科研究热点与方向,全书分章节从方法论与实证研究两个维度对这些议题进行了系统的延伸与拓展。在方法论层面,第四章和第六章特别强调了方法论的革新与新方法的引入,如批评性认知语用学、合法化—趋近化模式以及批判隐喻分析等。穆索尔夫(Musolff, 2016)提出的政治话语研究的隐喻图景分析法,将认知语言方法融入 CDA/S,结合话语历史法、语料库语言学方法,为 CDA/S 研究注入了新的活力。在多模态研究领域,梅钦和范·利文(Machin & van Leeuwen, 2016)等学者深入探讨了非语言元素的分析方法,鼓励学者深入探索多种传播方式之间的内在互动,将传播学的相关知识纳入 CDA/S 的研究范畴;莱丁和梅钦(Ledin & Machin, 2018)则为不同类型的视觉分析提供了理论模型与操作指导。在批判性多模态研究领域(MCDA),作者系统概述了地理符号学、多模态感知分析(结合眼球追踪法或认知感知)以及多模态民族志等跨学科方法的运用,并介绍了政治话语分析、教育、新媒体等领域中的多模态研究实证。在当前媒介化社会中,如何从语言学视角对传播力量的构建与传播方式的有效性进行多模态阐释,已成为当前研究的热点话题。第七章则通过概述政治话语、媒体话语、批判教育学、跨文化公民教育、身份认同等新兴应用领域,展现了 CDA/S 学者的引领性,激发读者对理论进展与实证研究创新的深入探索。

　　其次,鲜明的工具性特征。每个章节均围绕特定领域,精心挑选了研究案例,并附有详尽的文献清单,特别是第六章作为核心章节,提供了跨学科领域内极为丰富的资源和参考点,读者可轻松查阅,可以快速选择自己感兴趣的研究领域进行深入学习,如教育领域的研究者可以深入研读费尔克拉夫(Faiclough)关于新自由主义在教材中的影响性研究、詹姆斯·保罗·吉(James Paul Gee)对电子游戏在语言学习生活中的作用的洞察、科恩(Cohen)对媒体话语中教育危机的叙事分析以及皮尼(Pini)对私有化教育管理机构如何借理想教育话语模式来掩盖其"盈利性"本质的探讨等,凸显出 CDA/S 在解决实际问题中的工具性特征。本书不仅涵盖了 CDA/S 传统方法的运用与分析,还展现了新理论、新领域、新方法的延伸与实践，是一部极具价值的文献资料手册。对于新秀学者，它是一本迅速掌握 CDA/S 的入门指南，对于资深研究者，它也是一部必读之作。

第三，操作示范的广泛性。本书不仅呈现了 CDA/S 学者在跨学科理论方法实践中的新路径，更进一步拓宽了 CDA/S 的应用疆域。在理论融合方面，如沃达克（Wodak）将 CDA/S 与伯恩斯坦的社会语言学、福柯学派的社会批评理论相结合，提出了话语历史分析法；范·戴克（van Dijk）则将 CDA/S 与社会语言学、心理学、跨文化传播学、语用学等学科理论交织，构建了社会认知模式。这些创新方法均启发学者从多元化视角中汲取智慧，而非被单一的理论或方法所束缚。在实践层面，本书通过丰富的实证研究案例，生动展示了 CDA/S 专家如何解决社会问题，为读者提供了将 CDA/S 融入日常生活的具体指南。例如，特恩·A. 和范·戴克（Teun A. & van Dijk）的反种族主义教科书项目，安德烈亚斯穆索尔夫（Andreas Musolff）的移民英语学习权益调查，以及理查德·杰克逊（Richard Jackson）运用 CDA 解构霸权恐怖主义话语的教学实践等。尽管有些学者关注宏大的社会议题，但大卫·梅钦（David Machin）则聚焦于日常娱乐、休闲、家庭与工作中的意识形态和政治渗透。这些实例为 CDA/S 的实践提供了具体的操作路径与方法。然而，鉴于不同国家的政治制度与文化背景的差异性，书中案例未必完全适用于各个国家，因此学者需结合国情进行灵活应用。

第四，高度的客观性与评述性。通过叙事视角，本书力求以公正、客观、开放的立场，采用细致入微的引用、引述、评述、访谈、信函等多种方式，对 CDA/S 的发展历程和学者贡献进行了深入的历时性梳理和阐释。书中对概念术语、研究方法、理论补充、批评与回应、实例操作、工作框架以及领域发展方向和范围等进行了系统性的阐述，对相关领域的评述秉持中立态度，鼓励读者进行深入思考。全书以"发展、批评、回应、拓新"为线索，既包含理论梳理，也包含实证举例，结合第三人称视角对 CDA/S 理论与方法论的形成渊源、缺陷与不足以及跨学科研究的理论延伸和创新进行了全面评述。在应用实践层面，本书侧重于呈现社会现实问题的解决及面临的挑战，同时结合不同学者的观点进行引证，抛出研究方法和学科连接的参考点，是文献综述撰写者的参考典范。

第五，开放包容的学术态度。本书在对待 CDA/S 的态度上展现了高度的开放与包容性。作者通过交替使用"inter-/multi-/cross-/trans—disciplinary"等术语，以及 CDA/S 的并用，旨在囊括不同学者的观点与方法，所有从事该领域的学者与方法均得到尊重与体现。CDA/S 的研究范畴上不再局限于语言或基于语言的文本，而是延伸至与人类生活息息相关的各类主题与语篇中，形成了一个更为宽广的跨学科或超学科研究领域。在这一领域中，任何可用于 CDA/S 研究的理论或方法均受到欢迎，呈现出 CDA/S"百花齐放"的多元融合的开放性发展态势。这一态势在本书的各个章节中都得到了充分体现，通过批判与反思的交织，推动 CDA/S 的不断发展与完善。

4 结语

纵观全书,作者对 CDA/S 跨学科研究方法、理论框架、研究方向及实践应用的全面梳理颇具深度,不仅吸纳了资深学者的真知灼见,也呈现了新秀学者的学术传承与创新,从而全面系统地勾勒出 CDA/S 的发展脉络及前沿探索。然而,仍有几处不足值得注意。在多模态研究领域,尽管本书对社会符号学、CDA/S 以及多模态之间的关联进行了初步探讨,但对新兴研究热点,特别是动态视频类多模态的深入解析仍有待加强,且对理论进展的关注度亦需提升。在解析"话语"这一核心术语时,虽从多学科角度进行了解读,但对话语间互动现象的探讨与区分尚显不足。同时,尽管对"批评"的含义进行了多面性阐释,但有关积极话语分析(PDA)的生成性批评的文献论述上还显不足,这无疑是一个遗憾。虽受限于截稿日期和出版周期,但本书在学术观点及学科发展动态的覆盖上也存在局限性。在跨学科融合方面,尤其是在传播学、心理学、文化研究、政治学、管理学等领域的超学科研究,本书涉猎较少;在方法论创新上,如批评认知语言学的兴起,以及大数据和人工智能技术在 CDA/S 研究中的应用等,本书也鲜有提及;在话语实践研究层面,对全球化和本土化问题的关注,如气候变化、国际政治、文化冲突等,以及新媒体社交等方面的探讨亦显不足。

另外,本书最后一章提及的学者多来自欧美国家,这在国际学术话语权分布上显得地域分布不均。中国学者的贡献及声音未得到充分展现,仅在第五章中提到了 Shi (2012)。自陈中竺(1995)将批评语言学引入中国以来,中国学者在话语分析领域进行了诸多具有东方文化特色的探索,如施旭(2010,2014)关于文化话语研究和中国话语研究的贡献,黄国文(2018)提出的"和谐话语分析"模式,以及陈新仁(2023)对城市语言文明建设方案的探究等,均为 CDA/S 研究提供了宝贵的理论资源和实践指导。随着社会的不断发展和新问题的不断涌现,CDA/S 研究需持续进行多层面的批评与回应,进行自我批判,以推动学者转变分析焦点并提出新的理论框架,从而保持其动态与活力。我们期待 CDA/S 研究能进一步丰富研究内容、拓展跨学科研究、探索新的方法论、加强实证研究,为学术界及读者留下深入探究的广阔空间。正如本书作者期望,诚邀更多优秀学者和新秀加入,共同推动 CDA/S 研究的深入发展。

参考文献

[1] Catalano, T. & L. R. Waugh, 2020. *Critical Discourse Analysis, Critical Discourse Studies and Beyond*. New York: Springer.

[2] Harris, Z., 1952. Discourse analysis: a sample text. *Language*, (4): 474 – 494.

[3] Ledin, P. & Machin, D., 2018. *Doing Visual Analysis: From Theory to Practice*. London/New York: Sage.

[4] Machin, D. & van Leeuwen, T., 2016. Special Issue: Multimodality, politics and ideology. *Journal of Language and Politics*, (3): 243 – 258.

[5] Musolff, A., 2016. *Political Metaphor Analysis: Discourse and Scenarios*. London/New York: Bloomsbury Publishing.

[6] Shi-xu, 2012. Why do cultural discourse studies? Towards a culturally conscious and critical approach to human discourses. *Critical Arts*, (4): 484 – 503.

[7] Shi-xu, 2014. *Chinese Discourse Studies*. Basingstoke: Palgrave Macmillan.

[8] Wodak, R. & Meyer, M., 2009. *Methods of Critical Discourse analysis*. London: Sage.

[9] 陈新仁,2023.新时代城市语言文明建设研究.北京:科学出版社.

[10] 陈中竺,1995.批评语言学述评.外语教学与研究,(1):21 – 27.

[11] 黄国文,2018.从生态批评话语分析到和谐话语分析.中国外语,(04):39 – 46.

[12] 施旭,2010.文化话语研究:探索中国的理论方法与问题.北京:北京大学出版社.

文学与审美的新时代探索
——"第四届新世纪外国语言与文化学术研讨会"会议综述 *

栾天宇**

1 引言

　　第四届新世纪外国语言与文化学术研讨会于 2024 年 5 月 10 日至 12 日在河海大学成功举办。会议以"文学与审美"为主题,在后理论时代重回审美批评传统、重塑审美原理,在全球比较视野下探讨新世纪文学研究的审美批评范式,为构建当代中国文学研究话语体系寻找新的出发点。本次研讨会由湖南师范大学、《外国语言与文化》编辑部主办,由河海大学社科处、河海大学外国语学院和西非国家经济共同体研究中心共同承办,来自北京大学、南京大学、北京外国语大学、上海交通大学、复旦大学等国内六十余所高校的近 200 名专家学者、师生代表参会,共享学术盛宴。

　　河海大学党委常委、副校长沈扬教授,湖南师范大学外国语学院院长、《外国语言与文化》主编曾艳钰教授出席开幕式并致辞。论坛开幕式由河海大学外国语学院院长张海榕教授主持。沈扬副校长认为本次研讨会胸怀"国之大者",呼应时代召唤,助力外语学科高质量发展。曾艳钰教授指出,审美批评是一切文学批评的基础,是其他文学批评显在或者潜在的条件,本次研讨会既是在后理论时代探索新的审美批评范式,也是在中西比较视野下探讨文论的会通和互鉴,更是在高等教育改革和新文科潮流下深化文学

　　＊ 本研究系中央高校基本科研业务费人文专项"新世纪美国华裔文学中的老年空间叙事研究"(项目编号:B240207002)的部分成果。

　　＊＊ 作者简介:栾天宇,女,博士,河海大学外国语学院讲师,河海大学西非国家经济共同体研究中心研究员,河海大学测绘科学与技术博士后流动站研究员。主要研究方向为英美文学。电子邮箱:luantianyu@hhu.edu.cn。

审美教育、拓展跨学科研究路径。

在新时代全球化与信息化的背景下，文学与审美研究面临着前所未有的机遇与挑战。本次研讨会旨在探讨文学与审美在新语境下的发展路径，探索与时代脉搏同频共振的批评方式，从而重估文学审美价值，实现文学批评的创新性发展。会议包括 8 场大会主旨报告，以及 8 组专题研讨分论坛，议题涵盖审美批评范式，审美与文学思潮，文学与审美的跨文化、跨媒介研究，比较文学与翻译研究等。以下从三个方面对此次研讨会进行总结。

2 文学研究与审美批评范式的复兴和发展

本次会议的一个重要议题是重回审美批评传统，探讨新时代的审美批评范式，专家学者们围绕这一议题展开深入交流，展现了文学研究与审美批评的生命力。会议的主旨报告环节邀请了多位知名教授从不同角度对文学研究与审美批评范式的复兴和发展进行阐述。中国社会科学院学部委员、湖南师范大学"潇湘学者"特聘教授陈众议在题为"新审美批评与新世界主义"的发言中，结合魏晋以来中国文学批评资源和生成式人工智能语境下的文艺审美功能，梳理和阐释了回应西方新审美主义的新审美批评。他指出，尽管《荷马史诗》在传统意义上被读者认知为战争史诗，但其深层的审美价值和对人性的深刻洞察，展现出了传统文本的审美维度。新审美批评作为一种体现中国文艺批评独特向度的学术话语，能够反映中国文艺批评的深度和广度，与国际学术界进行有效的对话和交流。

上海交通大学特聘教授刘建军的发言"数字人文：一种新文学批评范式建构的断想"触及数字人文这一新兴领域的多个层面，提出了数字人文作为一种新文学批评范式建构的可能性和重要性。首先，他强调数字人文的核心词应是人文，指出数字人文并非简单的技术应用，而是人文学科在数字化时代的一次自我革新。在数字化时代，需要反思和重构数字条件下的人文形态，探索如何将数字技术与人文学科深度融合。同时，数字人文的发展也对人的主体地位、思维方式和创新性能力以及与之相应的审美方式提出了新的要求，需要关注人文情感及其深层的复杂多元问题的挖掘和表达，探索技术与情感的和谐共生。

北京大学长聘副教授李宛霖在"文学批评的语境化之路：从文化修辞叙事学的角度看人物叙事"的发言中，从现代文学批评史出发，重点考察从经典叙事学到后经典叙事学的表现和意义，挖掘语境意识，提出"文化修辞修辞学"的概念，主张将叙事作品视作处于一定语境中的作者为了达到一定的社会历史目的，影响特定的读者群体而创造。她分析了查尔斯·布朗小说中的人物叙述如何在审美层面上吸引读者，以及如何在社会历史文化层面上反映和批判现实。语境意识有助于我们超越文本本身,深入探讨文学作品与读者、社会和文化之间的复杂关系。

大会发言的专家对于当下文学研究与审美批评范式的复兴和发展予以深度剖析,体现了多维度的思考和探索路径,并以丰富的经典文学作品为例证,展示了文学与审美批评在新时代的深刻反思和实践意义。在专题研讨分论坛中,与会学者对审美批评理论与流变、审美与叙事、美学与美育等议题进行讨论,研究对象涵盖诸多国别文学中的经典作品,体现了历时性和共时性的特点,共同绘就文学与审美议题与研究的广阔图景。

3 文学思潮与审美批评的理论与实践

审美批评作为文学研究的重要组成部分,其理论发展与文学思潮紧密相连。会议中,专家学者们从不同文学思潮的角度出发,对文学思潮演变及其对审美批评的影响进行了深入探讨和分析。南京大学人文社会科学资深教授王守仁为我们梳理了现实主义文学与审美之间的关系。他认为现实主义文学是一种社会历史批评,强调现实主义文学是生活的审美表现,是时代的文化表征,开展审美文学批评应该是构建现实主义文学原理的一项重要内容。审美批评不仅关注文学作品的艺术形式和技巧,更关注作品所传达的社会意义和价值观念。他提出现实主义的审美原则有逼真、碎片化和真实,从而达成真善美的一致性,即在真实反映现实的基础上,传达出积极的价值观和审美理想。现实主义文学与审美批评之间存在着深刻联系,现实主义文学不仅是一种文学流派,更是一种具有重要社会意义和审美价值的文化现象。审美批评为我们提供了一种深入理解和评价现实主义文学的方法和视角,有助于我们更好地把握现实主义文学的精神实质和社会功能。

南京大学但汉松教授在题为"从'塞尚的石头'到'鳟鱼飞钓':重思海明威的现代主义美学"的发言中指出,海明威的现代主义美学不仅仅体现在他的写作风格上,更与当时的现代主义绘画有着深刻的互动。现代主义艺术流派强调形式的创新和对传统审美观念的挑战,这与海明威在文学创作中追求的简洁、直接和有力有着内在的联系。海明威在写作中追求的不是所谓简单的电报体,而是一种具有持久艺术生命力的精确性。这种精确性既表现在对细节的精细描写上,也体现在对情感和心理状态的深刻捕捉上。他分析《大双心河》中鳟鱼飞钓的极致书写,阐释海明威密歇根垂钓之旅与自我整全性的呼应,从而达成一种"行动先于思考"的独特小说美学。

南京林业大学韩启群教授对 21 世纪西方"物转向"理论思潮的流变及其对当代审美范式的影响进行阐述,探讨进入新物质主义时代的审美流变,对"转向物""转向研究扩容""转向物质动能"进行概述，探索物质与人类互动的新方式。她在发言中引入时代坐标和中国视角，与西方"物"论展开对话。中国的传统文化和哲学思想中蕴含着丰富的生态智慧和物质观念，可以为"物转向"提供独特的视角和启示。同时，在当前的全球气候变化、生态危机等背景下，将时代危机语境和科技前沿发展纳入"物转向"思潮，有助于提供一种反思人类行为和探索可持续生活方式的新视角。而通过借鉴"物转向"的理念和方法，能够挖掘文学作品中的生态意识和审美价值，深化生态文学研究。

文学思潮不仅丰富了文学形式和内涵的创新发展，也拓展了审美批评的边界。本次会议中，学者们深入探讨现实主义、现代主义和后现代主义等的审美维度，以开放和批判性的视角审视文本和文化现象，推动审美批评的理论和实践向着更加多元和深入的方向发展，从而提供对现实世界和人类经验的深刻洞察，体现文学研究的新时代价值。

4 文学与审美的跨文化、跨媒介研究

文学研究与审美批评的深度融合也体现在跨文化交流与跨媒介发展的探讨之中。大会发言聚焦文学和艺术在跨文化对话中的丰富内涵和深远意义，以及它们在促进文明互鉴方面所发挥的重要作用。北京化工大学副教授周雪滢以伍尔夫的代表作和中国美学的联系切入，探讨了两者在艺术表现和哲学思想上的共鸣，认为《到灯塔去》受道家思想的深刻影响，体现了物性神秘主义的道家哲学，也体现了中国艺术和哲学在西方的传播和影响。她从生态美学视角出发，解读作品中的非人类中心叙事，挑战传统的人类中心主义思想，重审人的主体性和自我认知，反思人类生命经验，最终学会直面无常并与死亡和解。河海大学法语系陈思宇老师梳理了迄今在法国最具影响力的中国古典书画家石涛进入法语语境的推介史，这一过程不仅是文化交流的结果，也是石涛艺术本身魅力的体现。她认为石涛在法兰西的经久不衰与法国读者的审美偏好、阅读习惯等因素紧密相关。法国有着深厚的艺术传统和对美学的深刻理解，石涛的书画作品以其独特的风格和深邃的内涵，满足了法国读者对于东方艺术的好奇和审美需求。文学与审美的双重交汇使石涛获得超越时空的持久生命力，成为中国古典美学海外传播的重要代言人。

另外，新兴媒介及其书写正在不断挑战和扩展我们对文学和审美的理解。本次研讨会也吸引了众多文艺学、传播学等学科的青年学者，共同探讨文学与跨媒介领域的前沿议题。学者们的研究不局限于传统的文学文本分析，而是扩展到戏剧、游戏、电子文本、动漫、电影等多种媒介形式，深入讨论了文学在跨媒介环境中的表现、互动和创新，以及这些互动如何影响叙事、审美体验和文化表达，探讨了它们在数字时代和当代文化中的互动与融合,揭示了文学与跨媒介互动中的新趋势和可能性。

在全球化背景下,中西文化交流为探索文学与哲学、艺术与自然提供了新的可能性。同时,新媒介技术的快速发展为文学艺术作品的创作、传播和接受提供了全新的方式。这些新媒介不仅改变了文学作品的表现形式,也改变了读者的阅读习惯和审美体验。与会专家在点评互动环节对文艺批评实践所面临的新的挑战和机遇给出了建议和参考。北京外国语大学冠名讲席教授金莉强调民族国家的基本价值和审美取向应是我们作为中国学者在衡量文艺作品时的基本标准和立场。这种立场有助于我们更好地理解和评价文艺作品在民族文化和审美传统中的地位和作用。南京大学杨金才教授从技术时代的角度出发,探讨了文学批评在新的时代背景下如何保持其人文性和深度。他指出,随着数字技术的发展和新媒介的兴起,文学批评面临着新的挑战,需要适应新的审美方式和社会环境,以保持其活力和影响力。北京外国语大学郭棣庆教授从文明交流互鉴的角度,强调了影响研究和比较文学研究的重要性。他认为,在全球化的背景下,不同文明之间的交流和互鉴对于构建人类命运共同体具有重要意义。南京大学何宁教授则提出了中国视角和中国美学在全球化背景下文学和文化研究中的重要性。他认为,引入中国视角和融入中国美学,不仅能够丰富和深化我们对文学作品和文化现象的理解,也能够为全球化背景下的文学和文化研究提供新的视角和方法。分论坛点评专家也从研究问题和价值、中国视野和中西文明互鉴、研究方法的创新性与研究指向的人文性、学术前沿和国家战略需求等角度和青年学者进行交流与互动。

5 主编论坛与未来展望

本次研讨会的主编论坛由《外国语言与文化》编辑部主任、湖南师范大学任海燕教授主持,她提出"什么是好文章"这一问题,邀请《外国文学》杂志主编金莉教授、《当代外国文学》主编杨金才教授、《外国语言与文化》和 *Journal of Foreign Languages and Cultures* 执行主编曾艳钰教授、《当代外语研究》主编杨枫教授、《复旦外国语言文化论丛》副主编陈靓教授、《广东外语外贸大学学报》主编孙毅教授和《外国语文研究》副主编张翼教授进行深入探讨和交流。各位主编就期刊定位、论文选题、结构逻辑和语言表达等方面发表见解,强调写作要确认研究"真"问题,深入挖掘问题的本质,与现有文献进行对话,展示自己的研究在现有学术讨论中的位置和贡献。除了学术性和逻辑性,一篇优秀的论文还要能够打动读者,这需要作者投入情感,倾注心血。

本次会议的成功举办,为文学与审美研究领域提供了新的视角、方法和实践路径,为推动文学与审美研究的复兴和发展提供了重要契机。文学研究与审美批评的复兴,不仅是对传统审美批评的致敬,更是在新时代的历史坐标下对文学与审美价值的深刻反思与创新性探索。展望未来，文学与审美研究将继续在多元文化的交流与碰撞中，深化其内涵，在跨学科的融合与创新中，拓展其视野，为构建当代中国文学研究话语体系贡献智慧，为世界文学的多元发展贡献力量。

助力中国式现代化建设的语言治理研究

——中国语文现代化学会语言治理研究分会
成立大会暨首届学术年会综述

王铠亮　　靳羽飞*

1　引言

　　语言治理作为中国语言政策与规划研究的新领域,是中国语言文字现代化建设的关键所在。当今世界正经历百年未有之大变局,语文现代化在数智时代面临着重大的机遇和挑战,亟需加强对语言治理的关注和研究。在党的二十大精神的指引下,语言治理研究需要为中国语文现代化发展和中国式现代化发展作出应有的贡献,需要以语言治理研究推进新质生产力高质量发展。中国人口规模巨大,语言资源丰富多样,对语言治理的研究有助于推动物质文明和精神文明协调发展、助力构建人类命运共同体,符合中国式现代化的本质要求(习近平,2022)。在此背景下,中国语言学研究者有责任参与和促进语言治理研究,形成语言治理研究的学术阵线,努力探索使语言文字适应时代发展、科技进步与人民需求的治理之道,为中国语言治理现代化水平的提升提供学术保障。

　　由中国语文现代化学会语言治理研究分会主办,同济大学承办的"中国语文现代化学会语言治理研究分会成立大会暨首届学术年会"于 2024 年 4 月 12 日至 14 日在同济大学成功举行。4 月 12 日,分会举行了理事选举等工作,确定了分会的章程与架构。4月 13 日至 14 日,来自浙江大学、南京大学、北京外国语大学、同济大学等全国多所高校

---

　　* **作者简介**:王铠亮,同济大学博士研究生。研究方向为语言政策与规划。电子邮箱:kailiang_wang@ tongji. edu. cn。靳羽飞,同济大学硕士研究生。研究方向为语言政策与规划。电子邮箱:2332646@tongji. edu. cn。

和科研机构的 100 余名专家学者聚焦语言治理的关键议程、教育领域的语言治理与领域语言治理等主题,系统深入地探讨了语言治理研究的学科发展、研究范式和关键领域等。

2 语言治理的历史演进与现代化议程

2.1 语言治理的历史探寻与思想变迁

语言是一个"人驱"的复杂适应系统。语言治理有意识地影响语言、调节语言与社会的关系,同时发挥人的主观能动性,推动语言的发展演进,使其更好地服务于现代化建设、服务于人类命运共同体的繁荣发展。虽然语言治理这一概念是语言政策与规划研究的前沿所在,但在历史长河中,人类一直在探索对于语言的治理。可以说,语言治理是人类长久以来共同的远大理想。浙江大学刘海涛指出,语言治理是所有语言学或语言规划的分支学科之一,是一个可以通过改变自己的研究对象来助力社会发展的领域。在此背景下,刘海涛回顾了自两千多年前秦朝的书同文政策、古登堡印刷术的出现、宗教改革、欧洲民族语言的诞生、大航海时代的开启、法兰西学术院(Académie Française)的成立、两次工业革命和互联网革命等人类历史上重要的全球语言变革,阐释了语言变革和语言治理与社会发展的关系。为此,应培养语言以使之适应社会发展,利用人的意识影响语言,让语言更好地服务于世界语言生态的变化。面对世界变局、时代发展,语言治理研究需要发挥人的主观能动性,从多角度、多领域、多路径找出解决问题的方法。

合肥工业大学王亚蓝从学科范式出发,基于对我国百年语言文字事业的历史回顾,将我国语言规划思想流派分为改革探索派、社会建设派、语言生活派与语言治理派,并对各个流派所处的时代背景、群体特征与学术贡献进行归纳。我国的语言规划研究者始终关注语言问题、厚植家国情怀,在当下语言治理研究中从历史和现实出发,统筹国内外两个大局,重视数据驱动,以新质生产力推动语言治理研究的范式转型。

比利时布鲁塞尔自由大学里克-沃思特(Rik Vosters)回溯了比利时语言规划的复杂历程,展示了布鲁塞尔从荷兰语主导,到法语主导,直至如今多语共存的历时演变。以斯波斯基(Spolsky)和肖哈米(Shohamy)的语言政策框架为出发点,沃思特从地理、历史和政治角度阐释了 200 年来处在变化中的布鲁塞尔的语言意识形态(Shohamy, 2005;Spolsky, 2003/2009)。他认为,语言规划的力量在于塑造和改变语言意识形态,而这也是语言规划的主要影响所在。最后,沃思特指出,研究者需要超越将语言规划作为解决社会语言问题的简单形式,而应在日益全球化的世界中寻求研究多语社会复杂性的方向与路径。

2.2 助力中国式现代化建设的语言治理研究：议程与方向

冷战结束之后，国际秩序进入多极化世界，各类语言问题日益突出。语言规划问题的广度与深度急剧扩展，语言规划由此开始超越传统以国家为规划主体的范式，语言治理开始受到关注(沈骑、康铭浩,2022)。在回顾了语言政策与规划研究的学科发展后，同济大学沈骑指出，在当今时代发展下，面对百年未有之大变局，语言治理需要服务于中国式现代化建设。就研究导向而言，与目标导向的语言规划不同，语言治理更加突出问题导向，具体来说是指政府和社会为了共同价值，多方互动、参与和合作，推动语言的演化来实现社会有序发展的努力和追求(沈骑,2021)。从语言规划到语言治理，既是一种超越，也体现了学界以语言治理研究推进新质生产力高质量发展的使命。就此，沈骑从生产力与生产关系的辩证关系出发，阐述了助力新质生产力的语言劳动者、语言劳动对象和语言劳动资料及三者间相互关系，提出了新质语言治理研究的基本框架、问题领域与研究议题。

南京师范大学董晓波通过对中华法律典籍首个英译本《大清律例》的历史回顾、文本评析和译者行为进行阐释，强调在国家文化安全视域下的翻译中的语言治理是一个复杂而多维的工作。这种治理不仅仅涉及语言文字的处理，还牵涉文化传播、文化保护以及文化交流等多个层面。在全球化和国际交流的背景下，国家文化安全视域下的翻译治理需要思考如何通过翻译活动来维护国家文化的独立性、完整性和多样性。作为中国法律智慧的载体，法律典籍在传播中华法治文明与法律形象方面扮演着关键角色。通过有效的语言治理，有助于在全球化时代保护和宣扬国家文化的独特性，推动不同文化间的平等对话和相互尊重，推动构建人类命运共同体，创造人类文明新形态。

北京外国语大学张天伟分析了世界语言文字标准的发展历程，揭示了语言文字标准如何反映世界话语体系并且影响国家主权。基于我国语言文字标准现状提出了现存问题，并指出国内语言文字标准研究应从国家战略、语言政策与规划和话语体系视角进行国际化与本土化相结合的宏观研究。在语言文字国际标准建设中，应着重关注术语问题，把握制定规则，构建我国自主标准知识体系，并推进国内与国际标准的对接和转化。在应对百年未有之大变局中以语言文字标准作为重要内容和关键途径，助力我国语言文字话语体系建设和语文现代化建设。

3 助力教育现代化的新质语言教育

3.1 新质语言教育的研究议题

新时代给语言教育者提出了诸多新挑战,也给了语言教育者机会去思考语言教育的关键问题。《中国教育现代化 2035》提出了推进教育现代化的基本理念与指导思想,要求更加注重全面发展、终身学习与融合发展,推进教育理念、体系、制度、内容、方法、治理现代化。那么,语言教育研究如何契合教育现代化的发展要求? 应关注哪些问题? 多位专家学者就此展开探讨。

澳大利亚新南威尔士大学高雪松就此提出新质语言教育理念,以重新思考外语教育的目标与路径。新质语言教育要回归语言实践本质、文化根源本质与人文本质。这就需要考虑到语言实践的动态性、复杂性与适应性,进行有针对性的教学研究。同时,语言教学还应注重跨文化发展,树立文化批判意识,培养新时代人类的创造性与思辨思维。在新质语言教育理念下,需要关注语言教育中个体差异问题,结合复杂动态系统、能动性与生态视角开展研究,共同推动外语学习者汲取不同语言的文化给养,应对人类命运的共同挑战。

中华民族伟大复兴急需全球治理人才,而全球胜任力是全球治理人才的基本素质之一。上海外国语大学王雪梅从认知分析力、国际理解力、跨文化交际力和反思行动力四个方面对全球胜任力进行阐释,基于对高校学生与中学生的调研,解析学生全球胜任力现状、影响因素与学生的外语学习需求,并从外语教育规划视角探索相关理念与实践。全球胜任力导向的外语教育规划,应从宏观层面加大对外语教师培训及其他外语教育资源的投入,提供更好的国际化与跨文化教育;在中观层面制定符合全球化需求的课程;在微观层面积极探索多元教学方法。

中国参与全球治理,维护国家利益的需要对涉外法治人才提出了要求,而外语教师在涉外法治人才培养中具有重要作用。华东政法大学康铭浩立足生态视角,对政法类高校外语教师进行半结构式访谈,分析了面向涉外法治人才培养的高校外语教师的能动性,并就个体经历、工作环境和个体发展目标三个方面对能动性影响因素进行讨论。外语教师应该对涉外法治人才培养持有更为清晰的认知,明确自身发展目标。高校也应为其提供相应政策支持,把握外语学科对接国家发展需求的重要契机。

家庭外语教育规划是语言教育研究与语言政策规划研究的交汇点,是语言治理研究的新兴领域。北京外国语大学徐浩认为,在研究家庭外语教育规划时,应特别重视家庭本身的角色,关注个人在家庭这一场域中的能动性和各方的互动关系。需要运用模型理论、情境理论、叙事理论，从规划策略、评价与反馈、语言投资等角度动态把握家长与子女如何共同规划外语学习。

3.2 数据驱动的教育领域语言治理研究

把握时代发展、以科技促进人的进步是新质语言教育议题下的内在要求。数据驱动的文本计量等研究方法可实现对教材和学习者反馈数据的高效分析，为研究者探寻语言教育规划的价值取向提供了新的路径。

教材是开展语言课程的关键点，也是外语教育规划的重要研究对象。同时，面向国际汉语学习者的中文教材也是助力中华文化"走出去"的重要角色，一本优秀的国际中文教材需要做到讲好中国故事。上海外国语大学雷蕾使用所开发的汉语文本可读性工具 AlphaReadability Chinese，以词汇、句法、语义三个维度的九个语言指标，对国际中文教材在难度、体裁与风格上进行分析。阐明了数据驱动的语言治理研究范式在写作教学与语言传播研究中的应用价值。同济大学赵丹采用半结构式访谈与文本分析法，对我国自改革开放至今的五套具有代表性的大学英语教材及其价值取向的外部因素进行探讨，指出大学英语教材经历了语言"政治工具观"与"科技工具观"兼有、语言"科技工具观"与"文化引入观"兼容、语言"文化引入观"主导、语言"资源观"转型的变迁历程，阐明了大学英语教材在服务国家政治、经济和社会的发展与转型上的作用，同时体现了我国语言教育规划价值取向的变迁。

同济大学陈智平基于 python 数据处理技术，对网络视频的弹幕展开内容挖掘与分析，就社会文化等方面对中国西班牙语学习者的价值取向展开讨论，以语言治理研究的数据驱动路径推动新质语言教育对多元文化的思考。

4 新领域的语言治理研究

4.1 数字时代的语言治理

网络空间的开放性、隐蔽性和匿名性为网络空间的语言治理增添了跨界性和无规性，语言治理的涵盖范围和治理途径在数字时代迎接着变革。浙江师范大学王辉针对网络语言暴力和谣言散播等语言滥用行为，分析了技术、伦理和成本等因素对网络空间语言治理的综合影响。他认为，ChatGPT 等大语言模型在网络空间语言治理方面具有独特的科技优势。利用大文本语言处理技术，能够帮助管理者快速理解和处理网络语言，从而提高网络空间中的言论质量，防止言论滥用现象的发生，保障语言生态健康。大语言模型在过滤和审核不良信息、网络舆情分析和预测、减少不良信息产生的影响方面可以发挥积极作用。但在使用大语言模型进行网络空间语言治理时也应防止其被滥用,需要审慎权衡其利弊,提高风险防范意识,采取有效措施来预防和化解潜在的危机。同济大学郭书谏从 AI 生成语言的原理、价值观标尺、大模型中介的语言服务与 AI 辅助教学展开论述,指出大模型生成语言的治理需要语言学的概念创新,同时需要跨学科合作以阐释大模型生成语言的可解释性和社会影响。在大国博弈的背景下,应更加重视 AI 语言治理的中国方案提出,实现 AI 语言的良法善治。

数字时代同样带来了语言经济形态的变革。首都师范大学王春辉依托数字平台,以按需服务和劳动众包为主要表现形式的"零工经济"为例,提出了人类进入数字社会的背景下,主要依赖于拥有某种语言能力的、独立自主的从业者,通过数字平台的项目供需匹配,向劳务需求方供给语言产品或语言服务的语言零工工作模式,展示了语言零工的多元业态与工作模式。他认为,我国语言零工存在保障体系不健全、平台发展水平不高等问题,并从政府、平台与个人层面给出对策与建议。面对诸如语言零工等语言经济就业新现象、新问题,需要在语言治理的维度跟进研究。

4.2 国际组织语言治理

国际组织语言治理是中国语言治理研究亟需深耕的领域之一,涉及政治、经济、文化等诸多因素。我国在国际事务中扮演着越来越重要的角色,以爱好和平、负责任的大国形象参与全球治理。对国际组织语言治理的研究服务于我国国际经贸往来与政治对话,促进国际话语权与领导力的提升,推进构建人类命运共同体,在对外关系方面推进中国式现代化建设。

南京大学方小兵认为,语言因素对国际组织自身治理和参与全球治理都有重要的影响,而国际组织语言治理的目标涵盖日常管理、内部沟通、形象建设等多方面,以促进全球语言的和谐发展。他从内部语言治理和外部语言治理两方面提出了国际组织语言治理的路径,并指出了当前的挑战。最后,方小兵从机制建设、团队建设、国际合作、科技赋能等多方面明确了国际组织语言治理的优化途径。

上海海事大学张治国指出,国际组织高层领导拥有较多的话语权与人事决定权,具有较大影响力。但在国际组织中担任高层领导的中国人数量偏少,在一定程度上导致了中国人的国际话语权偏少。他认为,此现象的一个重要原因在于我国参与国际组织高层领导候选人的语言素养不足。张治国通过考察在国际组织中担任过或仍在担任高层领导的中国人的履历,梳理他们在语言素养方面的发展特点或规律,并提出了基于语言素养的国际组织高端人才培养模式,从全球治理人才培养层面推动我国参与全球治理的步伐。

作为世界第六大经济体,东南亚国家联盟(ASEAN)与我国的经贸往来十分频繁,东盟也在我国建立了自由贸易区。东盟国家人口众多,语言状况较为复杂,对东盟语言治理的研究有助于我国与其深化经贸合作,在与东盟及东盟成员国的合作中参与全球治理。马来西亚理工大学吕焕钰(Lee Huan Yik)对比了东盟与欧盟截然不同的语言政策,从国际组织中语言的沟通作用和象征作用两方面对上述两个组织的语言政策价值取向及语言实际使用状况进行讨论,为国际组织语言治理对比研究提供了新的思路。

非政府组织同样是语言治理需要关注的对象。同济大学彭永超以国际危机组织(ICG)为研究对象,采用数据驱动的研究方法,对该组织语言安全规划的特点和模式展开探究,提出一个涵盖语言使用、政策话语和话语规划等内容的综合规划模式。为我国处理国家安全及语言安全相关事务,提高参与全球安全治理机制的能力建言献策。

5 结语

本次会议对未来一段时期相关学科的发展方向和研究议题进行了集中探讨交流,为语言治理研究提供了新路径,提升语言治理研究对接国家现代化发展与新质生产力发展的能力。除上述主要议题外,各分组论坛还就语言治理理论研究、全球/国家语言治理研究、城市/乡村语言治理研究、网络/边疆语言治理研究、机构语言治理研究与领域语言治理研究进行探讨与评议。中国语文现代化学会语言治理研究分会的成立是中国语言治理研究的一大提升,标志着语言治理研究的重要平台和学术阵线的诞生。中国语言学界应充分认识到语言治理对中国式现代化建设与新质生产力发展的重要意义,积极关注并参与语言治理研究,推动中国话语体系的构建与参与全球治理的步伐。

参考文献

[1] Shohamy, E., 2005. *Language Policy: Hidden Agendas and New Approaches*. London: Routledge.

[2] Spolsky, B., 2003. *Language Policy*. Cambridge: Cambridge University Press.

[3] Spolsky, B., 2009. *Language Management*. Cambridge: Cambridge University Press.

[4] 沈骑,2021.全球语言治理研究的范式变迁与基本任务.语言文字应用,(3):30-40.

[5] 沈骑,康铭浩,2020.面向重大突发公共卫生事件的语言治理能力规划.新疆师范大学学报(哲学社会科学版),(5):64-74.

[6] 习近平,2022.高举中国特色社会主义伟大旗帜为全面建设社会主义现代化国家而团结奋斗——在中国共产党第二十次全国代表大会上的报告.北京:人民出版社.

图书在版编目(CIP)数据

外国语文研究：本土特色与国际视野 / 陈新仁主编.
南京：南京大学出版社，2024. 12. —— ISBN 978 - 7 - 305 -
28885 - 2

Ⅰ. H09
中国国家版本馆 CIP 数据核字第 2025VZ9283 号

出版发行　南京大学出版社
社　　址　南京市汉口路 22 号　　　　邮　编　210093
书　　名　外国语文研究:本土特色与国际视野
　　　　　　WAIGUO YUWEN YANJIU: BENTU TESE YU GUOJI SHIYE
主　　编　陈新仁
责任编辑　董　颖　　　　　　　　编辑热线　025 - 83596997

照　　排　南京南琳图文制作有限公司
印　　刷　江苏凤凰数码印务有限公司
开　　本　787 mm×1092 mm　1/16　印张 23.75　字数 478 千
版　　次　2024 年 12 月第 1 版　2024 年 12 月第 1 次印刷
ISBN 978 - 7 - 305 - 28885 - 2
定　　价　80.00 元

网址：http://www.njupco.com
官方微博：http://weibo.com/njupco
官方微信号：njupress
销售咨询热线：(025) 83594756